Dr. Schulze Delitzsch.

Schulze-Delitzsch

Vorschuß- und Kredit-Vereine.

Handbibliothek

für das

Deutsche Genossenschaftswesen.

Unter Mitwirkung

von

Dr. Alberti-Wiesbaden, Häntschke-Charlottenburg, Klinkert-Breslau, Morgenstern-Breslau, Oppermann-Magdeburg, Parisius-Charlottenburg, Proebst-München, Siebert-Berlin, Stoeckel-Insterburg, Thorwart-Frankfurt a./M., Wohlgemuth-Berlin,

herausgegeben

von

Dr. Hans Crüger,

Anwalt des Allgemeinen Verbandes der auf Selbsthilfe beruhenden deutschen Erwerbs- und Wirthschaftsgenossenschaften.

Erster Band:

Vorschuß- und Kredit-Vereine.

Breslau 1897.

Verlag von E. Morgenstern.

Vorschuß- und Kredit-Vereine

als

Volksbanken.

Praktische Anweisung

zu deren

Einrichtung und Gründung

von

Schulze-Delitzsch.

Sechste Auflage.

Neu bearbeitet

von

Dr. Hans Crüger,

Anwalt des Allgemeinen Verbandes der auf Selbsthilfe beruhenden deutschen Erwerbs- und Wirthschaftsgenossenschaften.

Mit dem Bildniß von Schulze-Delitzsch.

Breslau 1897.

Verlag von E. Morgenstern.

Vorwort zur ersten Auflage.

Eine vorzugsweis praktische Anweisung, welche alle einigermaßen in den Geschäften des bürgerlichen Lebens Erfahrene in den Stand setzen sollte, Vorschußvereine nach den Mustern der hier und in der Umgegend bestehenden zu gründen, wollte der Verfasser in diesem Schriftchen dem Publikum vorlegen. Das immer steigende Bedürfniß nach solchen Kreditinstituten, welches sich durch eine Menge von Anfragen kund giebt, die entschiedenen Fortschritte und überraschenden Resultate, welche sich bei den nach den hier befolgten Grundsätzen operirenden Vereinen zeigen, ließen die früheren Mittheilungen darüber als ungenügend erscheinen und verlangten ein tieferes Eingehen in die Details. Wegen der Stelle, welche die genannten Institute in dem ganzen zusammenhängenden System von Handwerker- und Arbeiter-Verbänden einnehmen, welche sich auf Anregung und zum Theil unter Leitung des Verfassers seit 1849 gebildet haben, wird dabei auf das von ihm veröffentlichte Associationsbuch für deutsche Handwerker und Arbeiter, Leipzig 1853 bei E. Keil, verwiesen.

Möge das Schriftchen seiner Bestimmung entsprechen und die Verbreitung so gemeinnütziger Anstalten möglichst befördern.

Delitzsch, im März 1855.

Schulze-Delitzsch.

Vorwort zur fünften Auflage.

Daß die gegenwärtige Auflage mit noch größerem Rechte als die vorige als ein neues Buch bezeichnet werden muß, ergiebt schon eine flüchtige Durchsicht des Inhalts mit der völlig veränderten Anordnung des Stoffes. Seit dem Erscheinen der vierten Auflage, gleichzeitig mit dem Erlaß des ersten Genossenschaftsgesetzes, des Preußischen, im Jahre 1867, welchem im Jahre 1868 das Deutsche folgte, ist beinahe ein Jahrzehnt verflossen. Es konnte daher nicht fehlen, daß eine völlige Umgestaltung in der Organisation und Geschäftsführung der Kreditgenossenschaften angebahnt werden mußte, wollten dieselben mit dem Ueberkommen der großen, ihnen durch die neue Gesetzgebung verliehenen Rechte, auch den daran geknüpften Pflichten genügen. Dieser Uebergang hat sich soweit vollzogen, daß sich allmählich in den Hauptpunkten bestimmte Normen für die Einrichtung und Verwaltung unserer sich immer mehr bankmäßig entwickelnden Kreditinstitute herausgebildet haben. Die Sichtung und übersichtliche Ordnung des neu gewonnenen Erfahrungs-Materials war daher eine dringende Forderung, welcher der Verfasser als Anwalt des deutschen Genossenschaftsverbandes*) nachzukommen um so mehr verpflichtet war, als das völlige Vergreifen der vierten Auflage des Buches damit Hand in Hand ging, welche bisher bei den betreffenden Organisationen als Leitfaden gedient hatte.

Wesentlich gestützt bei den vorliegenden, wie bei den früheren Arbeiten wurde der Verfasser durch die Verhandlungen der Allgemeinen Vereinstage der in dem bez. Verbande stehenden Vereine, wo unter dem Beirathe von deren tüchtigen Leitern die wichtigsten Fragen zur Erörterung gelangten. Dazu traten in den letzten Jahren noch die Entscheidungen des Reichsoberhandelsgerichts zu Leipzig, als eines deutsch-nationalen Gerichtshofes in den Ange-

*) Vgl. über diesen Verband S. 9 Anm.

legenheiten unserer wahrhaft nationalen über ganz Deutschland verbreiteten Institute. Wie viel damit für die richtige Handhabung sowie die weitere Fortbildung des Genossenschaftsrechts gewonnen ist, welche in letzter Instanz nunmehr der verschiedenartigen Gerichtspraxis in den deutschen Einzelstaaten entrückt wurden: davon geben die bisher ergangenen, vom Verfasser mehrfach besprochenen Erkenntnisse das beste Zeugniß.

War durch die erwähnten Umstände eine wesentliche Veränderung des Inhalts der Auflage bedingt, so wirkte dies natürlich auf die ganze Oekonomie und Anlage derselben zurück, da die Aufgabe in einem Hauptpunkte eine andere geworden war. Wenn in den drei ersten Auflagen lediglich die Kreditgenossenschaften alten Stils zu behandeln waren, so mußte auch in der vierten Auflage noch von ihnen, als dem eigentlichen Stamme der Vereine, ausgegangen werden, da die Unterstellung unter das soeben erst erschienene Gesetz nur in sehr kleinen Dimensionen begann. Die auf den Uebergang in die durch dieses Gesetz bedingten Formen bezüglichen Fragen sind daher nur beiher, anhangsweise bei den einzelnen Abschnitten behandelt. Das weitere Fortschreiten des Uebergangs machte daher, besonders nachdem das Deutsche Genossenschaftsgesetz mit seinen wichtigen Verbesserungen erlassen war, mehrere Nachträge in Form von Anweisungen zur Unterstellung unter die Gesetze nöthig, welche in demselben Verlage wie das Hauptbuch erschienen. Inzwischen ist aber die Sache dahin gediehen, daß die Zahl der nach dem Gesetze eingetragenen Genossenschaften die weitaus überwiegende ist, daß man sich insbesondere bei Neubegründung von Vereinen gleich dazu entschließt, und daß der noch verbliebene Restbestand des alten Systems durch Uebergang sich von Jahr zu Jahr vermindert. Unter diesen Umständen mußte bei der neuen Auflage die Unterstellung unter das Genossenschaftsgesetz als die dem Sachbestande entsprechende Voraussetzung bei Bearbeitung des Stoffes zu Grunde gelegt werden, so daß die nicht eingetragenen Genossenschaften direkt dabei nicht in Frage kamen. Daß dieselben aber dennoch bei den meisten Fragen sich aus dem Buche Raths erholen können, ist damit durchaus nicht ausgeschlossen. Vielmehr mögen auch sie die darin behandelten großen Fortschritte in der Genossenschaftsorganisation, wie sich dieselben ja vielfach unabhängig von der Gesetzgebung und unter ihrer eigenen Mitarbeit herausgebildet haben, recht wohl für sich nutzen und ihre Einrichtungen danach vervollkommnen.

Ist dies freilich rücksichtlich der außerordentlichen Gewährschaften des Gesetzes bei Geltendmachung der Solidarhaft, bei der Verjährung sowie der Rechtsfähigkeit und Rechtsverfolgung, wie sie das Buch darlegt, nicht der Fall: so sind sie ja mit den Hilfsmitteln, welche ihnen in dieser Beziehung bleiben, durch die bisherige Praxis, besonders in Beziehung auf die Legitimation bei Rechtsgeschäften, bereits vertraut, so daß mehr als eine allgemeine Hindeutung darauf in dem Buche nicht erforderlich war. Gerade das Ungenügende derselben, die vielfachen Unzuträglichkeiten, welche ihnen dabei aufstoßen, werden aber durch die Vergleichung mit dem, was das Gesetz dafür bietet, sie um so mehr bestimmen, die zur Eintragung erforderlichen Schritte zu thun, als ohnedem an einen gesicherten Bestand und eine den Forderungen der Gegenwart entsprechende geschäftliche Entwickelung nicht zu denken ist.

Zum Schluß noch eine kurze Bemerkung, die Instruktionen betreffend. Wie nothwendig solche Instruktionen sowohl für den Vorstand wie für den Aufsichtsrath in den einzelnen Vereinen sind, theils zur Information der betreffenden Funktionäre über ihre Obliegenheiten, theils zur Feststellung ihrer Verantwortlichkeit, ist in dem Buche selbst mehrfach betont. Da sich aber die Zahl und Funktionen der betreffenden Organe in den einzelnen Vereinen, insbesondere die Buchführung, nach Umfang und Richtung der Geschäfte sehr verschieden gestaltet, die Kontrole der Aufsichtsräthe aber überall an diese speziellen lokalen Einrichtungen sich anschließen muß, und wiederum die Vertheilung der vorkommenden Arbeiten vielfach durch Zahl und Kapacität ihrer Mitglieder bedingt ist, erschien die Aufstellung einer durchgreifenden Norm dafür nicht am Platze. Wie viel mehr bei den materiellen Erörterungen in den Hauptgeschäftszweigen überall die leitenden Gesichtspunkte in dem Buche klar zu stellen waren, welche dabei innezuhalten sind, so war auch bei der formalen Ordnung der den bezüglichen Organen zukommenden Funktionen zu verfahren. Demnach mußte das Wesentliche, worauf es bei allen solchen den Zwecken und Interessen der Vereine entsprechenden Instruktionen ankommt, hervorgehoben und es so jedem Vereine möglich gemacht werden, dieselben nach Bedürfniß seinen Einrichtungen anzupassen. Mit Rücksicht hierauf hat sich der Verfasser nicht mit dem begnügt, was über die Obliegenheiten der Vorstände und Aufsichtsräthe im Allgemeinen in den betreffenden Abschnitten des sechsten Kapitels, sowie über Buchführung, Bilanz, Inventuren und Revisionen im elften Kapitel enthalten ist. Vielmehr hat er im Anhange des vierzehnten Kapitels unter Nr. VIII detaillirte Anweisungen:

a) für Vereine mit einfacher Buchführung und

b) für mehr bankmäßig entwickelte Vereine, über Bücherschluß und Inventur nebst Jahresrechnung am Ende des Geschäftsjahres

beigegeben, und ganz besonders im Musterstatut (Nr. V des Anhangs) die betreffenden Punkte so eingehend behandelt, daß bei Beachtung Alles dessen die Vereine in der Regelung derselben nicht leicht fehlgreifen können.

So möge denn das Buch in seiner neuen Gestalt, gleich seinen Vorgängern, zu der äußeren Ausbreitung wie zu der inneren Kräftigung unseres echt volksmäßigen Kreditwesens das Seine beitragen. Nicht die wirthschaftlichen Interessen allein, nein, unsere gesammte nationale Entwickelung fordern dringend, daß das Volk mehr und mehr selbstthätig für Alles, was eine würdige Gestaltung des Privat- wie des öffentlichen Lebens erfordert, eintreten lerne. Und indem die Genossenschaften mit dem beginnen, was die Menschen am Ersten erfaßt, mit dem materiellen Bedürfniß, mögen sie zugleich eine Vorschule sein für Autonomie und Selbstverwaltung in Gemeinde und Staat, deren Anfänge bereits gewonnen sind, und deren immer bewußteres Erfassen allein zu einem dem Wesen und der Bestimmung der deutschen Nation gemäßen Ausbau unseres jungen Staatswesens führt.

Potsdam, im Juni 1876.

Dr. Schulze-Delitzsch.

Vorwort zur sechsten Auflage.

Hatte die Gesetzgebung der Jahre 1867 und 1868 „eine völlige Umgestaltung in der Organisation und Geschäftsführung der Kreditgenossenschaften angebahnt", so haben die beiden folgenden Jahrzehnte diese Umgestaltung durchgeführt. Ein erheblicher Theil der Kreditgenossenschaften ist zu Volksbanken im wahren Sinne des Wortes herangewachsen. Und auch an neugegründete Kreditgenossenschaften werden heute andere Anforderungen gestellt, wie vor 20 Jahren. Die wirthschaftliche Entwickelung des Gewerbestandes, des Handwerks, der Landwirthschaft ist weiter vorgeschritten, die Mitglieder aller dieser Berufsstände müssen ihren Betrieb nach kaufmännischen Grundsätzen leiten und dementsprechend sind auch ihre Ansprüche an ihre „Bank" mannigfachere geworden. Mit diesen wirthschaftlichen Fortschritten haben die Kreditgenossenschaften gleichen Schritt halten müssen, sie mußten ihre Einrichtungen verbessern, vervollständigen: kurz, sich den erweiterten wirthschaftlichen Ansprüchen anpassen.

Als mir als Anwalt des Allgemeinen Verbandes der deutschen Erwerbs- und Wirthschaftsgenossenschaften die Aufgabe zufiel, die sechste Auflage des klassischen Werkes „Schulze-Delitzsch, Vorschuß- und Kreditvereine als Volksbanken" zu bearbeiten, war ich mir wohl der Schwierigkeit derselben bewußt. Galt es doch einerseits den Inhalt des Werkes zu schonen, andererseits aber denselben in gleicher Weise auszugestalten, wie es die Entwickelung der Kreditgenossenschaften und die heutigen Bedürfnisse des wirthschaftlichen Lebens erfordern. Dabei mußten ganze Abschnitte umgestaltet werden, neue eingefügt, andere konnten herausgenommen werden, da ihr Inhalt durch die Verhältnisse überholt war.

Das Genossenschaftsgesetz vom 1. Mai 1889 erforderte eine vollständige Neubearbeitung der Kapitel über die gesetzlichen Erfordernisse zur Errichtung von Kreditgenossenschaften, über die behufs Eintragung der Genossenschaft erforderlichen Maßnahmen, über Mitgliedschaft, Haftbarkeit und Geltendmachung der Haftpflicht; auch das Kapitel über die Organisation ist durch das neue Gesetz vielfach berührt.

Einer Umarbeitung mußten die Kapitel über Beschaffung der Geldmittel, über die Kreditgewährung unterzogen werden und neu eingefügt wurde ein weiteres Kapitel über die weiteren in den Rahmen der Kreditgenossenschaft fallenden Geschäftszweige — hier wie bei dem Statut waren vor Allem die Erfahrungen zweier Jahrzehnte und die wirthschaftliche Entwickelung zu berücksichtigen.

Der „Anhang" der fünften Auflage, der das Genossenschaftsgesetz, die Ausführungsverordnungen, einen Auszug aus dem Handelsgesetzbuch, eine Anweisung zur Buchführung neben dem Musterstatut und einige Formulare enthielt, mußte tiefgreifende Aenderungen erfahren. Zunächst erschien es nicht möglich, eine „Buchführung", die den heutigen Anforderungen entspricht, auf wenigen Seiten zu behandeln, sie wurde dem zweiten Bande der „Handbibliothek" vorbehalten, das Genossenschaftsgesetz mußte fortgelassen werden, um Raum für weitere Formulare zu schaffen, denn auf eine möglichst vollständige Formularsammlung für den Geschäftsbetrieb, auf die Aufnahme der Bedingungen für die verschiedenen Geschäftszweige glaubte ich großes Gewicht legen zu müssen. Das Genossenschaftsgesetz konnte auch um so eher ausgelassen werden, als die wohlfeile Parisius'sche Textausgabe mit Anmerkungen doch einen nothwendigen Bestandtheil des Inventars jeder Genossenschaft bildet. Die Arten der Formulare ergeben sich aus dem Inhaltsverzeichniß. Besondere Schwierigkeit bot die Fassung der Formulare, die sich auf die Beurkundung von Rechtsgeschäften, z. B. Pfandschein, Bürgschaft u. dergl. beziehen, denn hier kommen die vielen Rechtsverschiedenheiten innerhalb Deutschlands in Betracht. Die Formulare sind entworfen nach den für den größten Theil des preußischen Gebiets geltenden landrechtlichen Bestimmungen; in Anmerkungen und Anschluß-Formularen sind zum Theil auch andere Rechtsgebiete, wie das Rheinische, das Nassauische Recht berücksichtigt. Darauf mußte ich mich beschränken, da bei noch weiterer Ausdehnung auf alle Rechtsgebiete zu befürchten war, daß der Leser dadurch verwirrt werden könnte. Bis zum Inkrafttreten des Bürgerlichen Gesetzbuches im Jahre 1900 werden die Genossenschaften, die ihren Sitz in den nicht berücksichtigten Rechtsgebieten haben, daher gezwungen sein, einen Rechtskundigen ihres Gebiets zur Anpassung der Formulare an die landesrechtlichen Bestimmungen hinzuzuziehen.

Und so übergebe ich denn das Buch der Praxis, möge es bestehenden Kreditgenossenschaften zur Vervollkommnung ihrer Organisation nach Innen und Außen dienen, möge es da Anregung geben zur Gründung neuer Genossenschaften, wo ein Bedürfniß und die geeigneten Kräfte zur Leitung vorhanden sind — möge es überall beitragen zur Ausbreitung der Grundsätze der Selbsthilfe, Selbstverantwortung, Selbstverwaltung, auf denen Schulze-Delitzsch das Fundament des Genossenschaftswesens gelegt, auf denen dies zur Blüthe gelangt und insbesondere in seinen Kreditgenossenschaften vorbildlich für die ganze Welt geworden ist, wo wirthschaftliche Kultur-Aufgaben gepflegt werden. Die Pflege des Genossenschaftswesens ist eine Kultur-Aufgabe.

Das Bildniß von Schulze-Delitzsch, welches die neue Auflage schmückt, ist nach dem Kupferstich von † Krauße in Leipzig hergestellt, welchen der inzwischen leider verstorbene Herr Direktor Madack in Leipzig für diesen Zweck dem Verleger in dankenswerther Weise zur Verfügung gestellt hatte.

Schließlich aber danke ich auch an dieser Stelle noch den Männern, die mich bei der Bearbeitung der einzelnen Theile unterstützt haben, besonders gilt dieser Dank den Herren Parisius, Morgenstern, Klinkert, Dr. Alberti und Gebhard.

Charlottenburg—Berlin,
im Februar 1897.

Dr. Hans Crüger.

Berichtigung.

S. 111 Z. 3 von oben fallen die Worte „welche wir im Anhange beifügen“ fort.

Inhaltsverzeichniß.

Erstes Kapitel.

Zweites Kapitel.

Drittes Kapitel.

Viertes Kapitel.

Fünftes Kapitel.

Sechstes Kapitel.

Siebentes Kapitel.

Achtes Kapitel.

Neuntes Kapitel.

Zehntes Kapitel.

Elftes Kapitel.

Zwölftes Kapitel.

Dreizehntes Kapitel.

Vierzehntes Kapitel.

Fünfzehntes Kapitel.

Erstes Kapitel.

I. Ueber Kreditgenossenschaften im Allgemeinen, deren wirthschaftliche Grundlage und soziale Bedeutung.

So dringend und so allgemein anerkannt ist das Bedürfniß nach Kredit-Instituten für den Handwerker- und kleinen Gewerbestand, für mittlere und kleine Landwirthe und selbst Beamte und Arbeiter, daß die tiefere Begründung, die wirthschaftliche Berechtigung desselben keiner besonderen Ausführung bedarf.

Außer gesteigerter gewerblicher Vorbildung ist es insbesondere ein größeres Kapital, was zu einem lohnenden Geschäftsbetriebe unumgänglich ist, eine Bedingung, welche bei Gewerbetreibenden, Handwerkern und Landwirthen sehr häufig nicht zutrifft und einen geregelten, ausreichenden Kredit für sie zur Lebensfrage macht. Daher der allgemeine Wunsch nach Kreditgenossenschaften seitens der bezeichneten Klassen, denen der Großbankverkehr so gut wie verschlossen ist, und nach dessen speziellen Aufgaben wohl auch im Wesentlichen verschlossen bleiben wird.

Bereits im Jahre 1848 war dieser Wunsch ein allgemeiner und es entstanden Vorschuß-Vereine in großer Anzahl, von denen jedoch viele nach kurzer Zeit wieder eingingen, andere aber sich nur kümmerlich hinfristeten, ohne dem vorhandenen Bedürfnisse im Mindesten zu entsprechen.

Ein solcher Erfolg war aber bei den Grundlagen, auf welchen dieselben fast überall beruhten, unausbleiblich. Es war dies nämlich, genau genommen, kein anderes, als die Mildthätigkeit. Durch Geschenke, durch Darlehne ohne Zinsen brachte man das Betriebskapital zusammen, und wie man denn mit solchen Geldern zu wirthschaften pflegt, so geschah es auch hier. Wenn schon die Empfänger der Darlehen dieselben zurückzahlen, auch wohl verzinsen mußten, machte sich doch der dem Ganzen anhaftende Charakter der Aufhilfe Bedürftiger überall geltend. Die Darlehen werden dann meist mehr als Unterstützungen bewilligt und empfangen, bei denen man ebenso wenig seitens der Geber an eine genaue Prüfung der

Zahlungsfähigkeit, wie seitens der Empfänger an pünktliche Rückzahlung denkt. Es kann nicht fehlen, daß das Kapital mannigfache Ausfälle erleidet, welche mit den fortlaufenden Zuwendungen bald außer Verhältniß treten.

Bei allen dergleichen volkswirthschaftlichen Instituten zeigt sich: daß, so lange dieselben von der Gnade Dritter, von fremdem gutem Willen abhängen, ihnen nothwendig die echte Lebensfähigkeit fehlen muß, welche sie nur erlangen, wenn sie durch eigene Kraft bestehen. Gewiß ist es ein sehr beachtenswerthes Zeichen der Zeit, daß man heute wieder von so vielen und verschiedenen Seiten her in Wort und That den Nothstand anerkennt und Hand anlegt, ihn zu mildern. Wohin aber soll es führen, wenn man sogar an die Erfüllung der Forderung geht, den Staat mit der Befriedigung des Kreditbedürfnisses der verschiedenen Berufsstände zu belasten? wenn man den Staat zum Bankier aller derer machen will, die heute im ordentlichen Geschäftsverkehr nicht kreditwürdig erscheinen? Das geht weiter noch, als die Anerkennung des Rechtes auf Arbeit, denn über die Ausführung der überwiesenen Arbeit ist eine Kontrole möglich, nicht dagegen über die Verwendung des zur Befriedigung des Kreditbedürfnisses gewährten Kredits. Die Unmöglichkeit, das berechtigte Kreditbedürfniß im ordnungsmäßigen Geschäftsgange zu befriedigen, treibt den Betreffenden in die Hände der Wucherer — eine zu weit gehende und zu leichte Befriedigung des Kreditbedürfnisses führt zu leichtfertiger Ueberschuldung und läßt die Kreditansprüche ins Ungemessene anwachsen. Staatliche Eingriffe in das wirthschaftliche Leben sind stets gefährlich, ganz besonders aber, wenn es sich um die Schaffung von Gelegenheiten handelt, das Kreditbedürfniß unter Bedingungen zu befriedigen, die günstiger sind, als die im regelmäßigen geschäftlichen Leben. Kredit beruht auf Vertrauen, und Vertrauen muß erworben werden. Durch Kapitalvorschüsse die Lage seiner Bürger zu verbessern, hat Lassalle als die Aufgabe des zukünftigen Staates bezeichnet, mit unserer heutigen Wirthschaftsordnung ist dieselbe unvereinbar.

„Die Massen daran gewöhnen", — sagt der Franzose Bastiat mit Recht — „den Staat für Alles verantwortlich zu halten, was ihnen Gutes und Böses begegnet, dabei kann keine Regierung bestehen." Bedenkt man denn gar nicht, wie gefährlich es ist, wenn man der zahlreichsten Klasse der Staatsinsassen so recht systematisch die Lehre beibringt, daß sie sich, ohne Unterstützung seitens des Staates, allein nicht zu helfen vermöge, also ohne

Almosen nicht bestehen könne? Nichts in der Welt müßte mehr dahin führen, diese Leute zu entsittlichen oder doch ihre Thatkraft zu lähmen, als wenn sie sich auf solche Weise selbst aufgäben, und nichts wäre zugleich in seinen Konsequenzen bedenklicher für die, auf deren Unterstützung man sie verweist, da nicht abzusehen ist, wie dies auf die Dauer durchgeführt werden sollte. Gewöhne man die Menschen doch statt dessen, ihre Hilfsmittel in sich selbst zu suchen, und wer leugnen wollte, daß es unsern gewerbetreibenden und arbeitenden Klassen daran gebräche, der erklärt dieselben für bankerott. Sie die in ihnen liegenden Hilfsmittel gehörig erkennen und ergreifen zu lehren, und so ihr Selbstgefühl, das Vertrauen in die eigene Kraft zu stärken, das ist der einzige, der größte Dienst, den ihnen besonders Diejenigen, welchen eine glücklichere Lebensstellung den Weg zu umfassenderer Geistesbildung bahnte, zu leisten vermögen.

Das Probehaltige dieses Grundsatzes haben denn auch die Kreditgenossenschaften durchaus bewährt. Dazu bestimmt, den persönlichen Kredit, den Geldpunkt bei den verschiedenen gewerblichen Berufsständen zu vermitteln, haben sie es gerade mit einem Felde zu thun, auf welchem, nach der vielfach verbreiteten Ansicht, ohne öffentliche Garantien und Subventionen nicht genug geleistet werden kann. Und sie haben diese Aufgabe in einem Umfange gelöst, der die berechtigten Bedürfnisse ihrer Mitglieder deckt. Indem man die Gesammthaft der Mitglieder in der Form der Solidarität, des Einstehens Aller für Einen und Jedes für Alle, organisirt, gewinnt man den nöthigen Mittelpunkt, in welchem nicht nur die kleinen Ersparnisse aller Einzelnen, sondern auch fremde Gelder zusammenfließen. Der Kredit, der sich dem Einzelnen versagt, wendet sich unbedenklich einer Gesammtheit zu, in welcher Jeder für das Ganze verantwortlich ist,*) und nach wenigen Jahren ist der Bestand und das Ansehen der Vereine meist dergestalt bei zweckmäßiger Leitung gesichert, daß sie von den ihnen gemachten Geldangeboten nicht überall Gebrauch machen können. So sind die Kreditgenossenschaften an Mitgliederzahl, Geschäftsverkehr und Kredit von Jahr zu Jahr gewachsen, und ihre Organisation ist in ganz Europa als mustergiltig anerkannt und überall zur Nachbildung empfohlen.

---

*) Ueber die Unterschiede der unbeschränkten und der beschränkten Haftpflicht S. 23 ff.

Von den für die Kreditgenossenschaften gemeinsamen Grundlagen, wodurch sich dieselben wesentlich von allen ähnlichen Instituten unterscheiden, heben wir, neben der schon erwähnten Solidarität, insbesondere noch die eigene Kapitalbildung für die Mitglieder hervor, als die beiden Hauptelemente, mittelst welcher die in unseren Vereinen bezweckte Selbsthilfe sich vollzieht.

Nun kann aber die Leichtigkeit, sich Kredit zu verschaffen, so förderlich sie einerseits ist, in den Händen des unbemittelten Gewerbetreibenden gar leicht zum zweischneidigen Schwerte werden, dessen Schärfe sich gegen ihn selbst kehrt, so lange nicht die Sorge für die Deckungsmittel damit Hand in Hand geht. Zu diesem Behufe mußte, um sicher zu gehen, an Bildung von Kapitalien für die einzelnen Mitglieder in Form von Antheilen im Geschäfte gedacht werden, als Bedingung der Mitgliedschaft. Erst hierdurch erhält nicht nur der Einzelkredit der Mitglieder dem Vereine gegenüber, rücksichtlich der denselben zu gewährenden Darlehen, sondern auch der Gesammtkredit des Vereins selbst bei dem Publikum, den Vereinsgläubigern, die rechte Garantie. Man bewirkt dies am leichtesten und sichersten, da die Volleinzahlung solcher Antheile der Mehrzahl derer, denen unsere Vereine aufzuhelfen bestimmt sind, unmöglich fällt, durch regelmäßige Monatssteuern, welche in einem Mindestbetrage so niedrig bemessen sind, daß sie auch der wenig bemittelte Gewerbetreibende aufzubringen vermag, und auf deren Steigerung man durch Vertheilung des Geschäftsgewinns nach Höhe des solchergestalt sich bildenden Guthabens bedeutend hinwirken kann, wie wir im fünften Kapitel zeigen werden. So gelangt man in wenigen Jahren zu einem bedeutenden Theile des Betriebskapitals, das unseren Vereinen die solide geschäftliche Grundlage sichert, auf welcher hauptsächlich ihr außerordentliches Gedeihen beruht. Und schlage man auch außerdem diese Kapitalbildung für den Einzelnen nur nicht gering an, wenn auch die dabei vorkommenden Summen — die Geschäftsantheile sind durchschnittlich auf 300 Mark für Jeden festgestellt — an sich nicht bedeutend erscheinen. Vielmehr bedenke man, daß ein erheblicher Theil der Mitglieder vielleicht kaum jemals ein werbendes Kapital besessen hat, und daß es bei Vielen eines starken Anreizes bedarf, um sie zum Sparen zu bewegen. Wer irgend die einschlagenden Zustände kennt, der weiß, wie schwierig, aber auch wie wichtig die ersten Schritte auf diesem Wege sind, und daß damit unendlich viel gewonnen ist. Das Gefühl, durch eigene Kraft, durch manche Anstrengung und Entbehrung es dahin gebracht zu haben, sich einen angemessenen Kredit zu eröffnen, ein kleines, stets wachsendes Kapital sein zu nennen, übt auf die Lage von Leuten großen Einfluß, welche bis dahin von der Hand in den Mund lebten und in Gewerbe und Häuslichkeit allen Plackereien und Uebervortheilungen ausgesetzt waren, wie sie die Vermittelung sämmtlicher Bedürfnisse auf dem Kreditwege bisher für sie zur Folge hatte. Statt des bloßen augenblicklichen Behagens gewöhnt man sich, die Zukunft in das Auge zu fassen; um bleibender Vortheile willen, deren Erreichbarkeit man vor Augen hat, Mühe und Entsagung nicht zu scheuen. Das Bewußtsein, einer großen und in sich starken Verbindung anzugehören, an welcher die eigene Geltung einen Stützpunkt hat, und doch dabei auf eigenen Füßen zu stehen, schärft die Thatkraft und hebt die Selbstachtung, diese ersten Voraussetzungen wirthschaftlicher und sittlicher Tüchtigkeit. Und so mögen diese kleinen, durch unsere Vereine gepflegten, ja manchen Mitgliedern vielleicht mühsam abgerungenen Anfänge einer eigenen Kapitalansammlung zum Anstoße werden, der, auch außerhalb des genossenschaftlichen Kreises, auf die ganze Lebenshaltung derselben seine segensreiche Wirkung ausübt.

Trotz dieser Einheit des Prinzips stand doch nichts im Wege, daß unsere Vereine je nach Verschiedenheit des lokalen Bedürfnisses sich in ihren Einrichtungen verschieden gestalteten und demgemäß ihre speziellen Einrichtungen in freiester Mannigfaltigkeit entwickelten.

Folgende Hauptgrundsätze der Kreditgenossenschaften lassen sich kurz zusammenfassen:

1. die Kreditbedürftigen sind selbst Träger und Leiter des auf Befriedigung ihres Kreditbedürfnisses gerichteten Unternehmens, d. h. also Mitglieder des Vereins, weshalb ihnen Risiko und Gewinn des Unternehmens gemeinsam sind;
2. der durch die Vereine vermittelte Geldverkehr ist überall auf geschäftlichem Fuße (Leistung und Gegenleistung) nach den Regeln des Bankverkehrs geordnet, so daß den Vereinsgläubigern durch die Genossenschaft, sowie dieser letztern durch die Darlehnsnehmer der marktgängige Zins nebst Provision, endlich den Geschäftsleitern und Vereinsbeamten eine ihrer Mühwaltung entsprechende Entschädigung gewährt wird;
3. durch Rücklagen aus dem Reingewinn wird ein Reservefonds gebildet, der bestimmt ist zur Deckung eines aus der Bilanz

sich ergebenden Verlustes und zur Stärkung des eigenen Vereinsvermögens;

4. entweder durch sofortige Vollzahlung oder meist allmälig durch fortlaufende kleine Beisteuern der Mitglieder werden die Geschäftsantheile derselben in der Genossenschaft gebildet, welche den Maßstab für Vertheilung der Dividende abgeben und durch Zuschreibung der letzteren ein stets wachsendes Stammkapital des Vereins repräsentiren;
5. die außerdem zum Geschäftsbetriebe erforderlichen Gelder werden anlehnsweise auf gemeinschaftlichen Kredit aller Mitglieder aufgenommen;
6. die Zugehörigkeit beschränkt sich nicht auf eine bestimmte Berufsklasse: städtische Gewerbetreibende, Beamte, Arbeiter wie Landwirthe sind als Mitglieder betheiligt, und es wird auf diese Weise nicht blos zwischen Stadt und Land, sondern allgemein zwischen allen Berufsarten ein Ausgleich zwischen Geld-Angebot und Geld-Nachfrage herbeigeführt;
7. wie die Genossenschaft eine Personalgesellschaft ist, so dient sie auch nur der Befriedigung des Personalkredits;
8. sind dementsprechend die gewährten Kredite auch in der Regel nur kurz befristet, so wird doch, so weit wie möglich, die Tilgung des gewährten Darlehns durch entsprechende Abschlagszahlungen zugelassen, was durch die Bildung eines ausreichenden eigenen Vereinsvermögens erleichtert wird;
9. mit fortschreitender Entwickelung wird die Kreditgenossenschaft für alle Geldangelegenheiten ihrer Mitglieder deren Bankier.

In so einfacher Weise unternimmt es die Kreditgenossenschaft, durch Vereinigung mehrerer kleiner Kräfte, von denen keine in ihrer Vereinzelung der Aufgabe nur annähernd gewachsen wäre, eine der größten wirthschaftlichen Schwierigkeiten zu beseitigen, und den Unbemittelten den Weg zum Emporkommen zu eröffnen. Wirklich gelingt es ihr bei irgend vernünftigem Erfassen der Sache, Alle, die sich durch Erfüllung der übernommenen Pflichten, durch Redlichkeit und Ordnung in Haushalt und Erwerb kreditwürdig zeigen, kreditfähig zu machen und so dem sittlichen Halt ihrer Mitglieder die unentbehrliche wirthschaftliche Unterlage zu geben. Nichts aber ist wirksamer — unter Verwerfung aller sozialistischer Träumereien — unsere Landwirthe und Handwerker auf den ewig unumstößlichen, aus der Natur des Menschen selbst abgeleiteten Grund- und Kernsatz zu verweisen: „daß der Mensch zwar von Natur Bedürfnisse, an welche sein Dasein geknüpft ist, zugleich aber auch Kräfte empfangen hat, deren rechter Gebrauch ihn zur Befriedigung jener Bedürfnisse führt."

II. Die erste Entstehung der Kreditgenossenschaften und die von ihnen erreichten Resultate.

Der zuerst von Schulze im April 1850 in Delitzsch gegründete Vorschußverein unterschied sich Anfangs von den in Berlin 1848 und 1849 in großer Anzahl entstandenen, auf Unterstützung Seitens der wohlhabenden Klassen mittelst Geschenke und zinsfreier Darlehne berechneten, nur darin, daß er durchweg eine angemessene Verzinsung (bis 10 Procent auf das Jahr) erforderte, und von den Darlehnssuchern die Mitgliedschaft und Zahlung fortlaufender Monatssteuern von — 1 Groschen — verlangte, welche für die Einzelnen in der Kasse angesammelt und ihnen auf die empfangenen Darlehen zu Gute gerechnet wurden. Allerdings lag hierin bereits der Keim der späteren Einrichtung, wonach die Kreditbedürftigen selbst als Träger des ganzen Unternehmens herangezogen und zur eigenen Kapitalbildung angehalten wurden. Dennoch war die Wirksamkeit des Vereins, da man das eigentliche Betriebskapital in der angedeuteten Weise auf nur etwa 180—200 Thaler zu bringen vermochte, eine höchst kümmerliche, dem Bedürfniß nicht im Entferntesten entsprechende, wie dies bei solchen Grundlagen stets der Fall ist. Als man jedoch bei den seit 1849 von Schulze in den Nachbarstädten Delitzsch und Eilenburg gegründeten Rohstoff-Associationen der Schuhmacher und Tischler die außerordentliche Wirksamkeit der solidarischen Haft der Mitglieder als Kreditbasis erprobt hatte, wagte man, dieselbe auch auf die Vorschußvereine anzuwenden und dadurch deren Betriebskapital auf die dem Bedürfniß entsprechende Höhe zu bringen. Da inzwischen Schulze im Staatsdienste von Delitzsch abberufen wurde, so geschah der erste Versuch der Heranziehung fremden Kapitals auf diesem Wege, unter Beibehaltung der festen Mitgliedereinlagen — 1 Gr. —. monatlich, in Eilenburg durch zwei, um das Gemeinwohl verdiente Männer, den Arzt Dr. Bernhardi I. und den Schneidermeister Bürmann, welche den dortigen Darlehnskassenverein 1851 auf dieser Grundlage mit dem Erfolge eröffneten, daß bereits im ersten Jahre 8801 Thaler, im zweiten 13,336 Thaler an Darlehen gewährt werden konnten. Erst als Schulze, nachdem er den Staatsdienst aufgegeben, nach Delitzsch zurückkehrte, wurde bei

Reorganisation des Delitzscher Vereins im Herbst 1852 das System mit der eigenen Kapitalbildung für die Mitglieder, durch Einführung der Geschäftsantheile, des Guthabens derselben in der Genossenschaft von ihm durchgeführt. Anstatt der festen Beiträge der Mitglieder und der demgemäß gleichen Vertheilung des Geschäftsgewinns nach Köpfen, wurde die beliebige Erhöhung der Steuern, deren Mindestbetrag man, und zwar auf — 2 Gr. — monatlich, festsetzte, nachgelassen, und die Dividende nach Höhe des eingesteuerten Guthabens vertheilt, wodurch man jenen großen Anreiz zum Sparen, zur Erhöhung der Einlagen hervorrief, auf den wir später zu sprechen kommen.

Den beiden in Delitzsch und Eilenburg gegründeten Vereinen folgte zunächst 1853 der Vorschußverein in dem benachbarten Zörbig, der, lediglich von einer Anzahl intelligenter Handwerker geleitet, sich in kurzer Zeit zu äußerst tüchtiger Wirksamkeit aufschwang, und weiter im Jahre 1854 die Vereine in Eisleben und Celle, im Jahre 1855 endlich die in Meißen und Bitterfeld, von denen der Meißener durch die ausgezeichnete Thätigkeit seines Mitgründers und Leiters, Advokat Hallbauer, namentlich im Königreiche Sachsen Bahn brechen half. Alle diese Vereine bekannten sich, gleich den späteren, zu den von Schulze vertretenen Grundsätzen und hielten sich im Wesentlichen an das Statut des Delitzscher Vereins, welches sie alsdann im Laufe der Zeit, nach den verschiedensten Richtungen hin, ihren lokalen Bedürfnissen gemäß, weiter ausbildeten. Aber erst die im Jahre 1855 veröffentlichte erste Auflage dieses Buches brachte die Sache vollständig zum Durchbruche und seit 1856 verbreiteten sich die Vereine durch ganz Deutschland.

Zu der äußeren Verbreitung und inneren Kräftigung haben außer der Zeitströmung, welche Hand in Hand mit dem immer entschiedener sich fühlbar machenden Bedürfniß zur Genossenschaft hindrängte, mehrere Umstände mitgewirkt, welche auf die Regelung der Bewegung und immer solidere Begründung der daraus entspringenden Institute noch fortwährend einen erheblichen Einfluß übten.

Zunächst gelang es Schulze, nachdem verschiedene Organe der deutschen Tagespresse, durch seine regelmäßigen Veröffentlichungen bestimmt, der Bewegung ihre Theilnahme und Aufmerksamkeit unausgesetzt zugewendet und ihre Resultate in den weitesten Kreisen verbreitet hatten, auf dem ersten Kongresse deutscher

Volkswirthe im Herbst 1858 zu Gotha — den er im Vereine mit einigen Freunden in das Leben gerufen hatte — durchzudringen und die von ihm in der deutschen Genossenschaftsbewegung vertretenen Prinzipien zur Anerkennung zu bringen. Eine vielfach günstigere Anschauung in volkswirthschaftlichen Kreisen war die nächste Frucht davon, und die schon vorbereitete Stimmung im Publikum, welche auf den Kredit, wie auf die ganze Stellung der Vereine durchaus günstig zurückwirkte, kam dem Bedürfniß der letzteren, für deren Ausbreitung sich auch die öffentlichen Verhältnisse inzwischen günstiger gestaltet hatten, überaus förderlich entgegen. Das Selbstgefühl, das Bewußtsein ihrer Bedeutung hob sich in den Vereinen sichtlich und führte schon 1859 zu dem vielseitigen Antrage aus ihrer Mitte an Schulze: einen Vereinstag auszuschreiben, auf welchem Abgeordnete der einzelnen Vorschußvereine die gemeinsamen Interessen derselben berathen, die gemachten Erfahrungen austauschen und gemeinsame Maßregeln für gemeinsame Zwecke einleiten sollten. So kam der erste Vereinstag von Genossenschaften im Juni 1859 in Weimar zu Stande. Seine Frucht war die Schaffung eines Central-Korrespondenzbureaus, als Centralstelle der ganzen Bewegung, woraus sich in den nächsten Jahren der Allgemeine Verband der deutschen Erwerbs- und Wirthschaftsgenossenschaften entwickelte, der durch das auf dem Vereinstage zu Mainz im August 1864 angenommene „Organische Statut", welches im Jahre 1891 auf dem Allgemeinen Vereinstage zu Gera revidirt wurde, seine jetzige Gestalt erhielt.*) Es liegt nicht im Rahmen

*) Der Verband hat seinen Sitz in Berlin. Anwalt des Verbandes war von 1859 bis 1883 Schulze-Delitzsch, von 1883 bis 1896 Schenck, auf dem Allgemeinen Genossenschaftstage zu Wiesbaden (1896) wurde der jetzige Herausgeber dieses Buches zum Anwalt gewählt. Der Anwalt führt die Geschäfte des Verbands, dessen Zweck ist: a) die Förderung des Genossenschaftswesens im Allgemeinen; b) die Fortbildung der Verfassung und der Einrichtungen der verbundenen Genossenschaften; c) die Wahrnehmung gemeinsamer Interessen mit vereinten Mitteln und Kräften; d) die Anknüpfung gegenseitiger Geschäftsbeziehungen. Jährlich findet ein Allgemeiner Genossenschaftstag statt, der durch Vertreter der verbundenen Vereine beschickt wird, und der als oberste Instanz, ohne irgend in die Selbstständigkeit der einzelnen Vereine in deren speziellen Angelegenheiten einzugreifen, die gemeinsamen Angelegenheiten ordnet. Als Zwischenglieder zwischen diesem Centralorgan und den einzelnen, über ganz Deutschland verbreiteten Vereinen sind sogenannte Unter- d. h. Provinzial- oder engere Landesverbände gebildet aus den Genossenschaften einzelner deutscher Länder, Provinzen oder auch einzelner Genossenschaftszweige, welche die Wahrnehmung der Sonderinteressen und den engeren Verkehr der ein-

dieses Buches, eine Geschichte des deutschen Genossenschaftswesens zu geben. Nur einiger für die Entwickelung der Kreditgenossenschaften wichtiger Momente sei Erwähnung gethan.

Neben diesen möglichst alle Berufsarten umfassenden Vorschuß-Vereinen entstanden in den 60er Jahren auf einen kleinen Bezirk beschränkte, nur aus Landwirthen bestehende Darlehnskassenvereine, die sich in wichtigen Fragen der Organisation von jenen Genossenschaften unterschieden. Ihr Begründer ist der 1888 verstorbene Bürgermeister Raiffeisen, der in den 40er und 50er Jahren in den Gemeinden, die er als Bürgermeister verwaltete, Wohlthätigkeitsvereine begründete und im Jahre 1864 den „Heddersdorfer Wohlthätigkeitsverein" als ersten Darlehnskassenverein reorganisirte. Im Jahre 1877 vereinigte Raiffeisen die nach ihm benannten Darlehnskassen zu einem „Anwaltschaftsverbande", der seit 1889 sich „Generalanwaltschaftsverband ländlicher Genossenschaften für Deutschland" nennt. Die Darlehnskassen breiteten sich hauptsächlich im Westen Deutschlands aus. In Hessen und Baden jedoch nahmen die Kassen bald den Schulze-Delitzsch'schen Vereinen vielfach ähnliche Einrichtungen an, und da auch noch andere Meinungsverschiedenheiten zwischen den Leitern der Genossenschaftsbewegung in Hessen und Baden: Haas, Weidenhammer und Maerklin einerseits und Raiffeisen andererseits, entstanden, so gründeten jene, unter Mitwirkung von Schulze-Delitzsch im Jahre 1883 einen von Raiffeisen unab-

---

bezirkten Vereine, sowie die Vermittelung mit der Centralstelle zum Zwecke haben Indem sie dem allgemeinen Vereinstage durch besondere Versammlungen, die Unterverbandstage, vorarbeiten und ihre Erfahrungen austauschen, geben sie zugleich dem Anwalt Gelegenheit, sich durch den Besuch derselben von den Bedürfnissen dieser engeren Genossenschaftskreise zu unterrichten und in gegenseitiger persönlicher Verständigung den Zusammenhang mit der Gesammtbewegung aufrecht zu erhalten. Zur Zeit bestehen 32 solcher Unterverbände, die von ihnen gewählten Vorstände bilden den Gesammt-Ausschuß mit im Statut näher bezeichneten Obliegenheiten, außerdem steht dem Anwalt zur Seite der siebengliedrige vom Allgemeinen Genossenschaftstage aus den Directoren (und deren Stellvertretern) der Unterverbände gewählte Engere Ausschuß. Als Organ des Allgemeinen Verbandes dienen die Mitte der 50er Jahre begründeten Blätter für Genossenschaftswesen (früher unter dem Titel „Innung der Zukunft"), ferner giebt der Anwalt die jährlich erscheinenden „Jahresberichte" und die „Mittheilungen" über die allgemeinen Genossenschaftstage heraus. 1865 begründeten die Vereine die Deutsche Genossenschafts-Bank von Sörgel, Parrisius & Co. in Berlin (seit 1871 mit der Kommandite in Frankfurt a. M.), die heute ein Aktienkapital von 21 Millionen M. hat. Die Bank hat die Aufgabe, den Genossenschaften bankmäßigen Kredit zu geben, von ihrem verstorbenen Director Sörgel ist der Giro-Verband ins Leben gerufen, über den unten (neuntes Kapitel I Formular 43) berichtet werden wird.

hängigen Verband, die „Vereinigung der deutschen landwirthschaftlichen Genossenschaften" (seit 1890 Allgemeiner Verband der deutschen landwirthschaftlichen Genossenschaften).*) —

Im Laufe der Jahre hat sich bei den Genossenschaften gezeigt, daß vielfach die sich findenden fehlerhaften Einrichtungen und Verstöße gegen durch Erfahrung erprobte Grundsätze wesentlich auf Unkenntniß und Schwerfälligkeit der Leitung zurückzuführen waren und daß mit dem Austausch der Erfahrungen bei Gelegenheit der Verbandstage eine durchgreifende Verbesserung der Einrichtungen nicht überall zu erzielen war; man erkannte, daß an Ort und Stelle bei der Genossenschaft mit der Belehrung vorgegangen werden mußte. So entstand zuerst in den Unterverbänden des Schulze-Delitzsch'schen Allgemeinen Verbandes die sogenannte Verbands-Revision, die darin bestand, daß der Verband Personen wählte, welche von Zeit zu Zeit bei den angeschlossenen Genossenschaften Revisionen der Geschäftsführung vornehmen. Der Revisor erscheint dabei als Vertrauensmann der Genossenschaft, der die Einzelheiten der Geschäftsführung prüft, erforderlichen Falls auch eine kalkulatorische Revision vornimmt und mit Vorstand und Aufsichtsrath die bei der Revision vorgefundenen Fehler und Mängel der Einrichtungen durchspricht. Diese Einrichtung bewährte sich so ausgezeichnet, daß dieselbe durch das Genossenschaftsgesetz vom 1. Mai 1889 in zum Theil erweiterter und ausgebildeter Form für obligatorisch erklärt wurde**) (§§ 51 ff).

Im Jahre 1867 war es Schulze-Delitzsch in Preußen gelungen, das erste Genossenschaftsgesetz zu erlangen, bald folgten einzelne andere deutsche Staaten; am 4. Juli 1868 trat an Stelle der in Norddeutschland geltenden Einzel-Genossenschaftsgesetze das norddeutsche Genossenschaftsgesetz, welches bei Errichtung des Deutschen Reichs und in den folgenden Jahren seine Wirksamkeit über ganz Deutschland erstreckte. Bald zeigte sich, daß eine Revision dieses

*) Der Verband, dessen Anwalt Kreisrath Haas in Offenbach ist, ist ähnlich dem Allgemeinen Verbande deutscher Erwerbs- und Wirthschafts-Genossenschaften eingerichtet.

**) In Folge der obligatorischen Einführung der Revision und der durch das Gesetz vorgesehenen Verleihung des Rechts an Verbände, den Revisor zu bestellen, sind eine Anzahl kleiner Revisionsverbände entstanden, deren Thätigkeit sich nur auf die Revision der angeschlossenen Genossenschaften erstreckt. Seit einigen Jahren macht sich auch im Gegensatz zu den sich über ganz Deutschland erstreckenden Genossenschaftsverbänden in den Süddeutschen Staaten der Wunsch bemerkbar, selbstständige Landesverbände zu gründen. Die bedeutendsten dieser Verbände bestehen in Bayern und Württemberg.

Gesetzes in Folge der Ausbreitung und Entwickelung der Genossenschaften nothwendig geworden war; erst im Jahre 1889 durch das Gesetz vom 1. Mai 1889 kam dieselbe zum Abschluß.

Die Zulassung der beschränkten Haftpflicht neben der unbeschränkten Haftpflicht durch das Gesetz ist für die Kreditgenossenschaften wesentlich nur insoweit von Bedeutung geworden, als große kapitalkräftige Genossenschaften dieselbe annehmen (vgl. S. 31 ff.); in letzter Zeit wird freilich die beschränkte Haftpflicht auch vielfach bei Neugründungen angewendet, doch sollten die bisherigen Erfahrungen eigentlich nicht zur Nachahmung anregen.

Durch die Gestattung der Bildung von Genossenschaften, die aus Genossenschaften bestehen, hat das Gesetz wesentlich die Bildung von Centralkassen von Genossenschaften gefördert (vgl. S. 53 ff.).

In ein neues Entwickelungsstadium ist aber das Genossenschaftswesen dadurch getreten, daß der wirthschaftliche Grundsatz der Selbsthilfe nicht mehr der allein entscheidende ist, sondern daß eine Richtung maßgebenden Einfluß gewonnen hat, die „Selbsthilfe ergänzt durch Staatshilfe" zum Wahlspruch erkoren hat und welche Seitens der Regierungen die weitgehendste Unterstützung findet. Diese Richtung hat in Preußen ihren Mittelpunkt in der durch Gesetz vom 31. Juli 1895 geschaffenen Preußischen Central-Genossenschaftskasse, deren Zweck die Förderung des genossenschaftlichen Personalkredits ist. Das Grundkapital dieser Kasse betrug zuerst 5 Millionen Mark und ist durch Gesetz vom 8. Juni 1896 auf 20 Millionen Mark erhöht. Wenn auch nicht mit solchen Mitteln, so doch auf ähnliche Weise wird das Genossenschaftswesen auch in den anderen deutschen Staaten gefördert. Als Erfolg ist die Entstehung von Tausenden kleiner ländlicher Darlehnskassen zu verzeichnen und ganz neuerdings die Entstehung von Handwerkerkassen. Die Bewegung hat zum Theil den soliden wirthschaftlichen Boden verlassen; es werden Kassen gegründet ohne Rücksicht, ob ein Bedürfniß vorhanden ist, ob die geeigneten Kräfte zur Leitung zu finden sind. Nicht selten bleiben die Kassen auf dem Papier stehen; kommen doch sogar Auflösungen von Kassen vor, die ihren Geschäftsbetrieb gar nicht eröffnet haben, und in anderen Fällen scheut man die mit der Auflösung verbundenen Kosten.

Es zeigt sich auch hier wieder, wie unter dem Einfluß der staatlichen Hilfe die soliden wirthschaftlichen Grundsätze leicht außer Acht gelassen werden.

Der Zahl nach überwiegen unter den Kreditgenossenschaften weitaus die ländlichen Darlehnskassen, auf rund 8000 kommen wohl 5200 solcher Kassen neben 2800 anderen Kreditgenossenschaften, die alle Berufsstände umfassen. Die Zahl der sogenannten Handwerkerkassen ist noch klein. Die ländlichen Darlehnskassen haben ihren Charakter als solche vielfach nicht bewahrt, sie haben Handwerker und Kaufleute zu Mitgliedern.

Das Ueberwiegen der ländlichen Darlehnskassen ist größtentheils auf die Agitationen der Behörden für deren Gründung zurückzuführen.

Eine Darstellung der Resultate aller 8000 Kreditgenossenschaften zu geben, ist unmöglich, da nur über einen kleinen Theil der ländlichen Darlehnskassen statistische Veröffentlichungen durch die betreffenden Verbände erfolgen und auch diese Arbeiten nicht die ganze Geschäftsthätigkeit der Vereine einschließen.

Eine umfassende, bis in alle Einzelheiten der Geschäftsthätigkeit eindringende Statistik bietet allein der Allgemeine Verband der deutschen Erwerbs- und Wirthschafts-Genossenschaften. Wir lassen nachstehend eine Zusammenstellung auf Grund der „Jahresberichte“ folgen, die ein Bild über die Entwickelung der Schulze-Delitzsch'schen Kreditgenossenschaften bietet.

Rechnungsjahr	Anzahl der bestehenden Schulze-Delitzsch'schen Kreditgenossenschaften	Zahl der berichtenden Genossenschaften	Mitgliederzahl	Gewährte Kredite und Prolongationen ℳ	Eigenes Vermögen: Geschäftsguthaben der Mitglieder ℳ	Eigenes Vermögen: Reserven ℳ	Aufgenommene fremde Gelder ℳ	Am Jahresschluß ausstehende Kredite ℳ
1859	c. 200	80	18,676	12,394,308	738,003	92,535	3,042,435	?
1865	839	498	169,595	202,709,709	13,328,637	1,229,037	52,970,328	61,026,438
1870	1272	740	314,656	622,854,861	40,347,456	3,642,525	137,997,486	166,452,981
1875	1726	815	418,251	1,495,648,437	83,542,008	8,427,981	330,164,901	389,951,002
1880	1895	906	460,656	1,447,526,317	102,029,366	16,398,062	364,449,945	437,707,818
1885	2118	896	458,080	1,533,840,929	107,841,112	21,581,595	401,801,383	467,225,107
1890	c. 2600	1072	518,003	1,641,574,191	117,079,868	28,475,381	453,826,256	538,412,010
1895	c. 2800	1068	525,748	1,659,305,785	125,791,326	37,693,574	467,123,041	569,394,402

Die Jahresberichte enthalten auch eine Sonder-Statistik über die Zusammensetzung der Mitglieder nach Berufsarten. An der Statistik des Jahresberichtes für 1895 betheiligten sich 1021 Kreditgenossenschaften mit 505,331 Mitgliedern, die sich nach Berufsarten wie folgt vertheilen:

I.	Selbstständige Landwirthe, Gärtner, Förster, Fischer	161,609
II.	Gehilfen und Arbeiter bei der Land-, Forstwirthschaft, Gärtnerei und Fischfang	14,152
III.	Fabrikanten, Bergwerksbesitzer und Bauunternehmer	15,718
IV.	Selbstständige Handwerker	128,527
V.	Fabrikarbeiter, Bergarbeiter, Handwerksgesellen	27,834
VI.	Selbstständige Kaufleute und Händler	43,980
VII.	Handlungs-Kommis und sonstige kaufmännische Gehilfen	4,209
VIII.	Fuhrherren, Schiffseigenthümer, Gast- und Schankwirthe	24,001
IX.	Briefträger, untere Eisenbahn-, Telegraphen- oder Postbeamte, Eisenbahnarbeiter, unselbstständige Schiffer, Kellner	11,195
X.	Dienstmänner, Dienstboten	4,455
XI.	Aerzte, Apotheker, Lehrer, Künstler, Schriftsteller, Kirchen-, Staats- und Gemeinde-Beamte	31,146
XII.	Rentiers, Pensionäre und andere Personen ohne Berufsübung	38,505

Landwirthe und **Handwerker** bilden den wesentlichsten Bestandtheil der Mitglieder. Auch die **arbeitenden Klassen** sind vertreten, die wohl hauptsächlich an der Kapitalbildung betheiligt sind. Hierin liegt die große soziale Bedeutung der Kreditgenossenschaften, daß sie alle Berufsarten in sich vereinigt, die sozialen Gegensätze und Klassen-Unterschiede treten zurück zu Gunsten der Verfolgung gemeinsamer wirthschaftlicher Aufgaben.

Ueber die Resultate der ländlichen Darlehnskassen sind nebenstehende Zahlen mitzutheilen.

Leider giebt die Statistik über die ländlichen Kassen auf die wichtigsten Fragen nach der Kreditgewährung und den Kreditausständen keine Auskunft.

Alles in Allem ist es ein erfreuliches Bild, das sich uns hier bietet, um so erfreulicher, wenn man bedenkt, daß diese Millionen sich aus den allerkleinsten Anfängen heraus entwickelt haben: einerseits Befriedigung des Kreditbedürfnisses der berechtigten Ansprüche der Handwerker, Landwirthe, Gewerbetreibenden aller Art — andererseits eine von Jahr zu Jahr steigende Kapitalbildung dieser Klassen.

Dringend zu wünschen ist, daß auf die heutige Agitation kein Rückschlag eintritt, der für das ganze deutsche Genossenschaftswesen verhängnißvoll werden könnte.

Name des Verbandes 1.	Für das Jahr 2.	Anzahl der dem Verbande angehörenden Genossenschaften 3.	Anzahl der berichtenden Vereine 4.	Anzahl der Mitglieder 5.	Umsatz ℳ 6.	Activa ℳ 7.	Passiva ℳ 8.	Reservefonds ℳ 9.	Eingezahlte Geschäftsguthaben ℳ 10.	Am Jahresschluß ausstehende Darlehne ℳ 11.	Während des Jahres gewährte Darlehen ℳ 12.
1. Allgemeiner Verband der landwirthschaftl. Genossenschaften des deutschen Reichs (Offenbach a. M.)	1893	c. 1800 (1896)	538	58 912	98 777 501 (Einnahme u. Ausgabe)	56 922 333	56 526 759	1 520 876	2 497 660	?	?
2. Verband ländlicher Genossenschaften für Deutschland zu Neuwied . .	1894	c. 2200 (1896)	579	?	24 209 236 (Ausgabe)	27 396 200	26 334 316	?	?	?	?
3. Verband d. landwirthschaftl. Kreditgenossenschaften in Württemberg .	1895	667	649	58 695	61 383 209 (Einnahme u. Ausgabe)	23 942 014	23 796 992	560 785	749 104	?	?
4. Bayrischer Landesverband ländlicher Darlehnskassen in München	für verschied. Jahre	790 (1895)	789	48 133	60 462 381 (Einnahme u. Ausgabe)	27 402 926	27 104 353	260 615	402 074	?	?
5. Rheinischer Revisionsverband zu Kempen	1894	138	74	3 948	3 074 157 (Einnahme)	2 246 109	2 210 581	37 019	?	1 569 338 einschl. Zielfristen	?
6. Verband ländl. Genossenschaften in der Provinz Westfalen (Münster)	1893	246	237	30 074	19 772 443 (Einnahme)	25 009 862	25 010 166	480 737	?	?	?
7. Landwirthschaftliches Kreiscomitee für Unterfranken u. Aschaffenburg	1895	268	266	17 223	14 605 427 (Einnahme u. Ausgabe)	10 441 638	9 986 115	455 523	157 783	?	?
8. Verband schlesischer ländlicher Genossenschaften, e. G. m. b. H., Neisse	1893	103 (1895)	35	2 847	3 641 712	1 616 550	1 610 772	22 673	?	?	?

Zweites Kapitel.

Die gesetzlichen Erfordernisse zur Errichtung von Kreditgenossenschaften.

Für die gesetzlichen Erfordernisse zur Errichtung einer Kredit-Genossenschaft ist maßgebend das Reichsgesetz, betreffend die Erwerbs- und Wirthschaftsgenossenschaften vom 1. Mai 1889, abgeändert durch Gesetz vom 12. August 1896, falls die Genossenschaft sich diesem Gesetze unterstellen will, denn ein Zwang dazu besteht nicht.*)

*) In der 5. Auflage (1876) schrieb Schulze: „Die erste bei Gründung eines Vorschuß- und Kreditvereins sich aufdrängende Frage, ob dazu eine Genehmigung Seitens der Staatsbehörden nothwendig sei, ist gegenwärtig in sämmtlichen deutschen Staaten, wenn auch nicht ohne mancherlei Kämpfe, zu Gunsten der Freiheit entschieden. In der That konnte dies auch nicht anders geschehen, da diese Vereine, man mag sie als Societäten, gewerbliche und Handelsgesellschaften oder als Vereine im eigentlichen Sinne auffassen, ihrem Gegenstande nach einen durchaus erlaubten und rein privaten Zweck verfolgen, zu dessen Erreichung sich Staatsbürger jeder Zeit, ohne einer Concession zu bedürfen, verbinden können. Selbst das 1850 von der vormaligen deutschen Bundes-Centralstelle ausgegangene Vereinsgesetz fordert doch nur bei solchen Gesellschaften, welche sich mit politischen oder religiösen Gegenständen beschäftigen, oder eine Einwirkung auf öffentliche Angelegenheiten bezwecken, die Genehmigung, nach Befinden die Anzeige bei der Behörde. Daß aber die Aufgabe, sich die zu seinem Geschäfte oder zu seiner Wirthschaft nöthigen Geldmittel zu verschaffen, welche unsere Vereine für ihre Mitglieder zu lösen suchen, zu den allerprivatesten Angelegenheiten derselben gehört und völlig der Sorge und dem freien Ermessen der Einzelnen überlassen werden muß, steht ebenso fest, als *daß der Staat durch jede Einmischung und Bevormundung hierbei sich nur ein für ihn unlösbares Problem und eine ungeheuere Verantwortlichkeit aufbürden würde.* War aber hiernach die Errichtung und die Existenz unserer Vereine als erlaubter Privat-Gesellschaften dem öffentlichen Rechte gegenüber freigegeben, so blieb dagegen ihre privatrechtliche Stellung, ihre Vermögensfähigkeit und Rechtsverfolgung, noch in mehr als einer Rücksicht zweifelhaft, und sie befanden sich in ziemlich ungünstiger Lage, indem die bisherige Civil-Gesetzgebung bei ihrer Kodifizirung des Gesellschaftsrechts sie gar nicht kannte und daher nicht im Entferntesten auf ihre Bedürfnisse dabei Rücksicht nehmen konnte. Diese Lage besserte sich auch durch die Einführung des Allgemeinen deutschen Handelsgesetzbuches nicht, da dasselbe die ganze Genossenschaftsbewegung, trotz der bedeutenden Ausdehnung, welche dieselbe inzwischen gewonnen hatte, ebenfalls vollständig übersah und nur die Handels- oder kaufmännischen Gesellschaften in erschöpfender, dem praktischen Bedürfnisse entsprechender Weise behandelte." Erst die specielle Genossenschaftsgesetzgebung, welche das ureigenste Werk Schulze's ist, sicherte auch die privatrechtliche Stellung der Genossenschaften

In diesem Buche haben wir es nur mit den eingetragenen Genossenschaften zu thun, d. h. denen, die auf dem Genossenschaftsgesetz beruhen, und es wird schwerlich auch heute eine Kreditgenossenschaft noch gegründet werden, die sich nicht unter das Genossenschaftsgesetz stellt, denn das Gesetz bietet insbesondere folgende Vortheile:

1. Die eingetragene Genossenschaft hat als solche selbstständig ihre Rechte und Pflichten, sie kann Eigenthum und andere dingliche Rechte an Grundstücken erwerben, vor Gericht klagen und verklagt werden, sie gilt als Kaufmann im Sinne des Handels-Gesetz-Buches mit allen Rechten und Pflichten solcher (z. B. formlose Abschließung von Handelsgeschäften — Buchführung); — der nicht eingetragenen Genossenschaft fehlen diese Rechte, ihr Vorstand handelt nicht als Vertreter der Genossenschaft, sondern als Bevollmächtigter der Mitglieder, er berechtigt und verpflichtet direkt die Mitglieder; alle Rechtshandlungen müssen die Vorstandsmitglieder auf ihren eigenen Namen vornehmen, wodurch Weitläufigkeiten und oft auch Schwierigkeiten entstehen.

2. Da die eingetragene Genossenschaft rechtliche Selbstständigkeit besitzt, haftet deren Gläubigern auch zunächst nur das Vermögen der Genossenschaft und die Geltendmachung der persönlichen Haftpflicht der Mitglieder ist gesetzlich, unter möglichster Schonung der Mitglieder, geregelt — bei der nicht eingetragenen Genossenschaft haften die Genossen den Gläubigern jeder Zeit direkt aus den Rechtsgeschäften des Vorstandes.

3. Die eingetragene Genossenschaft kann die persönliche Haftpflicht der Mitglieder beschränken — bei der nicht eingetragenen Genossenschaft ist die Zulassung einer solchen Beschränkung jedenfalls zweifelhaft und hängt von den landesgesetzlichen Bestimmungen ab.

4. Die Verhältnisse der eingetragenen Genossenschaft, wie die von Vorstand, Aufsichtsrath und Mitgliedern unter einander sind gesetzlich geordnet — bei der nicht eingetragenen Genossenschaft fehlt es an passenden gesetzlichen Vorschriften.

Setzen nun die nachfolgenden Abschnitte auch eine eingetragene Genossenschaft voraus, so sind sie zum größten Theil für nicht eingetragene Genossenschaften nicht bedeutungslos, da deren Geschäftsbetrieb im Wesentlichen nach den für die eingetragenen Genossenschaften geltenden Grundsätzen geleitet wird.

Die Erfordernisse, denen die Genossenschaften genügen müssen, um die Eintragung in die öffentlichen Register, und damit die angegebenen Vortheile zu erlangen, bestehen der Hauptsache nach:

1. in schriftlicher Abfassung des Statuts (Gesellschaftsvertrags);
2. in der Aufnahme gewisser Normativ-Bestimmungen als unerläßlicher Punkte in das Statut, der Innehaltung gewisser Regeln und Uebernahme gewisser Verpflichtungen dem Registergericht gegenüber;
3. in der Anmeldung des Gesellschaftsvertrags und späterer Abänderungen desselben, sowie der Vorstandswahlen beim Registergericht behufs der Eintragung in das Genossenschaftsregister.

Die Unterstellung unter das Gesetz wahrt den Kreditgenossenschaften ihren streng privatrechtlichen Charakter, nur das Genossenschaftsgesetz ist für dieselben maßgebend.

Der Verkehr mit dem Gericht gestaltet sich an der Hand der gebotenen Hilfsmittel so einfach, daß ein Jeder sich mit Leichtigkeit in denselben hineinfinden kann.*) Die durch die Unterstellung unter das Gesetz entstehenden Kosten beschränken sich — insoweit nicht gerade Bekanntmachungen erforderlich werden**) — auf die geringen Schreibgebühren und Portoauslagen, da alle Eintragungen und Verhandlungen über dieselben für die Genossenschaften gebührenfrei sind.

---

*) Den Genossenschaften ist für den Verkehr mit dem Gericht das „Formularbuch zum Reichsgesetz, betreffend die Erwerbs- und Wirthschafts-Genossenschaften vom 1. Mai 1889", von Parisius und Crüger (Verlag von J. Guttentag in Berlin) zu empfehlen.

**) Bemerkt sei hierbei, daß die Genossenschaften die Kosten solcher Veröffentlichungen des Gerichts demselben nicht zu erstatten verpflichtet sind, welche nach dem Gesetz nicht erforderlich waren (vgl. Formularbuch von Parisius und Crüger S. 12, 38, 49). Bei Anwendung einiger Sorgfalt können viele Kosten erspart werden.

Drittes Kapitel.

Die Gründung der Genossenschaft und ihre Eintragung in das Genossenschaftsregister.

I. Die Gründung.

Von den lokalen Verhältnissen wird es abhängen, in welcher Weise die Gründung einer Kreditgenossenschaft einzuleiten ist. In der Regel wird man zunächst die öffentliche Meinung dem Unternehmen günstig zu stimmen suchen, durch Vorträge wird das Publikum aufgeklärt, dann läßt man in einer größeren Versammlung eine Commission zur Bearbeitung des Statuts einsetzen, diese entwirft das Statut, ladet diejenigen zu einer Versammlung ein, welche bereit sind, der zu gründenden Genossenschaft beizutreten, und legt dieser Versammlung das Statut zur Annahme vor. Ist das Statut in derselben durchberathen, so wird unmittelbar darauf zur Unterzeichnung des Statuts aufgefordert. Das zu unterzeichnende Statut braucht nicht geschrieben, es kann gedruckt*) sein; die Unterschriften sind nicht zu beglaubigen, es genügt für das Statut die schriftliche Form ohne Beglaubigung oder sonstige Erschwernisse (§ 5 des Gesetzes). Mit der Unterzeichnung ist die Genossenschaft gegründet.

Ueber das Statut siehe Anhang Formular 1. Es sei hier nur erwähnt, daß §§ 6, 7, 34 und 125 des Gesetzes diejenigen Bestimmungen angeben, welche in dem Statut geregelt sein müssen, §§ 8 und 128 diejenigen, die nur durch das Statut getroffen werden können. Im unmittelbaren Anschluß an die Unterschrift des Statuts haben die Wahlen der Vorstands- und Aufsichtsrathsmitglieder zu erfolgen und zwar ist dabei nach den

*) Im Interesse der Kostenersparniß empfiehlt es sich, eine größere Anzahl Exemplare des Statuten-Entwurfs zur Vertheilung drucken, den Satz aber stehen zu lassen, um etwaige Aenderungen ohne größere Kosten vornehmen zu können; der Satz muß dann bis nach der Eintragung des Statuts in das Genossenschaftsregister stehen bleiben, da die endgiltige Herstellung des Statuts durch Druck mit Sicherheit erst dann erfolgen kann.

Vorschriften des eben angenommenen Statuts zu verfahren. Die Leitung der Versammlung bleibt zunächst noch bei dem, der bis dahin den Vorsitz geführt hat.

Nach dem im Anhang abgedruckten Statut soll der Vorstand von der Generalversammlung auf Vorschlag des Aufsichtsrathes gewählt werden. Es muß daher zunächst der Aufsichtsrath bestellt werden, die Wahl erfolgt nach § 15 des Statuts. Nach vollzogener Wahl konstituirt sich der Aufsichtsrath nach Maßgabe des § 18 des Statuts (Form. 1) und macht sich über die Vorschläge zu den einzelnen Vorstandsstellen schlüssig.*) Darauf übernimmt der Vorsitzende des Aufsichtsrathes den Vorsitz in der Generalversammlung und schlägt Namens des Aufsichtsrathes die Candidaten für den Vorstand vor. Ueber das Wahlverfahren siehe § 4 des Statuts (Form. 1) und die Anmerkungen, sowie weiter unten sechstes Kapitel III. Ist auch die Wahl der Vorstandsmitglieder erfolgt, so hat sich die Genossenschaft mit ihren Organen konstituirt, die Versammlung kann geschlossen werden und der Vorstand hat die Anmeldung nach § 11 des Gesetzes zum Genossenschaftsregister zu bewirken. Bemerkt sei noch, daß auf die Fassung des Statuts die größte Sorgfalt zu verwenden ist, denn würde die Eintragung beanstandet und müßten Aenderungen vorgenommen werden, so könnten diese nur von denen beschlossen werden, die das Statut unterzeichnet haben; die sich vielfach findende Schlußbestimmung des Statuts, nach welcher Vorstand und Aufsichtsrath ermächtigt werden, die Aenderungen selbstständig vorzunehmen, von welchen das Gericht die Eintragung abhängig macht, ist ungiltig, da nach § 16 des Gesetzes nur die Generalversammlung Aenderungen des Statuts beschließen kann. Ueber die Gründung und Konstituirung der Genossenschaft, sowie die Wahl von Vorstand und Aufsichtsrath ist ein Protokoll aufzunehmen, das nach § 37 des Statuts (Form. 1) zu unterzeichnen ist; vgl. Formular 4.

II. Die Anmeldung zur Eintragung und die Eintragung.

Der Vorstand ist verpflichtet, nach Maßgabe des § 11 des Gesetzes das Statut, sowie die Mitglieder des Vorstandes zur Eintragung in das Genossenschaftsregister anzumelden. Die Anmeldung ist durch sämmtliche Mitglieder des Vorstandes persönlich zu bewirken oder schriftlich einzureichen, dann müssen jedoch ihre

*) Selbstverständlich muß man sich schon vor der Versammlung über die Vorschläge verständigt haben.

Unterschriften beglaubigt sein; die Beglaubigung kann durch den Gemeindevorsteher oder die Polizeibehörde erfolgen.

Der Anmeldung ist beizufügen:

1. Das unterschriebene Original=Statut und eine einfache unbeglaubigte Abschrift desselben. Wie das Original=Statut, so kann auch die „Abschrift" durch Druck hergestellt sein; die Abschrift braucht nicht unterschrieben zu sein;
2. eine Liste der Genossen, welche das Statut unterzeichnet haben; die Liste braucht nicht alphabetisch geordnet zu sein, zweckmäßig ist es, die Liste nach dem Formular aufzustellen, welches der Bekanntmachung, betr. die Führung des Genossenschaftsregisters vom 11. Juli 1889, beigegeben ist, jedenfalls ist jedes Mitglied mit Vor= und Zunamen und Wohnort aufzuführen;
3. eine einfache unbeglaubigte Abschrift des Protokolls über die Wahlen der Vorstands= und Aufsichtsrathsmitglieder.

Erfolgt die Anmeldung persönlich, so haben die Mitglieder des Vorstandes zugleich ihre Unterschriften vor dem Gericht zu zeichnen; bei schriftlicher Anmeldung muß die Zeichnung wie die Anmeldung selbst beglaubigt sein, Beides kann verbunden werden.

Hierauf erfolgt die Eintragung, dem Vorstand geht von dem Gericht die beglaubigte Abschrift des Statuts mit der Bescheinigung der erfolgten Eintragung zu und mit der Eintragung hat die Genossenschaft die Rechte einer eingetragenen Genossenschaft erworben (vgl. § 13 des Gesetzes).

Für die Richtigkeit der Anmeldungen und Einreichungen sind die Vorstandsmitglieder dem Gerichte bei Strafe verantwortlich (§ 141 d. Ges.).

Ueber Anmeldungen, Anzeigen und Erklärungen zum Gericht vgl. § 6 und § 7 der Bekanntmachung vom 11. Juli 1889*). Nach § 30 des Gesetzes hat der Vorstand ein „Verzeichniß der Genossen" zu führen, das mit der von dem Registergerichte geführten Liste der Genossen in Uebereinstimmung zu halten ist, in Folge dessen hat der Vorstand das Verzeichniß nach dem Formular anzulegen, welches in der Bekanntmachung, betr. Führung des Genossenschaftsregisters für die Gerichte vorgeschrieben ist. In dieses Verzeichniß sind die Mitglieder unter den Nummern einzutragen, unter denen sie von dem Gericht eingetragen sind und welche von dem Gericht der Genossenschaft mitgetheilt werden.

---

*) Formulare zu Anmeldungen u. s. w. sind in dem Formularbuch von Parisius & Crüger enthalten, die wichtigsten auch am Schluß dieses Buches mitgetheilt.

Außer diesem Verzeichniß hat der Vorstand noch ein Verzeichniß der Mitglieder anzulegen, in das diese in alphabetischer Reihenfolge eingetragen werden, um die Auffindung der Mitglieder zu erleichtern.

Nothwendig ist auch die Anlegung eines besonderen Aktenstückes zur Aufnahme der gerichtlichen Benachrichtigungen über die Eintragungen in die Liste der Genossen, der Todes-Anzeigen u. s. w.

Viertes Kapitel.

Haftbarkeit und Mitgliedschaft. Geschäfte mit Nichtmitgliedern.

I. Umfang der Haftpflicht.

Wir müssen unterscheiden die Haftbarkeit der Mitglieder mit ihren Einzahlungen auf den Geschäftsantheil und ihre persönliche Haftpflicht für den Fall, daß das Vermögen der Genossenschaft nicht zur Befriedigung der Gläubiger reicht.

Die Einzahlungen auf den Geschäftsantheil stehen statutarisch fest (§ 7 Abs. 2 des Gesetzes), sie bilden einen Theil des Vereinsvermögens, das den Gläubigern für die Verbindlichkeiten der Genossenschaft haftet; insoweit die Einzahlungen aber zur Deckung von Verlusten nicht in Anspruch genommen werden, sind sie den Mitgliedern nach ihrem Ausscheiden auszuzahlen (§ 71 des Gesetzes).

Die persönliche Haftpflicht der Mitglieder ist nach zwei Richtungen hin zu erörtern: nämlich dem Umfange nach und dann der Art nach, in der sie durch die Gläubiger (oder die Genossenschaft) geltend gemacht wird.

Das Genossenschaftsgesetz vom 1. Mai 1889 enthält drei Haftarten: die unbeschränkte Haftpflicht, die unbeschränkte Nachschußpflicht, die beschränkte Haftpflicht. Ehe wir die Bedeutung der verschiedenen Haftarten besprechen, sei ein kurzer Rückblick über ihre Entstehung vorausgeschickt.

Die ersten Genossenschaften entstanden im Gebiete des preußischen Allgemeinen Landrechts, ihre Mitglieder hafteten nach Lage der Gesetzgebung für die Rechtsgeschäfte der Genossenschaft direkt, unbeschränkt und solidarisch. Sehr bald nach Entstehen der ersten Genossenschaften zeigte sich, daß diese weitgehendste Haftpflicht der Mitglieder die geeignete Kreditbasis war, fremde Kapitalien in entsprechender Höhe herbeizuziehen, welche sie noch weniger wie Großbanken als Ergänzung der Betriebsmittel entbehren können, da sich bei ihnen nur langsam durch kleine Beiträge, wie sie ihre Mitglieder eben erschwingen können, eigene Fonds bilden. Die wirthschaftliche Geltung, das ökonomische Gewicht der meist weniger bemittelten Mitglieder unserer Vereine, das, was sie als Garantieen ihren Gläubigern gegenüber einzusetzen haben, besteht nicht in bereits geborgenem Erwerb, sondern in ihrer Erwerbsfähigkeit; nicht in greifbaren früheren, sondern in der Aussicht auf zukünftige Erfolge, zu denen sie sich durch ihre Kreditinstitute den Weg bahnen wollen. Lassen sich nun auch die Gläubiger an dieser Anweisung auf die Zukunft genügen: die Leistungsfähigkeit des vereinzelten kleinen und mittleren Gewerbetreibenden jeder Art ist und bleibt in ihren Augen — wie die tägliche Erfahrung beweist — eine zu geringe Sicherheit für die Kapitalanlage, weil sie, selbst beim besten Willen des Schuldners, einer außerhalb aller Berechnung liegenden Menge von Zufälligkeiten unterworfen ist und die Resultate zu wenig in der Gewalt hat. Nur wenn eine größere Gesammtheit solcher Leute die Zufälle und das Mißlingen bei Einzelnen überträgt und alle gegenseitig für einander einstehen, ist die erforderliche Garantie gegeben, von welcher der Kredit abhängt. Daß auf diese Weise das erforderliche Geld zu haben ist, beweisen die Tausende der allerorts in das Leben gerufenen Kreditgenossenschaften und die Summe der ihnen zugeflossenen fremden Gelder.

Die unbeschränkte Haftpflicht ging dann in das Preußische Genossenschaftsgesetz vom 27. März 1867 und von dort in das Deutsche Genossenschaftsgesetz vom 4. Juli 1868 über. Nur Bayern und Sachsen hatten zunächst für ihre Sondergesetzgebung eine Ausnahmestellung für Zulassung der beschränkten Haftpflicht neben der unbeschränkten Haftpflicht eingenommen, mußten dieselbe aber zu Gunsten der einheitlichen Reichs-Genossenschafts-Gesetzgebung aufgeben. Bis zu dem Gesetz von 1889 blieb dann die unbeschränkte Haftpflicht die allein zuläßige Haftart der Genossenschaften; dieselbe aber hatte dadurch, daß die Genossenschaften die Rechtspersönlichkeit erlangten, einen anderen Charakter angenommen. Aus der unbeschränkten direkten, von jedem Gläubiger gegen jedes Mitglied — vor der Gesetzgebung nämlich — geltend zu machenden Haftpflicht war durch das Gesetz eine bürgschaftsartige Haftpflicht geworden; die Gläubiger mußten sich zunächst an das Vermögen der Genossenschaft halten und konnten deren Mitglieder nur insoweit in Anspruch nehmen, als sie in dem Genossenschaftsvermögen nicht Befriedigung fanden. Und durch das Gesetz vom 4. Juli 1868 wurde noch die weitere Verbesserung dadurch getroffen, daß zur Vermeidung der Regreßprozesse unter den Mitgliedern wegen ihrer an die Gläubiger geleisteten Zahlungen ein Umlageverfahren zur Aufbringung des zur Deckung eines von den Gläubigern im Konkurse der Genossenschaft erlittenen Ausfalls vorgesehen wurde.

Die Entwickelung der Kreditgenossenschaften auf der Grundlage eines bedeutenden eigenen Vereinsvermögens — das immer stärkere Hervortreten von Genossenschaften mit geringen Kreditbedürfnissen, — die in einzelnen Landestheilen durch Zusammenbrüche großer Kreditgenossenschaften hervorgerufene Furcht vor der unbeschränkten Haftpflicht — die in Aussicht stehende Revision des Genossenschaftsgesetzes, welche von konservativer Seite (Antrag Ackermann) benutzt werden sollte, um die Genossenschaften unter Kommunal-Aufsicht zu stellen — schließlich die Lösung der Frage, wie die persönliche Haftpflicht mit der beschränkten Haftpflicht zu verbinden sei unter voller Erhaltung der Genossenschaft als Personalgesellschaft — alle diese Umstände führten dahin, daß die Genossenschaften selbst im Jahre 1881 die Zulassung der beschränkten Haftpflicht neben der unbeschränkten Haftpflicht durch das erwartete Genossenschaftsgesetz billigten.*)

Der im Jahre 1888 dem Reichstage vorgelegte Entwurf des neuen Genossenschaftsgesetzes enthielt zwei Haftarten:

die unbeschränkte Haftpflicht und
die beschränkte Haftpflicht.

Die Verhandlungen im Reichstage führten zur Aufnahme noch einer, der dritten Haftart:

der unbeschränkten Nachschußpflicht.

Diese letztere Haftart ist auch eine unbeschränkte Haftpflicht insoweit, als die Mitglieder unbeschränkt persönlich haftbar sind;

---

*) Schulze hat sich schon früher in diesem Sinne geäußert, sein Widerstand galt hauptsächlich einer Beschränkung der Haftpflicht auf die Geschäftsantheile, was allerdings mit einer „Kapitalhaft ohne Haftkapital" gleichbedeutend wäre. Schulze sprach seine Ansicht über die Wirkung der Zulassung der beschränkten Haftpflicht auf die Weiterentwickelung der Genossenschaften dahin aus,

daß nicht nur die Genossenschaften mit unbeschränkter Haftpflicht in ihrer bisherigen Wirksamkeit und ihrem Bestande sich behaupten und weitere Bildungen nach ihrem Muster nach wie vor hervorrufen werden,

sondern auch, daß sich zwischen ihnen und den neu zuzulassenden sehr bald das Bewußtsein der gleichen Ziele und Bedingungen ihrer Wirksamkeit entwickeln und sie zu gemeinsamem Vorgehen in der Pflege der gemeinsamen Interessen bestimmen wird.

sie unterscheidet sich von der Genossenschaft mit unbeschränkter Haftpflicht nur durch die verschiedene Art der Geltendmachung der Haftpflicht, worauf wir unter „Haftvollzug“ zu sprechen kommen.

Betrachten wir nun das Wesen der drei Haftarten im Einzelnen.

1. Die unbeschränkte Haftpflicht.

Die unbeschränkte Haftpflicht bedeutet, daß ein jedes Mitglied sowohl der Genossenschaft wie deren Gläubigern für die Verbindlichkeiten der Genossenschaft persönlich, unbeschränkt und solidarisch mit seinem ganzen Vermögen haftbar ist (§ 2 Abs. 1, § 113, § 116, § 119 des Gesetzes). Da nun aber die Genossenschaft Rechtspersönlichkeit besitzt, so muß der Gläubiger sich stets zunächst an die Genossenschaft halten. Die persönliche Haftpflicht tritt in Gestalt der Zahlungspflicht nur in zwei Fällen in Wirksamkeit: entweder, daß ein Genosse ausscheidet und sich eine Unterbilanz herausstellt, dann muß der Ausscheidende nach § 71 des Gesetzes den ihn treffenden Antheil am Verlust an die Genossenschaft zahlen — oder die Genossenschaft geräth in Konkurs. Darüber siehe unter II. „Haftvollzug“.

2. Die beschränkte Haftpflicht.

Auch hier haben wir eine persönliche, solidarische — fälschlich wird von „Theilhaft“ gesprochen — Haftpflicht der Mitglieder der Genossenschaft und den Gläubigern gegenüber. Vgl. unter II bei „Haftvollzug“ über die Geltendmachung der persönlichen, beschränkten Haftpflicht. Die Mitglieder sind außer mit ihren statutenmäßig geleisteten Einzahlungen — wie bei der unbeschränkten Haftpflicht — sowohl der Genossenschaft wie den Gläubigern verhaftet, jedoch, da die persönliche Haftpflicht „beschränkt“ ist, nicht über eine im Statut festgesetzte Grenze hinaus. Die Grenze ist die „Haftsumme“; „Haftsumme“ also bedeutet die Begrenzung der persönlichen Haftpflicht, die Grenze, bis zu welcher ein Genosse außer mit seinen statutarischen Einzahlungen auf Geschäftsantheil für die Verbindlichkeiten der Genossenschaft in Anspruch genommen werden kann.

Dort also unbeschränkte — hier beschränkte, persönliche Haftpflicht der Mitglieder. Das ist der einzige Unterschied zwischen beiden Haftarten, denn die für die Haftarten geltenden besonderen Bestimmungen ergeben sich sämmtlich ausschließlich aus diesem verschiedenen Umfang der Haftpflicht.

Nicht zu verwechseln ist folglich auch „Geschäftsantheil" und „Haftsumme". Der Geschäftsantheil begrenzt die Einzahlungen, die ein Mitglied zur Bildung eines Theils des Vereinsvermögens zu leisten verpflichtet ist — die Haftsumme begrenzt die persönliche Haftpflicht des Mitgliedes für die Verbindlichkeiten der Genossenschaft, insoweit deren Vereinsvermögen, zu welchem ja auch die Einzahlungen auf Geschäftsantheil gehören, nicht reicht.

Ein Zusammenhang zwischen Geschäftsantheil und Haftsumme besteht nur insoweit, als die Haftsumme, welche bei Errichtung der Genossenschaft durch das Statut bestimmt sein muß, nicht niedriger als der Geschäftsantheil sein darf. Bestimmt z. B. das Statut, daß der Geschäftsantheil 1000 Mark betragen soll, so kann dasselbe auch für die Haftsumme keinen niedrigeren Betrag als 1000 Mark festsetzen. Nehmen wir an, daß die Haftsumme ebenfalls mit 1000 Mark festgesetzt ist, so ergiebt sich für die Mitglieder

a) sie müssen nach Maßgabe des Statuts auf den Geschäftsantheil von 1000 Mark Einzahlungen leisten, und diese Einzahlungen bilden einen Theil des Vereinsvermögens, haften also für die Verbindlichkeiten der Genossenschaft;
b) sie können außerdem, wenn sich bei ihrem Ausscheiden eine Unterbilanz ergiebt oder die Genossenschaft in Konkurs geräth, zur Deckung des Ausfalls bis zur Höhe von 1000 Mark aus ihrer persönlichen Haftpflicht in Anspruch genommen werden.

Hat ein Mitglied auf seinen Geschäftsantheil die regelmäßigen Einzahlungen geleistet und ist dabei z. B. bis auf 545 Mark gekommen und es tritt einer der Fälle zu b ein, so muß das Mitglied sich darauf gefaßt machen, nicht nur seine bis dahin fälligen oder geleisteten Einzahlungen auf Geschäftsantheil — eine weitere Einforderung von Einzahlungen auf Geschäftsantheil findet nicht statt — zu verlieren, sondern außerdem auch zur Deckung des Ausfalls bis zu einem Betrage von 1000 Mark (der Haftsumme) in Anspruch genommen zu werden.

Als wesentliche Besonderheiten gegenüber der unbeschränkten Haftpflicht weist die beschränkte Haftpflicht, abgesehen von der Begrenzung der Haftpflicht, nur auf

a) daß das Statut den Erwerb mehrerer Geschäftsantheile zulassen kann (§ 128 d. Ges.), während bei der Genossenschaft mit unbeschränkter Haftpflicht ein Genosse nicht auf mehr als einen Geschäftsantheil betheiligt sein darf (§ 112 d. Ges. und Uebergangsbestimmung § 163);

b) daß das Konkursverfahren nicht nur im Falle der Zahlungsunfähigkeit, sondern auch bei bestehender Genossenschaft stattfindet, wenn die Ueberschuldung „ein Viertheil des Betrages der Haftsummen aller Genossen übersteigt" (§ 134 d. Ges.), während die Genossenschaft mit unbeschränkter Haftpflicht, so lange sie nicht aufgelöst ist, auch wegen Ueberschuldung nicht gezwungen ist, in Konkurs zu gehen.

Ist durch das Statut der Erwerb mehrerer Geschäftsantheile zugelassen, und ein Mitglied hat mehrere Geschäftsantheile erworben, so erhöht sich auch seine persönliche Haftpflicht, nämlich „auf das der Zahl der Geschäftsantheile entsprechende Vielfache der Haftsumme" (§ 129 d. Ges.); z. B. der Geschäftsantheil beträgt nach dem Statut 500 Mark, die Haftsumme 1000 Mark, zugelassen ist der Erwerb von 5 Geschäftsantheilen — die Haftung eines Mitgliedes, das 3 Geschäftsantheile erworben hat, beträgt dann 3 × 1000 Mark = 3000 Mark.

3. Die unbeschränkte Nachschußpflicht.

Die persönliche Haftpflicht der Mitglieder ist wie bei der unbeschränkten, eine unbeschränkt solidarische. Nur die Haftpflicht der Ausgeschiedenen und die Geltendmachung der Haftpflicht ist anders geordnet (§ 122 d. Ges.). Vgl. II. „Haftvollzug".

Ehe wir zu der Frage Stellung nehmen, welche Haftpflicht für die Kreditgenossenschaft die zweckmäßigere ist, wollen wir den „Haftvollzug" beleuchten.

II. Haftvollzug.

Der Haftvollzug, d. h. die Geltendmachung der persönlichen Haftpflicht, lag bis zur Genossenschaftsgesetzgebung vollständig in der Hand der Gläubiger. Jeder Gläubiger konnte für seine fälligen Ansprüche an die Genossenschaft jedes Mitglied derselben in Anspruch nehmen. Es war dies die unmittelbare, unbeschränkte, persönliche Haftpflicht. Dadurch, daß die eingetragenen Genossenschaften von der Gesetzgebung als selbstständige Rechtspersonen anerkannt wurden, nahm, wie schon bemerkt ist, die persönliche Haftpflicht der Mitglieder einen bürgschaftsartigen Charakter an; die Gläubiger mußten zunächst Befriedigung in dem Vereinsvermögen suchen und konnten nur wegen ihres Ausfalles, der durch den Konkurs über die Genossenschaft festzustellen war, auf deren Mitglieder zurückgehen. Hieran änderte auch das Gesetz vom 4. Juli 1868 nichts, doch brachte es insofern eine wesentliche

Neuerung und Verbesserung, als es Vorschriften gab, wie die Mitglieder untereinander im Wege des Umlageverfahrens den zur Deckung des Ausfalles der Gläubiger erforderlichen Betrag aufzubringen hätten. Dadurch sollte den Gläubigern die direkte Inanspruchnahme Einzelner erspart, die Mitglieder vor derselben geschützt und endlich den sich aus der Inanspruchnahme Einzelner ergebenden Regreßprozessen unter den Mitgliedern vorgebeugt werden. Bei der Neuheit dieser gesetzlichen Regelung sehr leicht erklärliche Fehler in dem Gesetze ließen jedoch nur selten dies Ziel erreichen.

Eine der wesentlichsten Aufgaben der Revision des Gesetzes war es, hier Besserung zu bringen.

Der Entwurf des neuen Gesetzes enthielt eine vollständige, zum Theil auf anderer rechtlicher Grundlage getroffene Neuordnung des Umlageverfahrens, trotzdem war aber auch die direkte Inanspruchnahme der Mitglieder durch die Gläubiger beibehalten. Gegen die weitere Zulassung dieses sogenannten „Einzelangriffes" erhob sich Seitens eines großen Theiles der Genossenschaften lebhafter Widerspruch. In dem Reichstage kam es zu einem Kompromiß, dessen Resultat die Einführung einer dritten Haftart, der unbeschränkten Nachschußpflicht, war, für welche der „Einzelangriff" unter anderer Gestaltung des Umlageverfahrens beseitigt wurde.

Danach ergiebt sich für die Geltendmachung der persönlichen Haftpflicht zur Deckung von Verlusten, welche das Vereinsvermögen übersteigen, Folgendes:

1. Bei bestehender Genossenschaft kann auf die persönliche Haftpflicht nur in einem Falle zurückgegriffen werden. Scheidet ein Mitglied aus der Genossenschaft aus und das Vermögen der Genossenschaft reicht nach der Bilanz (einschließlich des Reservefonds und aller Geschäftsguthaben der Mitglieder) zur Deckung der Schulden nicht aus, so hat der Ausgeschiedene von dem Fehlbetrage den ihn treffenden Antheil an die Genossenschaft zu zahlen — bei beschränkter Haftpflicht nicht über die Haftsumme hinaus; der Antheil wird in Ermangelung einer anderen Bestimmung des Statuts nach der Kopfzahl der Mitglieder berechnet (§ 71 d. Ges.).

2. Im Uebrigen kann die persönliche Haftpflicht der Mitglieder nur in Anspruch genommen werden, wenn es zum Konkurse über die Genossenschaft gekommen ist, dann ist für die Behandlung zu unterscheiden zwischen der unbeschränkten Haftpflicht und der beschränkten Haftpflicht einerseits und der unbeschränkten Nachschußpflicht andererseits.

a) Die unbeschränkte und beschränkte Haftpflicht.

Das Verfahren zur Geltendmachung der persönlichen Haftpflicht ist folgendes:

Der Konkursverwalter hat, nachdem die Konkurs-Bilanz auf der Gerichtsschreiberei niedergelegt ist, sofort zu berechnen, wie viel zur Deckung des in der Bilanz bezeichneten Fehlbetrages die Genossen vorschußweise beizutragen haben. In der Berechnung sind die sämmtlichen Genossen zu bezeichnen und auf sie die Beiträge zu vertheilen. Die Berechnung ist dem Konkursgericht mit dem Antrage einzureichen, dieselbe für vollstreckbar zu erklären (§ 99 d. Ges.). Das Gericht bestimmt zur Verhandlung über die Berechnung einen Termin, welcher nicht über zwei Wochen hinaus anberaumt werden darf (§ 100 d. Ges.). Das Gericht entscheidet über die erhobenen Einwendungen, berichtigt bezw. ordnet die Berichtigung der Berechnung an und erklärt dieselbe für vollstreckbar (§ 101 d. Ges.). Nunmehr zieht der Konkursverwalter ohne Verzug die umgelegten Beiträge von den Genossen ein (§ 102 d. Ges.) und hinterlegt dieselben (§ 103 d. Ges.). Ausfälle u. s. w. sind von dem Konkursverwalter in der gleichen Weise im Wege einer Zusatzberechnung umzulegen (§ 106 d. Ges.). Sobald mit dem Vollzuge der Schlußvertheilung im Konkurse der Genossenschaft begonnen wird, hat der Konkursverwalter endgiltig festzustellen, wie viel die Genossen zur vollständigen Befriedigung der Konkursgläubiger aufzubringen haben (§ 107 d. Ges.), das Gesetz nennt diese Berechnung im Gegensatze zu den ersten Vorschußberechnungen die Nachschußberechnung, mit derselben ist in gleicher Weise wie mit jenen zu verfahren, sie ist dem Gericht zur Vollstreckbarkeitserklärung einzureichen u. s. w. Sobald diese Nachschußberechnung von dem Gericht für vollstreckbar erklärt ist, hat der Konkursverwalter den hinterlegten Bestand zur Vertheilung an die Konkursgläubiger zu bringen und später einkommende Beiträge im Wege der Nachtragsvertheilung unter die Gläubiger zu vertheilen (§ 108 d. Ges.).

Gläubiger, welche dann nach Ablauf von 3 Monaten seit dem Termin, in welchem die Nachschußberechnung für vollstreckbar erklärt ist, noch nicht befriedigt sind, haben das Recht, wegen ihres Ausfalles die einzelnen Genossen solidarisch in Anspruch zu nehmen (§ 116, § 118 d. Ges.). Gegen Genossen, welche in den letzten zwei Jahren vor der Eröffnung des Konkurses aus der Genossenschaft ausgeschieden sind, können die Gläubiger gleichfalls wegen ihres

im Konkurse der Genossenschaft erlittenen Ausfalles direkt vorgehen, jedoch dürfen sie ihren Anspruch erst nach Ablauf von sechs Monaten seit dem Termine, in welchem die Nachschußberechnung für vollstreckbar erklärt ist, erheben und ferner erstreckt sich der Anspruch nur auf die Verbindlichkeiten, welche vor dem Zeitpunkte des Ausscheidens der Genossen aus der Genossenschaft eingegangen sind (§ 118, § 119 d. Ges.).*)

Bei den Genossenschaften mit beschränkter Haftpflicht kann der einzelne Genosse selbstverständlich über seine Haftsumme hinaus weder auf Leistung von Nachschüssen noch von den Konkursgläubigern in Anspruch genommen werden (§ 135 d. Ges.).

b) Die unbeschränkte Nachschußpflicht.

Das Umlageverfahren geht in der gleichen Weise vor sich, wie es zu a) dargestellt ist. Der Einzelangriff der Gläubiger aber ist nicht zulässig. Statt dessen greift ein neues Umlageverfahren Platz. Ist nämlich nach Ablauf von drei Monaten seit dem Termine, in welchem die Nachschußberechnung für vollstreckbar erklärt ist, die Befriedigung oder Sicherstellung der Konkursgläubiger noch nicht erfolgt, so sind die hierzu erforderlichen Beiträge von den innerhalb der letzten achtzehn Monate vor der Eröffnung des Konkursverfahrens ausgeschiedenen Genossen im Wege des Umlageverfahrens einzuziehen (§§ 122 ff. d. Ges.).**)

III. Wahl der Haftart.

Nunmehr fragt es sich, welche Haftart die Kreditgenossenschaft wählen soll.

Am 31. Mai 1896 haben unter 8069 Schulze-Delitzsch'schen Kreditgenossenschaften bestanden: 7359 mit unbeschränkter, 556 mit beschränkter Haftpflicht, 41 mit unbeschränkter Nachschußpflicht und 113 nicht eingetragene.

Von der unbeschränkten Nachschußpflicht ist also nur sehr selten Gebrauch gemacht, was erklärlich ist, da unter ihr die ausgeschiedenen Genossen den Gläubigern der Genossenschaft haftbar bleiben für Rechtsgeschäfte, die innerhalb 18 Monaten nach ihrem

---

*) Ueber den Regreß des in Anspruch genommenen Genossen § 118 d. Ges.

**) Mit der fortschreitenden Gesetzgebung ist die Geltendmachung der Haftpflicht mehr und mehr abgeschwächt und ist es wahrscheinlich, daß bei einer künftigen Revision des Gesetzes auch die letzten Härten — vielleicht der sog. Einzel-Angriff — verschwinden werden.

Austritt eingegangen sind, also zu einer Zeit, in der sie auf die Geschäftsführung keinen Einfluß mehr haben. Es kommen daher hauptsächlich in Frage die unbeschränkte oder beschränkte Haftpflicht.

Für eine neu zu gründende Genossenschaft verdient ohne Zweifel die unbeschränkte Haftpflicht den Vorzug, da sie erfahrungsgemäß die zuverlässigste Kreditbasis bietet und es der Leitung am leichtesten ermöglicht, aus dem Umkreise der Genossenschaft die nothwendigen fremden Gelder als Spareinlagen oder Depositen zur Verstärkung des Betriebskapitals heranzuziehen. Nur wo aus ganz besonderen Gründen, z. B. weil am Orte von einem früheren Zusammenbruch einer Genossenschaft her in weiteren Kreisen große Furcht vor der unbeschränkten Haftpflicht herrscht, sollte man die beschränkte Haftpflicht annehmen, dann aber Geschäftsantheil und Haftsumme so hoch bestimmen, daß immerhin eine genügende Kreditbasis geboten wird.

Die beschränkte Haftpflicht wird wesentlich für diejenigen Kreditgenossenschaften in Frage kommen, die ein genügend großes Vereinsvermögen besitzen, um auf Grund desselben bereits die Befriedigung des eigenen Kreditbedürfnisses erwarten zu können. Jedenfalls ist der Uebergang zur geringeren Haftpflicht stets mit größter Sorgfalt zu prüfen, denn es muß auch mit kritischen Zeiten gerechnet und daher geprüft werden, ob die beschränkte Haftpflicht selbst für solche ausreichend erscheint, um das Vertrauen der Gläubiger zu erhalten, da man anderenfalls den Mitgliedern mit der Annahme der geringeren Haftpflicht einen sehr schlechten Dienst erweisen würde. Auch das reichste Mitglied haftet bei der Genossenschaft mit beschränkter Haftpflicht nur bis zur Höhe der Haftsumme; die Zugehörigkeit wohlhabender Personen schafft daher bei der Genossenschaft mit beschränkter Haftpflicht nicht die gleiche Kredit-Grundlage wie bei der Genossenschaft mit unbeschränkter Haftpflicht. Jedenfalls sollte niemals für den Uebergang zur beschränkten Haftpflicht die Erwägung bestimmend sein, daß unter deren Geltung große Industrielle u. s. w. beitreten würden und der Genossenschaft eine bedeutende Erweiterung ihres Geschäftsbetriebes nach dieser Richtung hin in Aussicht stehen möchte. Nichts ist für die Solidität einer Genossenschaft verhängnißvoller, als das Streben nach „großen Geschäften“, es entspricht dies auch wenig der Aufgabe der Kreditgenossenschaft, das Kreditbedürfniß des mittleren und kleinen Gewerbestandes wie des Bauernstandes möglichst billig zu befriedigen.

IV. Uebergang von einer Haftart zu einer anderen.

Es ist zu unterscheiden, ob die Kreditgenossenschaft von der umfassenderen zu der beschränkteren Haftpflicht übergeht, oder das Umgekehrte wählt. Nach dem Umfang der Haftpflicht folgen die unbeschränkte Haftpflicht, die unbeschränkte Nachschußpflicht, die beschränkte Haftpflicht.

Soll die bisherige Haftpflicht durch eine weitergehende ersetzt werden, so bedarf es nur einer Statutenänderung, welche nach § 138 d. Ges. mit einer Mehrheit von drei Viertheilen der in der Generalversammlung erschienenen Genossen zu beschließen ist, falls nicht nach dem Statut noch weitere Erschwernisse vorgeschrieben sind, wie z. B., daß die Generalversammlung für die Beschlußfassung über eine Statutenänderung nur beschlußfähig ist, wenn eine bestimmte Anzahl Mitglieder anwesend ist.

Außer der Umwandlung müssen dann noch die durch die veränderte Haftpflicht nothwendig gewordenen Statutenänderungen, zum Beispiel: Aenderung der Firma, Aenderung der Bestimmung des Statuts über die Haftpflicht der Mitglieder beschlossen werden.

Die sämmtlichen Statutenänderungen sind nach Maßgabe des § 16 d. Ges., d. h. unter Beifügung einer einfachen, unbeglaubigten Abschrift zur Eintragung in das Genossenschaftsregister anzumelden. Mit der Eintragung haben die Umwandlung und die beschlossenen Statutenänderungen rechtliche Wirkung erlangt.

Größere Schwierigkeiten macht der Uebergang zur geringeren Haftpflicht, weil hier auf die Interessen der Gläubiger Rücksicht zu nehmen ist. Es kann die Auflösung der bestehenden und Neugründung einer Genossenschaft mit der für die Zukunft beabsichtigten Haftpflicht beschlossen werden, doch wird man dies wegen der damit verbundenen Kosten, Verluste und Weitläufigkeiten vermeiden und vorziehen, die Umwandlung nach § 137 d. Ges. im Wege der Statutenänderung durchzuführen.

Zu diesem Zweck ist zunächst die Umwandlung, wie eine Statutenänderung zu beschließen. Der Beschluß ist vom Vorstande drei Mal mit der Aufforderung an die Gläubiger, sich zu melden, in den für die Bekanntmachungen der Genossenschaft statutarisch bestimmten Blättern zu veröffentlichen. Die sich hierauf meldenden Gläubiger sind, insoweit sie der Annahme der geringeren Haftpflicht widersprechen, zu befriedigen oder sicher zu stellen. In der Zwischenzeit sind die durch die Umwandlung weiter erforderlichen Statutenänderungen zu beschließen. Nach Ablauf eines Jahres seit der dritten Bekanntmachung über die beschlossene Umwandlung ist diese nebst den Statutenänderungen — unter Einreichung einer einfachen Abschrift der betreffenden Generalversammlungsbeschlüsse und Abgabe der schriftlichen Versicherung, daß die Gläubiger, welche sich bei der Genossenschaft gemeldet und der Herabsetzung nicht zugestimmt haben, befriedigt oder sichergestellt sind — vom Vorstand zur Eintragung in das Genossenschaftsregister anzumelden (§ 148 d. Ges.);*) mit der Eintragung erlangen die Umwandlung und die vorgenommenen Statutenänderungen rechtliche Wirkung.

Wohl gemerkt handelt es sich hier nur um eine Statutenänderung, der Beschluß auf Umwandlung bedarf folglich auch nicht der Unterschrift aller Mitglieder; der Beschluß ist in das Protokollbuch aufzunehmen, und das Protokoll in gewohnter Weise zu unterschreiben (§ 37 des Statuts, Form. 1).

Für die Beschlußfassung über eine Aenderung des Statuts ist § 16 d. Ges. maßgebend. Der Beschluß bedarf demnach einer Mehrheit von drei Viertheilen der erschienenen Genossen, falls nicht das Statut noch weitere Erschwernisse aufstellt (vgl. § 36 des Statuts, Form. 1). Der Beschluß ist zu protokolliren (vgl. Protokoll über eine Generalversammlung, Form. 5), das Protokoll zu unterschreiben (§ 37 des Statuts, Form. 1).

V. Ausdehnung der Mitgliedschaft und Geschäfte mit Nichtmitgliedern.

Unter den bei Organisation einer Kreditgenossenschaft in Betracht kommenden Momenten tritt uns zunächst die Mitgliedschaft entgegen. Auf wen will man die Wirksamkeit des Vereins ausdehnen? — Will man ein Kreditinstitut für das Publikum daraus machen, oder die Geschäfte auf die Mitglieder beschränken? — und an welche Anforderungen knüpft man die Zulassung eines Mitgliedes? — Ueber diese Fragen muß man zuvörderst im Klaren sein, ehe man an die weitere Organisation Hand anlegt.

Schon das im ersten Kapitel Vorausgeschickte über die Klassen, welchen die Vereine hauptsächlich zu dienen bestimmt sind, sowie über ihre Grundlage, die Selbsthilfe, spricht für die Beschränkung

---

*) Vgl. Formularbuch S. 107 ff.

der Vereinsthätigkeit auf die Mitglieder als Hauptzweck, dazu kommt nun noch die Vorschrift in § 8 Abs. 2 d. Ges., daß eine Kreditgenossenschaft ihren Geschäftsbetrieb, insoweit er in der Gewährung von Darlehen besteht, nicht auf andere Personen außer den Mitgliedern ausdehnen darf; unter dieses Verbot fallen aber solche Darlehnsgewährungen nicht, welche nur die Anlegung von Geldbeständen bezwecken. Zur Beobachtung dieses Verbots sind die Vorstandsmitglieder durch Ordnungsstrafen von dem Gericht anzuhalten (§ 152 d. Ges.). Eine Ausnahme des Verbots läßt das Gesetz selbst in § 8 zu, nämlich für neu beitretende Genossen; als Ausdehnung des Geschäftsbetriebes auf Nichtmitglieder gilt nicht der Abschluß von Geschäften mit Personen, welche bereits die Erklärung des Beitritts zur Genossenschaft unterzeichnet haben und von derselben zugelassen sind, jedoch noch nicht von dem Gericht in die Liste der Genossen eingetragen sind (vgl. S. 48).

Nicht der Abschluß eines einzelnen derartigen Geschäfts ist verboten, sondern die gewerbsmäßige Ausdehnung des Geschäftsbetriebs nach dieser Richtung hin. Was ist nun unter dem Verbot der Darlehnsgewährung an Nichtmitglieder und der Anlage von Geldbeständen bei Nichtmitgliedern zu verstehen? Das Gesetz untersagt die gewerbsmäßige Darlehnshingabe an Nichtmitglieder, d. h. die Zulassung der Theilnahme von Nichtmitgliedern an dem Zweck der Genossenschaft, der in der Darlehnsgewährung besteht.

Die Geldhingabe an ein Nichtmitglied stellt dann ein Darlehen im Sinne dieser Vorschrift dar, wenn das Geld im wesentlichen Interesse des Empfängers diesem gegeben wird. Deswegen nimmt das Gesetz von dem Verbote aus: „die Anlegung von Geldbeständen“ bei Nichtmitgliedern, denn dieselbe erfolgt, wenn auch der Empfänger das Geld selbstverständlich gebrauchen wird, doch im wesentlichen Interesse der Genossenschaft, welche Geldbestände müßig, überflüssig hat und dieselben nun, da bei ihren Mitgliedern keine Nachfrage ist, bei Nichtmitgliedern unterbringen muß.

Erlaubt mit Nichtmitgliedern sind alle Geschäfte, welche nicht Darlehen sind: die Diskontirung von Wechseln (falls kein Darlehen vorliegt), der Ankauf von Güterzielern, An- und Verkauf von Werthpapieren u. s. w., Uebernahme von Wechseln zur Einziehung.

Ausgeschlossen sind u. A. folgende Geschäfte mit Nichtmitgliedern: die Eröffnung einer laufenden Rechnung mit Kreditbewilligung, die Gewährung eines Darlehns unter den gewöhnlichen Vorschußbedingungen (ob gegen Unterpfand oder sonstige Sicherheit ist unerheblich), die Diskontirung von Wechseln, im Fall hierunter nur eine Form der Darlehnsgewährung zu sehen ist.

Bei Darlehnsgewährung ist schließlich stets nach Lage der Fälle zu beurtheilen, ob es sich um eine gewerbsmäßige Ausdehnung auf Nichtmitglieder oder um Anlage müßiger Bestände handelt.

Statthaft ist stets die Aufnahme fremder Gelder bei Nichtmitgliedern, soweit es der Geschäftsbetrieb erfordert, zulässig ist daher z. B. die Ausdehnung des Checkverkehrs auf Nichtmitglieder; hierin liegt keine Ausdehnung des Geschäftsbetriebes auf Nichtmitglieder, da nur die Mittel zum Geschäftsbetriebe bei Nichtmitgliedern beschafft werden.

Das gesetzliche Verbot der Ausdehnung des in der Darlehnsgewährung bestehenden Geschäftsbetriebes auf Nichtmitglieder entspricht den Rathschlägen, welche den Kreditgenossenschaften stets ertheilt sind. Oeffentliche Kreditinstitute zu gründen, möge denjenigen überlassen bleiben, welche das dazu nöthige Kapital haben. Diejenigen Gesellschaftsklassen aber, welche sich selbst erst durch den Zusammentritt in solche Genossenschaften Kapital und Kredit verschaffen wollen, haben keinen Beruf, für Andere zu diesem Zwecke ein geschäftliches Risiko zu übernehmen. Nur wer für das gemeinsam aufzunehmende Kapital mit haftet, also Mitglied der Genossenschaft ist, soll daher Summen aus der Kasse für sich in Anspruch nehmen können, das liegt schon im Prinzipe. Auch wirkt man sicher auf einen zahlreicheren Beitritt von Mitgliedern, wenn man die Befriedigung des oft so dringenden Geldbedürfnisses von der Vereinsangehörigkeit abhängig macht, als wenn man Leuten, die in der Lage sind, aber vielleicht in das Risiko, welches der Verein übernimmt, einzutreten sich scheuen, auch ohnedies die gewünschten Darlehen macht. Gleichwohl rechtfertigt dies nicht das gesetzliche Verbot, das schon wegen seiner Dehnbarkeit bedenklich ist.

Von größter Wichtigkeit ist sodann die Frage, wovon man die Zulassung zur Mitgliedschaft abhängig machen will. Natürlich kann man hier, nach den vorwaltenden Lokalverhältnissen, einen sehr verschiedenen Standpunkt einnehmen, je nachdem man die Theilnahme auf gewisse Klassen beschränken will, wie wir es bei manchen Vereinen sehen, wo der Beitritt von der sofortigen Einzahlung einer namhaften Summe abhängig gemacht ist, was die Unbemittelten thatsächlich ausschließt. Eine solche Ausschließung liegt aber selbst dann nicht im Interesse der Vereine, wenn diese in der Hauptsache auch wirklich, wie hier und da vorkommt, mehr durch das Bedürfniß des wohlhabenderen gewerblichen Mittelstandes hervorgerufen werden. Im Gegentheil ist es unter allen Umständen von der höchsten Wichtigkeit, die Sympathien der weniger Bemittelten an unsere Kreditinstitute zu fesseln: einmal wegen der höhereu ideellen Aufgaben des Genossenschaftswesens, welches so tief in die soziale Entwickelung eingreift; sodann aber auch der nächstgreifbaren materiellen Vortheile halber. Gerade die Ersparnisse der kleinen Leute sind es, die einen wesentlichen Theil unseres Geldzuflusses bilden, welche selbst bei allgemeinen Verkehrskrisen nicht leicht versagen, vorausgesetzt, daß unsere Vereine diesen Kreisen ihre Mitgliedschaft geöffnet und deren Interesse dadurch lebendig mit dem ihrigen verknüpft haben.

Halten wir daher, um das Rechte hierbei zu treffen, die einzige Schranke im Auge, welche die Natur der Sache selbst ergiebt. Um einem Vereine anzugehören, der auf Selbsthilfe, die eigene Kraft der Mitglieder, gegründet ist, muß man in sittlicher Beziehung, im Charakter und Lebenswandel makellos und muß man wirthschaftlich eben noch in der Lage sein, sich selbst helfen zu können. Auf den Kreditpunkt angewendet will dies sagen, daß die Verhältnisse des Aufzunehmenden von der Art sein müssen, daß ihm Darlehen von irgend welchem Belang mit der wahrscheinlichen Aussicht auf Wiedererstattung anvertraut werden können. Wer soweit heruntergekommen ist, daß er sich durch ein verhältnißmäßiges Darlehen, unter der Bedingung der Verzinsung und Rückzahlung, nicht wieder emporzuhelfen vermag, dem muß die Mitgliedschaft versagt werden. Denn die Vorschußvereine dürfen, wenn sie dauernden Bestand gewinnen sollen, durchaus nicht mit Almosenanstalten vermengt werden, da sie nicht bestimmt sind, Arme zu unterstützen, sondern — was viel wichtiger ist — der Verarmung vorzubeugen. So lange Jemand noch den eigenen und der Seinigen Unterhalt, sei es auch kümmerlich, durch Arbeit zu erschwingen im Stande ist, nehme man ihn auf; sobald ihm aber diese Eigenschaft abgeht, ist er für unsere Vereine todt und fällt der öffentlichen oder Privatmilde anheim, deren Pflege nicht in unseren Bereich gehört.

Ein besonders charakteristisches Merkmal unserer Kreditgenossenschaften ist, daß sie sich in der Regel nicht auf eine bestimmte Berufsklasse beschränken, vielmehr finden wir in ihnen Handwerker, Landwirthe, Kaufleute, Fabrikanten, Beamte, Arbeiter u. s. w. vertreten. Damit erfüllen unsere Kreditgenossenschaften eine soziale Aufgabe, denn gerade in der heutigen Zeit, in der sich die Interessengegensätze immer schärfer zuspitzen, verdienen die wirthschaftlichen Unternehmungen eine um so größere Beachtung, in denen wirthschaftliche Gegensätze der verschiedenen Berufsklassen möglichst vor der gemeinsamen Verfolgung des einen Zieles zurücktreten müssen, in welchen sich die Solidarität der Interessen zeigt. Das ist aber nicht der einzige Gesichtspunkt, der zur Vereinigung aller Berufsarten in diesen Genossenschaften geführt hat; nicht geringer ist der sich daraus ergebende Werth für den Ausgleich von Geld-Angebot und -Nachfrage zwischen Stadt und Land, zwischen den verschiedenen Berufsarten: ein Ausgleich, der nur durch diese Verbindung zu erzielen ist, da bekanntlich in dem gleichen lokalen Erwerbszweige in der Regel zur gleichen Zeit das Geld knapp ist und auch zur gleichen Zeit wieder flüssig wird. Und dazu kommt endlich noch die sich aus solch' breiter Grundlage ergebende möglichst weitgehende Vertheilung des Risikos.

Das beste Mittel, die Wahrung der bezeichneten Grenze bei der Aufnahme zu sichern und ein eben so mißliches als unsicheres Urtheil in jedem einzelnen Falle zu sparen, ist die Einführung regelmäßiger Monatsbeiträge behufs der allmählichen Ansammlung eines Geschäftsantheils als Bedingung der Mitgliedschaft, auf welche wir noch besonders zurückkommen (S. 76 ff.). Wer es noch vermag, in solchen kurz wiederkehrenden Terminen eine kleine Ersparniß einzulegen, der wird im Allgemeinen für die Zwecke des Vereins nicht verloren sein und einen, wenn auch noch so kleinen Kredit beanspruchen können, der allmählich mit der Summe seiner Beisteuern steigt. Diese Grundsätze gelten in der gleichen Weise wie für die Genossenschaften mit unbeschränkter Haftpflicht auch für Genossenschaften mit beschränkter Haftpflicht. Aus der statutarischen Festsetzung der „Haftsumme“ folgt nicht ohne Weiteres, daß bis zu dieser Grenze auch alle Mitglieder eintretenden Falles zahlungsfähig sein müssen, ebensowenig wie aus der Höhe des Geschäftsantheils zu schließen ist, daß der volle Betrag jederzeit von jedem Mitgliede aufgebracht werden könnte. Die „Haftsumme" begrenzt nur die persönliche Haftpflicht auch der wohlhabenden Mitglieder nach oben hin — weiter bedeutet sie nichts. Wollte man bei der Genossenschaft mit beschränkter Haftpflicht die Aufnahme davon abhängig machen, daß der sich Meldende für die volle Haftsumme „gut" ist, so würde einer solchen Genossenschaft das Gepräge einer Kapitalgesellschaft gegeben sein, es würden gerade die wirthschaftlich schwächeren Klassen ferngehalten werden, denen die Genossenschaft doch in erster Reihe dienen soll.

Daß übrigens von jedem Mitgliede die rechtliche Selbstständigkeit erfordert wird, versteht sich von selbst. Natürlich muß man gesetzlich befähigt sein, Verträge zu schließen und Darlehen aufzunehmen, wenn man einem solchen Vereine beitreten will, denn sonst könnte einem weder ein Darlehen gegeben werden, noch wäre man im Stande, für die vom Vereine eingegangenen Schuldverpflichtungen solidarisch zu haften. Unter Vormundschaft oder väterlicher Gewalt stehende Personen können daher ohne die durch die Gesetze erforderliche Genehmigung ihrer Vormünder und Väter nicht Mitglieder werden. Auch Ehefrauen können nur mit ausdrücklicher Genehmigung ihrer Männer eintreten, welche diese Genehmigung bei Unterschrift des Statuts oder der Beitrittserklärung beisetzen müssen. In Fällen, wo das Gewerbe auf den Namen der Frau betrieben wird, bei Handelsfrauen (Art. 6 und 8 H.-G.-B.) könnte es zweifelhaft sein, ob die Genehmigung des Ehemannes zum Beitritt zu einer Kreditgenossenschaft erforderlich ist, da dieser Beitritt in der Regel wenigstens zum Betriebe ihres Handelsgewerbes erfolgen wird — gleichwohl muß auch für verheirathete Handelsfrauen die Genehmigung des Ehemannes einzuholen empfohlen werden, um keine Zweifel über die Giltigkeit des Beitritts aufkommen zu lassen.

Bei der Aufnahme als Mitglied macht an und für sich das Geschlecht keinen Unterschied, als unrichtig muß es sogar bezeichnet werden, wenn weibliche Personen grundsätzlich von der Mitgliedschaft ausgeschlossen werden. Dafür läßt sich keine Rechtfertigung finden.

Zulässig ist es nach dem Gesetz, daß Mann und Frau gleichzeitig Mitglied sind, und wenn die Eheleute in Gütertrennung leben, kann es sogar rathsam sein, Beide aufzunehmen; stets aber sollte dann als Grundsatz festgehalten werden, daß allein der Ehemann berechtigt ist, mit der Genossenschaft Kreditgeschäfte zu machen.

Heirathet ein weibliches Mitglied der Genossenschaft, so ändert dies an seiner Mitgliedschaft nichts, es ist nur durch den Vorstand die Namens-Aenderung zur Eintragung in die Liste der Genossen anzuzeigen. Ob es zweckmäßig ist, in der Kreditgewährung an das neu verheirathete weibliche Mitglied Aenderungen eintreten zu lassen, ob man fordern soll, daß auch der Ehemann Mitglied wird und dieser statt der Frau den Kredit nimmt, das hängt von der Sachlage im einzelnen Falle ab.

In der Regel wird man auch Personen nicht aufnehmen, die bereits Mitglied einer anderen Kreditgenossenschaft sind, da die gleichzeitige Mitgliedschaft bei mehreren Kreditgenossenschaften leicht zu Täuschungen über die Vermögenslage benutzt werden kann (vgl. S. 42).

Mitglieder können nicht blos physische Personen werden, sondern auch Korporationen (z. B. Gemeinden), Genossenschaften, Handelsgesellschaften, alle Personenvereine, die sich Dritten gegenüber zu verpflichten im Stande sind (§§ 9, 41 d. Ges.). Die Beitrittserklärung giebt dann das Organ ab, welches die Gesellschaft Dritten gegenüber vertritt und zwar in der für solche Rechtshandlungen nach Statut, Gesetz oder Verfassung vorgeschriebenen Form. Besondere Aufmerksamkeit ist dem Beitritt von „offenen Handelsgesellschaften“ zu schenken, diese können als solche sich verpflichten, es besteht aber die Gefahr, daß die wohlhabenden Gesellschafter ausscheiden, an ihre Stelle weniger sichere Personen treten, so daß schließlich die Genossenschaft an Stelle eines solventen ein schwaches Mitglied hat. Deswegen empfiehlt es sich, nicht blos die offene Handelsgesellschaft als Mitglied aufzunehmen — dies ist erforderlich, um mit derselben Kreditgeschäfte zu machen — sondern auch zu fordern, daß die Inhaber für ihre Person außerdem die Mitgliedschaft erwerben. Diese werden um so weniger Bedenken tragen, die Forderung zu erfüllen, als sie ja als Gesellschafter der offenen Handelsgesellschaft für deren Verbindlichkeiten unbeschränkt einzutreten haben.

Endlich sei noch bemerkt, daß es in der Rechtsprechung für unzulässig erklärt ist, daß ein Kaufmann unter seiner „Einzelfirma“ den Beitritt erklärt.

VI. Erwerb und Verlust der Mitgliedschaft.

1. Aufnahme und Beitritt.

Dem Beitritt zur Genossenschaft durch Ausstellung einer Beitrittserklärung*) muß natürlich die Aufnahme in den Verein vorhergehen, indem die unbedingte Zulassung von Jedermann in manchen Fällen doch den Reihen der Mitglieder Persönlichkeiten zuführen möchte, welche dem Kredit wie den Zwecken des Vereins in keiner Weise förderlich sein würden. Das Befinden hierüber wird am füglichsten dem Vorstande und Aufsichtsrathe zu überlassen sein, da die Abstimmung der Gesammtheit der Vereinsmitglieder bei jeder einzelnen Aufnahme die Generalversammlungen in unausführbarer Weise häufen würde, an welche man daher nur die Berufung gegen abfällige Entscheidungen des Vorstandes u. s. w. gestatten kann. Der Beschluß über die Aufnahme ist in das Sitzungsprotokoll aufzunehmen.

2. Das Ausscheiden.

a) Der Ausschluß. Daß der Ausschluß von Mitgliedern überhaupt statthaft sein muß, bedarf keiner Ausführung. Die der Regel nach große Zahl derselben, die Leichtigkeit, mit der man grundsätzlich Jeden zuläßt, bei dem gewisse allgemeine Voraussetzungen zutreffen, welche ihn nicht ungeeignet für die Zwecke des Vereins erscheinen lassen; die Probe, die man die Leute gewissermaßen machen läßt, sich kreditwürdig zu zeigen, um kreditfähig zu werden — dies Alles erfordert die Möglichkeit des Ausschlusses mit Nothwendigkeit. Anderenfalls müßte man viel schwieriger bei der Aufnahme sein, sich in sehr mißliche Prüfungen der Befähigung dazu einlassen, manchen in dieser Hinsicht nicht unbedenklichen Kandidaten, der durch die Aufnahme für immer geordneten Verhältnissen zu gewinnen wäre, abweisen — und was hieße das anders, als einen Hauptzweck unserer Vereine verfehlen? — Um daher bei der Aufnahme möglichst liberal in Beurtheilung der Tauglichkeit der Eintretenden verfahren zu können, muß die Wiederausscheidung untauglicher Elemente gestattet sein, damit nicht das Gebahren Einzelner die Gefährdung des Ganzen nach sich ziehe. Deshalb wird der Ausschluß erfolgen müssen sowohl

*) Es empfiehlt sich, Formulare für die Beitrittserklärungen drucken zu lassen und zwar immer je zwei verbunden, und dann zwei Erklärungen unterschreiben zu lassen, von denen eine dem Gericht einzureichen (§ 15 d. Ges.), die andere zu den Genossenschaftsakten zu nehmen ist (Formular 12).

bei Nichterfüllung übernommener Verbindlichkeiten, wie bei einzelnen Handlungen oder einer gesammten Lebenshaltung, insofern diese den Interessen des Vereins zuwiderlaufen oder diejenigen sittlichen und wirthschaftlichen Grundlagen antasten, welche der Verein zum Behufe seiner gesunden Entwickelung nicht entbehren kann.

§ 66 d. Ges. führt als gesetzliche Gründe zum Ausschluß an: Verlust der bürgerlichen Ehrenrechte, Mitgliedschaft in einem anderen Vorschuß- und Kreditverein (vgl. S. 40).*) Diese Ausschließungsgründe muß das Statut, wie vorstehend angegeben, ergänzen (§ 41 des Statuts, Form. 1), und es mag dabei noch die Wichtigkeit der Aufnahme des Verfalls des Mitgliedes in Konkurs als Ausschließungsgrund hervorgehoben werden, um in diesem Falle die Möglichkeit zu haben, das Geschäftsguthaben zur Kompensation mit Forderungen der Genossenschaft freizubekommen, was das Ausscheiden des Genossen voraussetzt (S. 46). Ueber die Auflösung einer Gesellschaft, die Mitglied ist, als Ausschließungsgrund vgl. S. 45.

Die Ausschließungsgründe müssen spezialisirt werden, um eintretenden Falls Streitigkeiten möglichst zu vermeiden.

Den Ausschluß läßt man durch die Generalversammlung beschließen — es ist dies statutarisch zu regeln — oder überträgt die Entscheidung Vorstand und Aufsichtsrath, in welchem Falle man aber dem Ausgeschlossenen — statutarisch — das Recht der Beschwerde an die Generalversammlung geben muß, um auch nicht den Verdacht aufkommen zu lassen, daß Vorstand und Aufsichtsrath in der Lage sind, eine Opposition gegen die Verwaltung niederzuhalten. Für die Einlegung der Beschwerde ist im Statut eine Frist vorzusehen, um zu verhindern, daß die Generalversammlung sich noch nach Jahr und Tag mit der Angelegenheit beschäftigen muß.

Die Ausschließung ist mit genauer Angabe des Grundes sorgfältig zu protokolliren.

Der Beschluß über die Ausschließung ist durch den Vorstand dem Ausgeschlossenen an dessen letzte dem Vorstand bekannt gewordene Adresse durch eingeschriebenen Brief mitzutheilen; von

*) Wo die Vorstandsmitglieder von jeder Kreditentnahme ausgeschlossen sind, steht nichts im Wege, daß sie Mitglieder einer anderen Kreditgenossenschaft werden, um ihr Kreditbedürfniß zu befriedigen. Gezwungen zum Ausschluß wegen mehrfacher Mitgliedschaft ist nach dem Gesetz die Genossenschaft überhaupt nicht; es ist von Fall zu Fall nach der Sachlage zu entscheiden. In der Regel wird man die mehrfache Mitgliedschaft nicht dulden.

dem Zeitpunkt der Absendung des Briefes an kann der Genosse nicht mehr an der Generalversammlung theilnehmen, auch nicht Mitglied des Vorstandes oder Aufsichtsrathes sein (§ 66 d. Ges.). Darüber, daß der Ausschluß nur zum Schluß des Geschäftsjahres erfolgen kann S. 48 (§ 68 d. Ges.).

b) Der freiwillige Austritt. Nach der Natur der Genossenschaft nimmt der freiwillige Austritt eine wichtige Stelle ein, und muß mit großer Vorsicht geordnet werden, will man das Bestehen der Vereine nicht Gefahrenaussetzen. Bei den gewöhnlichen Sozietäten und Handelsgesellschaften wird in der Regel der Gesellschaftsvertrag auf eine bestimmte Zeit geschlossen, und die Gesellschafter, ja selbst ihre Erben und Rechtsnachfolger, sind dann zum Aushalten dieser Frist verbunden. Bei unseren Vereinen ist dies nicht wohl anwendbar. Sie dienen weder der Ausbeutung vorübergehender Konjunkturen, noch dem speziellen Interesse gewisser Personen, sondern dem dauernden Bedürfnisse ganzer Bevölkerungs- oder Gewerbsklassen. Man muß daher den Verein als dauernd, ohne jede Zeitbestimmung, als ein von dem bleibenden Gesammtinteresse großer, sich stetig ergänzender Gruppen getragenes Institut hinstellen, dabei dann aber den Einzelnen den Ein- und Austritt freigeben, und, ist das Unternehmen nur im Kerne gesund und auf wahre Bedürfnisse einer Menge berechnet, so findet jeder Abgang leicht seinen Ersatz. Das versteht sich indessen von selbst: daß dem freiwilligen Austritte eine Kündigung, und zwar eine schriftliche (Formular 13), vorhergehen muß, soll der Verein nicht jeden Halt in sich selbst verlieren und zu einem losen Gefüge von willkürlich Ab- und Zulaufenden, ohne die Möglichkeit einer organischen Gliederung und geordneten Geschäftsverwaltung, herabsinken. Man ist Seitens des Vereins genöthigt, Verbindlichkeiten gegen Dritte einzugehen, z. B. Darlehen aufzunehmen und gewisse Fristen dabei inne zu halten. Ist aber die Abwickelung der Geschäfte des Vereins an solche Termine gebunden, so muß es auch die Lösung des Bandes sein, welches das einzelne Mitglied mit dem Vereine verknüpft. Auch hat der Verein in seinen Mitgliedern einen geschlossenen Kreis fester Kunden, dessen Bedürfnisse er befriedigen muß, und wenn er sich zu diesem Zwecke ausreichend versorgt hat, so darf er nun nicht durch den plötzlichen Austritt, vielleicht in Masse, in Schaden gebracht werden, indem ihm seine Vorräthe an Baarschaft u. s. w., die er selbst verzinsen muß, ungenützt liegen bleiben. Aus diesen Gründen darf der Austritt aus dem Vereine erst nach Ablauf einer Kündigungsfrist erfolgen, binnen welcher es dem Vereine möglich ist, die alten Verbindlichkeiten zu regeln und sich auf den neuen Mitgliederstand einzurichten. Wesentlich wird es dabei zunächst auf die Fristen ankommen, welche der Verein selbst durchschnittlich gegen seine Gläubiger einzuhalten und seinen Schuldnern gestattet hat. Nach § 63 d. Ges. muß die Kündigung mindestens drei Monate betragen; durch das Statut kann eine längere, jedoch höchstens zweijährige, Kündigungsfrist festgesetzt werden.

Indeß läßt sich der Zweck der Maßregel durch Innehaltung einer zwischen der Kündigung und dem Austritte liegenden Frist allein noch gar nicht einmal erreichen, wenn man nicht als zweites Erforderniß dabei festhält: daß der Austritt selbst, das eigentliche Ende der Mitgliedschaft, auf einen Zeitpunkt fällt, wo sich der Stand der Kassenangelegenheiten, Gewinn und Verlust des Vereinsgeschäfts, an welchem der Ausscheidende ja noch betheiligt ist, genau übersehen läßt, indem man sonst ja gar nicht weiß, ob und was man an ihn Seitens des Vereins herauszugewähren oder zu fordern hat. Dieser Termin kann aber füglich nur das Ende des im Vereine angenommenen Rechnungsjahres sein, weil man nur an diesem die nöthigen Abschlüsse macht und die Bilanz zieht, und es zu unendlichen Weiterungen und Kosten führen müßte, wenn diese Operation beim Ausscheiden eines Mitgliedes während des Jahres jedesmal vorgenommen werden sollte. Dies gilt nicht blos für die Kündigung, sondern auch für den Ausschluß, überhaupt für das Ausscheiden, und das Gesetz läßt daher den Austritt nur zum Schluß des Geschäftsjahres zu (§ 68), ausgenommen in dem einen Falle, daß der Austritt durch Uebertragung des Geschäftsguthabens erfolgt (§ 74), worauf wir unten zu sprechen kommen.

Die Kündigung kann auch durch einen Gläubiger des Mitgliedes erfolgen, wenn derselbe sich das Geschäftsguthaben hat gerichtlich überweisen lassen und dann nach § 64 d. Ges. verfahren ist.

c) Ausscheiden der physischen Personen durch Tod — der Gesellschaften durch Auflösung. Stirbt ein Mitglied, so gilt es nach § 75 d. Ges. mit dem Schlusse des Geschäftsjahres als ausgeschieden, in welchem der Tod erfolgte, auch wenn dieser erst später zur Kenntniß des Vorstandes kommt. Die Mitgliedschaft ist nicht vererblich. Die Genossenschaft kann nur im Statut bestimmen, daß für gewisse Erben, z. B. Wittwe, Sohn, die Aufnahme erleichtert wird, etwa in der Art, daß das Eintrittsgeld erlassen wird. Ueber eine weitere Vergünstigung bei der Gewinnvertheilung vgl. zehntes Kapitel II.

Welche Wirkung die Auflösung einer Gesellschaft, die Mitglied einer Genossenschaft ist, auf die Mitgliedschaft hat, sagt das Gesetz nicht. Nun ist aber rechtlich und wirthschaftlich die Auflösung für die Gesellschaft gleichbedeutend mit dem Tod für die physische Person, sie hat mit der Auflösung aufgehört, rechtlich und wirthschaftlich zu existiren, sie besteht nur noch zum Zweck der Liquidation fort und die Folge davon müßte sein, daß die Mitgliedschaft mit dem Schluß des Geschäftsjahres ihr Ende erreicht, in dem die Auflösung erfolgt.*)

d) Auseinandersetzung. Die vorstehend behandelten drei Fälle des Ausscheidens: Kündigung, Ausschluß, Tod sind die regelmäßigen, sie führen zu einer vollständigen Auseinandersetzung zwischen der Genossenschaft und dem Ausgeschiedenen, dieselbe erfolgt auf Grund der Bilanz. Es ist das „Geschäftsguthaben" des Mitgliedes festzustellen, wie es sich nach der Vermögenslage der Genossenschaft aus den Einzahlungen des Mitgliedes auf Geschäftsantheil, den zugeschriebenen Dividenden und den abgeschriebenen Verlusten ergiebt. Dieses Geschäftsguthaben ist dem Ausgeschiedenen binnen 6 Monaten nach seinem Austritt auszuzahlen (§ 71 d. Ges.).**) Nun kann die Bilanz aber auch eine Ueberschuldung ergeben, indem Reservefonds- und Geschäftsguthaben zur Deckung der Schulden nicht ausreichen, dann hat einmal das ausgeschiedene Mitglied seine Einzahlungen auf Geschäftsantheil und diesem Konto zugeschriebene Dividenden verloren und es muß ferner von dem Fehlbetrage den ihn treffenden Antheil an die Genossenschaft zahlen, der in Ermangelung einer anderen Bestimmung des Statuts nach der Kopfzahl der Mitglieder berechnet wird (§ 71 d. Ges.); für eine Genossenschaft mit beschränkter Haftpflicht erreicht dieser Antheil am Verlust seine

*) Das preußische Kammergericht will dies nicht gelten lassen (Parisius u. Crüger, Kommentar zum Genossenschaftsgesetz, zweite Auflage, S. 300). Alle Zweifel kann man damit beseitigen, daß die Auflösung unter die Gründe der Ausschließung aufgenommen wird.

**) Wenn jedoch binnen 6 Monaten nach dem Ausscheiden die Genossenschaft aufgelöst wird, so gilt das Ausscheiden als nicht erfolgt, bereits ausgezahlte Geschäftsguthaben sind zurückzuerstatten, Kündigung u. s. w. sind dadurch mit rückwirkender Kraft aufgehoben.

Grenze in der Haftsumme, doch müßte dann der Konkurs eröffnet werden, zu dem es nach § 134 d. Ges. bei Genossenschaften mit beschränkter Haftpflicht bereits kommt, wenn die Ueberschuldung ein Viertheil des Betrages aller Haftsummen übersteigt (s. auch oben S. 29).

Zur Beseitigung der Mißstände, welche die Verpflichtung der Genossenschaft, nicht abgehobene Geschäftsguthaben ausgeschiedener, namentlich verstorbener Genossen bis zum Ablauf der ordentlichen Verjährung zur Verfügung zu halten, mit sich führt, bestimmt § 72 d. Ges.: die Klage des ausgeschiedenen Genossen auf Auszahlung des Geschäftsguthabens verjährt in zwei Jahren.

e) Ausscheiden durch Uebertragung des Geschäftsguthabens. Zu den drei Fällen (a—c) des Ausscheidens ist nun durch das neue Gesetz noch ein vierter gekommen: Ausscheiden zu jeder Zeit (also nicht blos zum Schluß des Geschäftsjahres) durch Uebertragung des Geschäftsguthabens (§ 74 d. Ges.), sofern der Erwerber an Stelle des Austretenden Genosse wird oder, sofern er schon Genosse ist, dessen bisheriges Guthaben mit dem ihm zuzuschreibenden Betrage den Geschäftsantheil nicht übersteigt.*) Vgl. Formular 14 für Uebertragung des Geschäftsguthabens.

Diese Uebertragung des Geschäftsguthabens zum Zweck des Ausscheidens kann das Statut ausschließen oder an weitere Voraussetzungen knüpfen. Es ist nicht zu verkennen, daß diese Art des Austritts, bei der keine Kündigungsfrist einzuhalten ist, für die Mitglieder sehr werthvoll sein kann, z. B., wenn ein Mitglied seinen Wohnsitz aufgiebt, wenn es auswandert, wenn ein Besitzer sein Gut verkauft u. s. w. Jedoch sollte im Statut stets bestimmt sein, daß zu der Uebertragung die Genehmigung von Vorstand und Aufsichtsrath einzuholen ist.

f) Ausscheiden in Folge Verlegung des Wohnsitzes. Es sei schließlich noch — nur der Vollständigkeit halber — einer fünften Art des Ausscheidens gedacht, die weniger für unsere Kreditgenossenschaften als die Raiffeisen'schen Darlehnskassen bestimmt ist. Falls nämlich durch das Statut die Mitgliedschaft an den Wohnsitz innerhalb eines bestimmten Bezirkes geknüpft ist (§ 8 Abs. 2 d. Ges.), kann ein Genosse, welcher den Wohnsitz im Bezirke aufgiebt, ohne Einhaltung einer

*) Bei Genossenschaften mit beschränkter Haftpflicht: Die der höchsten Zahl der statutarisch zugelassenen Geschäftsantheile entsprechende Gesammtsumme nicht übersteigt (§ 132 d. Ges.).

Kündigungsfrist zum Schlusse des Geschäftsjahres seinen Austritt schriftlich erklären — und die Genossenschaft kann dem Genossen schriftlich erklären, daß er am Schlusse des Geschäftsjahres auszuscheiden habe (§ 65, § 68 d. Ges.). Für die Auseinandersetzung mit Bezug auf das Geschäftsguthaben gilt dann das vorstehend zu d Ausgeführte. Es ist eben nur eine Aufkündigung der Mitgliedschaft (die allerdings auch von Seiten der Genossenschaft zulässig ist) ohne Kündigungsfrist und allein abhängig von der Thatsache der Verlegung des Wohnsitzes. Uebrigens ist die Genossenschaft nicht verpflichtet, dem Genossen die Mitgliedschaft in diesem Falle aufzukündigen, wenn er es nicht thut.

Es ist hierbei also vorausgesetzt, daß die Genossenschaft statutarisch nur Mitglieder aus einer bestimmten Gemeinde, Pfarrei, einem Kreise u. s. w. aufnimmt, wie es bei den Raiffeisenschen Kassen üblich ist. Man hat bei unseren Genossenschaften zuweilen geglaubt, die Bestimmung auch auf den Fall der Auswanderung anwenden zu können, indem man statutarisch die Mitgliedschaft an den Wohnsitz im Deutschen Reich knüpfte, um sich so von Mitgliedern zu befreien, die, ausgewandert, lange Jahre niemals etwas von sich hören ließen. Das entspricht nicht dem Sinne des Gesetzes. Das gleiche Resultat läßt sich erreichen, wenn Auswanderung als Ausschließungsgrund in das Statut aufgenommen wird.

3. Gesetzliche Regelung von Erwerb und Verlust der Mitgliedschaft.

Es wäre nun nur noch kurz die gesetzliche Regelung von Erwerb und Verlust der Mitgliedschaft zu behandeln. Wir haben bisher Aufnahme und Beitritt einerseits und die Gründe des Ausscheidens andererseits besprochen.

Das Gesetz will eine Sicherheit dafür schaffen, daß alle in der Mitgliederliste aufgeführten Personen — daß eine solche geführt wird, ist selbstverständlich und war auch vor dem neuen Gesetz Rechtens — wirklich als Genossen haften, und andererseits alle haftpflichtigen Genossen wirklich in der Liste aufgeführt sind. Zu diesem Zweck legt das Gesetz die Führung der maßgebenden Liste in die Hände des Gerichts und knüpft Entstehung und Verlust der Mitgliedschaft an die Eintragung in die gerichtliche Liste. Die Urkunden über den Erwerb der Mitgliedschaft (Beitrittserklärung), über Ausscheiden (Kündigung, Abschrift des

Ausschließungsbeschlusses u. s. w.) sind dem Gericht einzureichen,*) welches darnach den Erwerb oder Verlust der Mitgliedschaft in die Liste der Genossen einträgt (§ 15, §§ 67, 74 Abs. 2 d. Ges.). Die Mitgliedschaft entsteht mit dem Tage der Eintragung des Erwerbs. Die Mitgliedschaft endigt bei Kündigung, Ausschluß, Ausscheiden, Verlegung des Wohnsitzes nach Maßgabe des § 65 mit dem in der Liste vermerkten Jahresschluß, wenn jedoch die Eintragung erst im Laufe eines späteren Geschäftsjahres erfolgt, mit dem Schlusse des letzteren (§ 68 d. Ges.) — bei Ausscheiden durch Uebertragung des Geschäftsguthabens mit dem Tage der Eintragung (§ 74 Abs. 3 d. Ges.). Nur in dem Falle des Todes endigt die Mitgliedschaft ohne Rücksicht auf die Eintragung stets mit dem Schlusse des Geschäftsjahres, in welchem der Tod erfolgt ist, und es ist auch dieser Zeitpunkt selbst bei einer erst in späteren Jahren erfolgten Anzeige an das Gericht in die Liste der Genossen als Tag des Ausscheidens einzutragen (§ 75 d. Ges., § 30 Abs. 4 der Bekanntmachung), jedoch behält für die Haftpflicht der Erben des verstorbenen Mitgliedes die Eintragung noch eine gewisse Bedeutung (§ 119 Abs. 2 d. Ges.).

Aehnlich wie die Entstehung der Mitgliedschaft von der Eintragung in die Liste der Genossen abhängig gemacht ist, ist für die Genossenschaft mit beschränkter Haftpflicht der Erwerb eines weiteren — statutarisch zugelassenen — Geschäftsantheils an die Eintragung in die Liste der Genossen gebunden (§ 131 Abs. 3 d. Ges.).

Ueber den Mitgliederbestand hat der Vorstand ein Verzeichniß der Genossen zu führen (S. 21).

Es empfiehlt sich, für den Verkehr mit dem Gericht und die Führung des Mitgliederverzeichnisses — für welches man am besten das gleiche Formular anwendet, wie das Gericht für die Liste der Genossen und das in der mehrfach bereits erwähnten Bekanntmachung vom 11. Juli 1889 zum Genossenschaftsgesetz abgedruckt ist — folgende Grundsätze zu beobachten:

> die ordnungsmäßig vollzogenen Beitrittserklärungen sind mindestens einmal in jedem Monate dem Gerichte an einem mit dem Gerichte vereinbarten Tage einzureichen,

---

*) Vgl. § 28 der Bekanntmachung, wo die Urkunden aufgeführt sind, welche in den verschiedenen Fällen des Ausscheidens dem Gericht einzureichen sind. Die Einreichung erfolgt durch den Vorstand in der für die Abgabe von Erklärungen des Vorstandes vorgeschriebenen Form (§ 5 des Statuts).

die zum Austritt am Schlusse des Geschäftsjahres rechtzeitig eingekommenen Aufkündigungen aber sind erst gegen Ende des Geschäftsjahres und mindestens sechs Wochen vor dem Ende des Geschäftsjahres einzureichen,*)

die Anzeige von dem Tode eines Genossen ist unverzüglich, sobald der Vorstand davon Kenntniß erhalten hat, einzureichen (§ 75 d. Ges.),

auf Grund der Benachrichtigungen der Gerichte über die in die Liste der Genossen vorgenommenen Eintragungen sind zur Gleichstellung des von dem Vorstande geführten Mitgliederverzeichnisses die erforderlichen Eintragungen vorzunehmen**) und

die Benachrichtigungen der Gerichte sind sorgsam aufzubewahren.

4. Veröffentlichung des Mitgliederbestandes.

Der Vorstand hat die Zahl der im Laufe des Jahres eingetretenen oder ausgeschiedenen, sowie die Zahl der am Jahresschlusse der Genossenschaft angehörigen Genossen (gleichzeitig mit der Bilanz) zu veröffentlichen (§ 31 d. Ges.), und die Vorstandsmitglieder sind von dem Gerichte durch Ordnungsstrafen dazu anzuhalten (§ 152 d. Ges.). Dabei ist zu beachten, daß die **mit** Jahresschluß ausscheidenden Mitglieder **an** dem letzten Tage des Geschäftsjahres noch Mitglieder sind, folglich auch als solche mitzuzählen sind.

Muster einer Veröffentlichung:

Mitgliederbestand bei Beginn des Geschäftsjahres 1895 (angenommen) 630

Hiervon sind in Abgang zu stellen:

1. in früheren Jahren verstorbene, jedoch erst im Berichtsjahr zur gerichtlichen Liste als verstorben angezeigte Genossen 3
2. durch Uebertragung nach § 74 Gen.-Gesetz ausgeschiedene Genossen . . . . 4 = 7

623

*) Es kommt zuweilen vor, daß das Mitglied die Kündigung zurücknehmen will, daher ist es zweckmäßig, mit der Einreichung an das Gericht so lange zu warten, als es das Gesetz gestattet (§ 67 d. Ges., vgl. insbesondere § 29 der Bekanntmachung).

**) Zur Erklärung sei bemerkt, daß das Gericht von den Eintragungen in die Liste der Genossen sowohl den Vorstand wie die betreffenden Mitglieder zu benachrichtigen hat; da nun das von dem Vorstande zu führende Mitgliederverzeichniß mit der Liste der Genossen sich in Uebereinstimmung befinden muß, so kann der Vorstand die Eintragungen erst vornehmen, wenn er die Benachrichtigung von dem Gericht erhalten hat.

Dagegen kommen in Zugang:

die im Berichtsjahr neueingetretenen Genossen	33
so daß am Schluß des Geschäftsjahres 1895	656
Genossen vorhanden sind.	

Mit Beendigung des Geschäftsjahres scheiden aus:

1. in Folge Aufkündigung	12
2. durch Tod	5
3. durch Ausschluß	7
zusammen	24

Es werden sonach in das neue Geschäftsjahr 1896 632 Genossen übernommen.

Für Genossenschaften mit beschränkter Haftpflicht hat sich diese Veröffentlichung nach § 133 d. Ges. auch auf den Gesammtbetrag, um welchen in diesem Jahre die Geschäftsguthaben, sowie die Haftsumme der Genossen sich vermehrt oder vermindert haben und den Betrag der Haftsummen zu erstrecken, für welche am Jahresschluß alle Genossen zusammen aufzukommen haben. Die Aufstellung nach § 133 d. Ges. für Ende 1896 z. B. würde folgende sein:

Betrag der Geschäftsguthaben Ende des Geschäftsjahres 1895 . .	Mk.
" " " " " " 1896 . .	"
Vermehrung (oder Verminderung) während des Jahres 1896 . .	Mk.
Betrag der Haftsummen Ende des Geschäftsjahres 1895	"
" " " " " " 1896	"
Vermehrung (oder Verminderung) während des Jahres 1896 . .	"

Die Veröffentlichung hätte dann zu lauten:

Die Geschäftsguthaben haben sich von 1895 auf 1896 um . . Mk. vermehrt (vermindert), die Haftsummen in der gleichen Zeit um . . Mk. vermehrt (vermindert). Am Jahresschluß haben die Genossen für . . Mk. Haftsummen aufzukommen.

Fünftes Kapitel.

Beschaffung der Geldmittel für die Vereine.

A. Aufnahme fremder Gelder.

Ist die Beschaffung der zum Betriebskapital erforderlichen Gelder auf Kredit eine der wichtigsten Aufgaben der Vorschuß- und Kreditvereine, so erfordert sie zugleich die höchste Sorgsamkeit, wollen dieselben dadurch in ihren Geschäften wirklich gefördert und nicht im hohen Grade gefährdet werden. Namentlich gilt es hier, einmal die Quellen und sodann die Bedingungen des Kredits in das Auge zu fassen, schließlich aber sich klar bewußt zu sein, welches Maß man dabei überhaupt innezuhalten hat.

Ueber die Kreditquellen, auf welche unsere Vereine ebenso, wie jedes andere Bankinstitut, angewiesen sind, ist im Allgemeinen Folgendes zu bemerken.

Wohl in den wenigsten Fällen wird eine Bank das Geldbedürfniß eines größeren Kundenkreises allein mit ihren eigenen Mitteln zu befriedigen im Stande sein. Deshalb ist es ihre Aufgabe, sich zum Mittelpunkte für das Zusammenströmen von Summen zu machen, welche Anlage suchen und ohne ihre Dazwischenkunft nutzlos für den Verkehr liegen würden. Man muß sich ebensogut für das Angebot von Kapitalien, wie für die Nachfrage darnach eine feste Kundschaft zu verschaffen wissen, Leute an sich zu fesseln verstehen, die Geld bringen, so gut wie solche, die Geld holen, sich für den Abfluß so gut, wie für den Zufluß, regelmäßige Kanäle offen halten.

I. Bankkredit und Betriebskapital.

Was den Zufluß von Geld anlangt, so muß dieser der Hauptsache nach auf die Inhaber größerer oder kleinerer Summen selbst berechnet sein, denen es um Unterbringung ihrer Gelder zu thun ist, nicht etwa auf die Verbindung mit anderen Bankinstituten oder Kreditvereinen, welche dieselbe Stellung zu der Frage einnehmen. Denn wenn man sich, um den Kapitalbedarf Anderer zu vermitteln, selbst erst wieder eines Vermittlers bedient — und das thut jede Bank, die sich durch den Kredit bei anderen Banken fristet — tritt man aus der Stelle des Vermittlers selbst in die des Kunden zurück, und die Kosten wie die Gefahren eines hierauf gegründeten Bankgeschäfts überwiegen seine Vortheile schon in gewöhnlichen Zeiten. Bei großen Verkehrserschütterungen mit Kreditkrisen in ihrem Gefolge wird eine solche Kreditquelle, gerade wenn man ihrer am meisten bedarf, am ersten versagen. Denn natürlich wird die kreditirende Bank, die dann selbst ihre ganzen Mittel zusammennehmen muß, leicht gezwungen, den Kredit zu schmälern, wobei eine Rücksichtnahme auf Verlegenheiten, die sie dadurch bereitet, um so weniger zu erwarten ist, als diese ihr selber nicht erspart bleiben. Hieraus folgt, daß unsere Vereine Alles anwenden müssen, sich in ihren lokalen Umgebungen den Geldzufluß zu verschaffen, dessen sie dauernd zur Ergänzung ihres Betriebskapitals bedürfen. Dagegen dürfen sie Kredit bei anderen Banken oder Vereinen, wenn es sich um Verstärkung ihres Kapitals, nicht um eine gegenseitige bloße Verkehrserleichterung handelt, in der Regel nur in Fällen vorübergehenden gesteigerten Bedürfnisses in Anspruch nehmen, wollen sie nicht ihren geschäftlichen Operationen eine ungesunde Grundlage geben, welche leicht bei der ersten Verkehrserschütterung zusammenbricht.

Die bei früheren Kreditkrisen gemachten Erfahrungen scheinen heut leider vielfach vergessen zu sein, denn nicht nur daß Kreditgenossenschaften in größerer Anzahl auf den ihnen von Banken eingeräumten Kredit ihren Geschäftsbetrieb erweitern, sind weitaus die meisten Gründungen von Kreditgenossenschaften in der letzten Zeit auf Bankkredit hin erfolgt. Die Form der Genossenschaft berechtigt nicht, für den Geschäftsbetrieb die soliden geschäftlichen Grundlagen außer Acht zu lassen. Wie es für den Privatmann gefährlich ist, allein auf seinen Kredit hin, sich auf weitangelegte geschäftliche Unternehmungen einzulassen, so ist dies nicht minder bedenklich für eine Genossenschaft, ja es ist für diese sogar noch bedenklicher, da sie den Kredit in Anspruch nimmt, um das Kreditbedürfniß Anderer zu befriedigen und daher im Falle einer Kreditkrisis von zwei Seiten her bedroht wird.

Die natürliche Vorsicht für die Kreditgenossenschaft, die bei einer Kredit- oder Wirthschaftskrisis ihren Mitgliedern ein sehr weitgehendes Entgegenkommen zeigen muß, gebietet es, ihre Kreditquellen so zu wählen, daß sie nach dieser Seite auch unter schwierigen Verhältnissen wenig zu fürchten hat. Der Bankkredit

kann nach den Aufgaben der Banken aber stets nur ein vorübergehender sein, er ist ein Nothbehelf, und darf unter normalen Verhältnissen daher niemals aufs äußerste angespannt sein.

Es ist daher als eine Gefahr für die Entwickelung des Genossenschaftswesens zu betrachten und schafft eine ungesunde Grundlage, wenn Kreditgenossenschaften auf Betriebsmittel hin ins Leben gerufen oder erweitert werden, die nach ihrer Natur nicht die Bestimmung haben können, dauernd der Genossenschaft belassen zu werden. Dazu kommt noch, daß eine derartige Erleichterung der Befriedigung des Kreditbedürfnisses zu einer Vernachlässigung der Aufsuchung dauernden Betriebskapitals führt.

Vielfach besteht heute das Streben, durch Zusammenschluß der Kreditgenossenschaften zu Centralkassen, das Kreditbedürfniß der Genossenschaften zu befriedigen, indem man unterstellt, daß es auch Genossenschaften mit Geldüberfluß giebt, der die beste Verwendung finden kann, wenn er anderen kreditbedürftigen Genossenschaften zugeführt wird. Die Erfahrung hat bisher wenigstens ergeben, daß ein solcher Geldausgleich in der Praxis nicht durchführbar ist, denn die Centralkasse muß, will sie im Rahmen ihrer Aufgabe des Geldausgleichs bleiben, sich auf einen bestimmten, nicht zu großen Bezirk beschränken, in dem dann aber die Verhältnisse der Kreditgenossenschaften meist gleichartige sind und entweder überall Geldüberfluß oder Geldmangel ergeben. Derartige Centralkassen sind in der Regel nur am Platze, wo es gilt, eine Anzahl kleiner Kassen zusammenzufassen, denen es in der Vereinzelung wegen ihrer Kleinheit oder der Art ihres Betriebes an dem nothwendigen eigenen Halt fehlt, doch auch hier soll die Centralkasse, wenn ihre Aufgabe richtig aufgefaßt wird, nur dazu dienen, die Einzelkassen zur Selbstständigkeit zu führen. Geht sie weiter, entsteht durch sie eine gewisse Konzentration des Betriebes, so sinken die Einzelkassen zu Filialen herab und verlieren dadurch wesentlich an Werth und Bedeutung. Das Verhältniß der Centralkasse zu den Einzelkassen sollte sich daher immer nur nach den gleichen Grundsätzen gestalten, die für die Verbindungen der Kreditgenossenschaften mit den Banken gelten, auch wenn die Centralkasse sich nicht auf den Geldausgleich beschränkt, sondern einen bankartigen Charakter erhält.

Zu der Benutzung des Bankkredits gehört auch die Weiter-Diskontirung von Wechseln durch die Genossenschaft, d. h.

das Diskontiren von Wechseln, welche die Genossenschaft ihrerseits ihren Mitgliedern diskontirt hat (vgl. siebentes Kap. II). Bamberger sagt in seinem Buche „Die Zettelbank vor dem Reichstag" (1874) von dem Bankier, welcher durch Diskontiren und Rückdiskontiren künftig fällige Forderungen kauft und wieder verkauft, daß dieser dadurch beinahe alle Geschäftsarten der Welt in der Nothwendigkeit und folglich in der Gewohnheit des häufigen Umschlages übertreffe.

Es bleibt aber mit dem Diskontiren des Wechsels ein Risiko verbunden: der Vermögensverfall der Wechselverpflichteten, und dieses Risiko bleibt selbstverständlich bei der Rückdiskontirung bestehen. Ein großer Betrag weiterbegebener Wechsel schließt daher auch ein erhebliches Risiko in sich, und es dürfen folglich die sich aus der Rückdiskontirung ergebenden Giroverbindlichkeiten ein gewisses Maaß nicht übersteigen, das sich nach der Vermögenslage der Genossenschaft bestimmt, denn stets ist zu beachten, daß, wenn die Wechselverpflichteten nicht zahlen können, die Genossenschaft aus ihrem Giro haftbar ist. Ganz zu verwerfen ist, wenn die Genossenschaft auch die eigentlichen Vorschußwechsel im Falle des Geldbedarfs weiter diskontirt, denn diese Wechsel müssen in der Regel prolongirt werden, und so hat die Genossenschaft rechtzeitig vor der Fälligkeit für die Einlösung des Wechsels Sorge zu tragen, wenn sie denselben weiter diskontirt hat.

Für die Kreditgenossenschaften bleibt als Quelle für die Beschaffung des dauernden Betriebskapitals immer nur die Aufnahme von Geldern bei Privaten. Diese Beschaffung ist freilich schwieriger und unbequemer, als die Inanspruchnahme des Kredits bei einer Großbank oder Centralkasse, sie bietet aber auch die solide Grundlage und Gewißheit für eine Entwickelung nach streng geschäftlichen Grundsätzen, die bei einer Kreditgenossenschaft am allerwenigsten auch nach dieser Richtung hin zu entbehren sind, und über die sich hinwegzusetzen für ein Kreditinstitut als Genossenschaft keine Rechtfertigung zu finden ist.

In der That ist es den Vorschuß- und Kreditvereinen bisher meist gelungen, sich die erforderlichen Geldzuflüsse in ihren unmittelbaren Umgebungen zu eröffnen, sobald sie ihre Lebensfähigkeit nur irgendwie durch solide Geschäftsführung vor dem Publikum bewiesen hatten. Dabei hängt natürlich viel davon ab, daß die Vorstände das öffentliche Vertrauen genießen, was man bei deren Wahl ganz besonders in das Auge zu fassen hat. Außer dem

Wege der gewöhnlichen Anlehen, d. h. Aufnahme größerer Kapitalien bei Privaten, hat sich besonders die Annahme geringer Einlagen und Ersparnisse der sogenannten kleinen Leute, um deren Sympathie es unseren Vereinen in jeder Hinsicht zu thun sein muß, als ein sehr wirksames Mittel bewährt, und die Einrichtung förmlicher Sparkassen bei ihnen zur Folge gehabt.

Gerade diese Spareinlagen geben uns aber Veranlassung, auf die nothwendigen Bedingungen der aufzunehmenden Kredite überhaupt, besonders aber zunächst auf deren Befristung näher einzugehen.

Wie ganz unerläßlich die Ausbedingung langer Kündigungsfristen für die Vorschußvereine ist, wenn sie sich durch Kreditaufnahme ohne solche nicht muthwillig der Nichtzahlungsfähigkeit überliefern wollen, geht unwiderleglich aus dem einfachen Satze hervor, welcher als die Regel für Jedermann gilt, der mit fremdem Gelde — auf Kredit — Geschäfte treibt:

„daß man keinen anderen Kredit dritten Personen (seinen Schuldnern) gewähren kann, als man selbst von seinen Gläubigern genießt".

Daß die Gläubiger sich meist die Rückzahlung nicht fest, sondern nur auf Kündigung bedingen, ändert hierin nichts. Wer z. B. Geld auf dreimonatliche Kündigung aufnimmt, weiß freilich nicht im Voraus, ob und wann der Gläubiger kündigen oder ihm das Geld lassen wird, aber er muß doch auf die Kündigung jeden Augenblick gefaßt sein und seine Einrichtungen so treffen, daß er die Deckungsmittel stets zu einem der Kündigungsfrist entsprechenden Termine bereit hat. Er wird daher auch seinen Schuldnern dieselben Fristen, sei es fest, sei es auf Kündigung, stellen müssen, die er bei seinen Gläubigern genießt, und eine Bank, welche ihre aufgenommenen Kapitalien gegen 3 Monate Kündigung zurückzahlen zu müssen jeden Augenblick zu gewärtigen hat, kann ihren Schuldnern selbst in der Regel nicht länger als auf 3 Monate fest, oder gegen dreimonatliche Kündigung leihen, soweit ihr nicht eigenes Vermögen zur Verfügung steht.

Dies festgehalten, ergiebt sich für Aufnahme von Kapitalien für den Bankbetrieb bei unseren Vereinen Folgendes:

Da wir das aufgenommene Geld lediglich benutzen, um es weiter zinsbar zu verleihen, müssen wir zunächst die Fristen berücksichtigen, die wir unseren Schuldnern bei Vorstreckung von Baarschaft selbst gestatten müssen, wenn wir überhaupt Geschäfte machen wollen. Ohne eine mehr oder weniger lange Frist von einem bis zu mehreren Monaten kann aber kein Gewerbetreibender oder sonst Jemand Geld brauchen, weil er dieses, soll es ihm den Zins ersetzen und den Nutzen gewähren, um dessen willen er allein das Darlehen aufnimmt, in sein Geschäft stecken muß, in welchem es erst in einiger Zeit umgesetzt wird und ihm wieder zufließt. Aus diesem Grunde, weil ein Bankgeschäft seinen Schuldnern nothwendig gewisse Zahlungs- und Kündigungsfristen zugestehen muß, will es überhaupt Geschäfte machen, darf es auch seinerseits die zum Betriebe erforderliche Baarschaft, insoweit sie in fremdem Kapitale besteht, in der Regel nicht auf kürzere Fristen aufnehmen, als es durchschnittlich selbst seinen Kunden gewährt.

Wenden wir uns nun zu den einzelnen Arten der Aufnahmen fremder Gelder zur Verstärkung des Betriebskapitals.

II. Spareinlagen.

Wesen und Zweck unserer Genossenschaften weist dieselben recht eigentlich bei der Beschaffung ihres Betriebskapitals auf die Spareinlagen hin. Zum Theil kommt ihr eigenes Bedürfniß hierbei in Betracht, was sich an manchen Orten kaum anders in ausreichendem Maße befriedigen läßt, zum Theil das Bedürfniß der Sparer selbst, denen wir ihre Ersparnisse in Form von Darlehen zu ihren Arbeits- und Erwerbszwecken wieder zufließen lassen. Zeigt sich irgendwie die Gelegenheit oder gar das Bedürfniß einer solchen Sparkasse bei unseren Vereinen, so gehe man damit unbedenklich vor. Aber man beachte die vorstehenden Ausführungen und sichere sich Kapitalien auf längere Fristen. Es ist dies insbesondere dort nothwendig, wo die Genossenschaft das landwirthschaftliche Kreditbedürfniß zu befriedigen hat und daher mit Kreditgewährung auch auf längere Fristen rechnen muß.*) Unbeschadet der eigenen Sicherheit kann der Kredit nur auf längere Zeit gewährt werden, wenn die Genossenschaft die Kapitalien auf entsprechend lange Fristen aufgenommen hat.

---

*) So hat der Allgemeine Genossenschaftstag zu München (1892) beschlossen: „Die Kreditgenossenschaften des Allgemeinen Verbandes sollen dem Kreditbedürfnisse der Genossen, die Landwirthschaft betreiben, ebenso wie dem Kreditbedürfnisse der übrigen Genossen dienen.

Die nach den besonderen Verhältnissen des landwirthschaftlichen Betriebes in vielen Fällen erforderlichen geräumigen Zahlungsfristen aber können nur diejenigen

Die Lage der bei solchen Spareinlagen hauptsächlich betheiligten Klassen bedingt die Möglichkeit baldigster Zurückforderung bei eintretendem Bedürfniß, und je mehr man darauf Seitens der Kasse eingeht, auf desto stärkeren Andrang, desto billigeren Zinsfuß hat man zu rechnen. Hierin liegt eine Versuchung, den Sparern sehr kurze Kündigungsfristen zuzugestehen. Allerdings ist es bei diesem Sparkassenverkehr Regel, daß, sobald er nur einigermaßen ausgebildet ist, und die Kasse gewisse Kreise einmal an sich gezogen hat, der fortwährende Abfluß durch einen ebenso stetigen Zufluß aufgewogen wird. Diese in den meisten Fällen bestätigte Erfahrung, welche eben diesen Weg so verführerisch macht, gilt indessen blos für gewöhnliche Zeiten geordneten Verkehrs- und Erwerbslebens. Denn sobald die mindeste Störung, wie z. B. Krieg, eine Geld- oder Kreditkrise, eintritt, so versiegt diese Quelle ebenso plötzlich und vollständig, als sie sich vorher ergiebig gezeigt hatte. Gerade die Mehrzahl der Sparer bedarf dann wirklich des Geldes selbst mehr oder weniger dringend, oder ist auch wohl ängstlicher wie Andere, und so werden die Kassen um Geld bestürmt, während keiner ihrer Kunden daran denkt, Geld niederzulegen. Wie nun, wenn die Kasse das erhaltene Kapital auf längere Fristen verliehen und sich selbst zur Rückzahlung auf sofortige oder ganz kurze Kündigung verpflichtet hat? Ein einziges, wenn auch nur augenblickliches Aussetzen der Zahlung, wie es alsdann, wenn nicht bedeutende anderweite Hilfsmittel den Kassen zu Gebote stehen, fast unausbleiblich ist, bringt sogleich den Bruch, indem dann alles Vertrauen sofort verschwindet, was natürlich den unausbleiblichen Untergang eines solchen lediglich auf Kredit basirten Institutes zur Folge hat. Mögen die Gelder noch so vortheilhaft und sicher Seitens der Vereine untergebracht sein, so daß ein eigentlicher Verlust in keiner Weise zu fürchten ist — der augenblickliche Mangel an Baarschaft wirkt ebenso verderblich, wie ein wirklicher Verlust. Man schütze hiergegen nicht das

---

Genossenschaften gewähren, die ein ausreichendes eigenes Vermögen in Geschäftsantheilen und Reserven besitzen oder bei den zu ihrem Geschäftsbetriebe aufgenommenen fremden Geldern entsprechend längere Kündigungsfristen sich ausbedungen haben.

Unter Hinweisung auf den Beschluß des Allgemeinen Vereinstages in Wiesbaden im Jahre 1877 wird deshalb den Kreditgenossenschaften empfohlen,

> neben der Erhöhung ihres eigenen Vermögens immer mehr darauf bedacht zu sein, bei der Aufnahme fremder Gelder zu Vereinszwecken möglichst geräumige Kündigungsfristen zu erlangen."

Vgl über Kreditgewährung an Landwirthe achtes Kapitel.

Beispiel der öffentlichen Sparkassen vor, welche sich in den erwähnten Krisen behauptet hätten. Als öffentliche, vom Staate oder von Kommunen garantirte Institute, haben dieselben in solchen Fällen einen ganz anderen Rückhalt, als unsere lediglich auf die eigene Kraft angewiesenen Vereine, und werden eben dieser Garantien halber von den Gläubigern niemals in dem Grade überlaufen, als bloße Privatbanken. Wie schwierig aber trotzdem die Lage vieler solcher Sparkassen in den Verkehrskrisen gewesen ist, und welche bedeutende Opfer gebracht werden mußten, um die erforderliche Baarschaft aufzutreiben, welche Verluste von Tausenden sie erlitten haben, wissen Alle, die mit den Verhältnissen vertraut sind. Bei Sicherung eines großen Theils der Spareinlagen auf lange Zeit durch Zugrundelegung einer langen Kündigungsfrist ist aber der Sparkassenverkehr die zuverlässigste Grundlage für die Beschaffung der fremden Gelder.

Der Sparkassenverkehr bietet auch das billigste Betriebskapital.

Unter den heutigen Verhältnissen ist eine gut geleitete Kreditgenossenschaft in der Lage, gegen einen Zins von 3 % die nothwendigen Spareinlagen zu erhalten. Bei der Bemessung des Zinssatzes kommt allerdings hauptsächlich der Zinsfuß in Betracht, welchen die konkurrirenden öffentlichen Sparkassen vergüten. Die Erfahrung hat jedoch gezeigt, daß die Kreditgenossenschaften selbst dann den nöthigen Zufluß von Spareinlagen erhalten, wenn sie unter den Zinsfuß der öffentlichen Sparkassen heruntergehen, vorausgesetzt, daß sie eine vertrauenswürdige Leitung haben und im Stande sind, den Spareinlegern Bequemlichkeiten zu bieten, die diese bei den öffentlichen Sparkassen nicht haben. So ist es bei den öffentlichen Sparkassen vielfach üblich, die Einlagen für den Monat der Einzahlung und Abholung nicht zu verzinsen. Die Genossenschaft kann die Spareinlagen von dem auf die Einzahlung folgenden bis zum Tage der Abhebung verzinsen. Für größere Genossenschaften kann es sich auch empfehlen, für die großen Einlagen einen niedrigeren Zinsfuß zu vergüten, niemals aber sollte man die kleinen Spareinlagen schlechter stellen wie die großen, denn zu den Aufgaben der Kreditgenossenschaften gehört es, den Sparsinn zu pflegen und ihm Gelegenheit zur Bethätigung zu geben, die kleinen in Wirthschaft und Erwerb gemachten Ersparnisse von Mitgliedern und Nichtmitgliedern zu sammeln. Die öffentlichen Sparkassen pflegen die sämmtlichen Spareinlagen auf die gleiche Kündigungsfrist anzunehmen. Die Genossenschaften thun gut, gewisse Abstufungen einzuführen, indem sie Spareinlagen auf verschiedene Kündigungsfrist aufnehmen, etwa mit 14 tägiger, 4 wöchiger, 3, 6—12 monatlicher Kündigung, dementsprechend vergüten sie dann auch einen verschiedenen Zins, der um so höher, je länger die Kündigungsfrist ist. Auf diese Weise zieht die Genossenschaft sowohl langbefristete Gelder an, wie sie auch gleichzeitig gegen einen ganz billigen Zins von vielleicht 1½ % Spareinlagen erhält, die nur vorübergehend bei ihr angelegt werden, über die sie für kürzerbefristete Geldausleihungen verfügen kann. Alle diese Kündigungsfristen dienen nur dem Schutz der Genossenschaft, die in der Lage sein muß, sich auf die Kündigungsfrist berufen zu *können*, wenn der Spareinleger aus irgend welchen Gründen vorzeitig sein Geld zurückfordert. Es ist aber allgemein Uebung bei den Genossenschaften, das Geld ohne Einhaltung der Kündigungsfrist zurückzuzahlen, durch dieses Entgegenkommen sind sie die denkbar bequemsten Sparkassen geworden. Die vorgeschlagene *Abstufung der Kündigungsfristen* und nach denselben *des Zinsfußes* bietet in diesen Fällen den Vortheil, die Genossenschaft vor einem aus vorzeitiger Auszahlung der Spareinlagen entstehenden Schaden zu schützen, indem der Spareinleger bei dem Begehren einer kürzeren als der vereinbarten Kündigungsfrist zwar seinem Wunsche entsprechend befriedigt wird, jedoch dann auch nur den Zins für die Summe vergütet erhält, der ihm zugekommen, wenn das Kapital von vornherein nur mit der kürzeren Kündigungsfrist eingezahlt worden wäre. Stets ist daran festzuhalten, daß es sich nur um ein freiwilliges Entgegenkommen der Genossenschaft handelt, wenn sie an der Kündigungsfrist nicht festhält, auf welche die Einzahlung erfolgt ist, daß die Genossenschaft berechtigt ist, auf Einhaltung der Kündigungsfrist zu bestehen.

Aus dem Umstande, daß der Sparkassenverkehr bald einen größeren Umfang anzunehmen pflegt, ergiebt sich, daß die Genossenschaft nicht jedesmal den Vorzeiger des Sparkassenbuches, auf das eine Abholung erfolgen soll, einer *Legitimations-Prüfung* unterziehen kann. Die Genossenschaft muß sich daher gegen etwaige Regreß-Ansprüche dadurch zu decken suchen, daß sie sich für *berechtigt* erklärt, allein auf das Sparkassenbuch hin Zahlungen zu leisten. Das Sparkassenbuch wird damit kein Inhaberpapier, da sich die Genossenschaft nicht verpflichtet, dem Vorzeiger auf dasselbe Zahlung zu leisten.

Für den Sparkassenverkehr werden Sparkassenbücher ausgegeben, in welchen Ein- und Auszahlungen, vom Vorstande ordnungsmäßig bescheinigt, eingetragen werden. Nimmt die Genossenschaft Spareinlagen unter verschiedenen Kündigungsfristen auf, so müssen auch verschiedene Sparkassen-Konten geführt und dementsprechend verschiedene Arten Sparkassenbücher ausgegeben werden.

Um für die Kontrole der Eintragungen in die Bücher der Genossenschaft durch den Aufsichtsrath Belege zu besitzen, ist es zu empfehlen, den Spareinleger über jede Zahlung, die er erhält, eine Quittung ausstellen zu lassen. In vielen Genossenschaften hat es sich auch als sehr wohl durchführbar erwiesen, in einer besonderen Kolonne des von der Genossenschaft geführten Buches quittiren zu lassen. Die Quittung erfolgt dann unter dem Namen dessen, der das Geld abholt.

Ueberhaupt ist der Sparkassenverkehr einer ganz besonders sorgfältigen Kontrole zu unterwerfen; zu diesem Zweck empfiehlt es sich, nach Schluß des Geschäftsjahres eine tabellarische Zusammenstellung aller Spareinlagen mit Angabe der Nummer und des Guthabens jedes einzelnen Sparkontos anzufertigen und im Geschäftslokal zur Einsicht der Spareinleger auszulegen, damit diese sich von der Richtigkeit des Sparkontos überzeugen können. Ist der Sparkassenverkehr nicht zu umfangreich, so kann die Uebersicht auch dem Geschäftsbericht beigegeben werden. Vgl. über weitere Kontrolmaßregeln sechstes Kapitel IV.

Der Allgemeine Genossenschaftstag zu Stettin (1893) hat den Kreditgenossenschaften empfohlen, ihren Sparkassen-Einrichtungen die Bedingungen über Annahme, Verzinsung und Rückzahlung zu Grunde zu legen, die wir in Formular 15 mittheilen.

Einer Erklärung bedarf der Begriff der Spareinlagen in der Sparordnung. Der Begriff der Spareinlagen läßt sich der Summe nach nicht bestimmen, er ergiebt sich aus lokalen Verhältnissen und Bedürfnissen. Selbstverständlich ist es, daß eine Mindestgrenze für die einzelne Einzahlung gesetzt wird. Zweckmäßig aber ist es auch, eine Höchstgrenze sowohl für die einzelne Einzahlung wie für den Gesammtbetrag der Einlage überhaupt zu bestimmen. Das Eigenthümliche des Sparkassenverkehrs besteht u. A. darin, daß sich die Genossenschaft verpflichtet, auf Grund der Sparkassen-Bedingungen ihr angebotene Gelder anzunehmen; fehlt nun diese Höchstgrenze, so kann die Genossenschaft in die Lage kommen,

Beträge zu erhalten, für die sie gar keine Verwendung hat. Es müssen daher gewisse Grenzen gezogen werden, die sich nach den Verhältnissen und Bedürfnissen der Genossenschaft regeln. Die Festsetzung dieser Grenze ist auch umsomehr geboten, als die Genossenschaft sich bei Einzahlungen über einen gewissen Betrag hinaus das Recht sichern muß, Zins und Kündigungsfrist besonders zu vereinbaren, selbst die Annahme zu verweigern, wenn der Geldzufluß so groß ist, daß für das angebotene Geld im Geschäftsbetriebe sich keine Verwendung findet. Daß überhaupt auf Sparkassen-Konto nur eine Einlage von im Voraus bestimmter Höhe gebildet werden kann, entspricht den allgemeinen für den Sparkassenbetrieb geltenden Grundsätzen — der Bezeichnung Sparkasse.

Die Sparordnung kann nun nach den Bedürfnissen der Genossenschaft erweitert oder beschränkt werden. Nach ersterer Richtung kommt besonders in Betracht die Einführung gesperrter Sparkassenbücher. Darunter werden Sparkassenbücher verstanden, auf welche jederzeit Einlagen gemacht werden, aber erst bei Eintritt eines gewissen Ereignisses oder nach Ablauf einer bestimmten Zeit Abhebungen stattfinden dürfen; bis dahin werden alle Einzahlungen, die auf das Konto geleistet werden, wie die Zinsen dem Spareinleger gutgeschrieben. Die Bücher können auf den Namen des Einlegers oder der Person, zu deren Gunsten die Einlagen erfolgen, ausgestellt werden; sie erhalten auf dem Titelblatt den Vermerk „gesperrt" und die Angabe, wann bezw. wodurch die Sperre beseitigt werden soll. Die Beschränkung tritt stets außer Kraft, wenn der, zu dessen Gunsten das Buch gesperrt ist, stirbt. Für die Genossenschaft bieten diese gesperrten Sparkassenbücher den Vortheil, auf längere Zeit über die Einlagen verfügen zu können, ohne einer Kündigung ausgesetzt zu sein. Erfahrungsgemäß wird aber von einer solchen Einrichtung so selten Gebrauch gemacht, daß mit deren Einführung nur unter ganz besonderen Umständen vorgegangen werden sollte.

Auch die Einrichtung einer Pfennigsparkasse kann in Erwägung gezogen werden. Um für kleinere Beträge eine bequeme Spargelegenheit zu schaffen, giebt die Genossenschaft Sparmarken und Sparkarten aus, welche im Vereinslokal sowie bei einer Anzahl von Kaufleuten und anderen geeigneten Personen zu haben sind; es werden dann Sparkarten, die mit 10 Sparmarken beklebt sind, als Spareinlagen ebenso wie baares Geld angenommen.

III. Depositenverkehr und laufende Rechnung ohne Kredit.

Der Depositenverkehr unterscheidet sich von dem Sparkassenverkehr wesentlich nur dadurch, daß es sich um größere Summen und kürzere Kündigungsfristen handelt. Nur größere Genossenschaften unterhalten daher in der Regel einen Depositenverkehr, der eine bankmäßig geschulte Verwaltung erfordert. Falsche Dispositionen bei der Bestimmung des Zinsfußes, bei der Anlage der Depositen können für die Genossenschaft mit erheblichen Verlusten verbunden sein; die Genossenschaft muß die Anlagen im richtigen Verhältniß zu den Depositen liegend halten, um nicht bei größeren Ansprüchen der Deponenten in Zahlungsschwierigkeiten zu gerathen. Vgl. für die Bedingungen Formular 16.

Bei der Einrichtung des Depositenverkehrs sind die landesgesetzlichen Bestimmungen über die Stempelsteuer zu berücksichtigen; es ist zu prüfen, ob die Bescheinigungen in den Rechnungs-Auszügen aus dem Depositen-Konto stempelpflichtig sind. Wo dies der Fall ist und sich auch keine Möglichkeit bietet, den Rechnungs-Auszug in einer Form auszustellen, daß der Stempel nicht verwendet zu werden braucht, wird man wie z. B. in Preußen in Erwägung ziehen müssen, von einem besonderen Depositenverkehr abzusehen und den Sparkassenverkehr entsprechend zu erweitern.

Die laufende Rechnung ohne Kredit (auch Konto-Korrent ohne Kredit genannt) ist ein entwickelter und erleichterter Depositenverkehr; während aber im Depositenverkehr jeder Posten seine Selbstständigkeit behält wie im Sparkassenverkehr, bilden bei der laufenden Rechnung alle Posten ein Ganzes, und werden die einzelnen Zahlungen nicht auf bestimmte Posten, sondern auf das Ganze geleistet. Die Anerkennung des Saldos bildet daher auch einen selbstständigen Verpflichtungsgrund, es geht aber der Saldo mit dem Vortrage auf neue Rechnung in diese wieder über. Die Bedingungen sind wesentlich die gleichen wie für den Depositenverkehr. Vgl. Formular 17.

IV. Checkverkehr.

Unmittelbar an die laufende Rechnung schließt sich der Checkverkehr an, denn er ist eigentlich nur ein Theil derselben. Wesen und Zweck des Checkverkehrs können wir nicht besser wiedergeben, als mit einer Schilderung der Oldenburger Bank bei Einführung des Checkverkehrs:

„Der vornehmlichste Zweck des Checkbureaus besteht darin, von den einzelnen privaten Klassen alle diejenigen Gelder in sich aufzunehmen, welche nur kurze Zeit, auf einzelne Wochen oder Monate, verfügbar sind. Der Kaufmann, Handwerker, Fabrikant, der zur bestimmten Zeit Wechsel zu decken oder sonst größere Zahlungen zu leisten hat, führt die inzwischen erfolgenden Eingänge eines Tages oder einer halben Woche in das Checkbureau ab, um sie nach Bedarf wieder abzuheben; der Beamte, Offizier, Rentner bringt nach Empfang des Gehaltes, der Zinsen oder sonstiger Einnahmen die betreffenden Summen dem Checkbureau und behält nur kleine Beträge zur Deckung des täglichen Handbedarfs zurück. Bei richtiger Ausnutzung ist beinahe für Jedermann das Halten irgend größerer Kassenbestände entbehrlich . . . Macht die Hausfrau aus der Stadt oder vom Lande größere Einkäufe in der Stadt, so nimmt sie kein Geld, sondern das Checkbuch mit und füllt an Ort und Stelle den Check mit dem Betrage der bewußten Einkäufe aus, so daß das lästige, zeitraubende Geldzählen für alle Theile hinfällig wird. Der Kaufmann oder Handwerker präsentirt seinerseits die erhaltenen Checks der Bank und läßt sich den Betrag auszahlen oder auf seinem Checkkonto gutschreiben. So vollziehen sich, wenn erst eine breite Kundschaft dem Checkverkehr erworben ist, ungemein zahlreiche kleinere und größere Umsätze, die sonst nur mittels umständlichen Baarausgleichs bewirkt sein würden, durch einfache Ab- und Zuschreibung in den Büchern der Bank. Und nicht blos die Umständlichkeit der Operation des Geldzählens und Empfangens, sondern auch die Gefahren des Verlustes, Verzählens und Versehens werden vermieden.“

Die Kreditgenossenschaften nehmen es als ein besonderes Verdienst in Anspruch, für die Einführung des Checkverkehrs bereits sehr viel gethan zu haben. Eine große Anzahl dieser Genossenschaften hat den Checkverkehr unter ihre Geschäftszweige aufgenommen und die Zahl steigt von Jahr zu Jahr. Damit erfüllen die Genossenschaften eine bedeutende wirthschaftspolitische Aufgabe, wie sich aus vorstehender Schilderung des Checkverkehrs ergiebt. Für die Genossenschaft selbst verbinden sich damit jedoch auch recht erhebliche Vortheile. Sie gelangt zunächst durch den Checkverkehr zu billigem Gelde. Allerdings ist bei dessen Benutzung für den regelmäßigen Geschäftsbetrieb große Vorsicht geboten, da die Einlagen in kürzester Zeit wieder entzogen werden können

Nicht jede Genossenschaft ist daher in der Lage, den Checkverkehr einzuführen, dazu bedarf es einer sehr tüchtigen Verwaltung. Wo man sich aber bereits mit dem Depositenverkehr, mit der laufenden Rechnung vertraut gemacht hat, da ist es nur ein Schritt noch zum Checkverkehr. Und die Kreditgenossenschaft erscheint ganz besonders geeignet, diesen Geschäftszweig zu pflegen, da sie durch ihre Verbindung mit allen Volkskreisen diese am besten für die Benutzung des Checks beeinflussen kann.

Der Checkverkehr muß stets auf Verfügung über das Guthaben begrenzt werden und braucht daher nicht auf die Mitglieder beschränkt zu werden, sondern kann auch auf Nichtmitglieder ausgedehnt werden. So dient der Checkverkehr der Genossenschaft gewissermaßen als Agitationsmittel. Die Genossenschaft wird weiteren Kreisen bekannt, sie bietet den Gewerbetreibenden eine Einrichtung, die sie sonst nicht haben; diese lernen die Bedeutung der Genossenschaft kennen und treten, wie die Erfahrung lehrt, weiter mit ihr in Geschäftsverbindung, um schließlich Mitglieder zu werden.

Dazu kommt nun noch, daß die Deutsche Genossenschaftsbank von Sörgel, Parrisius & Co. sich die Pflege des Checkverkehrs zur Aufgabe gemacht und bereit erklärt hat, die auf ihre Kasse gezogenen Checks kostenfrei auf Giro-Konto einzulösen. Zu diesem Zweck erhalten die Checks die Bemerkung:

„Dieser Check wird nach Prüfung der Ordnungsmäßigkeit und Falls in Ordnung auch in Frankfurt a. M. (oder Berlin) bei der Deutschen Genossenschaftsbank von Sörgel, Parrisius & Co., Commandite Frankfurt a. M. (oder Berlin), ausbezahlt.

In solchem Falle wird die Prüfung regelmäßig 2 bis 3 Tage in Anspruch nehmen."

Die Checks, welche vorgezeigt werden, werden auf Kosten der Genossenschaft dieser zur Prüfung zugeschickt und die Bank muß umgehend entweder zur Zahlung der Checks ermächtigt werden oder diese, wenn sie nicht in Ordnung sein sollten, zurückerhalten.

Voraussetzung der Zahlung ist natürlich, daß die Genossenschaft auf Giro-Konto ein zur Einlösung genügend großes Guthaben besitzt.*) Formulare für den Checkverkehr unter Formular 18.

---

*) Die allgemeine Einführung des Checkverkehrs bei den Genossenschaften kann leicht zur Bildung eines Checkverbandes führen der Art, daß der Check bei allen angeschlossenen Genossenschaften zahlbar ist. Durch vorherige Präsentation des Checks zur Prüfung der Ordnungsmäßigkeit und Ausstellung eines entsprechenden Vermerks kann die Zahlung auch noch beschleunigt werden.

V. Anlehen.

Haben wir es bisher mit Geschäftszweigen zu thun gehabt, die den Kreditgenossenschaften als regelmäßige Kreditquellen dienen, aus denen sie fortlaufend das nothwendige Betriebskapital ziehen können, so wäre schließlich nur noch die Form zu erwähnen, in der gelegentlich größere Beträge beschafft werden, die nach dem Bedürfniß aufgenommen werden. Es ist dies die Aufnahme von Anlehen bei Privaten, Gesellschaften oder Vereinen.

Einer besonderen Erörterung bedarf diese Art der Geldbeschaffung nicht.

VI. Beschränkung der Aufnahme fremder Gelder.

Was wir aber am Ende dieses Abschnitts den Vereinen nicht dringend genug an das Herz legen können, ist die Warnung:

> sich in günstigen Zeiten und bei gutem Gange der Geschäfte, wenn die Kapitalien ihnen reichlich zuströmen, nicht verleiten zu lassen, auf die Dauer beträchtlich mehr fremde Gelder anzunehmen, als einmal der Umfang ihres Geschäfts und sodann das richtige Verhältniß des eigenen Vermögens dazu, als des unerläßlichen Gegengewichts, zuläßt.

Nichts reizt mehr zu einer ungesunden Ausdehnung der Geschäfte, als ein solcher Ueberschuß von Geldern, welche zur Anlage drängen, sollen sie den Verein durch Zinsverlust nicht in Schaden bringen, und man übernimmt Risikos und läßt sich auf Spekulationen ein, an die man sonst nicht gedacht haben würde. Es liegen aber in der Geschichte des Genossenschaftswesens bei uns der warnenden Beispiele genug vor, wohin eine solche Geschäftsführung schon in gewöhnlichen Zeiten führt. Tritt aber gar eine jener Geld- oder Handels-Krisen hinzu, wie sie den Verkehr von Zeit zu Zeit erschüttern, so ist ein Verein, der hier nicht Maß gehalten, schwer getroffen, besonders wenn man sich auf irgend erhebliche Anlagen in Werthpapieren eingelassen hat. Aus diesem Grunde hat daher bereits die Versammlung der Vertreter des Deutschen Genossenschaftsverbandes (der Allgemeine Vereinstag) 1873 zu Konstanz nach dem Antrage Schulze-Delitzsch folgende Sätze zum Beschlusse erhoben:

1. Sobald durch einen solchen dauernden Geldandrang das Betriebskapital sich so anhäuft, daß es im regelmäßigen Geschäftskreise der Vereine in keiner Weise mehr Verwendung findet, bleibt das altbewährte Verfahren,

wonach man die Zinsen sowohl der Gläubiger wie der Schuldner (Geschäftskunden) herabsetzt und die Kündigungsfristen der ersteren verlängert, als das zur Herbeiführung des Ausgleichs zwischen Geldangebot und Geldnachfrage natürlichste Mittel, immer zumeist zu empfehlen.

Nur hüte man sich bei der hiernächst eintretenden Ausbreitung des eigenen Geschäfts mittelst Zunahme der Kreditgesuche, in Bemessung der einzelnen Risikos über das Maß hinauszugehen, welches der Umfang der eigenen unkündbaren Fonds gebietet, damit nicht der Ausfall bei einem einzigen Kunden schon zum Rückgriff auf die Geschäftsantheile der Mitglieder nöthige, was regelmäßig zur Verwirrung der Finanzlage des Vereins, ja zu dessen Erschütterung in seinem ganzen Bestande führt.

2. Lassen sich auf diesem Wege bedeutendere Bestände dieser Art nicht vermeiden, so daß man zu deren anderweitiger Unterbringung sich genöthigt sieht, so ist dabei mehr, als auf hohen Gewinn, darauf zu sehen: daß dieselben jederzeit leicht realisirt, die geleistete Zahlung ungefährdet wieder dem Vereine zugeführt werden kann. Anderenfalls würde der Mangel an stets bereiten Baarmitteln die Vereine den schlimmsten Eventualitäten aussetzen, indem in kritischen Zeiten, wie sie oft ganz unerwartet eintreten, der Abfluß der deponirten Gelder in weit kürzeren Fristen erfolgt, als es zu deren Ansammlung bedurfte.

Aus diesem Grunde ist eine solche Anlage in Wechseln erster Firmen, welche sich jeden Augenblick leicht und ohne nennenswerthen Verlust umsetzen lassen, der Anlage in Werthpapieren vorzuziehen, da der Rückgang der Kurse während finanzieller Krisen selbst bei solchen solid fundirten Papieren die Inhaber um so schwerer trifft, je mehr dieselben in der Lage sind, in augenblicklicher Bedrängniß um jeden Preis losschlagen zu müssen.

3. Wo man trotzdem zu zeitweiser Anlage der bez. Bestände in Werthpapieren sich gedrungen fühlt, ist aus den eben angeführten Gründen mindestens darauf streng zu halten, daß:

einerseits, ohne Rücksicht auf hohe Gewinnverheißungen, nur die solidesten Papiere unter Beirath eines zuverlässigen Bankhauses angekauft werden;

andererseits der Betrag der Anlage mit den eigenen Mitteln des Vereins im angemessenen Verhältniß steht.

Unter keinen Umständen darf aber die Spekulation in Werthpapieren in der Geschäftsthätigkeit unserer Vereine eine Stelle erhalten, indem dieselben dadurch, abgesehen von der Gefährdung der eigenen Existenz, ihrer wirthschaftlichen wie ihrer sozialen Aufgabe entfremdet, und in eine verwerfliche Dividenden- und Tantièmen-Hetze verwickelt werden würden.

Und so schwer wiegt diese Gefahr gerade bei den Genossenschaften, in welchen die Solidarhaft — unbeschränkt oder beschränkt — aller Mitglieder hinter den eingegangenen Verbindlichkeiten steht, daß es durchaus nothwendig erscheint, die Mitwirkung der Gesammtheit der Mitglieder bei Feststellung der Grundsätze wenigstens im Allgemeinen und so weit vorzubehalten:

daß von Zeit zu Zeit durch Beschlüsse der Generalversammlung der Höchstbetrag aller Verpflichtungen,

mit welchen gleichzeitig der Verein zum Behufe der Verstärkung des Betriebskapitals belastet werden darf, festgesetzt wird.

Dieser den Genossenschaften stets ertheilte Rathschlag ist in das Genossenschaftsgesetz vom 1. Mai 1889 hinübergenommen (§ 47), und bei eigener Verantwortung haben Vorstand und Aufsichtsrath der Generalversammlung eine Summe in Vorschlag zu bringen, die den Verhältnissen und Bedürfnissen der Genossenschaft entspricht.

Die Liquidität der Mittel, welche für das Ansehen der Großbanken von so großer Bedeutung ist, ist freilich bei den Kreditgenossenschaften nicht im gleichen Umfange aufrecht zu erhalten. Bereits die Art der Kreditgewährung, die in der Regel nothwendig werdenden Prolongationen erschweren es sehr, die Dispositionen so zu treffen, daß jederzeit den Verbindlichkeiten entsprechend verfügbare Mittel vorhanden sind. Um so nothwendiger ist die größte Vorsicht bei der Anlage der zeitweise nicht gebrauchten Bestände, um stets, ohne Opfer und ohne die Mitglieder bei Beitreibung der Außenstände in Schwierigkeiten zu bringen, Mittel zur Befriedigung der Gläubiger bereit zu haben.

B. Eigenes Vermögen der Genossenschaft.

Wenn aber auch auf den in den vorigen Abschnitten bezeichneten Wegen das ganze Betriebskapital auf Kredit mit Leichtigkeit aufzutreiben sein sollte, so lasse man die Bildung eines eigenen, dem Vereine gehörigen Kapitals, als eine der wichtigsten Aufgaben bei der Organisation, doch keinen Augenblick außer Acht, indem die Genossenschaften nur dadurch erst in ihren geschäftlichen Angelegenheiten die unerläßliche, sichere Grundlage erhalten. Soll ein Bankgeschäft den Schwankungen des Geldmarktes, den mancherlei politischen und wirthschaftlichen Konjunkturen, welche auf das Angebot und Zurückziehen fremder Gelder Einfluß üben, auf die Dauer gewachsen sein, so muß es, noch außer der Vorsicht in den Kündigungsfristen rücksichtlich der angeliehenen Summen, über welche wir sprachen, ein eigenes, mit diesen in Verhältniß stehendes Vormögen besitzen, das ihm verbleibt, auch wenn die angeliehenen Beträge sich aus dem Geschäfte zurückziehen. Selbst wenn man die Kündigungsfristen gegen die Vereinsgläubiger noch so vorsichtig gewahrt hat, gehen die vom Vereine an seine Schuldner geliehenen Gelder niemals so pünktlich wieder ein, daß nicht in vielen Fällen andere Deckungsmittel behufs pünktlicher Erfüllung der Vereinsverbindlichkeiten bereit gehalten werden müßten. Ueberhaupt ist das Einsetzen eines solchen eigenen Kapitals Seitens der Unternehmer Grundbedingung jedes Geschäftsbetriebes, und die allmähliche Bildung desselben aus den bescheidensten Anfängen heraus gewiß das Mindeste, was man bei Gründung eines solchen fordern muß. Ganz besonders gehört bei einem Kreditinstitut, dessen Zweck in Gewährung von Baarmitteln besteht, die Aufbringung eines eigenen Vermögens zu den unerläßlichen Voraussetzungen, da die bloße Haft die bereiten Zahlmittel nicht ersetzt. Es ist falsch, sich einzubilden:

als entbinde ein genossenschaftliches Unternehmen von dem, was zur soliden Begründung eines Geschäfts überhaupt gehört.

Dies kann die Genossenschaft nicht, dies soll sie nicht! Vielmehr beruht ihre Bedeutung und Aufgabe darin: daß sie jene Erfordernisse, welche bei Unbemittelten nicht vorhanden sind, durch Zusammenschluß einer größeren Zahl von ihnen beschafft, indem sie die der Aufgabe nicht genügenden Mittel und Kräfte der Einzelnen zu gemeinsamer Wirkung zusammenfaßt.

Aus diesen Gründen ist es unerläßlich, mit dem Anwachsen des fremden Kapitals die Steigerung des eigenen Vereinsvermögens Hand in Hand gehen zu lassen, oder, wo das Letztere in angemessenem Fortschritt nicht thunlich erscheint, mit der Annahme fremder Gelder inne zu halten und das Geschäft lieber zu beschränken, als seine Ausdehnung auf unsolider Basis zu begünstigen. Das Verhältniß zwischen den eigenen und fremden Geldern ein für allemal auf einen festen Satz zu bestimmen, hat allerdings seine großen Schwierigkeiten. Die eigenthümliche Lage eines jeden Vereins, sein Geldbedürfniß und die größere oder geringere Leichtigkeit von dessen Deckung, der Charakter seines Kundenkreises endlich, greifen hier bestimmend mit ein und erzeugen Verschiedenheiten, denen man bis zu einem gewissen Punkte die Anerkennung nicht versagen kann. Dennoch ist gerade bei unseren Vereinen mehr, als bei gewöhnlichen Bankinstituten, die Aufstellung bestimmter Grundsätze, welche einen festen Maßstab bieten, wünschenswerth. Natürlich fällt bei Prüfung der Sicherheit besonders der kreditsuchenden Vereine das Verhältniß des eigenen Vermögens zum fremden schwer in das Gewicht. Und eben deshalb liegt es im Interesse der Betheiligten, daß man mit allseitigem Einverständnisse Grundsätze aufstellt, welche bis zu einem gewissen Grade bei der Beurtheilung als Maßstab dienen. — Ganz besonders wird auf Wahrung dieses Verhältnisses bei Beanspruchung von Kredit Seitens der Großbanken gesehen. Wie sicher auch die Solidarhaft ihnen die schließliche Befriedigung garantirt, ist man hier, wo die Geschäfte die stete Bereitschaft großer Baarbestände erfordern, allen weitaussehenden Realisationen der Ausstände abgeneigt und verlangt die ausreichende Dotirung mit eigenem Vermögen bei unseren Vereinen, um nicht, behufs Geltendmachung der Solidarhaft, die Verwickelung in den Konkurs in das Auge fassen zu müssen. So sind bisher die Banken, so zumeist die Reichsbank, verfahren, was wohl zu beachten ist.

Sehen wir, um für die Feststellung des in Rede stehenden Verhältnisses einen Anhalt zu gewinnen, auf das, was nach den bisherigen Erfahrungen im Bankwesen sich etwa im Allgemeinen herausgestellt hat, so ergiebt sich je nach der verschiedenen Grundlage der hierher gehörigen Institute, von welchen seit Jahren der Geschäfts- und Kassen-Stand veröffentlicht ist, ein ziemlich weiter Spielraum, und man wird etwa das Maß im Durchschnitte treffen, wenn man Bestände an eigenem Kapital, welche 20—30 % der fremden Gelder erreichen, als das Gewöhnliche annimmt, womit man sich hier, ohne den Vorwurf der Unsolidität fürchten zu müssen, begnügt. Will man indessen sich hiernach entscheiden, so würde doch bei der Einführung eines solchen Maßes bei unseren Vereinen darauf Rücksicht zu nehmen sein, daß das eigene Kapital in ihnen sich überhaupt erst allmählich im Laufe der Jahre bildet, und in der ersten Zeit nach ihrem Entstehen nur Anfänge davon vorhanden sein können. Hier sogleich strenge Anforderungen stellen, hieße die Vereine in Aufnahme fremder Gelder dergestalt beschränken, daß die Entwickelung ihres Geschäfts dadurch erheblich aufgehalten und in Frage gestellt würde, indem dieses gerade im Anfange mit seinem Geldbedürfnisse hauptsächlich auf Kredit angewiesen ist. Wie die Bildung eines eigenen angemessenen Kapitals selbst ein Ziel ist, dem wir in den Genossenschaften nur allmählich uns nähern, so kann jenes zu solider Geschäftsbegründung unentbehrliche Verhältniß zwischen eigenem und fremdem Kapitale ebenfalls durch die unausgesetzte Thätigkeit der Genossenschaft nur allmählich erreicht werden und nicht schon bei ihrer Gründung vorhanden sein. In Berücksichtigung dessen haben sich in der Praxis bei den im Deutschen Genossenschaftsverbande stehenden Vereinen die nachfolgenden Sätze herausgestellt, die auf dem Allgemeinen Vereinstage zu Potsdam (1862) und zu Stuttgart (1879) zum Beschlusse erhoben sind und die die Vereine bei allen Kreditoperationen ihrerseits zu beachten haben, um nicht den gesunden Boden dabei zu verlieren. Danach wird in der ersten Zeit nach der Entstehung eines Vorschußvereins erfordert, daß derselbe mindestens 10% der aufgenommenen fremden Gelder an eigenem Vermögen besitze, während man nach 2—3 Jahren diese Anforderung auf 20—25% steigert, bei älteren Vereinen aber verlangt, daß das eigene Kapital bis auf 50% des fremden, also auf ein Drittel des gesammten Betriebskapitals gebracht werde. — Ist aber das so bestimmte Verhältniß eher höher als niedriger gegen das bei gewöhnlichen Banken vorkommende, so wird man dies als das wirksamste Schutzmittel gegen die Gefahren der Solidarhaft der Mitglieder für die Vereinsschulden sicherlich für geboten erachten.

Faßt man die praktischen Mittel in das Auge, die Ansammlung des eigenen Vermögens bei den Vorschußvereinen zu fördern, so sind zuvörderst die beiden Hauptbestandtheile desselben: die Reserven und die Geschäftsguthaben der Mitglieder zu unterscheiden. Wir sprechen hier zunächst von den ersteren.

I. Die Reserven.

Von Anbeginn sind die Kreditgenossenschaften auf Gründung eines, den Ansprüchen der Einzelnen entrückten Vermögens bedacht gewesen, weil ein derartiger Grundstock vorzugsweise geeignet ist, ihre Dauer, unberührt vom Wechsel der Mitglieder, zu erhalten. Mögen dann flaue Perioden für das Vereinsgeschäft kommen und eine beträchtliche Zahl von Mitgliedern zum Ausscheiden bewegen: das Vorhandensein eines solchen Grundstocks, von welchem die Ausscheidenden keinen Antheil beanspruchen können, der den im Vereine Verbleibenden vielmehr ganz verbleibt, wird nicht blos einem unmotivirten Austritte vorbeugen, sondern auch zum Eintritt bestimmen und überhaupt einem so ausgestatteten Geschäfte in jeder Beziehung eine gute Grundlage bieten. Es entsprach daher vollständig den Grundsätzen und Forderungen der Genossenschaften, daß daß Gesetz vom 1. Mai 1889 im § 7 Pos. 4 vorschreibt: das Statut muß die Bildung eines Reservefonds bestimmen, der zur Deckung eines aus der Bilanz sich ergebenden Verlustes zu dienen hat.*)

*) Nach dem Gesetz von 1868 war die Bildung noch nicht obligatorisch.

Freilich wird man die Verluste zunächst aus den Geschäftserträgnissen auszugleichen haben, wie dies bereits der Beschluß des Allgemeinen Vereinstages zu Neustadt a. d. Haardt (1869) anerkannte.*) Doch muß man auch auf Fälle gefaßt sein, wo diese Erträgnisse dazu nicht ausreichen, und man auf die Geschäftsguthaben der Mitglieder zurückzugreifen genöthigt sein würde, wenn es an solcher Reserve fehlte. Wie sehr dies aber dem Vereine Eintrag thun, welche Mißstimmung es unter den dadurch betroffenen Mitgliedern verursachen müßte, liegt auf der Hand. Daher scheint die Bildung eines hierzu eigens bestimmten Vermögens unerläßlich. Die größte Beachtung verdient daher der Beschluß des Allgemeinen Genossenschaftstages zu Gotha (1894), durch den den Kreditgenossenschaften empfohlen ist: „Den Jahresgewinn mehr zu angemessenen Zuwendungen zum Reservefonds und zur Bildung von Spezialreserven zu bestimmten Zwecken, als zur Gewährung hoher, den landesüblichen Zinsfuß weit übersteigenden Dividenden an die Genossen zu verwenden.“ Es wird nun darauf ankommen, die Einnahmen und Beiträge zu den Reserven in einer Art zu bestimmen, daß sie den Mitgliedern nicht lästig werden, die sie ja als etwas, was der eigenen Verfügung verloren geht, zuweilen nicht mit allzu günstigen Augen zu betrachten geneigt sind. Am meisten geeignet zu dem Zwecke erscheinen in dieser Rücksicht die Eintrittsgelder neuer Mitglieder und mäßige Antheile am Geschäftsgewinne.

Sobald nämlich einmal mit Bildung eines solchen Fonds der Anfang gemacht, also ein Eigenthum des Vereins vorhanden ist, erscheint es gerechtfertigt, ein Eintrittsgeld zu erheben. Natürlich fällt dieser Grund weg, so lange eine Reserve überhaupt nicht vorhanden ist, weshalb die Gründungsmitglieder der Regel nach davon frei sein werden, wenn sie nicht etwa selbst, der rascheren Bildung des für die Genossenschaft so nützlichen Fonds halber, sich zu kleinen Beiträgen entschließen. Bei der Festsetzung des Eintrittsgeldes wird jedoch stets im eigenen Interesse des Vereins als Grenze zu wahren bleiben, daß man nie zu solchen Beträgen sich versteigt, welche die weniger Bemittelten vom Beitritt abschrecken.

*) „Die Verwendung des Reservefonds zur Deckung von Geschäftsverlusten hat sich auf die Fälle zu beschränken: a) daß der Geschäftsertrag für das betr. Rechnungsjahr dazu nicht ausreicht; oder b) die Verluste sich aus Geschäften herschreiben, welche in Vorjahre fallen, und erst in der laufenden Rechnungsperiode zur Abwickelung gelangt sind.“

Der Allgemeine Vereinstag in München (1875) hat dies besonders hervorgehoben. Unrichtig ist es, das Eintrittsgeld von der Höhe des Reservefonds oder der Geschäftsantheile abhängig zu machen, denn dies würde dazu führen, den Verein auf einen kapitalistischen Boden zu drängen, während es das Bestreben der Genossenschaften sein muß, den unbemittelten Volksklassen Gelegenheit zur eigenen Kapitalbildung zu bieten, dadurch ihre wirthschaftliche Lage zu verbessern und auf eine Ausgleichung der Klassengegensätze hinzuarbeiten. Und dieses Ziel wird nicht allein der Mitglieder, sondern auch der Vereine selbst wegen verfolgt, welche aus finanziellen Gründen die Sympathien der weniger besitzenden Klassen suchen müssen, weil sich dieselben bei allen Krisen, die nicht lokaler Natur sind, für die Vereine als höchst werthvoll erwiesen haben.

Es sollte das Eintrittsgeld daher niemals höher als auf 5 Mark bemessen werden.

Soll nach alledem der Reservefonds die angemessene Höhe erreichen und darauf erhalten werden, so wird man sich entschließen müssen, noch einen mäßigen Antheil vom Reingewinne je nach Bedürfniß einzuwerfen. Ganz besonders ist dies im Anfange räthlich, um recht bald ein Grundkapital zu erhalten, und hier wird es namentlich der Gewinn des ersten Jahres sein, welchen man ganz dahin überweisen kann, da ohnehin die Mitglieder eine Dividende davon nicht zu beanspruchen haben, sobald man die für deren Vertheilung weiter unten aufgestellten Grundsätze annimmt. Weiter hat man dann in den nächsten Jahren 15—20 % und später regelmäßig 5—10 % vom Reingewinne bei den meisten Vereinen, welche die Bedeutung dieses Punktes erfaßten, zum Reservefonds geschlagen, um damit vorwärts zu kommen, und können diese Sätze nur für angemessen erachtet werden.

Was die Höhe des Reservefonds anlangt, auf deren Erreichung im Laufe der Zeit man Bedacht zu nehmen hat, so wird diese natürlich der Größe des Risikos im Vereinsgeschäfte zu entsprechen haben, welches mit dem Umfange des Geschäfts in unmittelbarem Zusammenhange steht. So verordnet denn auch § 7 Abs. 4 des Ges., daß das Statut die Art der Bildung zu bestimmen hat, insbesondere den Theil des jährlichen Reingewinnes, welcher in den Reservefonds einzustellen ist, sowie den Mindestbetrag des letzteren, bis zu dessen Erreichung die Einstellung zu erfolgen hat.

Bei der Veränderlichkeit und Verschiedenartigkeit des Umfanges des Geschäfts, das namentlich bei den Kreditgenossenschaften aus den geringsten Anfängen heraus sich von Jahr zu Jahr steigert, erscheint eine Festsetzung der zu erreichenden Summe von vornherein unthunlich.

In der Praxis hat sich als der einfachste Maßstab ergeben, den Reservefonds in ein bestimmtes Verhältniß zum Betriebskapital zu bringen, da aus dessen Verwendung die Verluste entstehen können, und man ist dabei zu einem Satz von 5% des (aus Geschäftsguthaben, Reserven und fremden Geldern) bestehenden Betriebskapitals gekommen. Vielfach findet sich auch die Festsetzung eines Verhältnisses zwischen Reservefonds und Geschäftsguthaben, und ist dieses Verhältniß wiederholt von den Allgemeinen Vereinstagen empfohlen; dabei wird dann aber vorausgesetzt, daß die Geschäftsguthaben im richtigen Verhältniß zu dem Betriebskapital stehen, so daß die Wirkung schließlich die gleiche ist. Es ist gefordert, den Reservefonds auf mindestens 15% der Geschäftsguthaben zu bringen, unter der Voraussetzung, daß diese ca. 30% des Betriebskapitals betragen.

Ferner ist der Art zu gedenken, wie der Reservefonds bei der Mehrzahl der Vorschußvereine angelegt zu werden pflegt. Während er sonst bei industriellen Unternehmungen aus dem Geschäfte herausgezogen, mit dessen Beständen nicht vermengt, sondern sicher untergebracht wird, wie dies bei Etablissements von mehr oder minder bedeutendem Risiko, wenn sein Zweck erreicht werden soll, die Sache mit sich bringt: legen ihn die Vorschußvereine meist in ihrem Geschäfte werbend mit an. Dies erscheint insoweit auch unbedenklich, als sich dieselben streng innerhalb der ihnen gestellten wirthschaftlichen Aufgabe halten, mit Vermeidung von Großbankgeschäften, besonders jeder eigentlichen Spekulation. Da sich hier das Risiko wesentlich auf die Insolvenz der Schuldner beschränkt, mag man den zur Deckung solcher Ausfälle bestimmten Fonds im Geschäft lassen, ohne Unordnungen davon befürchten zu müssen, vorausgesetzt, daß man über ihn ein besonderes Konto führt, Zu- und Abgang darin gehörig vermerkt und für seine Ergänzung sorgt, sobald er unter seinen Normalbestand herabgesunken ist. Nur die zu bedeutendem bankmäßigen Verkehr, namentlich nach außen, angewachsenen Vereine, deren Geschäfte nach vielen Millionen jährlich zählen, wobei das Risiko natürlich mehr in den Vordergrund tritt, mögen unter Umständen die

Reserve lieber ganz aus dem Geschäfte ziehen und getrennt, in sicherer, stets realisirbarer Anlage verwalten.

Wie nach alledem mit der Reserve zu verfahren ist, wenn Verluste während des Bestehens eines Vereins eintreten, welche nicht durch den Geschäftsertrag gedeckt werden können, liegt auf der Hand. Man schreibt die Beträge einfach von der Reserve ab, zieht diese insoweit zum Geschäftsfonds ein, wenn sie außerhalb desselben angelegt ist, und geht sodann von Neuem an die Ergänzung oder Neubildung derselben in der beschriebenen Weise. Erst nach völliger Erschöpfung der Reserve wird dann auf die Geschäftsguthaben der Mitglieder zurückgegriffen werden. Doch steht es der Generalversammlung auch frei, die Verluste mit den Geschäftsguthaben ganz oder theilweise zu decken, und den Reservefonds nicht anzugreifen (§ 46 d. Ges.). Maßgebend ist in erster Reihe das Statut. Nur das ist stets zu beachten, daß dieser Reservefonds, dessen Bildung das Gesetz vorschreibt, bestimmt ist „zur Deckung eines aus der Bilanz sich ergebenden Verlustes“, d. h., daß er zur Deckung nur dann und insoweit verwendet werden soll, als die Erträge des Jahres nicht zur Deckung der Verluste ausreichen.

Aus dieser eng begrenzten Verwendung des Reservefonds hat sich die Nothwendigkeit ergeben, neben dem obligatorischen Haupt-Reservefonds noch Spezial-Reserven für bestimmte Zwecke zu bilden, um eine Vertheilung von Verlusten auf mehrere Jahre und damit eine gewisse Gleichmäßigkeit in der Vertheilung der Dividende zu ermöglichen. Die Verwendung der Spezial-Reserven unterliegt der freien Beschlußfassung der Generalversammlung. Ganz besonders ist es zu empfehlen, eine Effekten-Reserve zu bilden, um die Genossenschaft möglichst gegen die Folgen von Kurs-Verlusten zu sichern. Diese Reserve ist dann heranzuziehen, wenn die Genossenschaft ihre Effekten mit Verlust verkaufen oder zum niedrigeren als dem Einkaufspreis oder Tageskurs in die Bilanz einstellen muß. Selbstverständlich dürfen dann aber auch nicht aus dem Steigen der Effekten erzielte Gewinne vertheilt werden, sondern dieselben müssen der Effekten-Reserve überwiesen werden, damit mit ihnen späterer Verlust ausgeglichen werden könne.

Bei bedeutendem Verkehr ist auch die Bildung von Spezial-Reserven aus dem Reingewinne zur Deckung besonderer Verluste zu empfehlen, wodurch deren Vertheilung über mehrere Jahre ermöglicht wird. Ebenso sollte stets eine Spezial-Reserve gebildet werden, sobald Außenstände in ihrem Werthe zweifelhaft werden und man spätere Verluste befürchtet.

Schließlich sei noch erwähnt, daß ausscheidende Mitglieder an die Reserven keinen Anspruch haben (§ 71 d. Ges.). Bei einer bestimmten Art ländlicher Darlehnskassen, die dem Neuwieder Verbande angehören, ist sogar durch das Statut bestimmt, daß auch im Falle der Auflösung der Genossenschaft deren Reinvermögen nicht zur Vertheilung kommt, sondern für bestimmten näher bezeichneten Zweck unvertheilbar verbleibt. Unsere Genossenschaften halten diese einem kommunistischen Prinzip entsprechende Einrichtung für recht bedenklich und jedenfalls nicht zu den Aufgaben einer Kreditgenossenschaft passend.

In Bezug auf die bei Auflösung des Vereins eintretende Vertheilung dessen, was nach Abwickelung aller Verbindlichkeiten vom Reservefonds noch übrig ist, unter die alsdann vorhandenen Mitglieder wird man gerechter Weise sich bei Genossenschaften mit unbeschränkter Haftpflicht für gleichmäßige Berücksichtigung aller, also für die Theilung nach der Kopfzahl entscheiden müssen, wenn man die thatsächlichen und rechtlichen Verhältnisse hinsichtlich der Haftbarkeit der Mitglieder gehörig in Anschlag bringt. Es ist nämlich diese Haftbarkeit eine doppelte. In erster Linie das Haften der Mitglieder mit den von ihnen auf den Geschäftsantheil eingezahlten Summen, welche unter den Einzelnen der Höhe nach verschieden sind; in zweiter Linie, als ergänzendes Moment dahinter, die Solidarhaft derselben mit ihrem sonstigen Vermögen, welche alle rechtlich gleich trifft, wenn sie schon für den Gläubiger, je nach den verschiedenen Vermögensumständen, verschiedenen Werth hat. Der Haft in erster Linie mit ungleichem Risiko, ungleichen Geldeinlagen, entspricht die ungleiche, vom Betrage der eingelegten Summe abhängige Dividende; der Haft in zweiter Linie, wo Jeder sein Vermögen ohne Rücksicht auf dessen Größe gleichmäßig einsetzt, entspricht der gleiche Antheil am Gesammtvermögen des Vereins, welches durch gleiche Eintrittsgelder angesammelt ist und bei Auflösung der Gesammtheit Allen gleichmäßig zu Gute kommen muß. Diese Auffassung ist denn auch im § 89 d. Ges. der Vertheilung zu Grunde gelegt, und kann nur durch ausdrückliche derselben entgegenstehende Bestimmungen des Statuts geändert werden.

Führt die unbeschränkte Haftpflicht zur Vertheilung nach Köpfen, so ergiebt die Anwendung obigen Grundsatzes auf die beschränkte

Haftpflicht die Vertheilung nach Haftsummen, d. h. nach dem Umfang der persönlichen Haftpflicht, mit der die Mitglieder für die Verbindlichkeiten der Genossenschaft haften. Allerdings wird auch dies der Vertheilung nach Köpfen überall dort gleichkommen, wo bei der Genossenschaft mit beschränkter Haftpflicht nur der Erwerb eines Geschäftsantheils zugelassen ist, bezw. von den Mitgliedern ausnahmslos nur ein Geschäftsantheil erworben ist, da dann auch die Haftsumme (der Umfang der persönlichen Haftpflicht) für alle Mitglieder gleich groß ist.

II. Geschäftsantheile der Mitglieder.

Die Hauptsache für das Anwachsen des eigenen Vermögens in unseren Vereinen bleibt indessen die Bildung angemessener Geschäftsantheile der Mitglieder. Nur wenn man es versteht, den Eifer der Mitglieder dafür zu beleben, hat man Aussicht, das von uns im vorigen Abschnitt in das Auge gefaßte Ziel zu erreichen und durch Beschaffung eines genügenden eigenen Vermögens sowohl für den Kredit des Vereins nach Außen, wie für den inneren Verkehr mit den Mitgliedern einen sicheren Stützpunkt zu erhalten.

Es liegt weder im Interesse der Mitglieder noch der Genossenschaften, ausschließlich auf die Bildung der Reserven Gewicht zu legen. Die Stärkung des eigenen Vermögens der Genossenschaft muß sowohl durch die Reserven wie durch die Geschäftsantheile erfolgen.

Daß man zum Behufe der Bildung von Geschäftsantheilen in entsprechender Höhe bei den Mitgliedern unserer Vereine auf die sofortige Vollzahlung, als Bedingung des Eintritts, verzichten und auch allmähliche Beisteuern zu diesem Zwecke zulassen muß, ist gewiß, will man die Unbemittelten nicht geradezu ausschließen, und einen Hauptzweck der Genossenschaftsbewegung verfehlen. Aus demselben Grunde darf man einerseits den Satz dieser regelmäßig fortlaufenden, etwa wöchentlich oder monatlich zu zahlenden Beträge nicht zu hoch greifen, während freilich andererseits jede Beschränkung das so wünschenswerthe Anwachsen des eigenen Vermögens hemmt. Es erscheint daher, um beiden Rücksichten Rechnung zu tragen, am zweckmäßigsten, wenn man einen bestimmten niedrigen Satz, wie ihn auch der unbemittelte Arbeiter aufzubringen vermag, als regelmäßigen Mindestbeitrag, den jedes Mitglied, will es überhaupt aufgenommen sein, zum wenigsten steuern muß, feststellt, und es Jedem freiläßt, zu jeder Zeit seinen Beitrag zu erhöhen, oder die Vollzahlung zu bewirken; dazu enthält die Dividende vom Geschäftsgewinn, insofern man sie nach der Höhe der Geschäftsguthaben vertheilt, wie wir unten sehen werden, den wirksamsten Anreiz. So sind Sätze, wie monatlich $^1/_2$ und 1 Mark als Mindestbeträge nicht zu hoch, und man setze etwaigen, auf eine weitere Herabsetzung gehenden Wünschen zum wahren Besten der Mitglieder selbst die nöthige Festigkeit entgegen. So unentbehrlich der Kredit für den weniger bemittelten Gewerbetreibenden ist, will er sein Geschäft in wirklich lohnender Weise betreiben, so sicher steht auch fest: daß ein zu leicht und zu ausgedehnt gewährter, nicht nach gewerblichen und wirthschaftlichen Umständen und Eigenschaften des Kreditnehmers bemessener Kredit diesem verderblich wird. Das Erste ist also, daß ein solcher Kreditbedürftiger durch Sparen die nöthige Garantie für seine Kreditwürdigkeit bietet. Und damit stehen wir vor einer Hauptforderung jeder genossenschaftlichen Gestaltung. Wollen die Angehörigen der weniger bemittelten Volksklassen, mit denen wir hauptsächlich zu thun haben, um einem wirthschaftlichen Bedürfnisse Abhilfe zu verschaffen, ein selbstständiges Geschäft gründen, dessen Inhaber sie sind, so müssen die Einzelnen dazu angehalten werden, mindestens soviel an Mitteln und Kräften einzuschießen resp. zur Verfügung zu stellen, daß dadurch einerseits die Anfänge der eigenen Kapitalbildung, andererseits gewisse Sicherheiten für das weitere planmäßige Fortschreiten gegeben sind. Lasse man bei den zu diesem Zwecke einzuwerfenden Beisteuern einen Betrag zu, den auch der gewöhnliche Arbeiter zu erschwingen vermag — erlassen kann man sie nicht, wie schwer auch Manchem die Leistung fallen mag. Gerade das Ermannen, das Sichzusammenfassen, das dazu gehört, giebt ihr noch einen anderen, als den blos materiellen Werth. Je mehr man besonders während der ersten Anfänge in den materiellen Geschäftsunterlagen zurücksteht, um so mehr muß die sittliche Basis der Einigung gepflegt werden. Und dies geschieht eben durch die Nöthigung, die sich jeder Beitretende zu regelmäßigen Beiträgen selbst auferlegt. Im Voraus für die Aufbringung des Geldes sorgen, um in der Reihe der Genossen in Erfüllung der übernommenen Pflicht nicht zurückzustehen, sich, wenn es darauf ankommt, einen auch erlaubten Genuß für den Augenblick zu versagen, um einen Halt für die Zukunft zu gewinnen: das erfordert Einsicht und Energie, und ohne die Pflege dieser beiden, ohne das Vorhandensein einer solchen sittlichen Grundlage im Kreise der ihr Angehörigen gedeiht selten eine Genossenschaft. Hier seine Befähigung durch die That zu beweisen und somit die Probe der Tauglichkeit für seine Zulassung abzulegen, dazu bietet dem Einzelnen nichts eine bessere Gelegenheit, als die Einrichtung dieser regelmäßig wiederkehrenden Ratenzahlungen, die zugleich an Ordnung und Pünktlichkeit im eigenen Haushalt gewöhnen. Wer sie nicht leisten will, dem gebricht es an den sittlichen, dem, der es nicht kann, an den wirthschaftlichen Voraussetzungen, ohne welche die Selbsthilfe durch die Genossenschaft nicht zu realisiren ist.

Es entspricht daher vollkommen den Anschauungen unserer Genossenschaften, wenn nach § 7 Abs. 2 d. Ges. das Statut bestimmen muß „den Betrag, bis zu welchem sich die einzelnen Genossen mit Einlagen betheiligen können (Geschäftsantheil), sowie die Einzahlungen auf Geschäftsantheil, zu welchen jeder Genosse verpflichtet ist“, und es müssen nach der gleichen Vorschrift diese Einzahlungen bis zu einem Gesammtbetrage von mindestens einem Zehntheil des Geschäftsantheils nach Betrag und Zeit bestimmt sein.

Es ist also zu unterscheiden zwischen dem Geschäftsantheil und den Einzahlungen auf denselben. Der Erstere muß im Statut angegeben sein, ebenfalls muß auch eine Verpflichtung der Mitglieder zu regelmäßigen Einzahlungen ausgesprochen sein; diese Einzahlungen brauchen aber nach Betrag und Zeit nur bis zur Erreichung eines Geschäftsguthabens von mindestens dem zehnten Theil des Geschäftsantheils bestimmt sein.

Zur Klarstellung sei hier der Unterschied zwischen „Geschäftsantheil“ und „Geschäftsguthaben“ eingefügt. Geschäftsantheil bedeutet den Höchstbetrag, mit dem sich ein Mitglied mit Mitgliedereinlagen betheiligen kann — mit Geschäftsguthaben wird der jeweilige sich aus Einzahlungen, zugeschriebenen Dividenden (bezw. abgeschriebenen Verlusten) ergebende Betrag bezeichnet, den das Kapital-Konto des Mitgliedes erreicht hat.

Betreffend den Erlaß von Einzahlungen schreibt § 22 Abs. 2 d. Ges. vor: „eine geschuldete Einzahlung darf nicht erlassen werden.“

Um für die Bestimmung der Höhe, welche je nach Geschäftsumfang und Richtung in den einzelnen Vereinen für die Normirung der Geschäftsantheile eine verschiedene sein wird, einen Anhalt zu gewinnen, mache man sich den Zweck, das möglicher

Weise dadurch erreichbare Resultat, klar. Dies kann nicht wohl ein anderes sein, als höchstens das ganze zum Vereinsgeschäft erforderliche Betriebskapital durch derartige Geschäftsantheile aufzubringen, so daß es der Aufnahme fremder Gelder nicht mehr bedarf: ein Resultat, welches freilich in der Wirklichkeit nicht erreicht werden wird, weil fortwährend ältere Mitglieder mit vollen Antheilen ausscheiden, und neue eintreten, bei denen die Bildung der Antheile immer erst wieder von vorn beginnt. Sonach wird man in Betreff des Betriebskapitals einen Ueberschlag machen müssen, wie viel man zur Deckung des Gesammtbedürfnisses der Mitglieder wahrscheinlich bedarf, was sich, wenn auch nicht gleich beim Beginn des Vereins, so doch nach einiger Zeit wohl übersehen läßt, indem man ja mit steigender Mitgliederzahl und wachsender Bedeutung des Geschäfts auch den Geschäftsantheil von Zeit zu Zeit erhöhen kann.*)

Für die Festsetzung der äußersten Grenze des Geschäftsantheils wird darauf Rücksicht zu nehmen sein, daß ohne Steigerung des Zinsfußes für gewährten Kredit eine den gewöhnlichen Kapitalzins um Einiges übersteigende Dividende zur Vertheilung gebracht werden kann.**) Und daß dies geschieht, daß die Dividende nicht unter ein Maß heruntersinkt, welches sie überhaupt den Betheiligten annehmbar macht, daran haben die Vereine nach zwei verschiedenen Seiten hin Interesse. Einmal werden sie nur dadurch eine gewisse Klasse von Mitgliedern gewinnen und dauernd erhalten, an der ihnen viel gelegen sein muß. Dies sind nämlich solche, welchen es mehr um vortheilhafte Anlage kleiner Summen und Ersparnisse, als um Darlehen zu thun ist, die Wohlhabenderen unter dem kleinen Gewerbestande, die der höheren Rente halber gern das Risiko eines Geschäfts mit übernehmen, dessen Wirkungskreis ohnehin ihre Sympathien besitzt. Diese Leute, die mehr Geld

*) Es bedarf dies einer Statutenänderung (§ 16 d. Ges.).

**) Wenn z. B. mit einem Betriebskapitale von 60 000 Mk. für 240 000 Mk. Geschäfte gemacht werden, und dabei ein Nettogewinn von 3 600 Mk. erzielt ist, so macht es einen gewaltigen Unterschied in der Dividende, ob und wie viel von dem Betriebskapitale aus Geschäftsguthaben der Mitglieder besteht und also als dividendenberechtigt am Gewinne Theil hat. Nehmen wir an, daß das ganze Kapital der 60 000 Mk. den Mitgliedern gehört, so beträgt die Dividende 6 %; ist dies nur mit der Hälfte, mit 30 000 Mk. der Fall, die andere Hälfte von 30 000 Mk. aber von Dritten angeliehen, so wächst die Dividende auf 12 %, weil die gewonnenen 3 600 Mk. nur auf 30 000 Mk. zu vertheilen sind u. s. w.

bringen, als holen, deren Mitgliedschaft dem Kredite des Vereins äußerst förderlich ist, an sich zu fesseln, dazu gehört durchaus eine den gewöhnlichen Zinsfuß etwas übersteigende Dividende.*) Und in gleichem Maße wird dieselbe zu einem anderen Zwecke erfordert, nämlich als Sporn zur Steigerung der Einzahlungen auf Geschäftsantheil Seitens der unvermögenden Mitglieder: ein Punkt, den wir schon bei Besprechung der außerordentlichen Bedeutung der Bildung eigener kleiner Kapitalien für diese Klasse im Allgemeinen gewürdigt haben.

Hiernach handelt es sich also bei Begrenzung des Geschäftsantheils darum, den beiden dabei in Betracht kommenden, entgegengesetzten Gesichtspunkten:

a) der soliden Begründung des Geschäfts durch angemessene Steigerung des eigenen Vermögens,
b) der Rentabilität desselben durch angemessene Herbeiziehung fremden Kapitals,

in der Art Rechnung zu tragen, daß keiner derselben den anderen zurückdrängt, sondern beide gleichmäßig zur Geltung kommen. Und hiermit hängen die Vorschläge in Bezug auf das Verhältniß des eigenen zum fremden Kapital im Ganzen zusammen, indem wir das erstere auf 50 Prozent vom letzteren gebracht wissen wollten. Nach allen praktischen Erfahrungen ist damit bei einem Bankgeschäfte, welches sich vom Börsenspiele und Effektenhandel fern hält, einerseits eine hinlänglich solide Grundlage gewonnen, und andererseits eine angemessene Dividende gesichert, bei vollkommen billiger Bedienung der Kunden. Demnach würde sich die äußerste Grenze in der Höhe des Geschäftsantheils etwa dahin ergeben, daß man bei Veranschlagung des je nach dem Umfange des Vereinsgeschäfts erforderlichen Betriebskapitals und der wahrscheinlichen Mitgliederzahl diese Antheile so bestimmt, daß durch die Gesammtsumme derselben im Soll die eine Hälfte des ganzen Betriebsfonds dargestellt, die andere aber für das fremde Kapital offen gelassen wird. Da nämlich dieses Soll, d. h. der höchste zulässige Betrag

---

*) Die dagegen geltend gemachte Gefahr der Dividendenjäger, welche, um große Dividenden zu erhalten, die kreditsuchenden Mitglieder ausbeuten, besteht keineswegs, wo die Verwaltung auch nur einigermaßen ihre Schuldigkeit thut und die Mitglieder ihre Rechte in der Generalversammlung wahrnehmen. Eine Genossenschaft muß schon vollständig ihren Charakter als solche verloren haben, wenn „Dividendenjäger" im Stande sein sollen, auf den Geschäftsbetrieb einen maßgebenden Einfluß auszuüben.

sämmtlicher Geschäftsantheile, als idealer Maßstab behufs Aufstellung der Rechnung, wie wir bereits bemerkt haben, in der Praxis niemals an den Verein gelangt, wegen des fortwährenden Austritts alter Mitglieder, die ihre Vollantheile herausziehen, und des stetigen Eintritts neuer, die mit der Ansammlung immer wieder von vorn beginnen: so kommt der von uns vorgeschlagene Satz (die Hälfte des Betriebskapitals) in Wirklichkeit ungefähr auf das von uns für den Betrag des eigenen Kapitals oben geforderte Verhältniß hinaus, nach dem wir bei ausgebildeten Vereinen ein Drittel des ganzen Betriebskapitals als ihnen gehörig verlangten, d. h. 50 Procent des fremden Kapitals. Indem wir demnach das den Einzelnen vorzusteckende ideale Ziel in dem Geschäftsantheil etwas weiter hinausrücken, werden wir am ehesten dahin gelangen, den Forderungen einer geordneten Praxis in der Wirklichkeit zu genügen.

Daß und warum in der Regel bei Begründung eines Vereins nicht sogleich das seinem, im Laufe der Zeit erweiterten Geschäftsumfange entsprechende Maß des Geschäftsantheils in Anwendung kommt, haben wir schon angedeutet. Fast überall fängt man mit niederen Sätzen an und geht erst mit dem Anwachsen des Vereinsgeschäfts zu höheren über. Dies ist schon deshalb zweckmäßig, weil viele Unvermögende vom Beitritte zurückgeschreckt werden, wenn man ihnen gleich Anfangs in verhältnißmäßig hohem Geschäftsantheil ein ihnen unerreichbar erscheinendes Ziel steckt. Die Nothwendigkeit eines dem Geschäftsbetriebe entsprechenden hohen Geschäftsantheils und die Erfahrung, daß bei einer großen Anzahl Kreditgenossenschaften der Geschäftsantheil zu niedrig bemessen ist, hat den Allgemeinen Genossenschaftstag zu Wiesbaden (1896) bestimmt, den Kreditgenossenschaften dringend zu empfehlen, „die Höhe des Geschäftsantheils und der durch das Statut vorgeschriebenen Einzahlungen auf denselben derartig festzusetzen, daß sie in richtigem Verhältniß zu dem Umfange des Geschäfts stehen und der Geschäftsantheil auch bei kleinen Vereinen mindestens 300 Mark beträgt".

Außer der den Mitgliedern in der Form eines Minimalbeitrages, den sie als das Mindeste erlegen müssen, auferlegten Nöthigung bei Ansammlung ihres Guthabens, wird man ihnen aber zur Steigerung ihrer Einlagen über jenes niedrige Maß hinaus noch besonders Lust machen müssen, will man anders so rasch damit vorwärts kommen, als es das Interesse der Vereine wie der Mitglieder selbst wünschenswerth macht. Und hier ist, wir wiederholen es, eine Dividende vom Geschäftsgewinne, welche nach Höhe der Geschäftsguthaben an die Einzelnen gewährt wird, das allerwirksamste Mittel.

Nicht bloß, daß die so bemessene Dividende auf Erhöhung der Einzahlungen wirkt, fördert sie das Anwachsen der Geschäftsguthaben noch sehr ansehnlich, wenn man sie so lange, als die Antheile nicht den Vollbetrag erreicht haben, nicht an die Einzelnen baar herauszahlt, sondern sie bis zu diesem Zeitpunkte innebehält und ihren Antheilen zuschreibt, wie dies auch allgemein mit bestem Erfolge eingeführt ist und das Gesetz es in § 19 sogar als die Regel vorsieht. Ueber Ausnahmen vgl. 12. Kapitel.

Für die statutarisch vorgeschriebene Bildung des Geschäftsantheils sollte aber auch noch ein Umstand nicht unberücksichtigt bleiben: es ist dies die Kreditentnahme der Mitglieder; nur billig erscheint es, von einem Mitgliede, das einen hohen Kredit in Anspruch nimmt, die entsprechende Bildung des Geschäftsantheils zu fordern. Man erreicht dies nun am sichersten dadurch, daß den Mitgliedern auferlegt wird, einen bestimmten Prozentsatz von dem ihnen gewährten Kredit jedesmal auf Geschäftsantheil einzuzahlen, bis dessen Betrag erreicht ist. Um aber die Mitglieder nicht zu sehr zu belasten, wird man über $^1/_2$ % nicht hinausgehen dürfen.

Dabei wollen wir eine Maßregel erwähnen, welche einzelne Vereine, um das Anwachsen ihres Stammkapitals möglichst zu fördern und dem eben erwähnten Gesichtspunkt gerecht zu werden, ergriffen haben.

Sie machen von der Vorschrift in § 7 Abs. 2 d. Ges. Gebrauch, daß die regelmäßig auf Geschäftsantheil zu leistenden Einzahlungen nur bis zu einem bestimmten Betrag desselben zu leisten sind. Dadurch wird es möglich, den Geschäftsantheil höher zu bestimmen, als es sonst angängig wäre, ohne die minder bemittelten Gewerbetreibenden durch die Höhe abzuschrecken, indem diese sich mit ihren Pflichteinzahlungen begnügen können. Den besser Gestellten ist dann eine höhere Betheiligung ermöglicht und es können insbesondere die, welche den Kredit erheblich in Anspruch nehmen, zu einer angemessenen Betheiligung auf Geschäftsantheil angehalten werden, vgl. § 48 des Statuts.

Der gleiche Zweck wurde vor dem Gesetz von 1889 vielfach dadurch erreicht, daß der Erwerb mehrerer Geschäftsantheile im Statut zugelassen wurde. Durch § 112 und § 120 d. Ges. ist dies für

Genossenschaften mit unbeschränkter Haftpflicht und unbeschränkter Nachschußpflicht verboten.*)

Für Genossenschaften mit beschränkter Haftpflicht läßt das Gesetz es zu, daß das Statut die Betheiligung der Genossen auf mehrere Geschäftsantheile, unter Festsetzung der höchsten Zahl derselben, gestattet (§ 128 d. Ges.). Der Umfang der persönlichen Haftpflicht der Mitglieder richtet sich nach der Höhe des Geschäftsantheils, die Zulassung des Erwerbs mehrerer Geschäftsantheile soll die Betheiligung der Mitglieder nach ihrer Leistungsfähigkeit ermöglichen. Den Genossenschaften mit beschränkter Haftpflicht ist zu empfehlen, von dieser Freiheit Gebrauch zu machen und im Statut anzugeben, wie viel Geschäftsantheile ein Mitglied erwerben kann.**) Was für die Genossenschaften mit unbeschränkter Haftpflicht durch die Eintheilung der Einzahlungen auf Geschäftsantheil in obligatorische und fakultative erreicht wird, wird hier durch die Betheiligung mit mehreren Geschäftsantheilen erzielt. Jedes Mitglied ist verpflichtet, einen Geschäftsantheil zu erwerben, es steht ihm frei, weitere Einzahlungen zu leisten, um dadurch sich mit weiteren Geschäftsantheilen zu betheiligen; es kann auch die Befriedigung des beanspruchten Kredits von dem Erwerb weiterer Geschäftsantheile abhängig gemacht werden. Daraus ergiebt sich, daß Geschäftsantheile von tausend Mark und mehr, die sich bei Genossenschaften mit unbeschränkter Haftpflicht finden, für Genossenschaften mit beschränkter Haftpflicht entschieden zu verwerfen sind, denn man kann das gleiche Resultat mit der entsprechenden Zahl kleinerer Geschäftsantheile erreichen und zwingt dann nicht einen großen Theil der Mitglieder, eine Haftpflicht zu übernehmen, die in keinem Verhältniß zu ihrer Leistungsfähigkeit steht.***) Vgl.

*) Anmerkungsweise mag hier erwähnt werden, daß Schulze-Delitzsch sich in der 5. Auflage gegen die Zulassung des Erwerbes mehrerer Geschäftsantheile und überhaupt gegen jede Unterscheidung von Einzahlungen auf Geschäftsantheil in obligatorische und fakultative ausgesprochen hat, weil dadurch der so wichtigen sozialen Aufgabe der Genossenschaften, „der Ausgleichung dieser Klassenunterschiede in wirthschaftlicher Hinsicht", Abbruch geschieht. Die Bedeutung dieses Einwandes ist gewiß nicht zu verkennen, die Entwickelung der Kreditgenossenschaften aber hat vielfach gezeigt, daß diese Unterscheidung gerade gemacht werden muß, um die Genossenschaft allen an sich für ihren Geschäftsbetrieb geeigneten Berufsklassen offen zu halten.

**) Die Zulassung des Erwerbes weiterer Geschäftsantheile sollte man aber von der Genehmigung des Vorstandes abhängig machen, damit dieser eine zu weitgehende Ausübung dieses Rechtes verhindern kann.

***) Ueber den Einfluß der Höhe der Haftsumme auf den Erwerb der Mitgliedschaft vgl. S. 28.

Formular 12 für die Betheiligungserklärung auf einen weiteren Geschäftsantheil.

Daß die Geschäftsantheile allerdings nur mit einer Beschränkung unseren Vereinen als festes Kapital dienen, folgt aus der Natur des Verhältnisses von selbst. Im Gegensatze zu dem Reservefonds müssen sie den Ausscheidenden, insoweit sie nicht bei Deckung von Verlusten aufgegangen sind, zurückgezahlt werden. Wollte man hiervon abgehen, so hieße das, eine Strafe auf den Austritt setzen, was, wie wir oben zeigten, mit dem Wesen der Genossenschaft direkt in Widerspruch stehen würde. Worauf daher allein gehalten werden muß, ist: daß die Geschäftsguthaben während der Dauer der Mitgliedschaft von keinem Vereinsmitgliede weder ganz noch theilweise aus der Genossenschaft zurückgezogen werden dürfen. Eigentlich folgt dies schon aus dem Begriffe, aus ihrer Bestimmung von selbst, da die Mitgliedschaft daran geknüpft ist und man nach Maßgabe ihrer Höhe an Risiko und Gewinn des Vereinsgeschäfts in erster Linie Theil nimmt. Wollte man den Mitgliedern die jederzeitige Rückforderung auch nur bis zu einem Theilbetrage freistellen, so wären die von ihnen bei der Genossenschaft aufgesammelten Beträge eben keine Geschäftsguthaben, d. h. Summen, welche man dem Publikum gegenüber im Gesellschaftsvertrage ausdrücklich als Einsatz für die Verpflichtungen des Genossenschaftsgeschäfts bezeichnet hat, sondern beliebige Einlagen, wie sie jeder Dritte bei dem Vereine machen kann, um sie jederzeit auf Kündigung zurückzufordern. Es entspricht daher vollständig den Verhältnissen der Genossenschaft, wenn § 22 des Gesetzes bestimmt: „Das Geschäftsguthaben eines Genossen darf, so lange er nicht ausgeschieden ist, von der Genossenschaft nicht ausgezahlt werden.“ Es sind sogar besondere Vorsichtsmaßregeln wegen der Rückgewähr an die Ausscheidenden nöthig. Daß man den Austritt überhaupt an eine lange Kündigungsfrist knüpft, und füglich nur mit Ende des Geschäftsjahres zuläßt, um die Veränderungen im Mitgliederstande und die daran sich knüpfenden Kassenverpflichtungen lange Zeit vorher zu übersehen, ist bereits S. 48 dargethan. Treten alsdann selbst massenhafte Abmeldungen der Mitglieder ein, so behält man Raum genug, um diejenigen Maßregeln zu ergreifen, welche der bedeutenden Zurückziehung des eigenen Kapitals und dem etwaigen Bestreben, sich der Deckung von Verlusten zu entziehen, gegenüber geboten erscheinen. Einmal hat man in der Auflösung und Liquidation des Vereins das Mittel in der Hand, die erwähnten Absichten bei der Kündigung zu kreuzen und die Abgemeldeten bei der Verlustdeckung mit ihren Geschäftsguthaben und der persönlichen Haftpflicht voll zu betheiligen (§ 73 d. Ges.). Sodann ist man aber auch bei Fortsetzung des Unternehmens in der Lage, die Geschäftsguthaben und selbst die persönliche Haftpflicht der Ausscheidenden zur Verlustdeckung mit heranzuziehen. Es schreibt § 71 d. Ges. vor (vgl. S. 45):

„Die Auseinandersetzung (zwischen der Genossenschaft und dem Ausscheidenden) erfolgt auf Grund der Bilanz. Reicht das Vermögen einschließlich des Reservefonds und aller Geschäftsguthaben zur Deckung der Schulden nicht aus, so hat der Ausgeschiedene von dem Fehlbetrage den ihn treffenden Antheil an die Genossenschaft zu zahlen.“

Ueber die Beleihung des Geschäftsguthabens vgl. elftes Kapitel. Wie daselbst des Näheren ausgeführt, widerspricht es dem Wesen des Geschäftsguthabens und dem Gesetz (§ 22), wenn die Genossenschaft auf dasselbe ein Darlehen gewährt. Gleichwohl hat die Genossenschaft für ihre Forderungen an das Mitglied an dem Geschäftsguthaben ein gewisses Sicherheitsrecht, denn, wenn das Mitglied ausscheidet und es hat noch Schulden bei der Genossenschaft, so zahlt diese selbstverständlich nicht das Geschäftsguthaben aus, sondern benutzt dasselbe zur Kompensation, wobei freilich vorausgesetzt wird, daß die Forderungen der Genossenschaft entstanden sind, ehe ein Dritter, z. B. durch Pfändung, ein Recht auf das Geschäftsguthaben erworben hat.

Das Geschäftsguthaben als bedingte Forderung, d. h. also der Anspruch des Mitgliedes im Falle seines Ausscheidens nach der nach § 71 d. Ges. vorzunehmenden Auseinandersetzung, steht nämlich im freien Verfügungsrecht des Mitgliedes, das dasselbe cediren, verpfänden (nur nicht an die Genossenschaft, § 22) kann, wie das Geschäftsguthaben auch von Gläubigern gepfändet werden kann. Hat doch, wie S. 44 ausgeführt ist, der Gläubiger nach Maßgabe des § 64 d. Ges. selbst das Kündigungsrecht des Mitgliedes.

Diese eigenartige Rechtsnatur macht eine kurze Darlegung des Verhaltens der Genossenschaft im Konkurse des Mitgliedes erforderlich, wobei wir, um alle Zweifel zu beseitigen, nochmals hervorheben, daß die Kompensation mit dem Geschäftsguthaben ebenso wie dessen Auszahlung unter allen Umständen voraussetzt, daß das Mitglied aus der Genossenschaft ausgeschieden und auf Grund der Bilanz nach § 71 d. Ges. die Auseinandersetzung erfolgt ist. Um also z. B. den Bürgen des Mitgliedes möglichst zu schonen, wird man bestrebt sein, das Geschäftsguthaben auf die Forderung abzurechnen, dann aber muß man für die Beendigung der Mitgliedschaft des Schuldners — event. durch Ausschluß, wenn ein statutarischer oder gesetzlicher Grund für denselben vorhanden ist — sorgen.

Verhalten im Konkurse des Mitgliedes:

I. Hat die Genossenschaft an das Mitglied keine Forderung, so wird sie auch von dessen Konkurs schwerlich berührt. Sie hat nur in Folge des von dem Konkursverwalter über das gesammte Vermögen des Gemeinschuldners verhängten offenen Arrestes dem Konkursverwalter von dem Vorhandensein des Geschäftsguthabens Anzeige zu machen und kann im Uebrigen abwarten, ob das Mitglied oder der Konkursverwalter diejenigen Schritte unternehmen, welche erforderlich sind, um das Ende der Mitgliedschaft herbeizuführen, denn der Konkurs des Mitgliedes beendigt nicht die Mitgliedschaft und bei bestehender Mitgliedschaft kann die Auszahlung des Geschäftsguthabens nicht erfolgen (§ 22 d. Ges.).

Ihrerseits aber hat die Genossenschaft die auf den Geschäftsantheil während des Konkursverfahrens fällig werdenden Einzahlungen zur Konkursmasse anzumelden. Dies darf nicht übersehen werden.

II. Wenn die Genossenschaft an das Mitglied Forderungen hat, so ist zu unterscheiden:

1. Bei Eröffnung des Konkursverfahrens ist der Gemeinschuldner nicht mehr Mitglied, hat aber sein Geschäftsguthaben noch nicht erhalten; es muß die Auseinandersetzung nach § 71 d. Ges. erfolgen, dem Konkursverwalter ist das Vorhandensein des Geschäftsguthabens anzuzeigen, gleichzeitig ist auch die Forderung der Genossenschaft anzumelden und in ihrer Höhe das Kompensationsrecht mit dem Geschäftsguthaben zu beanspruchen. Einer besonderen Geltendmachung im Konkurse bedarf es nicht (R.-K.-O. § 46). Nur der die Forderung der Genossenschaft übersteigende Betrag ist an die Konkursmasse auszuzahlen; ist aber die Forderung größer als das Geschäftsguthaben, so ist der Mehrbetrag als Konkursforderung geltend zu machen.

2. Bei Eröffnung des Konkursverfahrens ist der Gemeinschuldner noch Mitglied, es ist jedoch bereits einer der Gründe für die Beendigung der Mitgliedschaft (z. B. Ausschluß) eingetreten, dann ist in der gleichen Weise wie vorstehend zu verfahren; mit der Kompensation und — falls noch ein Rest bleibt — der Auszahlung des Geschäftsguthabens muß gewartet werden, bis nach Schluß des Geschäftsjahres die Auseinandersetzung erfolgt ist.

Nicht berechtigt ist die Genossenschaft, ihre Forderung im Konkurse geltend zu machen, um sich dann wegen des Ausfalls an das Geschäftsguthaben zu halten, da in der Anmeldung ohne Rücksicht auf spätere Kompensation ein Verzicht auf dieselbe zu sehen sein würde (vgl. das in Nr. 42 der Bl. f. G.-W. von 1890 mitgetheilte Urtheil des Reichsgerichts).

Hat die Genossenschaft einen Bürgen für die Forderung an den Gemeinschuldner, so wird sie gleichwohl in der gleichen Weise vorgehen und sich an den Bürgen nur wegen des durch die Kompensation mit dem Geschäftsguthaben nicht gedeckten Theils der Forderung halten, und diesem dann die Wahrnehmung seiner Rechte insoweit im Konkurse überlassen.

3. Der Gemeinschuldner ist Mitglied, es ist aber noch keiner der das Ende der Mitgliedschaft herbeiführenden Gründe eingetreten. Kann während des Konkursverfahrens durch die Genossenschaft, das Mitglied oder den Konkursverwalter der Eintritt eines die Mitgliedschaft beendigenden Grundes herbeigeführt werden, so ergiebt sich für die Genossenschaft die gleiche Rechtslage wie zu 2. Ist dies nicht der Fall, so ist gleichwohl das Vorhandensein des Geschäftsguthabens (als einer durch die Beendigung der Mitgliedschaft bedingten Forderung, deren Höhe von der Auseinandersetzung abhängt) zur Konkursmasse anzuzeigen. In Frage bleibt, wie solchen Falls die Genossenschaft mit ihren Forderungen an den Gemeinschuldner zu verfahren hat. Jedenfalls ist die Genossenschaft berechtigt, ihre Forderung geltend zu machen, sie muß sich jedoch auf den Einwand bereit halten, daß ihr Verhalten als Verzicht auf eine spätere Kompensation aufgefaßt wird. Dieser Einwand wird aber nur dann begründet erscheinen, wenn die Genossenschaft überhaupt in der Lage war, ihrerseits durch Ausschluß das Ende der Mitgliedschaft herbeizuführen; vermag dies die Genossenschaft nicht, so kann ihr nicht zugemuthet werden, sich mit der Aussicht auf eine Kompensation zufrieden zu geben, deren Eintritt ganz unbestimmt, selbst unsicher ist; es kann dann weder von „vorhandener" noch von „bevorstehender Realisirbarkeit des Geschäftsguthabens" gesprochen werden, wie es für die Geltendmachung der Kompensation unentbehrlich ist (vgl. das oben angezogene Urtheil des Reichsgerichts).

Auch hier mag wiederholt der durch Bürgschaft gesicherten Forderung gedacht werden. Die Schonung des Bürgen ist nur durch Kompensation der Forderung auf das Geschäftsguthaben zu erreichen, es kann nicht der Bürge in Anspruch genommen und ihm überlassen werden, sich an das Geschäftsguthaben zu halten, denn er bedürfte dazu der Pfändung desselben, die wieder erst Verurtheilung des Schuldners voraussetzt, und dazu kommt schließlich als die Hauptsache, daß sich der Schuldner in Konkurs befindet, Pfändungen gegen ihn also nicht mehr ausführbar sind. An der Genossenschaft ist es daher, in dem Vermögen des Schuldners Befriedigung zu suchen, ehe sie auf den Bürgen zurückgreift.

Mit Rücksicht auf das eigene Interesse und die Schonung des Bürgen wird daher in diesem Falle zu prüfen sein, ob die Genossenschaft in der Lage ist, das in Konkurs gerathene Mitglied auszuschließen, um das Geschäftsguthaben zur Kompensation frei zu bekommen.

Sechstes Kapitel.

Die Organe der Kreditgenossenschaften und deren Zuständigkeit.

Daß die Mitglieder jeder Genossenschaft zu gemeinsamem Rathen und Thaten als Generalversammlung zusammentreten müssen, weil sie nur so in den Stand gesetzt werden, als konstituirte Gesammtheit ihre Interessen bei dem Unternehmen wahrzunehmen, dessen Träger sie sind, versteht sich von selbst. Doch reicht dies für einen geordneten geschäftlichen Verkehr nicht aus; vielmehr bedarf die Genossenschaft zur Leitung und Verwaltung ihrer Angelegenheiten im Einzelnen, zu ihrer Vertretung nach Außen, sowie zur Kontrole der Leitung bestimmter Organe. Das Genossenschaftsgesetz fordert daher: Generalversammlung (§ 41 ff.), Vorstand (§ 24 ff.) und Aufsichtsrath*) (§ 34 ff.).

Natürlich ist die Begrenzung der Zuständigkeiten jedes dieser Organe eine Aufgabe von äußerster Wichtigkeit bei Einrichtung unserer Vereine, da das gehörige Ineinandergreifen ihrer Obliegenheiten einen geordneten Geschäftsgang bedingt. Daß nach der Verschiedenheit im Umfange und in der Richtung der einzelnen Vereine diese Zuständigkeit auch verschieden bemessen wird, versteht sich von selbst; jedoch müssen, will man nicht den Zweck verfehlen, gewisse durchgreifende Gesichtspunkte dabei festgehalten werden, wobei überdem vom Gesetz bestimmte Vorschriften erlassen sind. Indem wir auf das im Anhange mitgetheilte Musterstatut (Formular 1) verweisen, welches die einschlagenden, wie überhaupt alle in unseren Vereinen durch die Praxis bewährten Einrichtungen in einem übersichtlichen Gesammtbilde zusammenfaßt, gehen wir in den folgenden Abschnitten dieses Kapitels zu den für die einzelnen Organe in Betracht zu ziehenden wichtigeren Punkten über.

---

*) Erst durch das Gesetz vom 1. Mai 1889 ist der Aufsichtsrath ein nothwendiges Organ geworden; gleichwohl gab es auch nach dem Gesetz von 1868, das die Einsetzung eines Aufsichtsraths dem freien Ermessen der Genossenschaft überließ, nur wenige Kreditgenossenschaften ohne einen solchen und Schulze-Delitzsch hielt denselben „für unentbehrlich", er forderte, daß bei der Revision des Genossenschafts-Gesetzes der Aufsichtsrath zu einem nothwendigen Organe der Genossenschaft gemacht würde. Die Forderung ist erfüllt.

I. Die Generalversammlung.

Das unseren Vereinen zu Grunde gelegte Prinzip der Selbsthilfe bedingt nicht blos das passive Eintreten der Mitglieder in die Gesammthaft als Kreditbasis des Vereinsgeschäfts, sondern auch ihre möglichst aktive Betheiligung bei der Ordnung und höchsten Entscheidung der Vereinsangelegenheiten, die sie eben in der Generalversammlung ausüben. Wenn daher auch die eigentliche Verwaltung und Geschäftsführung besonderen Vereinsbeamten wird anvertraut werden müssen, so wird doch der Gesammtheit der Vereinsmitglieder unmittelbar vorzubehalten sein:

a) die oberste konstituirende und normgebende — so zu sagen, gesetzgebende — Gewalt, d. h. die Bestimmung über die rechtliche und geschäftliche Grundlage, Zweck und Ausdehnung der Genossenschaft;

b) die Festsetzung der maßgebenden Grundsätze für die Verwaltung und oberste Aufsicht über dieselbe.

Natürlich wird sich die Sache im Einzelnen bei den verschiedenen Vereinen verschieden gestalten und Manches hier der Generalversammlung überwiesen sein, was man dort dem Vorstande und Aufsichtsrath selbstständig zu ordnen überläßt. Namentlich sind die bereits angedeuteten beiden Hauptrichtungen, welche unter unseren Vereinen eingeschlagen werden, für den einen oder anderen Weg maßgebend. Größere Vereine mit bedeutender Mitgliederzahl aus allen Gesellschaftsklassen, deren Verkehr ein eigentlich bankmäßiger geworden, sind mehr für die Vollbefugniß des Vorstandes und Aufsichtsrathes, und heben die Schwierigkeit und Mißlichkeit des öfteren Berufens einer Generalversammlung, auch die Gleichgiltigkeit der Mitglieder hervor; sie berufen sich ferner darauf, daß es den Mitgliedern an den Fähigkeiten für eine weitergehende Mitwirkung an der Ordnung der Angelegenheiten der Genossenschaft fehle. Indessen läßt sich hiergegen anführen, daß bei unseren Vereinen, deren Mitgliedschaft sich in der Regel auf einen bestimmten Ort und dessen nächste Umgegend beschränkt, die Sache, wenn man es richtig anfaßt, nicht so schwierig ist. Gewiß wird man den besonderen Verhältnissen an jedem Orte, dem ganzen Zuschnitt in der Einrichtung des Vereins, dem Charakter des Verkehrs und der Tüchtigkeit seiner Leiter in jedem Falle Rechnung tragen müssen, ehe man sich für das Eine oder das Andere entscheidet. Indessen ist dabei stets zu bedenken, daß man durch eine zu große Scheu vor Generalversammlungen in Gefahr geräth, den geistigen Theil der Aufgabe unseres Genossenschaftswesens zu verfehlen. Unzweifelhaft besteht dieser darin, daß die Mitglieder der Vereine allmählich zur Einsicht in die Bedingungen und Aufgaben des gemeinsamen Geschäfts herangebildet und auf diese Weise mehr und mehr zum Eintritt in die Verwaltung fähig gemacht werden, was eben nur durch Verhandlung der wichtigsten Geschäftsfragen in den Generalversammlungen möglich wird. Für sich selbst sorgen und arbeiten lernen, sich lebendig bei dem Geschäfte bethätigen, welches bestimmt ist, das so wichtige Kreditbedürfniß seiner Mitglieder zu befriedigen, darauf kommt es an. Machen die Vorstände ihre Sache noch so vortrefflich — ohne die Heranziehung der Gesammtheit zu jener unmittelbaren Betheiligung bei Entscheidung über die wichtigsten Vereinsangelegenheiten — so stehen sie stets mehr oder weniger auf dem Standpunkte der Bevormundung, der sich schwer rächt, wenn Schwierigkeiten eintreten und bedeutendere Anforderungen an Verständniß und Opferwilligkeit der Mitglieder gestellt werden. Will man sich bei allen Vorkommnissen auf die Mitglieder verlassen können, so muß man sie auch einen Einblick in die Geschäfte gewinnen lassen. Aus diesen Gründen glauben wir die Unbequemlichkeit der Einholung solcher Entscheidungen Seitens der Generalversammlung im Allgemeinen der in wirthschaftlicher und sittlicher Hinsicht so wichtigen Erziehung unserer weniger bemittelten Gewerbetreibenden zur Selbsthilfe nachstellen zu müssen, und dies um so mehr, als die durch ein solches Verfahren erzielte Oeffentlichkeit unseren Bestrebungen auch sonst außerordentlich förderlich ist. Durch nichts — dies hat eine vielfältige Erfahrung bewiesen — vermögen nämlich derartige Genossenschaften sich das Vertrauen in die Solidität ihrer Verwaltungsgrundsätze und Redlichkeit ihrer Geschäftsführung sowohl bei ihren Mitgliedern, wie beim Publikum wirksamer zu sichern, als durch eine solche offene Darlegung, worin die Beweggründe für die zu ergreifenden Maßregeln in überzeugender Weise erörtert, der Stand der Geschäfte und des Vermögens ohne Scheu zur öffentlichen Kenntniß gebracht werden. Nach dem übereinstimmenden Ausspruche der bewährtesten Führer der Genossenschaftsbewegung liegt in diesem Hervortreten an das volle Licht der Oeffentlichkeit die sicherste Bürgschaft für deren Kredit. Aus diesen Gründen ist die Anberaumung einer Generalversammlung nicht nur bei allen wichtigen Gelegenheiten, wo Vereinsbeschlüsse über Fragen, die zur

Zuständigkeit derselben gehören, einzuholen sind, auf Antrag des Vorstandes und Aufsichtsrathes geboten, sondern muß auch auf den Antrag einer namhaften Anzahl von Mitgliedern zugelassen werden, die, vielleicht im Zwiespalt mit den Leitern des Vereins, eine wichtige Frage nur auf diesem Wege zum gehörigen Austrage bringen können.*) Außerdem erscheint es aber auch zweckmäßig, diese Versammlungen regelmäßig in bestimmten Zwischenräumen stattfinden zu lassen, was z. B. nach dem Schlusse des Geschäftsjahres, behufs Entgegennahme der Rechnung, unbedingt nothwendig ist. Auch ohne daß ein besonders dringender Grund vorliegt, fördert es die Vereinszwecke außerordentlich, wenn bei solchen Gelegenheiten die Mitglieder zusammenkommen, über den Stand der Vereinsangelegenheiten, den Gang der Geschäfte Mittheilungen und dabei Gelegenheit erhalten, manche Wünsche und Differenzen zur Sprache zu bringen, welche den Aufschwung des Vereins, das gute Verhältniß unter den Vereinsgenossen berühren. In vielen Vereinen findet am Schlusse jedes Vierteljahres eine solche Versammlung zur Anbringung von Beschwerden, Mittheilung geschäftlicher Vorkommnisse und Darlegung des Kassen- und Geschäftsstandes statt, und die darin den Mitgliedern über manche streitige Punkte gegebenen Aufklärungen wirken viel zum rechten Verständnisse und zur regeren Betheiligung an dem Vereinsleben mit und fördern denjenigen Geist, von dem die Genossenschaften getragen sein müssen, wenn sie wahrhaft gedeihen sollen. Wir können daher zu solchen öfteren Zusammenkünften nur rathen, in denen unter Anderem auch, wenn es einmal an Stoff zu Verhandlungen gebricht, was indessen nur selten der Fall sein wird, einzelne Abhandlungen und Mittheilungen aus den Blättern für Genossenschaftswesen, den Jahresberichten, den Mittheilungen über die Allg. Genossenschaftstage, die Unterverbandstage vorgetragen werden können, wodurch das Verständniß für die Bedeutung des Genossenschaftswesens überhaupt geweckt wird. Man verliere niemals aus dem Auge, daß jede Genossenschaft nur ein Stein im großen Gebäude des Genossenschaftswesens ist und wie es gerade bei den heutigen genossenschaftlichen Strömungen und Bewegungen nothwendig wird, die Mitglieder über die wichtigen Ereignisse und Maßnahmen der Gesetzgebung auf diesem Gebiete aufzuklären. Nicht nur die Verbindung mit anderen Genossen-

*) Vgl. über das gesetzlich gesicherte Recht der Mitglieder zur Berufung einer Generalversammlung, § 43 d. Ges. und § 32 des Statuts.

schaften muß rege gehalten werden, sondern für die weitere Ausbreitung der Genossenschaften ist Sorge zu tragen; die Mitglieder müssen darüber unterrichtet werden, wie sie auch noch auf anderen Gebieten des wirthschaftlichen Lebens aus der genossenschaftlichen Organisation Nutzen ziehen können.*) Der Allg. Vereinstag zu Eisenach (1878) hat es für eine Pflicht der Vorstände und Aufsichtsräthe erklärt, die Beschlüsse und Verhandlungen der Allg. Vereinstage sowie der Unterverbandstage in den Generalversammlungen zur Kenntniß und Besprechung der Mitglieder zu bringen, um der vielfach auftretenden Gleichgiltigkeit der Mitglieder entgegenzuwirken; und der Allg. Vereinstag zu Karlsruhe (1885) hat die Besprechung allgemeiner genossenschaftlicher Angelegenheiten empfohlen. Zweckmäßig ist auch zur Belebung des Interesses der Mitglieder die rechtzeitige Zusendung guter Geschäftsberichte (vgl. 13. Kapitel) vor der Generalversammlung. Freilich genügt es niemals allein, daß die Generalversammlung eine reichhaltige Tagesordnung hat, weit wichtiger fast noch ist es, wie sie erledigt wird. Die Leitung muß die Generalversammlung sorgfältig vorbereiten und für eine Abwickelung der Tagesordnung sorgen, die geeignet ist, das allgemeine Interesse wach zu halten — dann werden auch die Klagen über den schwachen Besuch der Generalversammlungen, die heut nur leider zu oft gehört werden, verstummen. Sorge man für interessante

---

*) Die genossenschaftliche Organisation der Handwerker zum Einkauf der Rohmaterialien, zum Verkauf der Waaren, zur Benutzung der Maschinen wird allgemein als nothwendig anerkannt, um das Handwerk gegenüber dem Großbetriebe konkurrenzfähig zu gestalten. Von welcher Bedeutung dabei die Kreditgenossenschaften sein können, zeigt folgender Beschluß des Allg. Genossenschaftstages zu Augsburg (1895), durch den den Genossenschaften zur Förderung und Unterstützung der Handwerkergenossenschaften empfohlen wird:

1. Aufklärung der Handwerker über Aufgaben und Zweck der Handwerkergenossenschaften bei Gelegenheit der Generalversammlungen, bei dem unmittelbaren Verkehr der Organe der Genossenschaft mit den Mitgliedern, durch die Lokalpresse und besondere Versammlungen;
2. Befreiung der in den Händen ihrer Lieferanten befindlichen Handwerker zur Wiedergewinnung ihrer wirthschaftlichen Dispositionsfähigkeit beim Einkauf der Rohmaterialien nach Lage des gegebenen Falles ohne Verletzung der wirthschaftlichen Grundsätze der Genossenschaft;
3. Unterstützung der Handwerker bei der Gründung der Handwerkergenossenschaften, unter Heranziehung des Anwaltes des Allgemeinen Verbandes;
4. Die Pflege geschäftlicher Beziehungen mit den Handwerkergenossenschaften, soweit deren Kreditwürdigkeit dies gestattet.

Verhandlungen, verschone die Mitglieder möglichst mit dem Vortrage von trockenem Zahlenmaterial und stelle den Besuch der Generalversammlung als eine Pflicht hin, die die Mitglieder mit ihrem Beitritt zur Genossenschaft übernommen haben, dann werden die Bemühungen der Verwaltung um guten Besuch der Generalversammlung seltener erfolglos sein.

Wegen der einzelnen bei Ordnung der Generalversammlungen vorkommenden Fragen ist das Nöthige in den §§ 41 ff. d. Ges., §§ 28 ff. des Statuts dem durch die Sache gebotenen allgemeinen Brauche gemäß bestimmt.

Darnach steht die Berufung dem Vorstande zu (§ 42 d. Ges.), doch kann das Statut auch andere Personen dazu bestimmen, und ist dieselbe in § 36 d. Ges. dem Aufsichtsrath geradezu zur Pflicht gemacht, wenn es das Interesse der Genossenschaft erfordert. Am meisten den Verhältnissen entsprechend erscheint es, die Berufung dem Aufsichtsrathe in der Regel zu übertragen, und ihm dieselbe zur Pflicht zu machen, wenn eine bestimmte Zahl — nach dem Gesetz (§ 43) der zehnte Theil oder der im Statut hierfür bezeichnete geringere Theil*) — von Mitgliedern, oder der Vorstand, darauf antragen; dem letzteren überträgt man alsdann die selbstständige Berufung, wenn der Aufsichtsrath dieselbe verzögert, wodurch selbstverständlich nicht ausgeschlossen ist, daß der Vorstand Kraft seiner gesetzlichen Befugniß jederzeit berechtigt bleibt, eine Generalversammlung zu berufen. Da die Generalversammlung wesentlich mit der Kontrole der Verwaltung, Entscheidung von Beschwerden, Entlastung wegen der Kassenführung zu thun hat, so folgt schon daraus, daß man die Initiative dabei am füglichsten dem Kontrolorgan — also dem Aufsichtsrath — in die Hände giebt

Die Leitung der Verhandlungen in der Generalversammlung wird man im Allgemeinen demjenigen Organ zusprechen, von welchem die Berufung ausgeht. Ganz sachgemäß hat aber das Gesetz (§ 44) der Versammlung selbst den Beschluß darüber in die Hände gegeben, ohne daß dies vorher auf die Tagesordnung gebracht zu werden braucht, weil ja unter Umständen, auch wenn der Aufsichtsrath die Sache in der Hand hat, über dessen Geschäfts-

*) Der Antrag der Mitglieder ist durch eine von ihnen unterschriebene Eingabe unter Anführung des Zwecks und der Gründe der Berufung zu stellen. Wird ihrem Verlangen nicht entsprochen, so kann das Registergericht die Genossen, welche das Verlangen gestellt haben, zur Berufung der Generalversammlung ermächtigen (§ 43 Abs. 3 d. Ges.).

führung und Vertretungspflicht Verhandlungen nothwendig werden können, deren Leitung ihm unmöglich überlassen werden kann. Nach § 6 Abs. 3 d. Ges. muß das Statut eine Bestimmung über den Vorsitz in der Generalversammlung enthalten.

Daß im Uebrigen zu jeder giltigen Beschlußfassung, welche für die Genossenschaft verbindliche Kraft haben soll, erfordert wird:

1. daß die Gegenstände der Verhandlung bei der Berufung als Tagesordnung den Mitgliedern bekannt gemacht werden, und deshalb auch in den Anträgen auf eine solche Berufung angegeben sein müssen; und
2. daß sich die Mehrheit der in der Versammlung Erschienenen über jede Frage einigt

folgt aus der Rechtsnatur der Genossenschaft.

Die Tagesordnung muß so gefaßt sein, daß aus jedem Punkte derselben deutlich der Verhandlungsgegenstand zu erkennen ist. So genügt es z. B. nicht, auf die Tagesordnung zu setzen „Statutenänderung", sondern es muß, wenn auch nur mit einigen kurzen Worten, angegeben sein, welche Bestimmung des Statuts geändert werden soll. Aufzustellen und bekannt zu machen ist die Tagesordnung von dem Organ, welches die Generalversammlung beruft, wobei dann aber auch die Anträge des anderen Organs aufzunehmen sind und ferner die Anträge, welche der zehnte Theil der Genossen oder der im Statut hierfür bezeichnete geringere Theil der Genossen einbringen.*)

Als Frist für die Einladung der Generalversammlung, mit welcher die Tagesordnung bereits nach Möglichkeit zu verbinden ist, schreibt das Gesetz eine Frist von mindestens einer Woche vor (§ 44 d. Ges.),**) das Statut kann auch eine längere Frist — aber keine kürzere — bestimmen. Wie die Generalversammlung zu berufen ist, soll das Statut bestimmen (§ 6 Abs. 3, § 44 d. Ges.), dabei ist allgemein zu empfehlen: Berufung durch das in den Kreisen der Mitglieder gelesenste Blatt. In der Regel wird dann ausreichen, daß das Statut ein Blatt für die Bekanntmachungen bestimmt, nöthigenfalls sind mehrere Blätter zu bezeichnen. In der Regel wird es auch genügen, wenn das Statut

*) Wird dem Verlangen der Genossen nicht stattgegeben, so kann das Registergericht die Genossen, welche das Verlangen gestellt haben, zur Ankündigung des Gegenstandes ermächtigen (§ 43 Abs. 3 d. Ges., § 33 des Statuts).

**) Die Frist von einer Woche beginnt an dem Tage der Einladung und endet mit dem entsprechenden Tage der folgenden Woche.

einmalige Einladung verordnet, wobei es den Organen der Genossenschaft unbenommen bleibt, mehrmals die Einladung bekannt zu geben, wenn es sich um sehr dringende Angelegenheiten handelt. Fordert das Statut mehrmalige Einladung, so ist jene Frist von der letzten Bekanntmachung ab zu rechnen. Meist wird die Tagesordnung für die Generalversammlung mit der Einladung bekannt gegeben werden, es kann sich aber auch in der Zeit bis zur Generalversammlung noch die Ergänzung der Tagesordnung als erforderlich ergeben, oder Mitglieder treten noch mit Anträgen hervor. Für diese Fälle bestimmt das Gesetz (§ 44), daß die Gegenstände noch mindestens drei Tage vor der Generalversammlung angekündigt sein müssen (§ 30 des Statuts).

Ueber nicht ordnungsmäßig bekannt gegebene Angelegenheiten kann ein Beschluß nicht gefaßt werden, hiervon sind ausgenommen Beschlüsse über Anträge auf Berufung einer außerordentlichen Generalversammlung und über die Leitung der Versammlung.

Die für den Beschluß zu erfordernde Mehrheit ist verschieden je nach der Angelegenheit, um die es sich handelt. So schreibt das Gesetz bereits für eine Anzahl Fälle als Mindesterforderniß eine $^3/_4$ Mehrheit vor, nämlich bei der Beschlußfassung

1. über die Abänderung des Statuts (§ 16 d. Ges.);
2. über die Abänderung des Gegenstandes des Unternehmens (§ 16 d. Ges.);
3. über die Erhöhung des Geschäftsantheiles (§ 16 d. Ges.);
4. über den Widerruf der Bestellung zum Mitgliede des Aufsichtsrathes (§ 34 d. Ges.);
5. über die Auflösung der Genossenschaft (§ 76 d. Ges.);
6. über die Erhöhung der Haftsumme (§ 126 d. Ges.) (gilt natürlich nur für Genossenschaften mit beschränkter Haftpflicht);
7. über Umwandlung einer Genossenschaft mit unbeschränkter Nachschußpflicht in eine solche mit unbeschränkter Haftpflicht oder einer Genossenschaft mit beschränkter Haftpflicht in eine solche mit unbeschränkter Haftpflicht oder mit unbeschränkter Nachschußpflicht (§ 138 d. Ges.).

In den Fällen zu 1, 2, 3, 5, 6, 7 kann das Statut auch weitere Erschwernisse vorsehen, bei 4 ist dies nicht zulässig. Eine Erleichterung der Beschlußfassung ist in allen Fällen ausgeschlossen.

Bei besonders wichtigen Gegenständen, z. B. bei der Beschlußfassung über Auflösung, über Aenderungen des Statuts hat sich als zweckmäßig erwiesen, noch ein Erschwerniß einzuführen, nämlich die Beschlußfähigkeit der Generalversammlung von der Anwesenheit einer bestimmten Anzahl Mitglieder, z. B. $^1/_3$, abhängig zu machen. Um aber auch die Beschlußfassung nicht über die Gebühr zu erschweren, unter Umständen sogar unmöglich zu machen, ist dann eine Bestimmung erforderlich, daß, wenn die erforderliche Anzahl der Genossen in der Generalversammlung nicht anwesend ist, eine zweite Generalversammlung, die mit einem im Statut näher zu bestimmenden Zwischenraum zur Erledigung derselben Tagesordnung anberaumt wird, ohne Rücksicht auf die Zahl der anwesenden Genossen giltig beschließen kann.

Die Art der Abstimmung muß durch das Statut bestimmt werden, wobei man in der Regel mit Abstimmung durch Aufheben der Hände auskommen wird; nur für Wahlen ist an der geheimen Abstimmung unbedingt festzuhalten.

Eine Bestimmung für die Beurkundung der Beschlüsse muß das Statut nach § 6 Abs. 3 d. Ges. enthalten. Bei der Beurkundung der Beschlüsse ist selbstverständlich größte Sorgfalt geboten.*)

Für die Ausübung des Stimmrechts bestimmt § 41 d. Ges.: „Jeder Genosse hat eine Stimme.“

Weder kann einem Genossen dies Stimmrecht entzogen**), noch kann ihm mehrfaches Stimmrecht eingeräumt werden. Dies gilt auch für die Genossenschaften mit beschränkter Haftpflicht, wenn ein Mitglied mehrere Geschäftsantheile erworben hat. Diese Bestimmung ist die nothwendige Folge des Personalcharakters der Genossenschaft und der Solidarhaft der Mitglieder.

Dieses Stimmrecht ist auch nur in den im Gesetz vorgesehenen Ausnahmen übertragbar, was eine gewisse räumliche Begrenzung der Genossenschaft bedingt. Man muß in der Lage sein, von dem Gebahren der Verwaltung Notiz zu nehmen, und in der Generalversammlung eine Einwirkung darauf ausüben zu können. Ist Jemand so weit vom Sitze der Verwaltung entfernt, daß er so gut wie nichts davon zu sehen und zu hören bekommt, ja selbst an dem Besuche der Versammlung behindert wird: dann erscheint der Beitritt überaus mißlich. Die Bildung von Genossenschaften,

*) Vgl. § 37 des Statuts (Form. 1) und ferner Muster für das Protokoll einer Generalversammlung (Form. 5).

**) Nur der Ausgeschlossene verliert sein Stimmrecht nach § 66 d. Ges., und derjenige Genosse darf sein Stimmrecht nicht ausüben, welcher durch die Beschlußfassung entlastet (z. B. Vorstandsmitglieder) oder von einer Verpflichtung befreit werden soll.

welche sich auf weite Entfernungen erstrecken, innerhalb deren der Verkehr mit der Verwaltung, sowie der Mitglieder unter sich erheblich erschwert wird, muß daher in der Regel widerrathen werden.

Durch Andere (Genossen oder Nichtgenossen) kann das Stimmrecht ausgeübt werden, wenn der Genosse handlungsunfähig, oder eine Korporation, Handelsgesellschaft, Genossenschaft oder ein Personenverein ist. Außerdem können weibliche Mitglieder ihr Stimmrecht einem Bevollmächtigten zur Wahrnehmung ihrer Rechte in der Generalversammlung übertragen, wenn das Statut die Theilnahme von Frauen an der Generalversammlung ausschließt. Ein triftiger Grund für eine derartige Ausschließung ist nicht zu erkennen. Ein Bevollmächtigter kann nicht mehr als einen Genossen vertreten.

II. Vorstand und Aufsichtsrath in ihrer gegenseitigen Stellung.

Durch die Bestimmung des Gesetzes (§ 17), daß die Genossenschaften als Kaufleute im Sinne des Handelsgesetzbuches gelten und die Anerkennung der Genossenschaften als Rechtsperson, vermöge deren sie Eigenthum erwerben, vor Gericht klagen und verklagt werden können, sind die Genossenschaften in vieler Hinsicht in das System des Handelsrechts eingeordnet. Es ist ein im Handelsgesetzbuch durchgeführter und auch in das Genossenschaftsgesetz (§§ 24, 26, 27 d. Ges.) übertragener Grundsatz: „daß jede zu einem eigentlichen Geschäftsbetrieb vereinigte Gesellschaft durch ihre Vorstände dritten Personen gegenüber unbedingt vertreten und verpflichtet wird, und daß alle im Gesellschaftsvertrag hierin enthaltenen Beschränkungen den Vorstand nur der Gesellschaft gegenüber verpflichten, nicht aber das ohne ihre Beachtung abgeschlossene Geschäft Dritten gegenüber ungiltig machen."

Der Grund dafür liegt offenbar darin, daß ein gesunder, nach allen Seiten hin gedeihlicher Handel vor Allem Einfachheit und Verlässigkeit in seinen Rechtsformen erfordert, namentlich also schwierige Informationen über die Legitimation der Parteien, wovon die Rechtsverbindlichkeit von deren Geschäftsabschlüssen abhängt, abgeschnitten werden müssen, weil man sonst Hinterziehungen und chikanösen Einwendungen aller Art Thür und Thor öffnet und durch die Unsicherheit der Geschäftsabschlüsse im Einzelnen die geschäftliche Solidität im Allgemeinen leidet. Diese in dem Genossenschaftsgesetze den Vorständen verliehene Machtvollkommenheit haben die eingetragenen Genossenschaften ernst in das Auge zu fassen und in ihren Einrichtungen Vorsorge gegen den etwaigen Mißbrauch derselben zu treffen. Man hat daher, wie das Musterstatut (§§ 23 ff.) und die Geschäftsanweisung (Formular 11) zeigen, zum Schutze gegen den Mißbrauch dieser Befugnisse wirksame Hilfsmittel nach mehreren Richtungen hin gesucht, welche wesentlich auf Einführung einer wirksamen, mit entscheidenden Befugnissen ausgerüsteten Kontrole hinauslaufen.

Der erste Schritt hierzu ist eine Art gegenseitiger Kontrole der Vorstandsmitglieder unter einander selbst, welche man dadurch erreicht, daß man zu jedem Geschäftsabschluß, namentlich zur Zeichnung von verpflichtenden Urkunden, die Mitwirkung von mindestens zweien darunter erfordert, widrigenfalls dergleichen Akte für den Verein nicht rechtsverbindlich sind. Auf diese Weise entzieht man die Disposition wenigstens der Willkür eines Einzelnen und verhindert, daß ein solcher für sich allein betrügerisch oder leichtsinnig den Verein in ungemessene Verpflichtungen stürzen kann (vgl. hierüber unten unter III. S. 108).

Die Hauptsache bleibt jedoch die richtige Bemessung der dem eigentlichen Kontrolorgane, dem Aufsichtsrathe, zu übertragenden Rechte und Pflichten, mittelst deren man sich der wirksamen Beaufsichtigung der Verwaltung durch ihn versichert, wozu das Gesetz die Hand bietet.

Schon das Angedeutete ergiebt: daß eine gemeinschaftliche Geschäftsführung des Vorstandes und Aufsichtsrathes unzulässig ist.

Nach § 24 ff. des Gesetzes ist die Vertretung der Genossenschaft und der Abschluß von Geschäften für sie in allen Stücken in die Hände des Vorstandes gelegt, der darin nur durch Beamte oder Bevollmächtigte, niemals aber durch den Aufsichtsrath ersetzt werden kann. Der Aufsichtsrath nimmt die ihm durch das Gesetz ausdrücklich angewiesene Stellung als Kontrolbehörde ein. Darnach hat derselbe nicht die Geschäfte zu führen, sondern die gesammte Geschäftsführung des Vorstandes zu überwachen, und unter Anderem die Regreß-Prozesse gegen die Vorstandsmitglieder zu führen, sowie das ganze Kassen- und Rechnungswesen unter steter Aufsicht zu halten; ja er kann selbst die Vorstandsmitglieder vorläufig von der Geschäftsführung entheben, und wegen deren interimistischer Fortführung durch Andere Anordnungen treffen (§ 38 d. Ges.).*)

*) Nur in den Fällen der Prozeßführung gegen die Vorstandsmitglieder und bei den mit ihnen abzuschließenden Verträgen tritt der Aufsichtsrath als Vertreter der Genossenschaft auf (§ 37 d. Ges.).

Aus allem diesem ergiebt sich mit Nothwendigkeit die strenge Scheidung beider Organe, die selbstständige Konstituirung eines jeden, wie sie das Musterstatut durchführt, und wie sie durch das Gesetz geboten ist. Soll der Aufsichtsrath die Verwaltung überwachen, so darf er selbst nicht mit verwalten; soll der Vorstand durch den Aufsichtsrath in der Verwaltung überwacht werden, so darf er selbst nicht mit überwachen, sonst hebt Eins das Andere auf.

Ist nun auch durch die Bestimmung des Gesetzes (§ 35), wonach Vorstandsmitglieder nicht zugleich Mitglieder des Aufsichtsrathes sein dürfen, dem gröbsten Verstoße gegen die obigen Grundsätze vorgebeugt, und die Scheidung beider Organe in ihrem Personalbestande gesichert, so zeigen sich doch hinsichtlich der Scheidung in ihren Funktionen noch manche Mängel, die sich aus der früheren in die neue Verfassung unserer Vereine mit eingeschlichen haben. Besonders kommt es hierbei darauf an, einer mißverständlichen Auffassung des § 27 d. Ges. entgegen zu treten. Unzweifelhaft können darnach — selbstredend nicht Dritten, sondern nur der Genossenschaft zur Sicherung ihrer Schadenansprüche gegenüber — den Vorständen Beschränkungen in der Geschäftsführung auferlegt, sie bei gewissen Operationen an die Genehmigung der Generalversammlung oder des Aufsichtsrathes gebunden werden. Dabei mag bis zu einem gewissen Grade die Anordnung gemeinsamer Sitzungen des Aufsichtsrathes und Vorstandes zweckmäßig sein, wie dies im Musterstatut in §§ 26, 27 geschehen ist. Niemals aber darf die Abstimmung dann in der Art stattfinden, daß nach Köpfen abgestimmt wird, so daß für die Abstimmung nur die Anzahl der aus beiden Organen anwesenden Personen gezählt wird, vielmehr haben Vorstand und Aufsichtsrath getrennt abzustimmen, so daß ein Beschluß nur dann zu Stande gekommen ist, wenn er sowohl die Mehrheit der Vorstandsmitglieder wie der Aufsichtsrathsmitglieder gefunden hat. Vgl. Formular 8 für das Protokoll einer gemeinschaftlichen Sitzung. Ebensowenig darf bei den Befugnissen des Aufsichtsrathes in Bezug auf eigentliche Verwaltungsmaßregeln über die Schranken einer einfachen Genehmigung hinausgegangen, niemals dem Aufsichtsrathe eine positive Einwirkung dabei, eine entscheidende Stimme bei der Vornahme solcher Akte selbst zugestanden werden, er darf sie unter keinen Umständen veranlassen, vielmehr nur abweisen, sein Veto dagegen einlegen. Denn sobald er spezielle Geschäftsabschlüsse sogar gegen den

Willen des Vorstandes — dem er ja an Mitgliederzahl meist überlegen ist — durch dessen Majorisirung bei der Beschlußfassung oder durch selbstständige Anordnung herbeiführen kann, hört auf seiner Seite die Kontrole, auf Seiten des Vorstandes die Verantwortlichkeit dafür auf. Indem man durch eine solche Verschmelzung der Vorstände und Aufsichtsräthe für Verwaltung gewisser Geschäftszweige geradezu ein neues Organ schafft, verstößt man nicht nur gegen die gesetzliche Regelung des Verhältnisses und lähmt die jedem der ursprünglichen Organe zugetheilte Wirksamkeit, sondern geräth auch in einen Widerspruch mit sich selbst. Man will keine unkontrolirte Verwaltung haben, deshalb setzt man den Aufsichtsrath ein. Nun befaßt man ihn aber selbst mit den Dingen, die er kontroliren soll, und schafft gerade dadurch eine unkontrolirte Verwaltung! Zugleich hebt man die Verantwortlichkeit des eigentlichen Verwaltungs-Organs, des Vorstandes, auf, und gelangt so überall zum Gegentheil dessen, was man mit der ganzen Maßregel beabsichtigte.

„Andererseits", heißt es zutreffend in der Begründung des Gesetzes, „empfiehlt es sich hier ebensowenig wie bei den Aktiengesellschaften, den Aufsichtsrath ausschließlich auf eine kontrolirende Thätigkeit im engsten Sinne zu beschränken, d. h. ihm jede entscheidende Mitwirkung bei der inneren Verwaltung schlechthin zu entziehen. Als nur beobachtendes Organ und ohne jedes maßgebende Bestimmungsrecht würde derselbe leicht das Interesse an der Kontrole und die Befähigung zu dieser selbst verlieren. Auch an sich ist es zweckmäßig, den Vorstand über besonders wichtige Angelegenheiten nicht allein entscheiden zu lassen." Ein Organ, welches der Verwaltung in dem Geschäftsbetriebe völlig fern steht, kann in dieselbe einen Einblick nur schwer gewinnen, und wird seine Aufsicht meist auf die formale Geschäftsführung, namentlich die Buchführung, beschränken, deshalb aber kaum in der Lage sein, Mißgriffen oder betrügerischen Handlungen des Vorstandes rechtzeitig vorzubeugen.

Wie sich nach alledem die Befugnisse des Vorstandes und Aufsichtsrathes regeln, ergiebt sich nach den aufgestellten Sätzen von selbst. Solche einzelne Verwaltungsakte und Geschäftsabschlüsse, welche irgendwie bei leichtsinnigem oder gar pflichtwidrigem Verhalten der Vorstandsmitglieder mit einem Risiko für den Verein verbunden sind, dürfen der Initiative des Vorstandes zwar nicht entzogen werden, niemals aber ohne oder gar gegen den Willen des Aufsichtsrathes durchgesetzt werden. Vielmehr gelangen sie bei richtiger Praxis an den letzteren erst, nachdem sich der erstere dahin entschieden hat, zur Genehmigung. Demnach soll der Aufsichtsrath, wie wir bereits andeuteten, in der Lage sein, Geschäfte dieser Art wohl zu verhindern, aber nicht zu machen.

Handelt es sich dagegen um Grundsätze, Geschäftsanweisungen und Geschäftsbedingungen, nach welchen in der Geschäftshandhabung überhaupt verfahren werden soll, dann wird man am zweckmäßigsten die Angelegenheiten der gemeinsamen Berathung der beiden Organe übertragen. Die Abstimmung ist, wie bereits dargelegt ist, so zu regeln, daß Vorstand und Aufsichtsrath getrennt abstimmen.

Aus diesen Erwägungen sind die §§ 26, 27 des Musterstatuts entstanden.

Wegen des Verhältnisses von Vorstand und Aufsichtsrath zu einander bei der Kreditgewährung sei auf das achte Kapitel verwiesen.

III. Der Vorstand.

Die Mitglieder des Vorstandes, dessen im vorigen Abschnitt erörterte weitgehende Befugnisse in Vertretung der Genossenschaft sich auch auf solche Rechtshandlungen erstrecken, wozu sonst eine Spezialvollmacht erforderlich ist, und der seine Legitimation überall durch eine Bescheinigung des Registergerichts über seine Eintragung im Genossenschaftsregister führt (§ 26 d. Ges.), müssen Genossen sein (§ 9 d. Ges.). Daß man sie dadurch in die Lage bringen will, die Folgen des Gebrauchs jener Machtvollkommenheit selbst mit zu tragen, ist klar.

In Betreff der Wahl ist nicht vorgeschrieben, von wem sie vorgenommen werden soll. Wenn wir sie aber der Generalversammlung zuweisen, so hängt dies wiederum mit der weitgreifenden Machtvollkommenheit seiner Stellung zusammen. Die Gesammtheit der Mitglieder soll über die Personen entscheiden, welche sie an ihre Spitze gestellt wissen will, denen sie eine so große Gewalt einräumt, deren unfähiger oder gewissenloser Gebrauch die schwersten Folgen für den Verein wie für jedes einzelne Mitglied herbeiführen kann. Die Wahl ausschließlich dem Aufsichtsrathe überlassen, hieße einerseits die Vorstandsmitglieder in eine bedenkliche Abhängigkeit vom Aufsichtsrathe versetzen und andererseits diesen, wenn bei der Wahl irgend ein Mißgriff hervorträte, in eine schwierige Stellung der Genossenschaft gegenüber bringen, welche man deshalb, um sie der Verantwortlichkeit dafür nicht zu entheben, mit entscheidender Stimme dabei betheiligen muß. Freilich kann dies nicht durch beliebig von jedem Mitgliede bei der Wahlhandlung selbst ausgehende Aufstellung von Kandidaten bewirkt werden. Einerseits würde man dadurch einer unleidlichen Zersplitterung der Stimmen und Agitationen zu Gunsten Unfähiger bei guter Besoldung der Stellen ausgesetzt, andererseits bedingt aber auch jede Wahl, daß ihr eine Verständigung mit dem Kandidaten vorausgeht, ob und unter welchen Bedingungen dieser die fragliche Stellung anzunehmen bereit ist — und wem können diese Verhandlungen anders obliegen, als dem Aufsichtsrathe? — Demnach bleibt als einziges Auskunftsmittel, um allen diesen Forderungen gerecht zu werden, nur der im Musterstatut (§ 4) eingeschlagene und von den meisten Vereinen bereits erprobte Weg übrig. Man überläßt nämlich dem Aufsichtsrathe, vorschlagsweise die zu wählenden Personen zu benennen. Der Aufsichtsrath ist auch zweifellos besser als die Generalversammlung in der Lage, die Fähigkeiten der in Betracht kommenden Kandidaten in technischer Beziehung zu beurtheilen. Dabei hat dann aber der Aufsichtsrath nur einen Kandidaten vorzuschlagen, da bei dem Vorschlag Mehrerer zur Auswahl wieder zum Theil die eben geschilderten Gefahren entstehen. Die Generalversammlung hat nur über den vorgeschlagenen Kandidaten abzustimmen, wobei die Abstimmung in der Regel mit „ja" oder „nein" erfolgen wird, jedenfalls die Stimmen, welche auf andere Personen fallen, ungiltig sind. Lehnt die Generalversammlung den Kandidaten ab, so wird die Angelegenheit als vertagt zu betrachten sein, der Aufsichtsrath aber hat sich schlüssig zu machen, ob er der Generalversammlung dieselbe Person nochmals in Vorschlag bringt oder den bei den Verhandlungen über die Wahl geäußerten Wünschen der Mitglieder nachkommen kann. Findet der Aufsichtsrath, daß sein Vorschlag ohne triftige Gründe abgelehnt ist, oder daß Zufälligkeiten einen bestimmenden Einfluß ausübten, so wird er den Vorschlag in der nächsten Generalversammlung erneuern. Erfolgt wiederum die Ablehnung, so werden sorgfältige Erwägungen das weitere Verhalten des Aufsichtsrathes bestimmen. — Regeln lassen sich für solche Fälle nicht geben.

Müssen auch die Mitglieder des Vorstandes Genossen sein, so brauchen sie deswegen nicht aus der Mitte der Genossen gewählt zu werden, es genügt, wenn sie bei der Uebernahme des Amtes bezw. der Anmeldung zur Eintragung in das Genossenschaftsregister Genossen sind; deswegen empfiehlt sich auch keine weitergehende Beschränkung im Statut, man würde sonst die Auswahl unnöthigerweise einengen.*)

Daß übrigens von den Mitgliedern des Vorstandes jedes in einem besonderen Wahlakte zu der ihm im Vorstande übertragenen Stellung — z. B. als Vorsitzender oder Direktor, Kassirer 2c. — gewählt werden muß, ergiebt sich von selbst, ebenso, wie die Amtsdauer, die Zeit, für welche die Wahl gelten soll, dabei zu bestimmen ist. Da ein öfterer Wechsel in den bezüglichen Amtirungen den Interessen der Vereine nicht förderlich ist, so kommen hier meist Fristen von drei Jahren und länger vor, nach deren Ablauf die Wiederwahl zugelassen wird. In dem Statut ist nur die längste Wahlzeit zu bestimmen. Alsdann ist es bei jeder Neuwahl möglich, die Wahlzeit so zu bestimmen, daß die Wahlperiode nicht gleichzeitig mit der eines anderen Vorstandsmitgliedes abläuft, denn das gleichzeitige Ausscheiden aller oder mehrerer Vorstandsmitglieder muß nach Möglichkeit vermieden werden, damit ein Personenwechsel im Vorstande ohne Störung des Geschäftsbetriebes vor sich geht.

Die Wahlen selbst sind stets so vorzunehmen, daß sie vor bezw. bei Ablauf der Wahlperiode stattfinden, da anderenfalls die Geschäfte eventuell von Personen geführt werden, die rechtlich dazu nicht mehr befugt sind. Dies läßt sich dadurch erreichen, daß man die Wahlperiode mit dem Geschäftsjahr zusammenfallen läßt und die Wahlen in der letzten Generalversammlung vor Ablauf des Geschäftsjahres vornimmt — oder daß man die Wahlen in der ersten Generalversammlung des Geschäftsjahres vornimmt, die Wahlperiode aber von dieser Generalversammlung bis zu der entsprechenden Generalversammlung des letzten Jahres der Wahlzeit laufen läßt. Diese letztere Wahlbestimmung hat den Vorzug, daß das zur Wahl kommende Vorstandsmitglied dann auch als solches die Bilanz aufstellt und dieselbe in der Generalversammlung vertreten kann.

*) Vorstandsmitglieder können nur physische Personen sein, also z. B. nicht Gesellschaften. Daß Frauen und Jungfrauen in den Vorstand gewählt werden können, ist selbstverständlich. Ist eine Genossenschaft Mitglied einer Genossenschaft, so können Mitglieder der ersteren in den Vorstand gewählt werden, ohne daß sie für ihre Person noch die Mitgliedschaft erwerben müssen (§ 9 d. Ges.). Die gleichen Grundsätze gelten durchweg für die Wahlen in den Aufsichtsrath.

Für größere Kreditgenossenschaften mit berufsmäßigen Vorstandsmitgliedern ist die Anstellung auf. Kündigung vorzuziehen, die die Vorstandsmitglieder unabhängiger von zufälligen Agitationen in der Generalversammlung macht. Die Kündigung ist dann eine gegenseitige. Für die Genossenschaft wird dieselbe durch den Aufsichtsrath ausgeübt, doch muß gegen die Kündigung entweder dem Vorstandsmitgliede Berufung an die Generalversammlung gewährt werden, oder man läßt die Kündigung allgemein auf Antrag des Aufsichtsrathes durch die Generalversammlung beschließen. Würde man die Kündigung allein in das Ermessen des Aufsichtsrathes stellen, so würde dadurch natürlich die Stellung des Vorstandes dem Aufsichtsrathe gegenüber nachtheilig beeinflußt werden.

Die Zahl und Zusammensetzung des Vorstandes stellt das Gesetz mit der Maßgabe in das Belieben jeder Genossenschaft, daß der Vorstand nicht aus weniger als zwei Mitgliedern bestehen darf (§ 24 d. Ges.); diese Einschränkung ergiebt sich aus der Bestimmung in § 25 d. Ges., daß im Statut weniger als zwei Vorstandsmitglieder zur Zeichnung für die Genossenschaft nicht bestimmt werden dürfen. Dennoch ist die Zahl der Vorstandsmitglieder im Musterstatut (§ 4) auf drei festgesetzt, und wird man nicht wohl unter dieselbe heruntergehen können. Denn wo überhaupt nur zwei Vorstandsmitglieder gewählt sind, wird bei jeder augenblicklichen Verhinderung eines von ihnen, wie sie so leicht vorkommen kann, die Doppelzeichnung unmöglich, das ganze Geschäft geräth ins Stocken und man muß, vielleicht für wenige Tage, eine mit Weitläufigkeiten und Kosten verbundene förmliche Stellvertretung einleiten. Dem ist durch die Wahl von drei Vorstandsmitgliedern vorgebeugt, von denen zwei als die Mehrheit ausreichen, den Verein zu vertreten, so daß die augenblickliche Behinderung eines Einzigen den Geschäftsgang nicht unterbricht. Auch wegen der erforderlich werdenden Abstimmungen und Beurlaubungen von Vorstandsmitgliedern verdient die Dreizahl den Vorzug.

Diese Dreizahl, in welcher obenein eine Untervertheilung der Hauptfunktionen eines Bankgeschäfts, als: Disposition nebst Korrespondenz, Kassenverwaltung und Buchführung, durch einen Vorsitzenden oder Direktor recht eigentlich angezeigt ist, zu übersteigen, können wir aber selbst größeren Vereinen durchaus nicht anrathen. Einmal wird die Verwaltung dadurch außerordentlich schwerfällig. Wenn beispielsweise fünf Vorstandsmitglieder fungiren, so würde die Zeichnung und somit die Uebereinstimmung von mindestens Dreien, als der Mehrheit, zur Ausführung jeder Verwaltungsmaßregel erforderlich sein, da man alsdann doch nicht Zweien gestatten kann, als der Minderheit, ohne oder gegen den Willen der Anderen Rechtshandlungen vorzunehmen und den Verein dadurch zu verpflichten. Sodann spricht aber auch noch ein anderer Umstand gegen die Vermehrung der angegebenen Zahl: die Nothwendigkeit der Besoldung sämmtlicher Vorstandsmitglieder (S. 113). Bei so strengen Anforderungen an die Geschäftsführung, wie sie jetzt unerläßlich sind, kann man die Geschäfte nicht Leuten anvertrauen, welche dieselben unentgeltlich führen. Diese erweisen dem Vereine durch solche unbezahlte Arbeit eine Gunst; sie wenden Zeit und Kraft in den Vereinsgeschäften aus sogenanntem gutem Willen auf, stehen dem Vereine als Wohlthäter gegenüber, und es ist überaus mißlich, ihnen eine strenge Geschäftsordnung vorzuschreiben, sie mit Nachdruck zur Erfüllung ihrer Pflichten anzuhalten, und für Fehler und Versäumnisse verantwortlich zu machen! — Aus dieser Rücksicht wird die angemessene Besoldung aller Vorstandsmitglieder zu einem Punkte, der nicht zu umgehen ist, und auch deshalb die Beschränkung ihrer Zahl auf die unerläßlichen drei geboten. Wo aber bei Vereinen von bedeutendem Umsatz das Geschäft mehr Kräfte erfordert, oder wo gewisse zur Vertretung des Vereins besonders geeignete Persönlichkeiten der Verwaltung nicht ihre ganze Kraft widmen können, da stelle man lieber, anstatt die Zahl der Vorstandsmitglieder zu vermehren, zu deren Unterstützung Beamte für gewisse Geschäfte an.

Bei großen Vereinen mit zahlreichen Angestellten kommt man sogar zuweilen mit zwei Vorstandsmitgliedern (Direktoren) aus, man behilft sich damit, daß man im Voraus Stellvertreter wählt, die in Behinderungsfällen eines der Direktoren einzutreten haben. Zu einem solchen Verfahren kann nur unter ganz besonderen Verhältnissen gerathen werden, wie sogleich näher zu begründen sein wird.

In welcher Weise die Vorstände die Anmeldung ihrer Wahl beim Registergericht, unter Ueberreichung einer Abschrift des Wahlprotokolls und zugleich ihre Zeichnung zu bewirken haben, ist im dritten Kapitel unter II behandelt. Sowohl Neu- als Wiederwahlen sind zur Eintragung in das Genossenschaftsregister anzumelden; eine Veröffentlichung durch das Gericht unterbleibt aber, soweit eine Wiederwahl erfolgt ist (§ 28 d. Ges.).

In Betreff der Zeichnung des Vorstandes und Stellvertretung in demselben ist Einiges besonders hervorzuheben.

Die Zeichnung durch die Vorstandsmitglieder, als der den Verein rechtlich verpflichtende Akt, muß bei allen Geschäften in einer und derselben Art geschehen. Die Vertretung des Vereins und demgemäß die Zeichnung durch den Vorstand geschieht nach § 25 d. Ges. in der durch das Statut bestimmten Weise und muß, wenn es an einer solchen Bestimmung fehlt, durch sämmtliche Vorstandsmitglieder erfolgen. Weniger als zwei Vorstandsmitglieder dürfen nach dem Gesetz hierfür nicht bestimmt werden. Von dieser Vorschrift kann im Statut auch nicht bei einer Gattung von Geschäften wieder abgegangen, und, z. B. etwa bei Annahme von Spareinlagen, nur eine Unterschrift, die des Kassirers, bei anderen dagegen, wie etwa bei Zeichnung von Schuldscheinen über aufgenommene Anlehen, die der sämmtlichen drei Vorstandsmitglieder gefordert werden. Ueber die Vollmachtsertheilung vgl. S. 128 ff.

Unzulässig ist nach dem Gesetz die Beschränkung eines Vorstandsmitgliedes auf die Zeichnung gewisser Rechtshandlungen oder gar der Ausschluß eines Vorstandsmitgliedes von der Zeichnung, denn „gegen dritte Personen hat eine Beschränkung der Befugniß des Vorstandes, die Genossenschaft zu vertreten, keine rechtliche Wirkung“ (§ 27 d. Ges.).

Die Doppelzeichnung erlangt ihre wirkliche Bedeutung jedoch erst dann, wenn die Vorstandsmitglieder die Zeichnung unter gegenseitiger Kontrole abgeben, d. h. in den Geschäftsstunden, worauf wir sogleich (S. 108) zu sprechen kommen.

Daß das Vorstehende nur von der Zeichnung durch die Vorstandsmitglieder gilt, nicht auch von der Zeichnung durch die im § 40 d. Ges. bezw. Bevollmächtigten und Beamten, bemerken wir hier ausdrücklich. Vielmehr sind die Abweichungen in dieser Hinsicht, welche bei Anstellung solcher, rücksichtlich der Vertretung des Vereins an besondere Vollmachten gebundenen Personen zu treffen sind, im letzten Abschnitte dieses Kapitels speziell dargelegt.

Vorsorge zu treffen ist im Statut für die Vertretung im Falle dauernder Behinderung oder Amtsenthebung von Vorstandsmitgliedern (vgl. § 38 d. Ges.). Hierbei ist noch die Stellung der Stellvertreter von Vorstandsmitgliedern klarzustellen, die im Voraus bestellt werden. Wir haben eines solchen Falles soeben gedacht.

Diese Stellvertreter müssen als Vorstandsmitglieder zur Eintragung in das Genossenschaftsregister angemeldet werden und die Eintragung hat ohne Beschränkung ihrer Vertretungsbefugniß zu erfolgen (§ 19 Abs. 3 der Bekanntmachung zum Genossenschaftsgesetz vom 11. Juli 1889). Die „Stellvertreter“ sind also nach dem Gesetz vollberechtigte und vollverpflichtete Vorstandsmitglieder. Nach § 27 d. Ges. gilt die Wirkungslosigkeit einer Beschränkung der Befugniß des Vorstandes, die Genossenschaft zu vertreten, insbesondere für den Fall, daß die Vertretung „nur unter gewissen Umständen oder für eine gewisse Zeit stattfinden soll“. So sind denn zwar solche Stellvertreter jederzeit befugt, als Vorstandsmitglieder aufzutreten, dem entsprechend tragen sie aber auch die Verantwortung für die dem Gesammt-Vorstande nach dem Gesetz obliegenden Pflichten, sie hätten z. B. die Bilanz mit zu unterzeichnen, bei allen Anmeldungen zum Genossenschaftsregister mitzuwirken; dies scheint aber wenig zu ihrer Stellung als Stellvertreter zu passen, nach der sie in der Regel sich gar nicht um den Geschäftsgang zu bekümmern haben und zu den Geschäften nicht zugelassen werden, es sei denn, daß sie ein Vorstandsmitglied zu vertreten haben. Es ist daher gerathener, wie das Musterstatut dies thut (§ 12), die vorläufige Anordnung dem Aufsichtsrathe zu überlassen.

Was hiernächst den Antritt der Verwaltung durch den Vorstand betrifft, so hängt derselbe natürlich davon ab: daß sowohl der Verein, wie die jeweiligen Mitglieder des Vorstandes in das Genossenschaftsregister eingetragen sind, indem erst durch diese Eintragung der Verein die Rechte einer eingetragenen Genossenschaft und der Vorstand die Befugniß zu deren Vertretung erlangt. Sind aber diese Eintragungen bewirkt, so erstreckt sich die Vertretungsbefugniß des Vorstandes auch auf solche Rechtshandlungen, die sonst eine Spezialvollmacht erfordern, und genügt zu seiner Legitimation überall — auch bei Geschäften, welche das Hypothekenwesen betreffen — die Bescheinigung des Registergerichts über die stattgehabte Eintragung seiner Mitglieder (§ 26 d. Ges.).

Daß die Geschäftsführung bei einer Mehrzahl von Vorstandsmitgliedern eine kollegialische sein muß, ist natürlich. Zu diesem Zwecke müssen regelmäßige Sitzungen derselben, nach Zeit und Ort ein- für allemal bestimmt, unter Leitung des Vorsitzenden stattfinden, in denen die laufenden Geschäfte nach Stimmenmehrheit (bei zwei Vorstandsmitgliedern Stimmeneinheit) erledigt werden, nur bei Berufung einer außerordentlichen Sitzung ist die Bekanntmachung der Gegenstände mit der Einladung zu verbinden, für die regelmäßigen Sitzungen ist dies nicht erforderlich. Die Obliegenheiten des Vorstandes im Einzelnen sind durch eine von Vorstand und Aufsichtsrath aufzustellende, von der Generalversammlung zu genehmigende Geschäftsanweisung zu ordnen (Formular 10). Auf diese Geschäftsanweisung muß der größte Werth gelegt werden, besonders für kleine und mittlere Vereine, für die sie so recht geeignet ist, die Vorstandsmitglieder mit ihren Obliegenheiten vertraut zu machen und an eine geordnete Verwaltung zu gewöhnen. — Daß derartige ausdrückliche Vorschriften allermindestens über die Aufbewahrung und Sicherhaltung der Kassenbestände an Geld, Werthpapieren und Werthsachen (Pfändern), sowie Dokumenten aller Art, möglichst unter Einrichtung doppelten Verschlusses, in allen Vereinen ohne Ausnahme ganz unumgänglich nothwendig sind, bedarf keiner Ausführung.

Als wichtige Frage, besonders bei Festhaltung der Doppelzeichnung, tritt die Innehaltung bestimmter Geschäftsstunden auf, innerhalb deren die Vorstandsmitglieder im Vereinslokal anwesend sind, um die vorkommenden Geschäfte mit den Kunden zu erledigen, besonders Zahlungen zu leisten oder anzunehmen, die nöthigen Buchungen darüber zu machen 2c. In der That wird man bei Vereinen von bedeutenderem Verkehr nicht wohl hiervon abgehen können. Ja selbst da, wo der Geschäftsumfang nicht der Art ist, ist es doch nöthig, daß mindestens zwei Vorstandsmitglieder stetig anwesend sind. Ein anderes bisher bei Vereinen von geringem Umfange, besonders in den ersten Anfängen zugelassenes Verfahren, bleibt immer bedenklich. Darnach konnten die Kunden von dem allein anwesenden Kassirer, um z. B. bei Quittungen, Spareinlagen u. dergl. die zweite Unterschrift zu erhalten, entweder einem der anderen Vorstandsmitglieder zugesandt werden, oder die Dokumente bis zu dessen Erscheinen im Kassenlokal zurücklassen, was unter Umständen bei nicht sehr strenger Kontrole leicht zu Unordnungen, ja zu Hinterziehungen Anlaß giebt. Eine wirkliche gegenseitige Kontrole der beiden Vorstandsmitglieder ist nur dann denkbar, wenn sie sich durch eigene Wahrnehmung von Allem und Jedem zu überzeugen vermögen. Wo nun der Kassirer allein im Geschäftslokal die Geschäfte ausführt, in die Bücher einträgt und die zweite Unterschrift der anderen Vorstandsmitglieder nur einholen läßt, da ist die Kontrole eine thatsächlich sehr geringe, weil sich das andere Vorstandsmitglied, wenn es später in das Geschäftslokal kommt, um die Kontrol-Buchungen vorzunehmen, sich auf die Eintragungen des Kassirers verlassen muß und thatsächlich nur diese abschreibt.

Ist der Umfang des Geschäfts gering, so läßt sich die regelmäßige Anwesenheit zweier Vorstandsmitglieder dadurch erreichen, daß die Geschäftsstunden beschränkt werden, auf einige Stunden am Tage oder sogar nur auf einige Stunden an einigen Tagen; das reicht für den Aufang vollständig aus und die Erfahrung hat ergeben, wie die Mitglieder sich sehr bald an die Einhaltung der Geschäftsstunden gewöhnen. Es sollte unter keinen Umständen geduldet werden, daß der Kassirer jederzeit den Mitgliedern zur Verfügung steht, denn dann hört jede wirksame Kontrole auf und das Geschäft wird allein vom Kassirer geführt.

Besondere Maßregeln sind auch zur Verhinderung von Veruntreuungen für den Geldvermittelungsverkehr mit der Post anzuwenden und es empfiehlt sich das bei den preußischen Steuerkassen vorgeschriebene Verfahren.*) Die von der Post zunächst allein ausgehändigten Postanweisungen sind in ein Eingangsbuch zu vermerken, welches bei Abholung der Beträge bei der Postanstalt vorzulegen ist, die die richtige Eintragung der Postanweisungen prüft und die Richtigkeit bescheinigt. Die Auszahlung durch die Post erfolgt gegen Vorlage des Eingangsbuches. Für ein solches Buch ist folgendes Formular empfohlen:

Laufende Nummer	Eingangs-Datum	Bezeichnung des Absenders	Post-Aufgabeort	Nummer des Postbuchs	Bezeichnung der Sendung	Kurze Inhalts-angabe	Empfangs-Bescheinigung	Empfangs-Datum.	Bemerkungen.

Die schriftliche Aufzeichnung der Vorstandsbeschlüsse mit Datum und Unterschrift der dabei Betheiligten, die am

*) Die größte Sicherheit gewährt die Einrichtung der Post, für Vereine, welche Giro-Konto bei der Reichsbank haben, die eingehenden Zahlungen nicht direkt an den Verein zu leisten, sondern auf Giro-Konto bei der Reichsbank einzuzahlen. Natürlich ist dies Verfahren nur an Bankplätzen möglich.

zweckmäßigsten chronologisch in einem dazu bestimmten Buche erfolgt, ist zum Zwecke der einzuholenden Genehmigung des Aufsichtsrathes oder der Generalversammlung nothwendig (Formular 6). Sie erscheint aber überhaupt, wegen Feststellung der Verantwortlichkeit für die bei Fassung der Beschlüsse Betheiligten, erforderlich, da es dem oder den in der Minderheit Gebliebenen gestattet sein muß, einen Protest niederschreiben zu lassen, um sich gegen eine etwa dabei in Frage kommende Vertretung zu schützen.

Mit dieser Verantwortlichkeit des Vorstandes treten wir an eine Hauptbedingung der ganzen ihm angewiesenen Stellung heran, der unsere Vereine die ernsteste Beachtung zu widmen haben. Dieselbe ist im Genossenschaftsgesetz geordnet.

Es kommen zunächst die umfangreichen Strafbestimmungen der §§ 140 ff. d. Ges. in Betracht. Die Mitglieder des Vorstandes machen sich strafbar, wenn sie absichtlich zum Nachtheile der Genossenschaft handeln (§ 140); in den von ihnen dem Gericht zu machenden Anmeldungen, Anzeigen und Versicherungen wissentlich falsche Angaben machen (§ 141); in ihren Darstellungen, ihren Uebersichten über den Vermögensstand der Genossenschaft, über die Mitglieder und die Haftsummen, oder in den in der Generalversammlung gehaltenen Vorträgen den Stand der Verhältnisse der Genossenschaft wissentlich unwahr darstellen (§ 141); entgegen den Vorschriften in §§ 92, 111, 134 den Antrag auf Eröffnung des Konkursverfahrens zu stellen unterlassen (§ 142).

Besondere Beachtung verdient auch die Strafandrohung im § 143, nach der die Vorstandsmitglieder bestraft werden: „wenn ihre Handlungen auf andere als die im § 1 erwähnten geschäftlichen Zwecke gerichtet sind, oder wenn sie in der Generalversammlung die Erörterung von Anträgen gestatten oder nicht hindern, welche auf öffentliche Angelegenheiten gerichtet sind, deren Erörterung unter die Gesetze über das Versammlungs- und Vereinsrecht fällt."

Von besonderer Bedeutung für die Verantwortlichkeit des Vorstandes ist die Aufstellung der Bilanz und die Sorge für eine gehörige Buchführung, da die erstere die Probe, die letztere eine der unerläßlichen Vorbedingungen jeder geordneten Geschäftsführung ist. Auch ohne die spezielle Verweisung des § 31 d. Ges. darauf würden die desfallsigen Verpflichtungen den Vorstand nach dem Handelsgesetzbuch treffen, an das die Genossenschaften als Kaufleute im Allgemeinen durch § 17 d. Ges. verwiesen sind. Aus diesem Grunde haben sie auch den Bestimmungen dieses Gesetzbuchs über die berührten Punkte in den Art. 22—33 daselbst zu genügen, welche wir im Anhange beifügen. Das zu beobachtende Verfahren, bei welchem neben den Bücherabschlüssen ganz besonders die Inventur in Betracht kommt, findet sich, unter Berücksichtigung der eingreifenden Thätigkeit des Aufsichtsrathes, in dem Kapitel über das Rechnungswesen besonders behandelt. Nur darüber, wie genau die Vorstände mit Wahrnehmung dieser Verpflichtungen es zu nehmen haben, weil anderenfalls sie nicht blos civilrechtliche, sondern auch strafrechtliche Folgen treffen, möge eine Verweisung auf die §§ 214 u. 210 der Reichskonkursordnung hier noch eine Stelle finden. Darnach werden Vorstandsmitglieder von Genossenschaften, welche ihre Zahlungen eingestellt haben:

> „wenn sie Handelsbücher zu führen unterlassen 2c. 2c., oder so undeutlich geführt haben, daß sie keine Uebersicht des Vermögenszustandes gewähren; oder wenn sie es unterlassen haben, die Bilanz ihres Vermögens in der vorgeschriebenen Zeit zu ziehen“,

wegen einfachen Bankerotts mit Gefängniß bis zu 2 Jahren selbst dann bestraft, wenn dies nicht in der Absicht, ihre Gläubiger zu benachtheiligen, geschehen ist; im letzteren Falle dagegen tritt wegen betrügerischen Bankerotts Zuchthausstrafe ein. Jedes der Vorstandsmitglieder unterliegt der Strafbestimmung, denn die Pflicht der Bilanzziehung und der Sorge für die Buchführung liegt allen Vorstandsmitgliedern ob. Von wesentlicher Bedeutung für die Verantwortlichkeit der Vorstände sind sodann die §§ 27 u. 32 d. Ges., die gewissermaßen der Machtvollkommenheit derselben: durch ihre Akte die Genossenschaft Dritten gegenüber unbedingt zu verpflichten, als Gegengewicht beigegeben sind. Darnach ist der Vorstand der Genossenschaft gegenüber zur Beobachtung aller durch Statut und Generalversammlungs-Beschlüsse gezogenen Beschränkungen bei eigener Verantwortlichkeit verpflichtet; und Mitglieder desselben, welche die im Statut und die in den Beschlüssen der Generalversammlung festgesetzten Grenzen ihrer Befugnisse überschreiten, haften persönlich und solidarisch für den dadurch entstandenen Schaden. Daß dies ebenfalls bei einem Zuwiderhandeln der Vorstandsmitglieder gegen die ihnen ertheilten Geschäftsanweisungen (oben S. 108) und mit ihnen abgeschlossenen Verträgen eintritt, da beides nothwendig auf den Statuten oder Gesellschaftsbeschlüssen beruht, ist selbstverständlich.

Ueber die von den Vorstandsmitgliedern bei der Ausführung ihrer Obliegenheiten wahrzunehmende Sorgfalt herrschte unter der Geltung des Gesetzes von 1868 Streit. Das Gesetz von 1889 hat alle Zweifel beseitigt, indem es im § 32 bestimmt:

„Die Mitglieder des Vorstandes haben die Sorgfalt eines ordentlichen Geschäftsmannes anzuwenden.

Mitglieder, welche ihre Obliegenheiten verletzen, haften der Genossenschaft persönlich und solidarisch für den dadurch entstandenen Schaden."*)

Mit der Verantwortlichkeit stehen die Verordnungen des Gesetzes in Betreff der Entlassung und Suspension des Vorstandes (§§ 24, 38 d. Ges.) im Zusammenhange. Um sich vor den Folgen pflichtwidrigen Verhaltens des Vorstandes zu schützen, hat man nicht blos an den Ersatz von bereits verursachten, sondern eben so sehr an die Abwendung von Schäden zu denken, womit ein solches Verhalten den Verein vielleicht in nächster Zukunft bedroht. Sobald man daher von der Unfähigkeit, Gewissenlosigkeit oder Nachlässigkeit der Vorstandsmitglieder hinreichende Proben hat, muß deren sofortige Entlassung erfolgen, indem das Gesetz ihre Stellung als zu jeder Zeit widerruflich bestimmt (§ 24 d. Ges.). Da aber die Entscheidung darüber nur von der Generalversammlung ausgehen kann, deren Einberufung nicht immer in so kurzer Frist möglich ist, als es vielleicht dringende Umstände erheischen, ist dem Aufsichtsrath im Gesetz (§ 38) die Befugniß beigelegt: Vorstandsmitglieder vorläufig, bis zur Entscheidung der ohne Verzug zu berufenden Generalversammlung von ihren Geschäften zu entheben und wegen einstweiliger Fortführung der Geschäfte das Erforderliche zu veranlassen. Wieder hat, wie wir sehen, die Rücksicht auf die strenge Haftbarkeit der Mitglieder den Gesetzgeber bewogen, den Genossenschaften ein Mittel zu ihrer Sicherung in die Hände zu geben, wie es in dem Umfange bei keiner Art der Handelsgesellschaft vorkommt.

Den Schluß der sämmtlichen vorstehend erörterten Sicherungsmaßregeln bildet die Kautionsbestellung, die man freilich

*) Bei Auszahlung von Gewinn oder Geschäftsguthaben entgegen den Vorschriften im § 19 und § 22 d. Ges. sind die Vorstandsmitglieder zum Ersatz der Zahlung an die Genossenschaft verpflichtet, ohne daß ein Schadensnachweis erbracht zu werden braucht (§ 32 Abs. 3 d. Ges.).

Die Ersatzansprüche gegen die Vorstandsmitglieder verjähren in 5 Jahren (§ 32 Abs. 4 d. Ges.).

vielleicht nicht überall von sämmtlichen Vorstandsmitgliedern wird erlangen können, die jedenfalls aber vom Kassirer — demjenigen Vorstandsmitgliede, durch dessen Hände in erster Linie die Einnahmen und Ausgaben des Vereinsgeschäfts gehen — gefordert werden muß, auch wenn er blos Beamter ist. Ob diese Kaution in Hypotheken, Werthpapieren oder baarem Gelde — welches dann zinsbar außerhalb des Vereinsgeschäfts unterzubringen ist — bestellt werden soll, richtet sich nach den in jedem Falle gegebenen Verhältnissen, indem man nur auf die Sicherheit und jederzeitige Einziehbarkeit der Kaution zu sehen hat. Die Höhe der Kaution wird natürlich im Verhältniß zu den Kassenbeständen und der Größe des Umsatzes zu bemessen sein. Kommt aber der Fall vor, daß man sich, weil bei tüchtigen und besonders geeigneten Personen die Mittel zu angemessener Kautionsbestellung nicht vorhanden sind, mit geringeren Anfängen begnügen muß, so wird man ein regelmäßiges Anwachsen derselben am füglichsten durch Innebehaltung bestimmter Gehaltsabzüge bewirken. Den Interessen des Vereins wie denen des Kautionsstellers wird so gleichmäßig entsprochen, wobei letzterem die Bildung eines ansehnlichen Kapitals nebst Zinsgenuß auch für andere Lebensverhältnisse zu Statten kommt.

Endlich noch über die Art der Besoldung der Vorstandsmitglieder ein Wort, deren unbedingte und allgemein anerkannte Nothwendigkeit wir bereits geltend gemacht haben (S. 105). Bei den ersten Anfängen unserer Vereine wurde den Vorständen meist ein Antheil von den eingehenden Zinsen und Provisionen der Kreditnehmer — also vom Brutto-Geschäftsertrage — überwiesen. Dafür sprach einmal: daß dadurch die Vergütung mit dem Geschäftsertrage und der demgemäßen Arbeitsleistung der Vorstandsmitglieder in ein Verhältniß gebracht wurde, und zugleich sich ein ungefährer Ueberschlag machen ließ, wie hoch man mit den Zins- und Provisionssätzen zu gehen habe, um die Unkosten zu decken und von dem Ueberschusse eine angemessene Dividende und Reserve zu erhalten.

Konnte man so während der kleinen überaus einfachen Verhältnisse der Vereine ganz zweckmäßig verfahren, so änderte sich dies mit der Entwickelung, in welche das genossenschaftliche Kreditwesen einlenkte, wodurch die Vorschußvereine mehr und mehr zu wirklichen Volksbanken wurden. Sobald die Geschäftsführung eine fachmäßige Bildung der Vorstandsmitglieder erforderte und deren Zeit und Kraft vollständig in Anspruch zu nehmen begann —

wie wir in anderer Beziehung schon geltend machten — trat die Nothwendigkeit, ihnen eine gesicherte auskömmliche Stellung zu gewähren, unabweisbar hervor. Und hier wird die Gewährung eines festen Gehalts nicht zu umgehen sein, außer welchem nur eine Tantième vom Netto-Ertrage des Geschäfts als Neben-Bezug in Betracht kommen kann. Dieser Tantième darf aber nicht in der Erwägung, daß das persönliche Interesse der Vorstandsmitglieder mit dem Aufschwunge und den guten Resultaten des von ihnen geleiteten Instituts zusammenfällt, ein Uebergewicht eingeräumt werden, denn diese Identifizirung des Vereins mit den Privatinteressen der Vorstandsmitglieder bringt neben der angedeuteten noch eine andere Wirkung hervor, welche die unleugbar vortheilhafte Seite der ersteren in bedenklicher Weise kreuzt. Es ist dies die Versuchung, welche dadurch an die Vorstandsmitglieder herantritt, die geschäftlichen Operationen zur Erzielung hoher Gewinne in Bereiche auszudehnen, welche die Kräfte der Vereine übersteigen und diese nicht nur ihren eigentlichen Aufgaben entfremden, sondern zugleich die schwersten Gefahren für sie herbeiführen — vor denen wir bereits im fünften Kapitel (S. 65) gewarnt haben. Natürlich muß sich diese Versuchung noch steigern, wenn die Ungerechtigkeit sich fühlbar macht, welche eine solche Anweisung des Haupttheiles der Remuneration auf den Geschäftsgewinn in sich schließt. Sobald nämlich bei allgemein gedrückter Verkehrslage oder bei besonders ungünstigen Vorkommnissen, welche einen Verein speziell ohne jede Schuld des Vorstandes treffen können, der regelmäßige Geschäftsertrag auf einen Mindestbetrag herabsinkt — werden da nicht die Vorstandsmitglieder, deren Thätigkeit solche Umstände vielleicht mehr wie je in Anspruch nahmen, geradezu dahin gedrängt, durch gewagte Einsätze, wenn nicht auf noch schlimmere Weise, einzubringen, was ihnen an Einnahmen verloren ging?

Und diese bedenkliche Seite des Tantièmesystems hat sich selbstredend bei einzelnen Kreditgenossenschaften gezeigt, so daß auf den Antrag von Schulze-Delitzsch der Allg. Vereinstag in Bremen (1874) zu dem Beschluß gelangte:

„den Vorschuß- und Kreditvereinen dringend zu empfehlen, sobald Charakter und Umfang der Vereinsgeschäfte zu bankmäßiger Entwickelung drängen, und Zeit und Kraft der bei der Verwaltung betheiligten Personen in einem Grade in Anspruch nehmen, welcher lohnende Nebenbeschäftigungen ausschließt, denselben ein auskömmliches, der Mühewaltung entsprechendes festes Gehalt zu gewähren, dagegen die Tantièmen von Gewinn oder Umsatz zu beschränken."

Wird hiernach das Fixum des Gehalts für jedes der Vorstandsmitglieder nach dem Umfang, der Wichtigkeit und Verantwortlichkeit der ihm übertragenen Funktionen auskömmlich den lokalen Verhältnissen entsprechend festgesetzt, so mag alsdann eine Tantième von etwa 5% des Reingewinns zur Vertheilung unter sie immerhin als eine Extravergütung für durch ihre Geschäftsleitung herbeigeführte günstige Resultate mit guter Wirkung nebenher gehen. Nur vom wirklichen Reingewinn nach Abzug aller Geschäftslasten ist die Tantième zu vertheilen.

Die sich immer noch findende Tantième vom Brutto-Ertrage oder den Zins-Erträgnissen ist durchaus zu verwerfen, denn sie führt den Vorstand zur Erzielung einer höheren Tantième in die Versuchung, den Zinsfuß höher zu bemessen, als es nothwendig ist.

Daß Besoldung und Kaution in einem besonderen Dienstvertrage mit den Vorstandsmitgliedern gleich nach der Wahl festgestellt werden müssen, versteht sich von selbst. Wir geben deshalb im Anhange die Probe eines solches Vertrages (Form. 9), bei dessen Fassung wegen Enthebung der Vorstandsmitglieder vom Amte vor Ablauf ihrer Wahlperiode die nöthige Vorsicht angewendet ist. Freilich kann diese Enthebung nach § 24 d. Ges. jederzeit erfolgen, ohne daß den Vorstandsmitgliedern ein Widerspruch zustände. Indessen erfolgt sie doch nur „unbeschadet der Entschädigungsansprüche aus bestehenden Verträgen". Um nun den Vorständen chikanöse Ansprüche auf Fortgewährung ihres Gehalts nach der Enthebung, welche doch gewiß nicht ohne wesentliche Verstöße ihrerseits erfolgen wird, abzuschneiden, ist die in dem Entwurf enthaltene Sicherung wohl zu beachten.

Daß bei der Auswahl der zur Wahl in den Vorstand vorzuschlagenden Personen die allergrößte Vorsicht geboten ist, sollte kaum einer Betonung bedürfen. Doch darauf wollen wir aufmerksam machen, daß man stets bestrebt sein muß, Personen ausfindig zu machen, die bereits einige kaufmännische Kenntnisse mitbringen und ferner, wo zu dem Geschäftsbetriebe der Genossenschaft landwirthschaftliche Bezirke gehören, da sollte, wenn irgend möglich, ein Landwirth in den Vorstand gewählt werden, um die Bedürfnisse der landwirthschaftlichen Bevölkerung kennen zu lernen und denselben den Geschäftsbetrieb anzupassen. Es hat sich dies stets als sehr günstig für die Heranziehung von Landwirthen als Mitglieder gezeigt.

Das Gesetz überträgt dem Vorstande eine Anzahl Obliegenheiten: der Vorstand hat für die nach den §§ 14, 15, 16 Abs. 3, 28, 31 Abs. 2 (§ 133), 49 Abs. 4, 61 Abs. 2, 67, 74 Abs. 2, 75 Abs. 2, 76 Abs. 2, 77 Abs. 2, 82 Abs. 1, 127 Abs. 2, 137 Abs. 3, 148 Abs. 2 d. Ges. nothwendigen Anmeldungen, Anzeigen an das Gericht und für die vorgeschriebenen Veröffentlichungen über die daselbst bezeichneten Gegenstände zu sorgen, auch die ihm in den §§ 8 Abs. 2, 30, 31 Abs. 2, 45, 46 Abs. 2, 49 Abs. 3, 59 Abs. 2, 61 Abs. 1 d. Ges. auferlegten Verpflichtungen zu erfüllen, widrigenfalls ihn die in dem Gesetz § 152 auf die Unterlassung gesetzten Strafen treffen.

Die nach den Bestimmungen in §§ 10, 11, 14, 16, 28, 76, 77, 82, 83 Abs. 2, 127, 137, 138, 155 d. Ges. vorgeschriebenen Anmeldungen zum Genossenschaftsregister müssen durch sämmtliche Mitglieder des Vorstandes persönlich bewirkt oder in beglaubigter Form eingereicht werden. Bei den sonstigen Anzeigen, Einreichungen und Erklärungen zum Genossenschaftsregister oder zu der Liste der Genossen bedarf es weder der Mitwirkung sämmtlicher Vorstandsmitglieder noch der beglaubigten Form, sie sind aber in der für die Willenserklärungen der Vorstandsmitglieder vorgeschriebenen Form zu erstatten*) (§ 148 d. Ges.).

Von den gesetzlichen Obliegenheiten des Vorstandes ist von besonderer Wichtigkeit die Veranlassung der Revision nach Maßgabe der §§ 51 ff. d. Ges. (vgl. S. 127).

§ 51 d. Ges. bestimmt: „Die Einrichtungen der Genossenschaft und die Geschäftsführung derselben in allen Zweigen der Verwaltung sind mindestens in jedem zweiten Jahre der Prüfung durch einen der Genossenschaft nicht angehörigen, sachverständigen Revisor zu unterwerfen.“

Gehört die Genossenschaft keinem Revisionsverbande an, so hat der Vorstand nach § 59 d. Ges. zu handeln, der vorschreibt:

„Für Genossenschaften, welche einem Revisionsverbande (§§ 53 bis 55) nicht angehören, wird der Revisor durch das Gericht (§ 10) bestellt.

Der Vorstand der Genossenschaft hat die Bestellung zu beantragen.

Die Bestellung erfolgt, nachdem die höhere Verwaltungsbehörde über die Person des Revisors gehört ist. Erklärt die Behörde sich mit einer von der Genossenschaft vorgeschlagenen Person einverstanden, so ist diese zum Revisor zu bestellen.“

Es muß aber dringend jeder Genossenschaft empfohlen werden, sich einem der bewährten Revisionsverbände anzuschließen,

*) Vgl. § 6 und § 7 der Bekanntmachung, betr. die Führung des Genossenschaftsregisters vom 11. Juli 1889.

denen nach § 52 d. Ges. das Recht verliehen ist, den Revisor zu bestellen. Der Revisionsverband bietet den Vortheil, daß die angeschlossenen Genossenschaften selbstständig den Revisor wählen können, was von großer Bedeutung ist, da der Revisor Vertrauensperson der Genossenschaft sein muß, die als solche zur Prüfung der Geschäftsführung erscheint und Vorstand und Aufsichtsrath mit Rath und That zur Seite steht. Ueberhaupt ist die Zugehörigkeit zu einem leistungsfähigen Verbande für die Genossenschaften von großem Werth, denn außer der Revision verfolgt z. B. ein dem Allgemeinen Verbande der deutschen Erwerbs- und Wirthschaftsgenossenschaften angehöriger Genossenschaftsverband in der Regel folgende Zwecke:

die Förderung der wirthschaftlichen Interessen der verbundenen Genossenschaften, sowie die gemeinsame Vertretung dieser Interessen nach Außen;

die Einwirkung auf die verbundenen Vereine zur Durchführung der Beschlüsse der Verbandstage und der Allgemeinen Genossenschaftstage, namentlich in Betreff einer geordneten Verwaltung und einer regelmäßigen Kontrole;

den gegenseitigen Austausch von Erfahrungen unter den Genossenschaften;

die Ertheilung von Rath und Auskunft an die zum Verbande gehörenden Genossenschaften auf deren Anfrage;

Unterhaltung eines steten Verkehrs mit dem Anwalt des Allgemeinen Verbandes der deutschen Erwerbs- und Wirthschaftsgenossenschaften.

IV. Der Aufsichtsrath.

Der Aufsichtsrath besteht, sofern nicht das Statut eine höhere Zahl festsetzt, aus **drei** von der Generalversammlung zu wählenden Mitgliedern (§ 34 d. Ges.).*) Natürlich erhöht man obige Zahl nach Verhältniß des Geschäftsumfanges der Genossenschaft bis auf 9—15. Wie die Vorstandsmitglieder, müssen auch die Aufsichtsrathsmitglieder Genossen sein (§ 9 d. Ges.). Daß dieselben nicht gleichzeitig dem Vorstande angehören dürfen (§ 35 d. Ges.), ist bereits besprochen (S. 99).

Die **Wahlperiode** wird man nicht zu kurz und nicht zu lang bemessen. Drei Jahre hat sich als eine angemessene Zeit ergeben.

*) Die Wahl kann nach dem Gesetz nur durch die Generalversammlung erfolgen; so ist insbesondere Cooptationswahl unzulässig.

Es ist aber Vorsorge zu treffen, daß die Aufsichtsrathsmitglieder nicht alle gleichzeitig sich der Wahl zu unterziehen haben, damit nicht etwa ein vollständig neu zusammengesetzter Aufsichtsrath aus der Wahl hervorgeht, dem jeder Zusammenhang mit der bisherigen Verwaltung fehlen würde, wodurch der Geschäftsgang erheblich gestört werden möchte (§ 16 d. Statuts).

Die Statuten bestimmen in der Regel, daß die Aufsichtsrathsmitglieder wiederwählbar sind. Dagegen wird sich auch Grundsätzliches nicht einwenden lassen, und es erscheint sogar ganz selbstverständlich, daß tüchtige Kräfte nach Ablauf der Wahlperiode wiedergewählt werden. Doch hat es auch seine Schattenseiten, wenn jahraus jahrein der Aufsichtsrath aus denselben Personen besteht. Sind Unregelmäßigkeiten in der Geschäftsführung vorgekommen und einmal übersehen, dann ist ihre Entdeckung um so weniger zu erwarten, wenn dieselben Personen immer wieder die Kontrole ausüben. Auch noch etwas Anderes kommt in Betracht. Ein solcher Aufsichtsrath wird mit den Jahren für Neuerungen und Verbesserungen schwer zugänglich, er hat sich in die Verhältnisse eingelebt, findet sie gut und verhältnißmäßig selten erlangt ein von dritter Seite ausgehender Rath Beachtung. Diesem Uebelstande haben verschiedene Genossenschaften dadurch vorzubeugen gesucht, daß sie die Wiederwahl eines Aufsichtsrathsmitgliedes für gewisse Zeit verbieten, um neues Blut in den Aufsichtsrath zu bringen. Nicht nur verhindern sie damit die bezeichneten Mißstände, sondern es werden auch im Laufe der Jahre ein großer Theil der Mitglieder zur Verwaltung herangebildet und es wird ein Stamm Mitglieder herangezogen, die auch als einfache Mitglieder im Stande sind, die Verwaltung mit Verständniß zu verfolgen. Allerdings läßt sich eine solche Praxis wohl in der Regel nur bei größeren Vereinen durchführen, wo unter den Mitgliedern das geeignete Material für die Besetzung der Aufsichtsrathsstellen leicht zu finden ist.

Für die Vornahme der Wahlen gelten die gleichen Grundsätze wie bei den Vorstandswahlen (S. 103); entweder fällt die Wahlperiode mit dem Geschäftsjahr zusammen, dann müssen die Wahlen in der letzten Generalversammlung vor Ablauf derselben stattfinden, oder man läßt die Wahlperiode von Generalversammlung bis Generalversammlung laufen und wählt in der Generalversammlung, in der die Wahlperiode zu Ende geht. Für die Wahl ist absolute Mehrheit zu fordern, damit nicht in Folge

Stimmenzersplitterung Personen in den Aufsichtsrath gelangen, die die große Mehrheit der Mitglieder für ungeeignet hält.

Die Wahl sämmtlicher Mitglieder wird in einem und demselben Wahlgange vorzunehmen sein, da es sich nicht, wie beim Vorstande, um verschiedene Funktionen der Einzelnen handelt, vielmehr alle gleichmäßig zur Mitwirkung bei den ihnen gemeinsam übertragenen Geschäften berufen werden. Aus diesem Grunde hat man ihnen auch ihre Konstituirung durch Wahl eines Vorsitzenden und Schriftführers, und nach Befinden von Stellvertretern, zu überlassen, zu welchem Zwecke sie baldigst nach ihrer Wahl zu einer Sitzung zusammentreten, die event. vom Vorstande zu veranlassen ist.

Daß die Geschäftsbehandlung eine kollegialische sein muß, haben wir bereits gesagt. Was in dieser Hinsicht über regelmäßig stattfindende und außerordentliche Sitzungen, deren Berufung und Leitung durch den Vorsitzenden in Bezug auf den Vorstand im vorigen Abschnitt gesagt, gilt auch für den Aufsichtsrath. Die zu einer Beschlußfassung erforderliche Zahl ist durch das Statut zu bestimmen (§ 34 d. Ges.). Dabei muß einer gewissen Anzahl der Mitglieder des Aufsichtsrathes, sowie dem Vorstande das Recht zugestanden werden, jederzeit die Berufung einer solchen Sitzung zu fordern. Auch müssen stets Protokolle über die Sitzungen aufgenommen und sicher aufbewahrt werden (Formular 7). Darin sind aufzuführen:

a) die Beschlüsse in genauer Fassung;
b) die Personen der in den Sitzungen Anwesenden, nebst Feststellung der Beschlußfähigkeit;
c) der Vermerk über die entschuldigt Ausgebliebenen;
d) bei außerordentlichen Sitzungen der Nachweis der ordnungsmäßigen Berufung.

Da die Feststellung dieser Punkte nicht nur wegen der für gewisse Fälle darnach zu führenden Legitimation, sondern auch wegen der Verantwortlichkeit des Aufsichtsrathes erforderlich ist, die uns sogleich weiter beschäftigen wird, so muß man es sehr genau damit nehmen, und die bei der Beschlußfassung wie bei Abfassung und Unterzeichnung der Protokolle zu beobachtenden Formen speziell im Statut feststellen; Unterzeichnung durch alle in den Sitzungen Erschienenen ist unbedingt erforderlich.

Eine Enthebung der Aufsichtsrathsmitglieder vom Amte kann auch vor Ablauf der Wahlperiode durch die Generalversammlung jederzeit erfolgen und ist nicht an das Vorliegen gesetzlich oder statutarisch bestimmter Gründe gebunden. Der Beschluß bedarf einer Mehrheit von drei Viertheilen der erschienenen Genossen, Erschwernisse oder Erleichterungen für die Beschlußfassung durch das Statut einzuführen, ist unzulässig. Der Antrag auf Enthebung kann vom Vorstande, vom Aufsichtsrathe oder den Mitgliedern (in der für die Antragstellung der Mitglieder erforderlichen Anzahl vgl. S. 94) ausgehen.

Werden hierdurch, oder den Tod oder freiwilligen Austritt Stellen im Aufsichtsrathe erledigt, so werden in der Regel Nachwahlen nicht erforderlich sein, wenn der Aufsichtsrath so zahlreich ist, daß die Durchführung der Obliegenheiten dadurch nicht wesentlich erschwert wird; nur wenn dies zu befürchten ist, muß eine Nachwahl vorgenommen werden auf den Rest der Wahlperiode des Ausgeschiedenen.

Weshalb die Obliegenheiten des Aufsichtsrathes in der Kontrole, nicht in der Verwaltung beruhen, ist im II. Abschnitt dieses Kapitels (S. 97 ff.) auseinandergesetzt und dabei wegen Begrenzung der Zuständigkeit zwischen ihm und dem Vorstande, sowie wegen des Ineinandergreifens der Thätigkeiten beider das Nöthige bemerkt. Eine Ausnahme hiervon findet nur in den im § 37 d. Ges. bestimmten Fällen statt, wo es sich dem Vorstande selbst gegenüber um Vornahme gewisser Angelegenheiten im Interesse der Genossenschaft handelt, so daß, in Ermangelung eines anderen Organs, der Aufsichtsrath zu deren Vertretung berufen werden mußte. Es beschränkt sich dies auf „die Führung der von der Generalversammlung beschlossenen Prozesse gegen den Vorstand und den Abschluß von Verträgen mit demselben", wobei namentlich der Dienstvertrag in Betracht kommt, in dem die Stellung und Besoldung des Vorstandes zu bestimmen ist.

Von Vertretung der Genossenschaft gegen Dritte ist also auch hier keine Rede, die Vertretung vielmehr nur gegen den Vorstand, insoweit dieser selbst als Partei der Genossenschaft gegenübersteht, und zwar wegen Vorkommnissen bei der Geschäftsführung, zugelassen.

In innigem Zusammenhange damit erscheint noch das Einschreiten des Aufsichtsrathes bei der ihm nach § 38 d. Ges. zustehenden vorläufigen Geschäftsenthebung des Vorstandes und der damit verbundenen Sorge wegen einstweiliger Fortführung der Geschäfte bis zur Entscheidung der Generalversammlung, welche er alsdann sofort zu berufen hat. Indessen darf man auch hier die ihm obliegende Fürsorge nicht auf eigentliche Geschäftsabschlüsse mit Dritten ausdehnen. Nicht die einstweilige Fortführung der Geschäfte wird dem Aufsichtsrathe im Gesetz übertragen, vielmehr soll er nur „die nöthigen Anstalten wegen dieser Fortführung treffen". Und diese Anstalten können, außer der augenblicklichen Sicherung der Kassenbestände 2c., in nichts anderem, als in der sofortigen Bestellung von Stellvertretern für den suspendirten Vorstand bestehen; ist doch die Geschäftsführung nach dem Gesetz ein- für allemal, wie wir gezeigt haben, an den Vorstand gewiesen, der nur durch förmlich an seiner Statt berufene Stellvertreter darin ersetzt werden kann, deren Anmeldung und Eintragung in das Genossenschaftsregister nach § 33 d. Ges. (S. 106), ganz in derselben Weise wie die der Mitglieder des Vorstandes selbst geordnet ist. Wie strenge das Gesetz die Geschäftsführung des Vorstandes von der Kontrole der Verwaltung getrennt wissen will, geht daraus hervor, daß nach § 35, wenn der Aufsichtsrath den Stellvertreter für das Vorstandsmitglied aus seiner Mitte bestellt, dieser in dem Aufsichtsrathe erst dann wieder seine Thätigkeit aufnehmen kann, wenn ihm für die Zeit seiner Stellvertretung von der Generalversammlung Entlastung ertheilt ist. Ueberhaupt ist der Aufsichtsrath bei der Bestellung der Stellvertreter aus seiner Mitte durch § 35 beschränkt, indem der Aufsichtsrath nur für einen im Voraus begrenzten Zeitraum einzelne seiner Mitglieder zu Stellvertretern von behinderten Mitgliedern des Vorstandes bestellen kann.

Wir gehen nun von dieser nur bei außergewöhnlichen Vorkommnissen stattfindenden Thätigkeit des Aufsichtsrathes zu den ihm stetig obliegenden Funktionen in Bezug auf die Kontrole, die Ueberwachung der Geschäftsführung des Vorstandes über, in der wir den wesentlichen Endzweck seiner Einsetzung erblickten. Das Gesetz ertheilt dem Aufsichtsrath zu diesem Behufe in § 36 d. Ges. die weitgehendsten Befugnisse.*)

*) § 36 d. Ges. lautet: Der Aufsichtsrath hat den Vorstand bei seiner Geschäftsführung in allen Zweigen der Verwaltung zu überwachen und zu dem Zweck sich von dem Gange der Angelegenheiten der Genossenschaft zu unterrichten. Er kann jederzeit über dieselben Berichterstattung von dem Vorstande verlangen und selbst oder durch einzelne von ihm zu bestimmende Mitglieder die Bücher und Schriften der Genossenschaft einsehen, sowie den Bestand der Genossenschaftskasse und die Bestände an Effekten, Handelspapieren und Waaren untersuchen. Er hat die Jahresrechnung, die Bilanzen und die Vorschläge zur Vertheilung von Gewinn und Verlust zu prüfen und darüber der Generalversammlung vor Genehmigung der Bilanz Bericht zu erstatten. Er hat eine Generalversammlung zu berufen, wenn dies im Interesse der Genossenschaft erforderlich ist.

In der Ertheilung dieser Befugnisse*) liegt aber zugleich — das wolle man wohl beachten — die Verpflichtung zu deren zweckentsprechendem Gebrauch, wie ihn die Ueberwachung der Geschäftsführung erfordert, welche dem Aufsichtsrathe direkt nach Obigem zugewiesen ist. Daß die Verschiedenheiten in den Einrichtungen der einzelnen Vereine sich auch hier geltend machen werden, ist gewiß, nur wird das Wesentliche hierbei nach den vorigen Abschnitten nicht außer Augen zu lassen sein, und nebst den Bestimmungen im Musterstatut zum Anhalt dienen müssen.

Hatten wir bei dem Vorstande die Aufstellung einer Geschäftsanweisung für nothwendig erklärt, so gilt dies noch mehr für den Aufsichtsrath, in den vielfach Personen eintreten mit geringer Kenntniß ihrer Obliegenheiten und für die eine möglichst bestimmte Einführung in diese erforderlich ist. Zweck solcher Einführung ist die Geschäftsanweisung und man wird sogar gut thun, diese stets von den Aufsichtsrathsmitgliedern unterzeichnen zu lassen, um die Gewißheit der Kenntnißnahme zu haben (Formular 11).

Daß in den Sitzungen des Aufsichtsrathes auf dessen Erfordern die Mitglieder des Vorstandes erscheinen müssen, um Auskunft zu ertheilen, ist lediglich eine Konsequenz der Befugnisse des ersteren, ebenso wird man die Anberaumung und Leitung der gemeinschaftlichen Sitzungen beider Organe dem Vorsitzenden des Aufsichtsrathes zu übertragen und dem Vorstande nur vorzubehalten haben, jederzeit unter Angabe des Gegenstandes der Verhandlung eine solche zu verlangen.

Die Hauptstelle unter den Kontrolfunktionen nehmen die Revisionen des Geschäfts- und Kassenstandes ein. Dieselben finden entweder regelmäßig in gewissen Zwischenräumen, z. B. monatlich oder vierteljährlich, unter allen Umständen aber am Schlusse des Geschäftsjahres statt. Und wenn man sich bei den ersteren mit einer Prüfung der Buchführung im Allgemeinen und Vergleichung von deren Ergebnissen mit den vorhandenen Beständen an Geld, Werthpapieren, Dokumenten und in einzelnen Konten und Geschäftszweigen begnügen kann, insofern keine Anstände dabei hervortreten, so muß dagegen bei der letzteren mit dem völligen Abschluß der Bücher und einer durchgreifenden Inventur vorgegangen werden. Außer diesen regelmäßigen Revisionen

---

*) Ueber die Mitwirkung des Aufsichtsrathes bei der Kreditgewährung vgl. fünftes Kapitel und ebenda über die Kreditgewährung an Aufsichtsrathsmitglieder.

muß aber mindestens einmal in jedem Jahre und außerdem bei jedem irgend bedenklichen Anzeichen eine außerordentliche Revision vorgenommen werden, die den Vorstand völlig unvorbereitet trifft und so am sichersten Aufschluß über die Ordnung und Zuverlässigkeit seiner Geschäftsführung gewährt. Ueber das spezielle Verfahren bei diesen Revisionen sehe man das Kapitel über das Rechnungswesen nach. Jedenfalls machen wir aber schon hier auf die Verhältnisse aufmerksam, wie sie sich bei Kreditgenossenschaften von bedeutendem und schon sehr verwickeltem Verkehr dabei gestalten. Da die Arbeit hier nicht nur mehr Zeit, sondern auch mehr Erfahrung und Fachkenntniß erfordert, wenn sie zum Ziele führen soll, so ist es nicht zweckmäßig, den Aufsichtsrath in seiner Gesammtheit damit zu befassen. Theils würde dadurch das Verfahren schwerfällig, und man gewinnt Nichts, wenn man eine so große Zahl von Personen vielleicht mehrere Tage ihrer Berufsthätigkeit entzieht, indem ja höchstens doch nur ein Theil von ihnen der Aufgabe gewachsen ist. Aus diesem Grunde empfiehlt es sich solchenfalls, eigene Kommissionen zu bilden, welche der Aufsichtsrath aus seinen besonders dazu geeigneten Mitgliedern entweder ein- für allemal oder für jeden einzelnen Fall zu dem Revisionsgeschäft erwählt. Werden solche Kommissionen bestellt, dann sind die Genossenschaften aber dringend davor zu warnen, daß die Kommissionen immer aus denselben Personen zusammengesetzt werden, da der Wechsel in den Personen eine gewisse Bürgschaft für die Aufdeckung von etwaigen Unregelmäßigkeiten bietet und andererseits verhindert, daß einzelne Vorstandsmitglieder und einzelne Aufsichtsrathsmitglieder sich zum Schaden der Genossenschaft verbinden. Wenigstens ein Theil der Kommissionsmitglieder sollte von Zeit zu Zeit ersetzt werden.

Erscheint die Lage irgend bedenklich oder fehlt es an hinlänglich geübten Mitgliedern, so soll man keine Minute Anstand nehmen, einen kaufmännischen Bücherrevisor*) oder sonst eine in diesen Dingen erprobte, dem Verein nicht zugehörige Persönlichkeit zuzuziehen, welche, insbesondere, wenn es sich um Defekte oder sonstige durch gewissenlose Verwaltung veranlaßte Schäden handelt, dem Verein um so ersprießlichere Dienste leisten kann, als sie bei deren Feststellung nicht interessirt ist. — Daß

*) Vereine, die einem Revisionsverbande angehören, wenden sich zweckmäßig an den Verbandsdirektor, der dann den Verbandsrevisor schickt.

man freilich derartige Hilfsleistungen sich nicht ohne angemessene Bezahlung verschaffen kann, versteht sich von selbst und hiermit kommen wir an die Besoldungsfrage in Bezug auf den Aufsichtsrath überhaupt.

Diese Frage stellt sich je nach den Ansprüchen, welche man an die Thätigkeit des Aufsichtsrathes stellt, verschieden. Wo, wie noch immer in der Mehrzahl der Vereine, nur einzelne Sitzungen von wenigen Stunden, vielleicht eine in der Woche, zur Erledigung der laufenden Geschäfte erforderlich sind, wird man von einer Besoldung füglich absehen können, und es haben sich noch überall Personen gefunden, welche die Stellung aus Interesse für den Verein, mit welchem ja das eigene zusammenfällt, und wegen des Einflusses auf die Verwaltung als Ehrenamt anzunehmen bereit waren. Aber selbst in diesem Falle ist es zweckmäßig, bei außergewöhnlichen, Zeit und Kraft mehr in Anspruch nehmenden Arbeiten, z. B. Geschäfts- und Kassen-Revisionen, eine Entschädigung für Versäumnisse im eigenen Geschäft, etwa in der Form von Tagegeldern und Sitzungshonoraren, zu gewähren.*) Und diese Art der Entschädigung wird überhaupt der Stellung des Aufsichtsrathes auch da entsprechen, wo seine Mitglieder durch ihre regelmäßige Thätigkeit in Sitzungen u. dergl. dergestalt in Anspruch genommen werden, daß ihr Privaterwerb Abbruch erleidet. Schon weil nicht Alle gleichmäßig die vorkommenden Funktionen werden wahrnehmen können, erscheint eine solche Vergütung nach dem Maße der Theilnahme daran einem festen Gehalte vorzuziehen. Und außerdem, daß dies auch gegen eine Tantième vom Netto-Geschäftsertrage spricht, bleiben die von uns bei Besoldung des Vorstandes hervorgehobenen Bedenken hiergegen zum nicht geringen Theile auch in Bezug auf den Aufsichtsrath bestehen.**) Auch hier mag dadurch mindestens die Zulassung gewagter Geschäftsoperationen des Vorstandes, denen man hätte entgegentreten müssen, und überhaupt eine weniger strenge Kontrole unter Umständen gefördert werden, besonders wenn die Interessen beider Organe in dieser Hinsicht gleichmäßig an hohen Gewinn geknüpft sind. Es sollte überhaupt niemals die Besoldung der Aufsichtsrathsmitglieder so hoch bemessen sein, daß die Stellen als Einnahmequellen gesucht werden.

---

*) Die Zusicherung einer im Voraus nach dem Geschäftsergebniß bemessenen Vergütung (Tantième) ist durch § 34 d. Ges. verboten.

**) Die Verschiedenheit der Leistungen kommt dabei für die Berechnung in Betracht.

Daß aber, außer der angemessenen Entschädigung der von außerhalb des Vereins stehenden zugezogenen Revisoren, unter allen Umständen auch den Mitgliedern der von uns empfohlenen Kommissionen eine besondere Vergütung für ihre Arbeiten gewährt werden muß — neben demjenigen, was sie mit sämmtlichen Mitgliedern des Aufsichtsrathes etwa sonst beziehen — steht fest. Wie könnte man sonst auf Leute rechnen, welche die schwere, zeitraubende Arbeit den übrigen abzunehmen bereit wären? — Und einen Zwang, derartige Aufträge anzunehmen, wird man doch eben so wenig einführen wollen, wie einen Zwang zur Annahme der Wahl als Aufsichtsrath überhaupt. Dazu ist die ganze Stellung viel zu verantwortlich, von viel zu großem Einfluß auf das Wohl des Vereins, als daß man die Wahrnehmung der davon abhängigen wichtigen Interessen Widerwilligen aufdrängen sollte.

Wir wenden uns nun zu der wichtigen Frage der Verantwortlichkeit der Mitglieder des Aufsichtsrathes.

Das Gesetz bestimmt in § 39:

> „Die Mitglieder des Aufsichtsrathes haben die Sorgfalt eines ordentlichen Geschäftsmannes anzuwenden.
>
> Mitglieder, welche ihre Obliegenheiten verletzen, haften der Genossenschaft persönlich und solidarisch für den dadurch entstandenen Schaden.
>
> Insbesondere sind sie in den Fällen des § 32 Absatz 3 zum Ersatze der Zahlung verpflichtet, wenn diese mit ihrem Wissen und ohne ihr Einschreiten erfolgt ist.
>
> Die Ansprüche auf Grund der vorstehenden Bestimmungen verjähren in fünf Jahren."

Für das Eintreten wie für die Art der Haftbarkeit der Mitglieder des Aufsichtsrathes ist ihre kollegialische Thätigkeit, das Verhältniß der Einzelnen dazu entscheidend. Im Allgemeinen wird man dabei festhalten müssen:

> daß die bei den fraglichen Akten Betheiligten, ebenso wie diejenigen, welche sich dabei pflichtmäßig hätten betheiligen sollen, dies aber ohne hinreichenden Grund unterlassen haben, in gleichem Maße regreßpflichtig sind.

Wer der Mitwirkung bei den überkommenen Obliegenheiten sich entzieht, handelt ebenso pflichtwidrig, wie diejenigen, welche bei verderblichen Beschlüssen und Maßnahmen mit thätig sind, da er solche durch seine Theilnahme an den betreffenden Berathungen hätte hindern können und sollen. Natürlich ändert sich dies in

Beziehung auf solche Geschäfte, welche speziellen Kommissionen des Aufsichtsrathes übertragen sind. Soweit dies ein- für allemal im Statut bestimmt ist, oder in jedem Falle von der Generalversammlung genehmigt wird, haften alsdann die Kommissions-Mitglieder ausschließlich für das bei Wahrnehmung ihrer Obliegenheiten Vorgekommene. Wird aber ein derartiger Auftrag vom Aufsichtsrathe einseitig, ohne die erwähnte Bestätigung des Vereins, an einzelne seiner Mitglieder ertheilt, so kann derselbe die letzteren zwar in erster Linie für die Ausführung verantwortlich machen, ohne aber dadurch dem Verein gegenüber selbst von der Vertretung dafür befreit zu werden.

Daß mehrere Aufsichtsrathsmitglieder, insoweit sie nach Vorstehendem betheiligt sind, solidarisch haften, steht nach dem Gesetze fest. Da es nun, wie wir schon geltend machten, jedem einzelnen Mitgliede des Aufsichtsrathes möglich ist, auf Erfüllung der der Gesammtheit obliegenden Verpflichtungen zu dringen und durch seine Mitwirkung auf ein ordnungsmäßiges Verfahren dabei hinzuwirken; da ferner ein solches Mitglied, wenn seinen desfallsigen Anträgen nicht nachgegeben wird, ebenso wie beim Vorstande, in der Lage ist, sich durch einen Protest gegen die Verantwortlichkeit zu decken so ist jedes Mitglied gegen die Folgen der solidarischen Haftbarkeit hinlänglich geschützt. Mit Rücksicht auf den Aufsichtsrath ist jedenfalls die Bestimmung über die Haftpflicht in die Geschäftsanweisung aufzunehmen. Denn in der That haben dessen Mitglieder zumeist von dem Vorhandensein einer solchen Verantwortlichkeit nur einen unvollkommenen Begriff. Nur durch die ausdrückliche Aussprache wird man daher im Stande sein, das ganze Verhältniß ihnen vollständig zum Bewußtsein zu bringen und sie lebhafter zu der entsprechenden Thätigkeit anzuregen. Wie sehr dies aber nöthig ist, davon liefern die durch solche Unterlassungssünden nicht wenig mitverschuldeten Verluste, welche bei einzelnen Vereinen bis zum Bruche führten, wiederholt den Beweis. Hat man nun auch im Ganzen auf eine Vervollkommnung der Kontroleinrichtungen überall hingewirkt, so ist doch damit so lange nicht geholfen, als es an Leuten fehlt, die den rechten Gebrauch davon machen. Hier liegt der eigentliche Grund des Uebels; viel weniger in den mangelhaften Einrichtungen, als in der mangelhaften Weise, wie man davon Gebrauch gemacht hat, in der ungenügenden Pflichterfüllung Seitens der mit der Kontrole Betrauten. Diese, die Mitglieder des Aufsichtsrathes, demnach zu regerer Bethätigung bei ihren Obliegenheiten zu bringen, darauf kommt es an. Dies wird, wie die Erfahrung zeigt, im Allgemeinen kaum anders zu erreichen sein, als daß man ihnen in greifbarer Weise durch die Geschäftsanweisung oder das Statut die Folgen vor Augen bringt, die sie anderenfalls zu fürchten haben.

Schließlich ist noch der Mitwirkung des Aufsichtsrathes bei der nach Maßgabe der §§ 51 ff. d. Ges. vorzunehmenden Revision durch einen der Genossenschaft nicht angehörigen sachverständigen Revisor zu erwähnen (vgl. oben S. 116). Nach § 61 d. Ges. ist der Aufsichtsrath zu dieser Revision zuzuziehen, d. h. der Vorstand hat den Vorsitzenden des Aufsichtsrathes zu benachrichtigen, wenn die Revision stattfindet. Nicht nothwendig erscheint es, daß der Aufsichtsrath dann vollzählig sich bei der Revision einfindet, wohl aber ist er verpflichtet, in einer Sitzung diejenigen seiner Mitglieder zu bestimmen, welche der Revision beiwohnen sollen. In den Genossenschaften, die den Unterverbänden des Allg. Verbandes der deutschen Erwerbs- und Wirthschaftsgenossenschaften angehören, findet nach durchgeführter Revision eine gemeinschaftliche Sitzung von Vorstand und Aufsichtsrath statt und hier ist es Pflicht des Aufsichtsrathes, möglichst vollzählig zu erscheinen; nur aus ganz zwingenden Gründen darf ein Aufsichtsrathsmitglied fernbleiben, denn diese Sitzung kann für die Entwickelung und Gestaltung der Genossenschaft von der größten Bedeutung sein, hier erfahren die Aufsichtsrathsmitglieder möglicherweise schwerwiegende Vorkommnisse, die ihnen selbst entgangen sind, aus diesen Sitzungen endlich können sie mindestens viel Belehrung schöpfen. Als eine gesetzliche Pflicht des Aufsichtsrathes kommt dann noch hinzu, in der auf die Revision folgenden Generalversammlung „sich über das Ergebniß der Revision zu erklären". Diese Aufgabe wird in der Regel dem Vorsitzenden des Aufsichtsrathes zufallen. Es ist nicht der Revisionsbericht vorzutragen, sondern über das Ergebniß zu berichten und nur auf Beschluß der Generalversammlung würde der Bericht zu verlesen sein. Wissentlich unwahre Darstellung ist nach § 141 d. Ges. strafbar.

Was wir über die Auswahl der Personen für den Vorstand sagten (S. 115), gilt auch im Allgemeinen für den Aufsichtsrath, nur daß man hier auf kaufmännische Kenntnisse nicht so großes Gewicht zu legen hat, da bei einigem guten Willen die Aufsichtsrathsmitglieder die für die Prüfung der Bücher nothwendigen Kenntnisse sehr bald erwerben werden. Nothwendig ist es vielmehr, dafür zu sorgen, daß Mitglieder mit großer Personenkenntniß in den Aufsichtsrath kommen und daß möglichst alle für den Geschäftsbetrieb der Genossenschaft in Betracht kommenden Berufsklassen auch ihre Vertreter im Aufsichtsrathe haben, ganz besonders gilt dies für Handwerk und Landwirthschaft, die nach der Lage der Genossenschaft (städtischer, ländlicher oder gemischter Bezirk) entsprechend im Aufsichtsrathe vertreten sein müssen.

V. Beamte und Bevollmächtigte. — Der Kassenbote.

Der § 40 d. Ges. verordnet:

„Der Betrieb von Geschäften der Genossenschaft sowie die Vertretung der letzteren in Bezug auf diese Geschäftsführung kann auch sonstigen Bevollmächtigten oder Beamten der Genossenschaft zugewiesen werden. In diesem Falle bestimmt sich die Befugniß derselben nach der ihnen ertheilten Vollmacht; sie erstreckt sich im Zweifel auf alle Rechtshandlungen, welche die Ausführung derartiger Geschäfte gewöhnlich mit sich bringt.

Die Bestellung von Prokuristen oder von Handlungsbevollmächtigten zum gesammten Geschäftsbetriebe findet nicht statt."

Durch den zweiten Absatz ist eine Streitfrage entschieden. Schulze-Delitzsch hatte sich auch auf Grund des Gesetzes von 1868 gegen die Zulassung der Bestellung von Prokuristen erklärt, sowohl aus rechtlichen Gründen, wie deswegen, weil ein praktisches Bedürfniß der Zulassung von Prokuristen nicht vorliegt.

Zugelassen ist die Bestellung von Bevollmächtigten und Beamten. Wie sich diese nach § 40 d. Ges. von den im Handelsgesetzbuch aufgeführten unterscheiden, ergiebt sich ohne Weiteres. Nicht der Betrieb der Geschäfte der Genossenschaft, d. h. der Geschäftsbetrieb der Genossenschaft überhaupt, sondern: der Betrieb von Geschäften der Genossenschaft; nicht die Vertretung der Genossenschaft in Beziehung auf die Geschäftsführung, sondern: die Vertretung „in Bezug auf diese Geschäftsführung" soll nach dem Gesetz Bevollmächtigten oder Beamten zugewiesen werden können. Dabei soll sich „die Befugniß derselben nach der ihnen ertheilten Vollmacht" bestimmen, und „sich im Zweifel auf alle Rechtshandlungen erstrecken, welche die Ausführung derartiger (nicht der) Geschäfte gewöhnlich mit sich bringt". Nur vom Betriebe einzelner Geschäfte oder Geschäftszweige ist demnach hier die Rede; nur von der Vertretung der Vereine in diesen speziellen Geschäften oder Geschäftszweigen, keineswegs von Leitung des Vereinsgeschäfts im Ganzen, von Vertretung des Vereins in allen zu dessen Geschäftsbetrieb überhaupt gehörigen Angelegenheiten.

Die ganze Befugniß dieser Bevollmächtigten und Beamten bewegt sich daher lediglich innerhalb der ihnen ausdrücklich vom Vorstande ertheilten Vollmacht, und nur wenn diese in einem Punkte Zweifel übrig läßt, erstreckt sie sich auf Vornahme aller Handlungen, welche die Ausführung derartiger Geschäfte, d. h. von Geschäften, wie sie ihnen speziell übertragen sind, erfordert. Ueberall ist demnach von einer aus dem Gesetze fließenden Machtvollkommenheit dieser Beamten und Bevollmächtigten, wie sie Prokuristen zur Seite steht, keine Rede, und auch nicht von der Ausdehnung der Vollmacht eigentlicher Handlungsbevollmächtigten im Sinne des Art. 47 H.=G.=B. auf alle in einem Handelsgeschäft gewöhnlich vorkommenden Akte. Vielmehr haben die nach dem Gesetz neben dem Vorstande zugelassenen Vertreter nur die Stellung gewöhnlicher Privatbevollmächtigten, und wenn man etwa zwischen Beamten und Bevollmächtigter unterscheiden will, so wird der Unterschied nicht in dem Rechtstitel ihrer Befugniß zu suchen sein, sondern sich meist darauf zurückführen lassen, daß die Vollmacht von Beamten mehr auf Uebertragung dauernder Verrichtungen, vielleicht ganzer Geschäftszweige, die der Bevollmächtigten mehr auf Erledigung einzelner Aufträge sich bezieht.

Fassen wir die vorstehenden Erörterungen zusammen, so erhalten wir folgende Ergebnisse:

a. Der für jede Genossenschaft unentbehrliche Vorstand hat die Gesammtvertretung der Genossenschaft in allen Stücken kraft des Gesetzes (§ 24) und kann darin durch das Statut dritten Personen gegenüber nicht beschränkt werden (§ 27). Er übt in Folge dessen alle im Handelsgesetzbuch dem Eigenthümer eines Handelsgeschäfts (Prinzipal) — das ist der von ihm in seiner Totalität vertretene Verein — zustehenden Rechte aus. Auf ihn, auf seine Zeichnung müssen daher am letzten Ende alle und jede die Genossenschaft verpflichtenden Akte zurückbezogen werden und darin ihre rechtliche Begründung finden. Die Vorstandsmitglieder sind gesetzliche Vertreter und nicht Beamte oder Bevollmächtigte der Genossenschaft.

b. Der Betrieb von einzelnen Geschäften oder von Geschäftszweigen der Genossenschaft kann auch Bevollmächtigten und Beamten übertragen werden, welche den Verein nach Maßgabe der ihnen ertheilten Vollmacht darin vertreten und verpflichten. Welche Mitwirkung aber auch im Statut bei der Bestellung von dergleichen Personen den übrigen Organen des Vereins zugesichert werden mag, so kommt die Bestellung Dritten gegenüber doch nur durch Vornahme des bezüglichen Aktes Seitens des Vorstandes zur Ausführung und rechtlichen Geltung. Erst die vom Vorstande in gehöriger Form gezeichnete Vollmacht oder Bestellung verleiht jenen Bevollmächtigten ꝛc. die Vertretungsbefugniß, die daher als eine von der des Vorstandes abgeleitete, auf diese letztere sich in ihrem Rechtsgrunde stützende, in Betracht kommt, und auch insofern davon abhängig ist, als sie allein vom Vorstande widerrufen, die Beamten und Bevollmächtigten von ihm allein entlassen werden können. Ob und in wie weit bei Ertheilung oder Zurücknahme der betr. Vollmachten der Vorstand die im Statut bestimmte Mitwirkung der übrigen Vereinsorgane, z. B. der Generalversammlung oder des Aufsichtsrathes, beachtet oder sich darüber hinwegsetzt, ist für die Giltigkeit jener Akte gegen Dritte ohne Einfluß. Was die von ihm auch statutenwidrig eingesetzten Beamten ꝛc. kraft der ihnen ertheilten Vollmacht vorgenommen haben, das muß der Verein gegen sich gelten lassen, und kann nur an die Vorstandsmitglieder sich im Wege der Regreßklage halten, wenn er Schaden dadurch erlitten hat, und die Vorstandsmitglieder bei der Anstellung die Sorgfalt eines ordentlichen Geschäftsmannes nicht angewendet oder sonst ihre Obliegenheiten verletzt haben.

c. Bei Abschließung der ihnen übertragenen Geschäfte müssen die Beamten und Bevollmächtigten diejenigen Formen — besonders bei der Zeichnung — beobachten, welche ihnen ihre Vollmacht oder Bestellung vorschreibt, wenn der Verein dadurch verpflichtet werden soll. Und hier liegt eben der Unterschied zwischen ihrer und der Zeichnung des Vorstandes. Wenn diese letztere ihrer Form nach im Statut ein- für allemal bestimmt und im Genossenschaftsregister eingetragen werden, auch stets in dieser Weise erfolgen muß, so kann der Vorstand die Zeichnung der Beamten ꝛc. in der Vollmacht beliebig anders anordnen. Ist z. B. die Unterschrift zweier Vorstandsmitglieder im Statut gefordert, so hindert dies nicht, daß der Vorstand einen Kassirer annimmt und diesen bevollmächtigt, mit seiner einzigen Unterschrift rechtsgiltig über Zahlungen in der Kasse zu quittiren. Sobald hier nur die Vollmacht oder Bestellung selbst statutenmäßig von den zwei Vorstandsmitgliedern gezeichnet ist, sind die Quittungen giltig, die der Kassirer allein darnach ertheilt, indem er dabei nur als Substitut der Vollmachtgeber auftritt, die Zeichnung der Vollmacht Seitens derselben seine Zeichnung der Quittung deckt. Es muß jedoch einer derartigen Vollmachtsertheilung an den Kassirer, allein Quittungen über Zahlungen auszustellen, entschieden widerrathen werden und ist stets die Gegenzeichnung eines anderen Angestellten im Interesse der Sicherheit der Genossenschaft zu empfehlen.

d. Als Bevollmächtigter kann auch ein Vorstandsmitglied vom Vorstand bestellt werden, in welchem Falle sich seine Rechte ebenso wie die jedes anderen Bevollmächtigten nach der Vollmacht richten, doch sollte eine derartige Vollmacht stets nur nach eingeholter Genehmigung des Aufsichtsrathes ertheilt werden und darf niemals zur Umgehung der gesetzlich vorgeschriebenen Doppelzeichnung erfolgen.

Mit diesen Hauptgesichtspunkten, wonach sich die rechtliche Seite der bezüglichen Vereinsvertretung regelt, ist indessen die Sache nicht abgemacht. Vielmehr haben wir auch auf die geschäftliche Zweckmäßigkeit der dabei zu ergreifenden Maßregeln, auf die nothwendigen Garantien für das Genossenschaftsgeschäft zu sehen, welche in vielen Fällen mit dem, was dem Gesetze genug thut, keineswegs in ausreichendem Maße erreicht werden. Wie wir bei der Verwaltung der Vorstandsmitglieder eine Gewähr für deren gewissenhafte Pflichterfüllung in der mindestens zweifachen Zeichnung (S. 106) und in der Kautionsbestellung (S. 112) suchten, so werden wir von diesen Maßregeln den mit der Verwaltung befaßten Bevollmächtigten, besonders den Kassenbeamten gegenüber ebenfalls nicht abgehen können, wollen wir nicht Hinterziehungen und Defekten aller Art Zugang lassen. Außerdem wird man allen Beamten, deren Vertretung den Verein in Verwickelung und Schaden bringen kann, den Eintritt in die Genossenschaft zur Pflicht machen, damit sie in das Risiko des von ihnen mitgeleiteten Geschäfts solidarisch miteintreten. Endlich ist für die Anstellung von Kassenbeamten die Zustimmung der Generalversammlung — bei unwichtigeren Beamten etwa die des Aufsichtsrathes — im Statut vorzubehalten, damit einseitigen Maßnahmen des Vorstandes in einer so verantwortlichen Sache, welche in die gesammte Ordnung der Verwaltung tief eingreift, vorgebeugt werde. — Daß die Besoldung selbst durch einen förmlichen Vertrag geregelt wird, in welchem zugleich die von den Angestellten übernommenen Leistungen nebst ihrer Verantwortlichkeit festgestellt werden, rathen wir in allen Fällen.

Zum Schlusse dieses Abschnittes gedenken wir noch der besonderen Stellung eines Beamten, der fast bei allen Kreditgenossenschaften vorkommt, des Kassendieners. Derselbe steht lediglich im Dienste des Vorstandes. Außer der Einziehung der Mitgliederbeiträge und der Einholung von Unterschriften besteht eine seiner Hauptverrichtungen in dem Abtragen der Geld- und Werthsendungen zur Post, dem Inkasso von Wechseln, so daß bei größeren Vereinen, welche regelmäßigen Bankverkehr unterhalten, oft bedeutende Beträge durch seine Hände laufen. Da sich nun für diese Stellung mit nicht geringer Verantwortlichkeit fast nirgends Leute finden, welche eine dementsprechende Kaution zu leisten im Stande sind, so ist eine strenge Ueberwachung hier doppelt geboten. Die letztere kann kaum anders als von den Kassenbeamten selbst — also dem Vorstande oder besonderen Kassenbeamten — ausgehen, weil sie, so zu sagen, Zug um Zug erfolgen muß, weshalb man mehrfach die Einrichtung getroffen hat:

einerseits die Annahme und Entlassung dieses Boten, andererseits aber auch die Vertretung desselben lediglich dem Vorstande zu überweisen.

Wo diese Vertretung, etwa des bedeutenden Geldverkehrs nach Außen halber, dem Vorstande nicht angesonnen werden kann, wird man mindestens dem Aufsichtsrathe eine Mitwirkung bei Anstellung des Kassendieners sichern, und in dem abzuschließenden Dienstvertrage den Höchstbetrag feststellen müssen, über welchen hinaus ihm Gelder und Werthstücke bei den erwähnten Besorgungen nicht anvertraut werden dürfen, diese vielmehr von den Kassenbeamten selbst bei eigener Vertretung übernommen werden. — Von Bestellung der Kaution wird man aber in keinem Falle abgehen können, vielmehr auf deren allmähliche Verstärkung durch Abzüge vom Gehalt, welche man zu diesem Zwecke einbehält, bedacht sein müssen.

Siebentes Kapitel.

Die Arten der Kreditgewährung.

Wie sehr bei der Kreditgewährung, dem wichtigsten Geschäftszweige jedes Bankinstituts, die Kreditgenossenschaften mittelst der Verleihung der rechtlichen Persönlichkeit gefördert sind, ergiebt sich auf den ersten Blick. Durch die ihnen ertheilte Befugniß, Geschäfte jeder Art mit den daran geknüpften Rechten und Pflichten unter ihrem Gesammtnamen, als Firma, einzugehen, sind sie Gefährdungen und Weiterungen aller Art überhoben. Mußte man doch früher — wie dies bei nicht eingetragenen Genossenschaften noch jetzt der Fall ist — um der Bemängelung der Legitimation, besonders bei gerichtlichen Verhandlungen, zu entgehen, zu Fiktionen und Umwegen seine Zuflucht nehmen, welche die Sicherheit und Stetigkeit in den Geschäftsabschlüssen nicht wenig beeinträchtigten. So war man meist genöthigt, die Dokumente über die Ausleihungen auf die Namen einzelner Mitglieder (in der Regel des Vorstandes) ausstellen, und von diesen, weil sie dadurch als Inhaber der Forderungen bezeichnet wurden, durch Revers die Rechte des Vereins sicherstellen zu lassen. Wie erschwerend dies auf die gesammte Geschäftsführung wirkte, wie es namentlich im Wechsel- und Hypothekenverkehr zu den bedenklichsten Konsequenzen führte, ist bekannt.

Werden aber die Genossenschaften durch die gerichtliche Eintragung in die Genossenschaftsregister hiervon befreit, so haben sie es mit den Erfordernissen, an welche das Gesetz die Eintragung knüpft, auch um so strenger zu nehmen, und ganz besonders die Bestimmungen desselben bei Errichtung ihrer Gesellschaftsverträge zu wahren. Denn welche Folgen können daraus entstehen, wenn eine Genossenschaft einen oder den anderen Punkt vernachlässigt, und das Gericht ebenfalls dies übersieht, und anstatt zur Ergänzung des Mangels aufzufordern, die Eintragung im Widerspruch mit dem Gesetze vornimmt! Da die Gerichte die Gesetzesbestimmungen auszuführen haben, aber nicht davon befreien dürfen, so ist unter Umständen der Rechtsbestand der Genossenschaft als einer eingetragenen gefährdet, wenn das Statut grobe Verstöße gegen das Gesetz enthält. Die Eintragung heilt die Verstöße gegen das Gesetz nicht. Keine Genossenschaft darf sich daher allein darauf verlassen, daß ihr Statut eingetragen ist, sie muß selbst dafür Sorge tragen, daß es rechtsbeständig sei.

Als Arten der Kreditgewährung*) sind zu unterscheiden, d. h. dieselbe erfolgt in folgenden Formen:

1. Darlehen auf Schuldscheine oder Wechsel.
2. Diskontirung (auch Ankauf genannt) von Geschäftswechseln,
3. Beleihung von Werthpapieren ꝛc. (Lombardierung),
4. Kredit in laufender Rechnung (Kontokorrent),
5. Acceptkredit.

I. Darlehen auf Schuldschein oder Wechsel. Vorschußgewährung.

Daß beim Beginn der deutschen Kreditgenossenschaftsbewegung um 1850 der einfache Schuldschein (Formular 23) bei den Ausleihungen zumeist angewendet wurde, obschon die Deutsche

*) Bereits in der ersten Auflage (1855) führte Schulze-Delitzsch' praktische Anleitung zur Gründung und Einrichtung von Kreditgenossenschaften den Titel: „Vorschuß- und Kreditvereine als Volksbanken“. Schulze's Vorschußvereine wurden bald wirkliche „Volksbanken“, die neben der Kreditgewährung in den verschiedensten Formen auch Ansammlung der Ersparnisse und Kassenführung für die kleinen und mittleren Gewerbetreibenden besorgten. Schon 1870 hatte Parisius in der von ihm herausgegebenen und von Schulze-Delitzsch zur Verbreitung empfohlenen kleinen Schrift: „Vorwärts, vorwärts, Ihr deutschen Genossenschaftsmänner! Sieben Flugblätter für die Deutschen Vorschuß- und Kreditvereine“ entwickelt, was ein guter Vorschußverein leisten könne, was er leisten müsse, sobald er die in gut organisirten Vereinen üblichen Geschäftszweige sämmtlich bei sich einführe und nach volkswirthschaftlich richtigen Grundsätzen betreibe. Der Verein müsse dann nicht blos dem städtischen Gewerbetreibenden den ihm nöthigen Kredit verschaffen, sondern auch das Bedürfniß des Landwirths nach Personalkredit vollständig befriedigen; er müsse gleich den schottischen Banken durch laufende Rechnung (Kontokorrent mit Checkbuch) allen Gewerbetreibenden in Stadt und Land das zeitweise überflüssige Geld verwahren und nutzbringend verwalten; er biete die besten und sichersten Sparkassen für Arbeiter, Dienstboten u. s. w.; er müsse mit Hilfe des von der Deutschen Genossenschaftsbank von Sörgel, Parrisius, & Co. gegründeten Giroverbandes (der Giroverband der Reichsbank ist eine weit spätere Gründung) den Gewerbetreibenden ihre Geschäftswechsel diskontiren und Zahlungen nach anderen deutschen Plätzen vermitteln; endlich müsse er die wirthschaftliche und sittliche Erziehung seiner Mitglieder dadurch fördern, daß er nach den strengen Grundsätzen Schulze-Delitzsch' nur dem gesunden Kredite dient.

Wechselordnung seit 1849 überall mit ihrer erweiterten Wechselfähigkeit eingeführt war, lag daran, daß die ersten Anfänge hauptsächlich von Handwerkern kleiner Landstädte ausgingen, bei denen der Wechselverkehr, von dem sie bis dahin ausgeschlossen waren, auf großen Widerwillen stieß. Das hat sich seitdem geändert. Nicht blos in größeren verkehrsreicheren Orten hat sich der Wechsel bei dem gewerblichen Mittelstande, bei den Landwirthen wie bei den Handwerkern eingebürgert. Auf dem Allg. Vereinstage zu Stettin (1865) bereits wurde den Kreditgenossenschaften empfohlen, sich in allen Fällen, wo es sich um ein einfaches Darlehen an die Mitglieder handelt, sich der trockenen (eigenen) Wechsel zu bedienen. Als vorzügliches Mittel, Pünktlichkeit in Erfüllung von Verpflichtungen und rasche Rechtshilfe zu fördern einerseits, sowie andererseits seiner leichten Uebertragbarkeit halber nahezu in den Rang eines Werthpapieres erhoben, findet er immer allgemeinere Anwendung und dringt auch in die Reihen der Kleinbürger und Landleute. Nur vereinzelt waltet noch bei unbemittelten Handwerkern kleiner Orte und Besitzern kleiner Ackerwirthschaften, sowie bei Beamten eine gewisse Scheu dagegen ob, der man bei kleinen Beträgen besonders alsdann nachgeben mag, wenn damit die Stempelfreiheit einer solchen Urkunde, im Gegensatz zum Wechsel, zusammenhängt. Wenn auch bei größeren Beträgen, wo Sicherstellung durch Pfänder, insbesondere Werthpapiere erfolgt, — sogenannten Lombarddarlehen — der Schuldschein seine Stelle behauptet, so wird auf das später für diese Art der Sicherstellung im elften Kapitel Erörterte verwiesen, wo insbesondere das Nöthige wegen Geltendmachung des Pfandrechts bemerkt ist.

Den Vorzug des abgekürzten Verfahrens hat heute freilich zum großen Theil auch der Schuldschein seit der Einführung des Urkundenprozesses durch die Reichsjustizgesetze. Gleichwohl kann nur empfohlen werden, von Anbeginn an den Wechsel zu benützen, da die Erfahrung gelehrt hat, um wie viel mehr derselbe geeignet ist, die Mitglieder zur Pünktlichkeit in der Erfüllung ihrer Verbindlichkeiten anzuhalten, als der Schuldschein. Es kommt dabei insbesondere die Zinsenzahlung und die Abschlagszahlung bei Prolongationen in Betracht. Der Wechsel enthält kein Zinsversprechen, die Zinsen müssen daher im Voraus bezahlt werden bei Ausstellung des Wechsels; der Wechselanspruch verjährt in erheblich kürzerer Zeit als die Forderung aus dem Schuldschein, die Genossenschaft muß daher darauf bedacht sein, daß das Mitglied die Schuld in einer bestimmten Zeit abträgt. Es zeigt sich nun, daß in den Gegenden, in welchen der Schuldschein für die einfachen Darlehen noch vorzugsweise in Gebrauch ist, die Zinsenrückstände und die Verlängerung der Zahlungsfrist ohne angemessene Abschlagszahlungen viel bedeutender sind, als dort, wo der Wechsel üblich ist. Da nun bei älteren Kreditgenossenschaften die Ersetzung des Schuldscheins durch den Wechsel oft auf Schwierigkeiten stößt, hat der Allg. Genossenschaftstag zu Gotha (1894), um die aus jenen Mißständen sowohl für die Genossenschaft wie nicht minder für deren Mitglieder sich ergebenden Nachtheile zu beseitigen, den Kreditgenossenschaften empfohlen, die Zinszahlung vierteljährlich vorauszahlbar auszubedingen und die Verlängerung der Rückzahlung stets nur gegen angemessene Abzahlung zu bewilligen. Vgl. für die Geschäftsbedingungen der Vorschußgewährung Formular 19 und 20.

Für den Vorschußwechsel empfiehlt sich der trockene (eigene) Wechsel (Formular 21).

Die Gründe dafür lassen sich in Folgendem zusammenfassen:

1. Zunächst entspricht diese Form des Wechsels dem geschäftlichen Vorgange, aus welchem die Zahlungsverpflichtung herrührt, und somit dem Bewußtsein des Schuldners von seiner Verpflichtung am meisten, indem derselbe einfach die Rückzahlung eines empfangenen Darlehens an denjenigen verspricht, von dem er es erhalten hat. Wenn dieses Moment bei Rechtsgeschäften im Allgemeinen schon hoch in Anschlag zu bringen ist, so ist dies für den Verkehr der Kreditgenossenschaften doppelt der Fall, da dieser es gerade zum großen Theil mit dem kleinen, in solchen Dingen weniger erfahrenen und gewandten Gewerbestande zu thun hat. Deshalb wird die künstlichere, ursprünglich auf ein anderes Verhältniß berechnete Tratte hier viel schwerer Boden gewinnen, weil in ihr durch das Auftreten des Remittenten, Acceptanten und Ausstellers des Wechsels die eigentliche Stellung der Betheiligten zu dem Geschäfte so verschoben ist, daß schon ein Grad von Uebung dazu gehört, sich zurecht zu finden und nicht vor unfaßbaren Verpflichtungen zurückzuschrecken, die dem Unerfahrenen unter solchen Hüllen verdeckt scheinen können.

2. Es bedarf bei eigenen Wechseln zur Erhaltung des Wechselrechts gegen die Aussteller weder der Präsentation des Wechsels am Zahlungstage, noch der Protesterhebung; vielmehr kann gegen dieselben binnen der ganzen dreijährigen

Verjährungsfrist auch nach dem Verfalltage die Zahlung eingefordert und wechselmäßig verfahren werden, was bei gezogenen Wechseln nur hinsichtlich des Acceptanten, nicht hinsichtlich des Ausstellers gilt (Art. 100, 77, 44 der W.=O.).

Der Grund hiervon liegt in der verschiedenen rechtlichen Stellung Beider bei gezogenen Wechseln, welche wir ein= für allemal hier betonen, da sie auch sonst ihre Bedeutung hat. Es hat nämlich der Acceptant eines gezogenen nur mit dem Aussteller eines eigenen Wechsels in dieser Hinsicht die gleiche Stellung, indem Beide als Hauptverpflichtete zunächst für Erfüllung der wechselmäßigen Verbindlichkeit in Anspruch genommen werden müssen. Dagegen kommt der Aussteller eines gezogenen Wechsels nur als Nebenverpflichteter in Betracht, der erst, wenn der Acceptant nicht zahlt, für die Zahlung aufkommen muß, wie dies gleichmäßig bei den Indossanten eintritt. Nun sind aber nach der Wechselordnung Präsentation und Protest nur zur Ausübung des Regresses an die Nebenverpflichteten erforderlich für den Fall, daß der Hauptverpflichtete ausfällt, nicht zur Erhaltung des Anspruchs an diesen selbst, wonach sich ergiebt, daß beide Akte bei eigenen Wechseln nur dann vorzunehmen sind, wenn Indossanten dabei vorkommen, gegen welche man sich den Regreß sichern will, indem solche allein hier als Nebenverpflichtete gelten.

Die einzigen Ausnahmen von dieser Regel, wo auch gegen die Hauptverpflichteten Präsentation und Protest zur Erhaltung des Wechselrechts unerläßlich sind, finden nur statt:

a) bei **Domizilwechseln mit benanntem Domiziliaten***) — vgl. Art. 24, 99 der W.=O.;

b) bei **Wechseln auf Sicht oder eine bestimmte Zeit nach Sicht** — vgl. Art. 19, 20, 31, 32 und 98, Nr. 3, 5 der W.=O.

Wegen Benutzung der **Sichtwechsel** behufs der Hinterlegung wird später bei Behandlung der **laufenden Rechnung** die Rede sein. Die **Domizilwechsel** aber wird man sich meist ersparen

*) Domizilwechsel ist ein Wechsel, der einen vom Wohnorte des Bezogenen (beim eigenen Wechsel vom Wohnort des Ausstellers) verschiedenen Zahlungs**ort** (d. h. Ortschaft, nicht blos Wohnung, Straße) hat (Art. 24 W.=O.). Ueber die für den Domizilwechsel geltenden besonderen Protestbestimmungen vgl. Art. 43, 99 W.=O. Ist der **Domiziliat benannt**, so wird der Protest bei demselben nothwendig selbst zur Erhaltung des Wechselrechts gegen den Acceptanten (bezw. bei eigenem Wechsel gegen den Aussteller). Der Domiziliat muß eine zur Zahlung befähigte Person (Firma) sein; „zahlbar im Kassenlokale der . . .“ ist nicht für eine genügende Bezeichnung des Domiziliaten erachtet.

können. Wenn nämlich der Aussteller nicht am Vereinsorte wohnt, so bietet die Bestimmung Art. 97 der W.-O. das geeignete Auskunftsmittel. Man läßt den Wechsel am Orte, wo der Verein seinen Sitz hat, ausstellen und von ihm datiren, welcher dann als Zahlungs- und Wohnort des Ausstellers gilt, so daß dieser hier Zahlung leisten muß und verklagt werden kann, wobei, zur genaueren Bezeichnung desselben, seiner Unterschrift immerhin der eigentliche Wohnort, etwa so: „A. U. aus N.“, beigefügt werden kann.

Und diese großen Vortheile beim Gebrauch eigener Wechsel erhalten noch ihren ganz besonderen Werth durch eine in der Rechtspraxis erfolgte Feststellung. Allerdings hängt schon nach Obigem die Erhaltung des Wechselrechts gegen die Aussteller von der Präsentation am Zahlungstage nicht ab, vielmehr bleibt dasselbe auch bei deren Unterlassung bis zum Ablauf der dreijährigen Verjährungsfrist bestehen, während welcher der wechselmäßige Anspruch jederzeit erhoben werden kann. Allein zur Einforderung der Zahlung — am Verfalltage oder später — mit der Wirkung, daß den Schuldner die Folgen des Verzugs treffen, wenn er sie nicht leistet (Art. 50, 51, 98 Nr. 6 der W.-O.), ist die Präsentation des Wechsels unerläßlich. Dies hat schon darin seinen Grund, daß der Wechselschuldner niemals anders, als gegen Aushändigung des quittirten Wechsels zu zahlen verpflichtet ist, der Wechsel ihm also zur Zahlung präsentirt, d. h. bei der Aufforderung dazu vorgelegt werden muß (Art. 39—41, 98, Nr. 5 und 6 der W.-O.). Nun muß bekanntlich die Präsentation am Zahlungsorte, und zwar im Geschäftslokale oder der Wohnung des Schuldners geschehen (Art. 91, 98, Nr. 10 der W.-O.). Wenn man nun das Geschäftslokal des Vereins als Zahlungsstelle in den Wechseln bezeichnet, so gilt dies als Verzicht auf die Präsentation seitens des Gläubigers, mit der Wirkung, daß nun der Gläubiger — also hier der Vereinsvertreter — behufs der Präsentation am Verfalltage sich nicht in das Lokal des Schuldners, vielmehr dieser in das Lokal des Vereins begeben, und hier gegen Vorzeigung und Aushändigung des Wechsels Zahlung leisten muß, widrigenfalls ihn die Folgen des Verzugs, insbesondere auch die Prozeßkosten treffen.

Vorausgesetzt ist dabei jedoch, daß der eigene Wechsel dadurch kein Domizilwechsel mit benanntem Domiziliaten wird, welcher des Protestes bedürfte, falls Zahlung nicht erfolgt ist; wie man aber die Ausstellung eines Domizilwechsels vermeidet, ist soeben dargestellt.

3. Diese Erleichterungen treten auch bei der Bürgschaft ein. Bekanntlich enthält die W.-O. über Bürgschaften weiter nichts als die Bestimmung im Artikel 81 (98, Nr. 10): daß der Aussteller, Acceptant und Indossant, überhaupt jeder Unterzeichner eines Wechsels, Accepts oder Indossaments, selbst dann wechselmäßig verpflichtet wird, wenn er sich dabei nur als Bürge benannt hat, so daß sich der Wechselinhaber wegen seiner ganzen Forderung an jeden einzelnen halten kann und die Wahl hat, welchen darunter er zuerst belangen will.

Kommen demnach unter Umständen wegen des zur Giltigkeit einer Bürgschaft im Allgemeinen Erforderlichen auch die Landesgesetze zur Geltung, so bewirkt jener Art. 81 der W.-O. doch soviel, daß die aus solchen Gesetzen herzuleitenden Einreden nach Art. 82 nur Platz greifen, wenn sie dem Schuldner unmittelbar gegen den Kläger zustehen.

Dies vorausgeschickt, zeigt sich sofort, wie zweckmäßig auch die Bürgschaft durch Anwendung der bez. eigenen Wechsel geordnet wird. Indem die Bürgen den Wechsel selbst mit unterzeichnen und so als Mitaussteller — demnach als Hauptverpflichtete — trotz ihrer beigefügten Bezeichnung als Bürgen, nach Art. 81 eintreten, bedarf es weder der Präsentation noch des Protestes gegen sie, vielmehr geht, wenn die Zahlung im Geschäftslokal bestimmt wird, auch diese Verpflichtung von selbst auf sie mit über. Und zudem treten sie mit dem eigentlichen Schuldner in die gleiche solidarische Haft, so daß sie nicht erst, wenn von diesem keine Zahlung zu erlangen ist, sondern sofort entweder zugleich mit ihm oder auch ohne ihn, belangt werden können. Da es indessen im Interesse der Vereine liegt, die Bürgen so viel wie möglich zu schonen, läßt man die Zwangsvollstreckung immer zuerst gegen den Schuldner allein ausführen, und nimmt die Bürgen erst nach deren fruchtlosem Verlaufe in Anspruch, wenn eine andere Deckung nicht zu erreichen ist.*)

Dennoch ist es, trotz der Gleichstellung des Bürgen mit dem Hauptschuldner, welche dem Wechselgläubiger gegenüber eintritt, von Wichtigkeit, daß der Bürge diese seine Eigenschaft seiner Namensunterschrift beifügt, um dem zahlenden Bürgen den Regreß an den

---

*) Eine solche Deckung wird aber meist durch das Geschäftsguthaben des Schuldners zu erlangen sein (vgl. S. 85 ff. und Blätter für Genossenschaftswesen 1894 S. 194, 1895 S. 10).

Schuldner, sowie an etwaige weitere Bürgen und Mitaussteller vorzubereiten.

4. Endlich gewährt der eigene Wechsel unseren Vereinen auch in Bezug auf die Prolongationen den thunlichsten Spielraum. Da die W.-O. die Wechselprolongation so wenig, wie die Wechselbürgschaft behandelt, so kommt auch hierbei das gemeine Recht insoweit in Anwendung, als nicht speziell wechselrechtliche Grundsätze eingreifen.

In dieser Beziehung sind bei der Prolongation besonders die vorstehenden Erörterungen unter 2. über die Nothwendigkeit der Präsentation und des Protestes zur Sicherung des Regresses gegen die Nebenverpflichteten zu beachten. Bei den strengen Forderungen der W.-O. (Art. 41 ff. und Art. 98, Nr. 6) bleibt nämlich die Vornahme beider Akte, wo es sich um einen solchen Regreß handelt, an den im Text des Wechsels bestimmten Verfalltag gebunden, und darf nicht auf den durch die Prolongation später festgesetzten Verfalltag verschoben werden, widrigenfalls der Verlust des Regreßanspruchs gegen alle Nebenverpflichtete erfolgt, welche sich nicht unmittelbar bei der Prolongation betheiligt haben. Im Gegensatz hierzu werden beide Akte wie bei der Bürgschaft so auch bei der Prolongation erspart, sobald man sich der eigenen Wechsel bedient, insofern dann nur die Aussteller in Betracht kommen, welche, wie wir früher sahen, bei diesen als Hauptverpflichtete gelten.

Bei dieser Sachlage kann man auch von einer förmlichen Prolongation durch Ausstellung eines neuen Wechsels absehen, um erforderlichen Falles Nachsicht in Beitreibung einer Wechselforderung eintreten zu lassen. Man verständigt sich beim Nachsuchen einer weiteren Frist mit dem Schuldner, läßt die schriftliche Genehmigung des Bürgen zur Prolongation beibringen und hält den Wechsel einfach so lange zurück, ohne auf diesen selbst über die Stundung einen Vermerk zu bringen, was, wie wir sahen, während der ganzen dreijährigen Verjährungsfrist nach Art. 100 der W.-O. ohne Gefährdung des wechselmäßigen Anspruchs zulässig ist; nur über die Abschlagszahlung wird auf der Rückseite des Wechsels quittirt. — Daß freilich ein so langes Hinausschieben der Zahlung bei Wechseln wie bei anderen Schulden seine großen Gefahren hat, wird später besprochen werden, wie überhaupt die Ausstellung eines neuen Wechsels bei jeder Fristverlängerung jedenfalls den Vorzug verdient.

5. Endlich ist noch der Wechselfähigkeit der Frauen mit einem Worte zu gedenken, welche nach Art. 1 der W.-O., soweit sie sich gesetzlich durch Verträge verpflichten können, zweifellos ist. Besonders kommen bei Ehefrauen die Gesetze ihres Domizils dabei in Frage, wo meist die schriftliche Einwilligung des Ehemannes auf dem Wechsel selbst verlangt wird. Handelt es sich aber dabei um Wechselbürgschaften der Ehefrauen, so weisen wir, neben dem zu 3. über Bürgschaften allgemein Beigebrachten, auf Beachtung der Formalitäten hin, welche noch in manchen Landesgesetzen zu deren Giltigkeit erfordert werden, und deren Mangel schon mehrfach auch dann die Ungiltigkeit nach sich gezogen hat, wo die Zeichnung sonst in wechselmäßiger Form erfolgt war.

Ist auch der eigene Wechsel diejenige Urkunde, welche schon nach ihrer Ausdrucksweise am besten dem einfachen Vorschußgeschäft entspricht, und außerdem die oben bezeichneten aus der Wechselordnung sich ergebenden Vortheile bietet, so ist doch auch bei vielen Vorschußvereinen für den Vorschußverkehr die Tratte — der gezogene Wechsel — im Gebrauch (Formular 22) und es ist nicht zu verkennen, daß der gezogene Wechsel in Folge der regelmäßig bei Prolongationen erforderlichen Erneuerung des Wechsels die Ordnung der Geschäftsführung sehr günstig beeinflußt; regelmäßige Abrechnung bei Prolongation, pünktliche Zinszahlung, Zustimmung des Bürgen zur Prolongation werden durch den gezogenen Wechsel besser gewährleistet, als durch den eigenen Wechsel. Wegen der zur Erhaltung des Regreßrechts nothwendigen Formalitäten ist dann ganz besonders für die Vereinsleitung eine genaue Kenntniß des Wechselrechts nothwendig. Da von den Vereinen bei derartigen Darlehen meist Bürgschaft gefordert wird, der Bürge aber nicht wohl als Hauptverhafteter bei dem Geschäft auftreten wird, so muß er als Aussteller, der Kreditnehmer dagegen als Acceptant auf dem Wechsel stehen.

Bedient sich übrigens die Genossenschaft der gezogenen Wechsel für das Vorschußgeschäft, so sollten diese Wechsel jedenfalls von den wirklichen Geschäftswechseln, die diskontirt werden (S. 143), streng getrennt gehalten werden.

Zum Schluß möge noch die Mahnung an die pünktliche Beobachtung der Stempelsteuergesetze eine Stelle finden, mit denen sich die Leiter der Vereine genau bekannt machen müssen, wollen sie nicht in erhebliche Nachtheile und Strafen verfallen. Nur zwei besonders gefährliche Punkte heben wir hervor.

Es muß der Meinung entgegengetreten werden, der man zuweilen begegnet: daß die Wechsel erst dann stempelpflichtig würden, wenn sie vom Remittenten weiterbegeben würden, daß also die von den Darlehnsempfängern ausgestellten eigenen (trockenen) Wechsel, die den Vereinen zur Verbriefung der Darlehen gegeben werden, stempelfrei seien, so lange sie im Besitz der Vereine blieben, weil sie ja nicht in Umlauf kämen. Dies ist durchaus irrig, denn nach den §§ 5—7 des Gesetzes vom 10. Juni 1869 wird als Theilnehmer an dem Umlaufe eines Wechsels hinsichtlich der Steuerpflichtigkeit angesehen: der Aussteller, jeder Unterzeichner oder Mitunterzeichner eines Accepts, eines Indossaments oder einer anderen Wechselerklärung, und jeder, der für eigene oder fremde Rechnung den Wechsel erwirbt, veräußert, verpfändet, oder als Sicherheit annimmt u. s. w. Der Wechsel kommt darnach in Umlauf, sobald er vom Aussteller aus den Händen gegeben wird. Als einzige Ausnahme hiervon ist gestattet, daß der Aussteller eines gezogenen Wechsels den Wechsel vor Entrichtung der Stempelabgabe, aber lediglich zum Zwecke der Annahme, an den Acceptanten versenden resp. präsentiren darf, wonächst dann der Acceptant des unversteuerten Wechsels verpflichtet ist, vor Aushändigung des Wechsels die Versteuerung desselben zu bewirken. Demnach muß, wenn der Aussteller oder Acceptant nicht straffällig sein sollen, der Wechsel vor der Uebergabe an den Verein vorschriftsmäßig gestempelt sein, allenfalls also die Kassirung der Marken vor der Uebergabe des Wechsels an den Kassirer im Vereinslokale durch den Aussteller oder Acceptanten selbst erfolgen.

Ferner wird auch die Ansicht vertreten, daß man von der Verstempelung absehen könne, wenn der Wechsel bei der Annahme noch nicht alle Erfordernisse eines solchen enthält, z. B. das Datum offen gelassen ist, um dann denselben bei dem Gebrauch auszufüllen. Auch das ist ein Irrthum, denn § 16 des Wechselstempelgesetzes bestimmt, daß der Acceptant eines gezogenen und der Aussteller eines trockenen Wechsels daraus, daß der Wechsel zur Zeit der Annahmeerklärung bezw. der Aushändigung mangelhaft gewesen sei, keinen Einwand gegen die gesetzlichen Folgen der Nichtversteuerung desselben entnehmen könne. Hiernach kann derjenige, der ein unvollständig ausgefülltes Wechselformular mit seinem Accept versieht und in ungestempeltem Zustande einem Anderen aushändigt, in Wechselstempelstrafe genommen werden, falls demnächst das Wechselformular ausgefüllt wird und also zur Zeit der

Strafverfolgung ein vollständiger, der Wechselstempelsteuer unterliegender Wechsel vorliegt. Wer aber auf die Wechselstempelmarke statt des Datums der thatsächlichen Kassation der Marke das frühere Datum der Ausstellung einschreibt, macht sich möglicherweise der Urkundenfälschung schuldig, zum mindesten ist die Wechselstempelstrafe verwirkt.

II. Diskontirung von Geschäftswechseln.

Das Erste, was sich die Vereine bei Einführung dieses Geschäftszweiges nach den vorstehenden Ausführungen über den Wechselverkehr klar zu machen haben, ist der Unterschied zwischen eigenen (trockenen) — mißbräuchlich sogenannten Sola-Wechseln — und gezogenen Wechseln oder Tratten und die Anwendbarkeit der einen oder der anderen Form, je nach Umständen. Maßgebend bei der Wahl zwischen beiden ist: daß man sich die Bedingungen vergegenwärtigt, auf denen die Entstehung des gezogenen Wechsels überhaupt beruht, durch dessen Diskontiren der Aussteller eine ihm an einen Dritten zustehende Forderung, vor der Fälligkeit, an die Bank verkauft, unter wechselmäßiger Verantwortlichkeit sowohl Seitens seiner, wie des Schuldners, welch letzterer dieselbe durch Accept der an ihn in Wechselform erlassenen Zahlungsanweisung an erster Stelle übernimmt. Hier ist natürlich die Tratte (Formular 22) die allein anwendbare Form, da sie allein das wirkliche Sach- und Rechtsverhältniß zum Ausdruck bringt. Dabei tritt indessen zunächst die Vorfrage auf, ob die Vereine bei diesem Diskontiren, durch ihr Eintreten als Wechselgläubiger gegen einen Dritten, ihnen oft gar nicht angehörigen Schuldner, über den ihnen innerhalb der Reihen ihrer Mitglieder gezogenen Geschäftskreis hinausgreifen. Wir glauben, diese Fragen durchaus verneinen zu müssen, wenn die Diskontirung für ein Mitglied erfolgt. Inwieweit auch Wechsel für Nichtmitglieder diskontirt werden können, ohne gegen die Verbotsbestimmung in § 8 Abs. 2 d. Ges. zu verstoßen, ist S. 35 ff. dargelegt; es ist zulässig, wenn die Diskontirung zum Zweck der Anlage von Geldbeständen erfolgt.

Nicht der überwiesene Schuldner, der Acceptant, obschon Seitens der Vereine von diesem zunächst die Zahlung eingefordert werden muß, hat das Geld, das Darlehen, aus der Genossenschaft erhalten, nicht sein, des Acceptanten, Geldbedürfniß ist dadurch befriedigt, sondern das des Ausstellers, der Mitglied des Vereins ist. Auch ohne wechselmäßig auf seinen Schuldner zu ziehen, konnte der Aussteller, als Darlehensnehmer, seine Forderung an den Dritten dem Vereine zur Sicherheit des erhaltenen Darlehens verpfänden, und der letztere müßte bei Realisirung des Pfandes eben so gegen diesen Schuldner auftreten, dessen Schuld nur als Sicherheitsobjekt für das mit einem Vereinsmitgliede gemachte Geschäft dabei in Betracht kommt. Ja selbst ohne Verpfändung der Forderung konnte sie der Verein, wenn der Darlehensnehmer nicht zahlte, im Wege der Zwangsvollstreckung sich zu eigener Einziehung durch das Gericht überweisen lassen, und Niemand kann behaupten, er sei deshalb bei dem Geschäfte aus seinem Kundenkreise herausgetreten.

Dies vorausgeschickt, können wir nur sagen: daß das Diskontiren von Wechseln, wo der Passivverpflichtung des Kreditnehmers eine wirkliche Aktivforderung desselben, ein bereits von ihm erzieltes, geschäftliches Resultat als Unterlage dient, zu den solidesten Geschäftszweigen eines Bankinstituts gehört, welches daher die Kreditgenossenschaften ebenfalls zu pflegen alle Veranlassung haben. Indessen thut dabei große Vorsicht noth, wenn es sich um Wechsel handelt, bei denen man weder den Aussteller noch den Acceptanten kennt, indem die Papiere durch Indossament irgendwie an einen Kunden gelangt sind, welcher sie bei dem Verein anbringen will. Ohne genaue Erkundigung nach den Verpflichteten an deren angeblichen Wohnorten ist man nicht selten schweren Täuschungen ausgesetzt, indem die Betreffenden zur Verfallzeit entweder gar nicht zu ermitteln oder von vornherein insolvente Leute sind, welche ihre Namen gewerbsmäßig gegen Lohn den Schwindlern zur Verfügung stellen. Die wirthschaftliche Bedeutung des reellen Diskontgeschäfts besteht darin, daß der Diskontirende seine Geschäftsforderungen, ohne deren Fälligkeit abwarten zu müssen, zu Geld machen kann. In den Handelsplätzen sind Geschäftsleute nicht selten, die sogenannte Kellerwechsel in Umlauf setzen, mit den schönsten Firmenstempeln versehen, oft sogar bei bekannten, angesehenen Bankhäusern domizilirt, welch letztere, wenn es zur Einlösung kommt, von den Leuten gar keine Kenntniß haben. Natürlich sind es vorzugsweise Gewerbetreibende in kleineren, vom bankmäßigen Verkehr entfernten Nebenplätzen, auf deren geringere Erfahrung in solchen Dingen man vertraut, und die dann damit zu den Vereinen kommen. Daß daraus die ernsteste Verpflichtung für die letzteren zur genauesten Prüfung und Warnung ihrer Mitglieder entsteht, ist gewiß.

Nach der vorausgehenden Erklärung des Diskontgeschäfts ergiebt sich dann aber auch weiter, daß dieses unter die Kreditgewährungen einzureihen ist, mag man es rechtlich und volkswirthschaftlich als Darlehens- oder Kaufgeschäft charakterisiren, denn die Genossenschaft schießt dem Diskontirenden die Wechselsumme — abzüglich der Zinsen bis zum Verfall — vor. Die Kreditgewährung ist jedenfalls eine thatsächliche Eigenschaft des Diskontgeschäfts und wegen derselben ist sie als solche von der Genossenschaft mit der gleichen Vorsicht zu behandeln, wie jede in anderer Form vor sich gehende Kreditgewährung. Vgl. die Geschäftsbedingungen für die Diskontirung von Geschäftswechseln Formular 33.

Die Form der auf einer wirklichen Forderung beruhenden Wechsel ist durch das Sachverhältniß selbst gegeben. Der Inhaber der Forderung zieht als Aussteller des Wechsels auf seinen Schuldner, der die Zahlungsanweisung schriftlich auf dem Wechsel acceptirt. Ob der Aussteller sich selbst, oder die diskontirende Genossenschaft als Remittenten — Empfänger der Zahlung — bezeichnet und ersterenfalls an die letztere den Wechsel indossirt, bleibt sich dabei gleich; indem er in beiden Fällen, wenn der Acceptant nicht zahlt, wechselmäßig als Selbstschuldner haftet. Nur, wenn die diskontirende Genossenschaft noch eine dritte Person als Bürgen verlangt, wird man dies in der Art zu erreichen haben, daß der Aussteller den Bürgen als Remittenten im Texte des Wechsels aufführt und dieser sodann den Wechsel auf die Genossenschaft indossirt, wodurch er in die Wechselhaft mit eintritt.

Gehört auch das Diskontirungsgeschäft zu den solidesten Geschäftszweigen, wenn dabei wie vorstehend angerathen verfahren wird, so ergiebt sich aber auch eben daraus, daß nur das Diskontiren guter Wechsel, die am Fälligkeitstage wirklich eingelöst werden sollen, zu den empfehlenswerthen Geschäften gehört, und es mögen daher nachstehend einige Grundsätze zusammengestellt werden, welche allgemein zu beachten sind, wobei wir als selbstverständlich voraussetzen, daß die Zahlungsfähigkeit des Bezogenen und der sonstigen Wechselverpflichteten einer sorgsamen Prüfung durch die Genossenschaft unterzogen werde.

1. Es dürfen keine Wechsel zum Diskontiren angenommen werden, deren Ursprung erkennen läßt, daß auf ihren Eingang bei Fälligkeit nicht zu rechnen ist.

2. Desgleichen sind Wechsel zurückzuweisen, die ausgestellt

sind, um ein Grundstück zu bezahlen oder die aus Operationen mit unbeweglichen Gütern herrühren.

3. Desgleichen Wechsel, die ausgestellt sind, um Geldeinschüsse in industrielle Unternehmungen zu machen.

4. Desgleichen Wechsel, die ausgestellt sind, um ältere (verfallende) zu erneuern.

5. Wechsel, welche nur die Unterschrift des Ausstellers enthalten, sind unbedingt zurückzuweisen, unacceptirten Wechseln gegenüber ist stets die größte Vorsicht geboten, da der Aussteller unbehindert über die zu Grunde liegende Forderung verfügen kann, dieselbe auch im Falle des Konkurses zur Konkursmasse gehört.

6. „Ohne-Kosten-Wechsel“ sind dem Bezogenen sofort zur Annahme zu präsentiren und im Falle der Weigerung zu protestiren, besser noch sind dieselben von der Diskontirung auszuschließen.

7. Die größte Vorsicht ist geboten, wenn die Genossenschaft mit dem Kunden in Kontokorrent-Verkehr steht und ihm diskontirte Wechsel gutgeschrieben werden, daß keine Ueberschreitung der Kreditgrenze stattfindet, und die Gutschrift als verfügbares Guthaben angesehen wird.

8. Mit größter Sorgfalt ist darüber zu wachen, daß keine Reit- und Finanzwechsel (zur Beschaffung von Betriebsmitteln oder zu Spekulationszwecken) diskontirt werden. In der Hingabe von Wechseln zum Diskont unter Täuschung über das zu Grunde liegende Rechtsgeschäft liegt ein Betrug.

9. Man hüte sich vor gefälschten Wechseln.*)

10. Das letzte Giro soll kein Blanko-Giro sein, sondern auf die Genossenschaft lauten.

---

*) Gefälschte Wechsel werden oft bei einem Bankhause zahlbar gestellt, die Einlösung erfolgt dann — wenn sie überhaupt geschieht! — durch den Fälscher. Dadurch können die Fälschungen längere Zeit unaufgedeckt bleiben. Es ist daher zweckmäßig und üblich, dem Acceptanten eines Domizilwechsels von dessen Umlauf Kenntniß zu geben, z. B. in folgender Form:

. . . ., den . . . .

Auf Grund unserer Geschäftsbestimmungen beehren wir uns, Ihnen hierdurch mitzutheilen, daß wir folgendes Accept von Ihnen in Händen haben

Mk. . . ., fällig am . . . .

Aussteller . . . .

domizilirt bei . . . . .

Im Falle die Sache in Ordnung ist, bedarf es einer Anzeige nicht.

Hochachtend

(Firma der Genossenschaft.)

Unterschriften.

III. Beleihung von Werthpapieren u. s. w. (Lombardirung.)

Das Lombardgeschäft im weitesten Sinne beschränkt sich nicht allein auf die Beleihung von Werthpapieren. So dehnt sich z. B. der Geschäftsbetrieb der Reichsbank aus: auf Beleihung von Gold und Silber, von Wechseln, von Werthpapieren und Depotscheinen der Reichsbank, von Waaren. Für die Kreditgenossenschaften kommt fast nur die Beleihung von Werthpapieren in Frage, ausnahmsweise werden in ländlichen Bezirken auch landwirthschaftliche Produkte beliehen; damit sind jedoch geschäftliche Einrichtungen verbunden, denen die Genossenschaften nur in den seltensten Fällen entsprechen können; so muß die Genossenschaft das Pfandobjekt in einer Dritten erkennbaren Weise in Verwahrung nehmen und ferner in der Regel noch für die sachgemäße Behandlung des Produkts Sorge tragen (vgl. Formular 34). Dagegen wird die Genossenschaft, sobald nur etwas wohlhabendere Mitglieder sich ihr angeschlossen haben, sehr bald in die Lage kommen, Werthpapiere zu beleihen, da der Besitzer von Papieren, insbesondere bei vorübergehender Inanspruchnahme des Kredits, es vorziehen wird, auf seine Werthpapiere Geld zu leihen, als dieselben zu veräußern.

An und für sich gehört naturgemäß dieser Geschäftszweig zu den sichersten, und es gelten für ihn die gleichen Grundsätze und Formulare, wie für die einfache Darlehensgewährung, wenn für diese die Sicherheit durch Hinterlegung von Werthpapieren bestellt wird (vgl. Formular 20 ff.). Unbedenklich ist die Beleihung derjenigen Werthpapiere des Inlandes, die von der Reichsbank zu $^3/_4$ des Kurswerthes und derjenigen Papiere des Auslandes, die von der Reichsbank zur Hälfte beliehen werden.*)

Die Werthpapiere müssen sich in verkäuflichem Zustande befinden — dürfen nicht außer Kurs**) gesetzt und müssen ordnungsmäßig verstempelt sein.

*) Vgl. das Verzeichniß der bei der Reichsbank beleihbaren Werthpapiere in Schacht, „Der gesammte Geschäftsverkehr mit der Reichsbank", 6. Aufl. S. 182 ff.

**) Vgl. Schacht, „Der gesammte Geschäftsverkehr mit der Reichsbank", 6. Aufl. S. 55, über In- und Außerkurssetzung; wir lassen die geltenden Bestimmungen, wie sie Schacht mittheilt, hier folgen:

In Preußen ist jeder Besitzer eines Werthpapieres berechtigt, dasselbe außer Kurs zu setzen, d. h. umlaufsunfähig zu machen. Es hat dies durch Aufschrift der Worte: Außer Kurs gesetzt, Ort, Datum und Unterschrift der betreffenden Person oder Behörde u. s. w. zu geschehen.

Größte Vorsicht ist bei der Beleihung anderer Papiere nothwendig; Industriepapiere und ausländische Papiere, die an einer deutschen Börse nicht zugelassen sind, sollten niemals als ausreichende Sicherheit angesehen werden. Es muß dringend vor der Beleihung derartiger Werthe gewarnt werden.

Daß die Genossenschaft durch die Beleihung von Werthpapieren nicht dem Börsenspiel der Mitglieder Vorschub leisten darf, braucht kaum hervorgehoben zu werden.

Ueber die im einzelnen Falle verpfändeten Werthpapiere ist ein spezielles Verzeichniß aufzunehmen; wobei Staats- oder andere öffentliche Papiere nach Serien, Buchstaben und Nummern zu ordnen und die mit dem Werthpapiere eingelieferten Zinsscheine

---

Die Wiederinkurssetzung dagegen kann nur durch ein Gericht oder eine öffentliche Behörde bewirkt werden und zwar durch ein Gericht, wenn die Außerkurssetzung von einer Privatperson, einem Bank- oder Handelshause, Institute u. s. w. überhaupt nicht behördlich oder amtlich geschah, in welchem Falle das Gericht zuvor die Legitimation des Präsentanten prüft. Ist die Außerkurssetzung aber von einer Behörde, einer Gemeinde, Kirchen- oder Schulverwaltung, Stiftung u. s. w. ausgegangen, so kann diese auch selbst wieder die Inkurssetzung bewirken, indem sie die Papiere mit dem Vermerk: „Wieder in Kurs gesetzt", oder auch nur: „In Kurs gesetzt", Ort, Datum, Unterschrift und dem in schwarzer oder anderer Farbe beizudrückenden Dienstsiegel (-Stempel) versieht. Ist an die Stelle einer Behörde, welche ein Papier außer Kurs gesetzt hat, eine andere getreten, so muß dies aus dem Wiederinkurssetzungsvermerk hervorgehen.

Die städtischen und Kreis-Sparkassen in Preußen haben die Eigenschaft öffentlicher Behörden.

In Bayern können auf den Inhaber lautende Werthpapiere nur zu Gunsten bestimmter physischer Personen oder für geistliche Pfründen, Stiftungen, Gemeinden und statutenmäßig genehmigte Korporationen gebunden werden. Der betreffende Vermerk wird auf der Rückseite durch die Worte bekundet: „Vorgemerkt als Eigenthum des N. N.", oder „Vinculirt als Militär-Heirathskaution des N. N." und darf nur durch die Staatsschuldentilgungs-Hauptkasse, die Eisenbahnbau-Dotationskasse und die Grundrentenablösungs-Kasse geschehen, welche allein auch nur die Wiederinkurssetzung vornehmen können.

In Württemberg kann die sogenannte „Einschreibung" nur durch die Königliche Staatsschuldenzahlungskasse, im Königreich Sachsen das Außer- und Wiederinkurssetzen nur durch eine öffentliche Behörde, in Braunschweig nur gerichtlich, in Bremen die Außerkurssetzung notariell oder gerichtlich, die Inkurssetzung aber stets nur gerichtlich, in Hamburg die Einschreibung auf den Namen nur gerichtlich bewirkt werden. In Baden erfolgt die Einschreibung auf den Namen durch die Emissionsbehörde, die Wiederinkurssetzung unter notarieller Beglaubigung der Unterschrift des Antragstellers ebendaselbst. In den Fürstenthümern Reuß j. L. und ä. L., Altenburg, Sachsen-Weimar und Sachsen-Meiningen bestehen besondere gesetzliche Bestimmungen in dieser Beziehung nicht.

— Talons und Zinsscheine dürfen niemals fehlen — genau zu bezeichnen sind.

Die Verpfändung selbst ist ordnungsmäßig zu beurkunden (Formular 27 und 29 ff.). Ob für den Pfandschein ein Stempel zu verwenden ist, richtet sich nach den Landesgesetzen. Es sei hierbei wiederholt bemerkt, daß die Reichsbank in der Regel, um die Stempelpflicht einer Verpfändung zu vermeiden, nur ihrerseits einen Pfandschein ausstellt, in dem sie bescheinigt, die betreffenden Objekte als Pfand erhalten zu haben; diesen Pfandschein erhält der Darlehensnehmer, der über dessen Empfang auf einer Abschrift zu quittiren hat (Formular 29). Dabei ist aber zu berücksichtigen, daß die Reichsbank gesetzlich (§ 20 des Bankgesetzes vom 14. März 1875) befugt ist, das Pfand bei Säumigkeit des Schuldners ohne gerichtliches Verfahren zu verkaufen, während Art. 311 H.-G.-B. dies Recht nur dann dem Gläubiger gewährt, wenn die Bestellung eines Faustpfandes unter Kaufleuten für eine Forderung aus beiderseitigen Handelsgeschäften erfolgt und schriftlich vereinbart ist, daß der Gläubiger ohne gerichtliches Verfahren sich aus dem Pfande befriedigen kann. Als eine solche schriftliche Vereinbarung genügt bereits die allgemein von dem Verpfänder abgegebene schriftliche Erklärung, daß der Gläubiger sich aus seinen Pfändern ohne gerichtliches Verfahren befriedigen könne (Formular 35). Es muß den Genossenschaften empfohlen werden, sich eine solche Erklärung geben zu lassen, sie ermächtigt dann aber zur Befriedigung ohne gerichtliches Verfahren nur, wenn auch die weiteren bezeichneten Voraussetzungen des Art. 311 H.-G.-B. gegeben sind; fehlen diese, so entscheiden die landesgesetzlichen Bestimmungen darüber, ob und wann der Gläubiger in dieser Weise aus dem Pfande Befriedigung suchen kann.

Die weiteren für die Verpfändung in Betracht kommenden und zur Sicherheit der Genossenschaft festzusetzenden Bedingungen ergeben sich aus den Formularen 27 und 29 — für Verpfändung von Forderungen vgl. Formular 28, 28a u. 32 (vgl. auch achtes Kapitel).

Wird das Darlehen vom Verpfänder gänzlich zurückgezahlt, so läßt man denselben den Rückempfang der Pfandobjekte auf dem Pfandscheine mit den Worten quittiren:

Das Unterpfand habe . . . . zurückempfangen.

(Ort) den . . . . . .

(Eigenhändige Unterschrift des Verpfänders oder seines Bevollmächtigten.)

Ist eine Verpfändungsurkunde von dem Verpfänder ausgestellt, so erhält er die Urkunde zurück, hat dann aber unter spezieller Bezeichnung der zurückempfangenen Objekte über den Rückempfang zu quittiren (Formular 30).

IV. Kredit im Kontokorrent.

Seit der immer weiter fortschreitenden Entwickelung der Vorschuß- und Kreditvereine zu wirklichen Volksbanken hat sich die Kreditgewährung an die Mitglieder in „laufender Rechnung" — conto corrente — mehr und mehr in den Vordergrund gedrängt und viele Genossenschaften von erheblichem Verkehr, insofern sie namentlich den gewerblichen Mittelstand in ihre Kundschaft gezogen haben, haben sich ihm zugewendet.

In der That ist diese Art des Geldverkehrs für den Kreditnehmer die vortheilhafteste und bequemste, die es giebt. Er versichert sich durch die Eröffnung eines solchen offenen oder laufenden Konto Seitens der Bank:

1) daß er jeden Augenblick jede ihm gerade genehme Summe — wenn auch nur bis zu einem Höchstbetrage — erhalten, und

2) jeden Augenblick, was er gerade im Geschäfte übrig hat, auf die entnommene Summe zurück-, ja über dieselbe hinaus auf künftige Kredite zum Voraus einzahlen kann, und so von jeder Mark und jedem Tage den Zins zieht. Sobald daher eine Anzahl Geschäftsleute mit lebhafterem Verkehr und häufigeren Umsätzen, vermöge deren Bedarf wie Ueberfluß an Baarschaft bei ihnen rasch wechseln, an Vereinen theilnimmt, kann es nicht fehlen, daß das Verlangen nach dieser Form der Kreditertheilung Seitens solcher Mitglieder sich lebhaft äußert.

Eine andere Frage ist aber, wie die Vereine im eigenen Interesse sich dazu verhalten sollen. Da handelt es sich nicht, wie sonst, um ein Darlehensgesuch von bestimmter Höhe auf bestimmte Frist, dessen Gewährung man je nach den jedesmaligen Kassenverhältnissen in der Gewalt hat, und wo auf Wiedereingang des Geldes am Verfalltage zu rechnen ist; vielmehr muß man innerhalb eines bestimmten, im Voraus bewilligten Höchstbetrages zur Zahlung beliebiger Summen jeden Augenblick bereit sein, und kann sich weder auf deren Beträge, noch auf die Zeit, wo sie verlangt werden, vorher mit Sicherheit einrichten. Dasselbe ist hinsichtlich der Einzahlungen auf ein solches Konto der Fall, mögen diese als Rückzahlungen auf gewährten Kredit oder als Einlagen zu künftiger Abhebung geleistet werden. Man weiß weder, wann noch in welchen Beträgen dieselben erfolgen. Man mag zwar den größten Schwankungen dabei durch Festsetzung bestimmter Termine, wo das Konto abgeschlossen wird, ein Ziel setzen, indessen bleibt das Verhältniß doch immer der Art, daß es die Kassendispositionen erschwert, indem der einzige Anhalt für solche, die Uebersicht der jederzeit fälligen Verpflichtungen und der jederzeit disponiblen Mittel, dadurch in bedenklicher Weise gekreuzt wird. Hat freilich dieser Geschäftszweig erst einige Ausdehnung angenommen und geht man in der Einräumung der Kredite nicht zu weit, so gleicht sich unter gewöhnlichen Verhältnissen Geld-Zufluß und -Abfluß in der Regel aus. Folgendes sind die Hauptforderungen, welche bei der Einführung dieses Geschäftszweiges gestellt werden müssen:

1) Wenn eine gewisse bankmäßige Fachkenntniß und Gewandtheit schon zur ordnungsmäßigen Handhabung der Buchführung und der gewöhnlichen Geschäfte nöthig ist, so gehört noch außerdem eine recht bedeutende Umsicht und Erfahrung dazu, um bei den erschwerten Kassendispositionen den Ueberblick über das Ganze nicht zu verlieren und die eröffneten Konten in richtigen Grenzen in Bezug auf die Mittel der Genossenschaft und den Stand des übrigen Geschäfts zu halten. Wo in den Personen der Vereinsleiter diese Sicherheit nicht gegeben ist, möge man von der Sache lieber absehen.

2) Um auch bei Krediterschütterungen, welche die Zurückziehung der der Genossenschaft geliehenen fremden Gelder zur Folge haben, den Kunden das durch Eröffnung eines laufenden Konto gegebene Kreditversprechen halten zu können, auf dessen Geltendmachung bis zur äußersten Grenze man gerade dann jeden Augenblick gefaßt sein muß, gehört schon ein beträchtliches eigenes Kapital, auf welches man unter allen Umständen rechnen kann. Abgesehen von sonstigen fest befristeten Verpflichtungen, auf deren Deckung durch Depositen und Spareinlagen von geraumen Kündigungsfristen allenfalls zu zählen ist, sollte man demnach zwischen der Höhe der in den laufenden Konten zu erwartenden Kreditansprüche und dem Betrage des eigenen Vermögens kein Mißverhältniß entstehen lassen. Wenn etwa die Spareinlagen bei der Genossenschaft ohne oder mit kurzer Kündigungsfrist einen bedeutenden Bestandtheil des Betriebskapitals bilden, so wird man die Grenze für die Kreditgewährung in laufender Rechnung noch enger ziehen müssen, denn die Genossenschaft hat den Sparern gegenüber,

insoweit diese die Erstattung ihrer Einlagen in jedem Augenblicke fordern können, dieselbe Rücksicht zu nehmen, und die Beträge von deren Einlagen müssen deshalb dabei ebenfalls mit in Anschlag kommen.

3) Der Gesammtverpflichtung in laufender Rechnung entsprechende Beträge sind in wirklich disponibeln Mitteln, die in jedem Augenblicke zu Geld gemacht werden können, bereit zu halten. Die Großbanken erreichen dies durch Diskontirung, Ankauf solcher Wechsel, die jeden Augenblick ohne Verlust wieder in Geld umgesetzt werden können, weit weniger durch Anlagen in Werthpapieren, da auch die besten von diesen bei größeren Krisen Kursrückgänge erleiden, wodurch Verluste entstehen, wenn man sie alsdann versilbern muß. Ohne Zweifel sind die Kreditgenossenschaften trotz des Verbots der Darlehensgewährung an Nichtmitglieder zur Diskontirung solcher Wechsel befugt, da sie nur als Anlage von Geldbeständen zu betrachten ist (S. 35).

Haben wir hiermit in Kürze die Voraussetzungen, an welche die Eröffnung dieser Konten bei den Genossenschaften geknüpft ist, erörtert, so kommen wir nun zu dem, was bei Behandlung dieses Geschäftszweiges zu beobachten ist, so bald man ihn einmal eingeführt hat.

Zu diesem Behufe müssen wir uns zuerst über die verschiedenen Zwecke klar werden, denen solche laufende Konten dienen können. Dieselben werden nämlich erstens ausschließlich zur Kreditgewährung an den Kontoinhaber benutzt, dem, innerhalb der im Folgenden angegebenen Grenzen, in beliebigen Beträgen und zu beliebigen Zeiten darauf seinen Geldbedarf zu entnehmen und dagegen ebenso beliebig seine Rückzahlungen zu leisten gestattet ist, wobei er also stets als Schuldner der Genossenschaft in Betracht kommt. Zweitens kann es aber der Zweck des Kontoinhabers sein, durch Anlegung von Geldern bei der Genossenschaft sich deren Verzinsung neben augenblicklicher Verfügbarkeit zu sichern, so daß er diese Einlagen zu jeder Zeit ganz oder theilweise ohne Kündigung herausziehen, oder auch weitere Einzahlungen darauf machen kann. Hierbei ist er, im Gegensatze zu dem ersten Falle, Gläubiger, und die Genossenschaft empfängt von ihm im Grunde nichts, als ein Darlehen ohne Befristung, zu dessen Rückzahlung sie sich, wie bei einem Wechsel auf Sicht, jeden Augenblick ganz oder in Raten bereit halten muß. Endlich können aber auch drittens beide vorher erwähnten Richtungen in einem Konto in der Art zugelassen werden, daß dasselbe zwar hauptsächlich behufs der Kreditertheilung der

Genossenschaft an den Kunden eröffnet, diesem aber dabei nachgelassen ist, nicht bei den bloßen Rückzahlungen auf die entnommenen Darlehen stehen zu bleiben, sondern auch darüber hinaus Einlagen zu machen, die ebenfalls jederzeit einfach zurückgezogen oder zur Abstoßung später entnommener Darlehen benutzt werden können.

Die zweite Klasse der laufenden Konten, die Annahme verzinslicher Depositen auf jederzeitige Rückzahlung ohne vorherige Kündigung ist oben S. 62 behandelt.

Was die anderen beiden Klassen der laufenden Konten anlangt, so ist die erste, wo der Kunde nur als Schuldner in Betracht kommt, unstreitig die einfachste, die Geschäftsübersicht am wenigsten erschwerende, im Vergleiche mit der dritten, wo der Schuldner plötzlich zum Gläubiger werden kann. Bei der ersteren hat man sich lediglich auf eine Kreditgewährung von einem gewissen Betrage gefaßt zu machen, ohne, wie bei der letzteren, ausgesetzt zu sein, daß die Schuldner mit einem Male — meist zu ungelegener Zeit, bei allgemeinem Geldüberflusse — anstatt Geld zu holen, Geld bringen können, für das im Augenblicke die Anlage fehlt. Es ist daher die gänzliche Trennung des Soll und Haben bei solchen, denen beides, die Entnahme von Geldern auf Kredit und die Einlage verzinslicher Depositen, gestattet ist, in der Art gerathen: daß, der Uebersichtlichkeit des Geschäftsstandes halber, ein besonderes Konto für die Kreditgewährung, und ein anderes für die Einlagen auf Zins angelegt wird. Wird Soll und Haben nicht getrennt gehalten, so macht der Saldo auf dem im Hauptbuche befindlichen Konto der laufenden Rechnungen nicht ersichtlich, was der Verein schuldet oder zu fordern hat, sondern nur den Unterschied zwischen Soll und Haben, das Mehr des Solls nach Abzug des Habens oder das Mehr des Habens nach Abzug des Solls; daraus geht dann nicht hervor, wie viel tägliche Verbindlichkeiten die Genossenschaft eingegangen ist, denn es können nicht nur die Guthaben der Kunden auf ihre laufenden Rechnungen zurückgefordert, sondern auch Ansprüche an diejenigen Summen gemacht werden, welche ihnen als Kredit gewährt worden sind. Wir haben es im Nachstehenden nur mit den leitenden Grundsätzen zu thun, welche bei diesem Geschäftszweige in Betracht kommen.

Vor Allem muß man den im Vorigen angedeuteten Zweck eines solchen Konto, die daraus entspringende geschäftliche Eigenthümlichkeit desselben, festhalten, um die zutreffenden rechtlichen Folgerungen daraus abzuleiten. Dies wird um so nöthiger, weil im H.-G.-B., mit Ausnahme der einzigen Bestimmung im Art. 291, über die Verzinsung und Rechnungsperiode sich gar nichts vorfindet. Gerade in dem hier erwähnten „Ueberschuß", dem Saldo, liegt aber die Eigenthümlichkeit der laufenden Konten. Eine dauernde Geschäftsverbindung ist es, welche sich die dabei auftretenden Parteien sichern wollen, bei der nicht die einzelnen im gegenseitigen Hin- und Her-Zahlen von Geldern bestehenden Akte als selbstständige Geschäfte in Betracht kommen, sondern nur das Gesammtresultat davon, wie es sich am Schlusse des Konto im Kredit und Debet herausstellt. Demnach laufen in dem Konto die Zahlungen beider Theile als beiderseitige Forderungen neben-einander her, um am Ende zu einer Debet- und einer Kredit-summe zusammengezogen zu werden, nach deren Vergleichung der Ueberschuß der einen über die andere, der Kredit- oder Debet-Saldo, das eigentliche Geschäftsresultat ergiebt, welches bei Fort-setzung der Geschäftsverbindung als erster Kredit- oder Debetposten in die neue Rechnungsperiode übertragen wird.

Nach alledem steht fest: daß von Auf- und Abrechnung der einzelnen in dem Konto eingetragenen Kredit- und Debetposten gegen einander, von Aufrechnung derselben, keine Rede ist, daß niemals ein solcher einzelner Posten eingefordert werden kann, so lange das Konto-Korrentverhältniß besteht, sondern daß erst der bei Aufhebung desselben beim Schlusse des Konto sich ergebende Saldo die klagbare Forderung bildet.

Da wegen des Mangels einer gesetzlichen Regelung des frag-lichen Verhältnisses einerseits bei Entscheidung von Streitigkeiten auf kaufmännische Bräuche, sog. Usancen zurückgegangen werden müßte, deren verschiedenartige höchst schwankende Gestaltung eine wenig zuverlässige Stütze bietet; andererseits dagegen eben jenes Mangels halber der freieste Spielraum zur Ordnung des ganzen Verhältnisses durch gegenseitiges Abkommen gegeben ist: so ist es dringend geboten, bei Eröffnung solcher Konten einen Kreditver-trag (Formular 36) abzuschließen und die Bedingungen, welche dabei von jeder Seite innegehalten werden müssen, zu vereinbaren und vom Kontoinhaber schriftlich anerkennen zu lassen. Natür-lich haben sich durch allgemeinen Brauch solche Bedingungen in sachgemäßer Weise im Geschäftsleben herausgestellt, welche wir nach den gemachten Erfahrungen für die Kreditgenossenschaften im Formular 37 mittheilen. Als Hauptgesichtspunkte dabei machen wir folgende geltend:

Zunächst ist wichtig die klare Feststellung über den Schluß des Konto, über das Ende der ganzen Geschäftsverbindung. Allerdings kann derselbe fest auf eine gewisse Frist vereinbart, Jemandem z. B. ein Konto gleich von Haus aus auf ein Jahr 2c. eröffnet werden, indessen bildet die der Natur des Verhältnisses entsprechende Eröffnung des Konto auf unbestimmte Zeit die Regel, da auf eine möglicherweise eintretende Verschlechterung der Kreditverhältnisse des Konto-Inhabers Rücksicht genommen werden muß.

Beiden Theilen muß das Recht zustehen, die laufende Rechnung jederzeit aufzukündigen, mit der Maßgabe, daß der Kontoinhaber entweder in kurzer Frist über sein Guthaben zu verfügen oder wenn er in Schuld ist, den Verein zu befriedigen hat.

Der Verein wird von dem Rechte der Kündigung insbesondere Gebrauch zu machen haben, wenn der Kontoinhaber es an dem nöthigen Umsatz fehlen läßt, weil der Schuldner durch Unterlassen der Einzahlungen seinerseits die erhaltenen Darlehen, der Natur der laufenden Rechnung zuwider, in feste Kapitalanlagen verwandelt.

Ein weiterer Vorbehalt ist noch in anderer Beziehung geboten. Ist eine solche Geschäftsverbindung irgend auf längere Dauer berechnet, so muß außer dem, was das Ende derselben betrifft, auch die Saldirung des Konto während ihrer Dauer in das Auge gefaßt werden. Dies geschieht durch Festsetzung bestimmter Perioden, an deren Schlusse jedesmal die erwähnte gegenseitige Aufrechnung und Aufstellung des Kredit- oder Debet-Saldo erfolgt, von dessen ganzem Betrage, wenngleich darunter Zinsen begriffen sind, wiederum Zinsen in Ansatz gebracht werden können. Daß diese Abrechnung unter allen Umständen, wenn das Konto völlig geschlossen werden soll, stattfinden muß — daß sie aber diesen Schluß an sich nicht bedingt, indem der fragliche Saldo eben so gut in die neue Rechnungsperiode übertragen werden kann, wo er den ersten Kredit- oder Debetposten bildet, haben wir bereits gezeigt. Meist wird die Dauer einer solchen Rechnungsperiode, welche Art. 201 H.-G.-B. in Ermangelung einer Verabredung auf 1 Jahr bestimmt, in der Praxis der Deutschen Banken auf ein halbes Jahr beschränkt, bei welcher Frist zu verbleiben wir den Kreditgenossenschaften nur rathen können, um sich bei aufstoßenden Bedenken eine raschere Einwirkung zu sichern. Daß übrigens unter allen Umständen die schriftliche Anerkennung des den Saldo ergebenden Rechnungsabschlusses von dem Kontoinhaber erfordert werden muß, bedarf keiner Ausführung.

Ist ein hoher Kredit eingeräumt, so ist es rathsam, dem Kontoinhaber für größere Abhebungen eine ein oder mehrere Tage vorausgehende Benachrichtigung vorzuschreiben.*)

Wegen der Zinsen und Provision muß in den Bedingungen das Nöthige vorgesehen werden. Die bereits erwähnten Umstände, das Erforderniß größerer disponibler Beträge bei dieser Art der Kreditgewährung bedingen schon an und für sich die Ausgleichung durch einen entsprechend höheren Zinssatz nebst Provision, als man ihn etwa beim Diskontiren und dem sonstigen einfachen Wechselverkehr anwendet. Sind doch die Genossenschaften meist gezwungen, sich diese bereiten Mittel, um der Nothwendigkeit der Anhäufung müßiger Baarbestände zu entgehen, durch Verbindungen mit Großbanken zu sichern, und wo dies der Fall ist, werden sie darauf bedacht sein müssen, die bei den letzteren vorkommenden Zins- und Provisionssätze eher zu erhöhen, als zu erniedrigen, um die ihnen erwachsenden Spesen zu decken. Daher erscheint es für gewöhnliche Verhältnisse angemessen, die Zinsen der Debetposten des Kontoinhabers um 2 % pro anno höher anzusetzen, als die für dessen Kreditposten. Um Schwankungen des Geldmarktes Rechnung tragen zu können, wird es zweckmäßig sein, auch die Veränderung des Zinsfußes sofort oder mit Ende der Abrechnungsperiode vorzubehalten, um nicht zum Schlusse des Konto mittelst Kündigung genöthigt zu sein.

Die Belastung mit Zinsen allein ist jedoch nicht ausreichend, da dann bei sehr häufigem Umsatz — wenn also gerade die Genossenschaft von dem Kontoinhaber stark in Anspruch genommen ist — der Ertrag ein geringerer sein kann als bei weniger häufigem Umsatz und daher kleineren Aufwendungen der Genossenschaft. Es muß noch eine Provision hinzukommen und zwar legt man meist den Umsatz zu Grunde, da dieser für den Verkehr entscheidend ist. Es kann sich dabei fragen, ob die Provision vom Umsatz der Haben- oder Soll-Seite — zweifellos nicht gleichzeitig von beiden — zu berechnen ist; da die Provision eine Gebühr für die Mühewaltung ist, wird man sich für die Provision vom Umsatz auf der Soll-Seite entscheiden und zwar unter Abzug des Soll-Saldo-Vortrages, da dieser bereits in der vorhergehenden Rechnung für die Provision in Betracht gekommen ist. Falls sich in dem

*) Bedarf ein Mitglied höheren Kredit, so ist zu empfehlen, nicht den ganzen Kredit im Kontokorrent zu gewähren, sondern z. B. einen Theil desselben gegen Accept des Mitglieds, wodurch sich der Verein die Möglichkeit sichert, durch Weiterbegebung des Wechsels sich Geld zu beschaffen.

Soll auch Posten befinden, für welche schon eine Provision vergütet ist, z. B. Wechsel, so würden auch diese in Abzug zu bringen sein. Voraussetzung des Kontokorrent-Verhältnisses ist der Umsatz und zwar soll es ein zweimaliger des gewährten Kredits im Laufe der Rechnungsperiode (Halbjahr) sein, man wird daher eine Mindest-Provision festsetzen, für welche dieser Umsatz als der Mindest-Umsatz maßgebend ist; doch ist nicht zu verkennen, daß dies zu Härten führen kann und wird daher auch die Provision von dem doppelten Betrage der Durchschnittsschuld berechnet, wenn der Umsatz darunter bleibt. Eine allgemeine Regel läßt sich nicht aufstellen.

Weiter kommt die Sicherstellung der Genossenschaft in Bezug auf die kreditirte Summe in Betracht, da bei der größeren Gefährlichkeit dieser Kreditgewährung von genügenden Sicherheiten in dieser Hinsicht noch weit weniger wird abgesehen werden können, ein sog. Blanko-Kredit hier also ganz unzulässig erscheint. Natürlich muß sich die Sicherstellung auf den gesammten Verkehr des Kunden in dem ihm eröffneten Konto, nicht auf die einzelnen darin kreditirten Posten beziehen, außer der Verpfändung von Werthpapieren kommt eine Bürgschaft, unter Umständen auch eine Kautionshypothek in Betracht (vgl. Formular 48). Vielfach ist es auch üblich, daß der Kontoinhaber der Genossenschaft einen in deren Gewahrsam bleibenden Wechsel über den Maximalbetrag, den er auf das Konto überhaupt entnehmen darf, ausstellt, um, wenn bei der Abrechnung Reste verbleiben, welche er nicht rechtzeitig deckt, wechselmäßig gegen ihn verfahren zu können. Zu solchen Depot-Wechseln benutzt man regelmäßig eigene (sog. Sola-) Wechsel (Formular 39), welche der Kontoinhaber als Aussteller unterzeichnet. Dieselben werden auf eine bestimmte Zeit nach Sicht gestellt, deren Präsentation nach Artikel 19 und 98 Nr. 3 der W.-O. bei Verlust des wechselmäßigen Anspruchs, nach Maßgabe der darin aufzunehmenden besonderen Bestimmung, und, in deren Ermangelung, innerhalb zweier Jahre nach der Ausstellung erfolgen muß. — Zur Sicherung des Ausstellers gegen eine weitere Begebung des deponirten Wechsels seitens der Genossenschaft dient der darin aufzunehmende Vermerk: „nicht an Ordre“. Der Zweck dieser Wechsel: schleuniges Verfahren, läßt sich aber nach Einführung des Urkundenprozesses auch durch eine einfache Urkunde (Formular 36) erreichen. Dazu kommt noch, daß die eigenthümliche Rechtsnatur des Kontokorrent-Verkehrs einem chikanösen

Schuldner verschiedene Einreden gegen die Klage aus einem solchen Wechsel in die Hand giebt, welche zum mindesten die schleunige Verurtheilung aufhalten. Auch selbst wenn man sich einen solchen Depotwechsel ausstellen läßt, darf daher niemals unterlassen werden, mit dem Kontoinhaber einen besonderen Kreditvertrag über den von der Genossenschaft einzuräumenden Kredit und die Bedingungen, unter denen der Kredit gewährt wird, abzuschließen.

Die Sicherheitsbestellung mit Werthpapieren u. s. w. entspricht im Wesentlichen der bei den anderen Geschäftszweigen (Formular 40 u. 41), doch eignen sich Werthpapiere besser zur Aufnahme eines Lombard-Darlehens. Nur einige Worte noch über die Bürgschaft (Formular 36).

Eine Bürgschaft kann dadurch bewirkt werden, daß der Bürge den vom Kontoinhaber ausgestellten eigenen Sichtwechsel mit als Aussteller unterzeichnet. Häufig wird sich aber der Bürge zur Eingehung der strengen wechselmäßigen Verpflichtung nicht bereit finden. Und da, wie bemerkt, die Genossenschaft bei dem Depotwechsel für den Kontokorrent-Kredit chikanösen Einreden ausgesetzt ist, erscheint es besser, den Bürgen in den Kreditvertrag der Art aufzunehmen, daß er für den darin eingeräumten Kredit die Bürgschaft übernimmt, dann ist Schuld- und Bürgschaftsverhältniß vollständig klargestellt.*) Dabei ist es dann auch möglich, dem Bürgen seine Verpflichtung zu erleichtern, was in Berücksichtigung der außerordentlichen Wichtigkeit der Bürgschaft für die Genossenschaften nur rathsam ist. So würde sich namentlich gegen die Gestattung der Kündigung der Bürgschaft durch den Bürgen selbst mit der Wirkung, daß derselbe für die von einem gewissen Zeitpunkte ab vom Kontoinhaber nachgesuchten Kredite nicht mehr bürgschaftlich haftet, nichts einwenden lassen. Selbstverständlich wird von der so herbeigeführten Endigung der Bürgschaft ab der Kreditgeber der Zusage der Kreditgewährung gegen den Kontoinhaber, welche nur unter Voraussetzung der Bürgschaft ertheilt war, enthoben. Ob durch eine solche Kündigung das Ende der Bürgschaft sofort mit deren Einreichung bei der kreditgebenden Genossenschaft bewirkt wird, oder erst mit Ablauf einer Frist von diesem Zeitpunkte ab eintreten soll, bleibt sich hinsichtlich der

*) Dies ist um so mehr zu empfehlen, als nach dem Kommentar zur Wechselordnung von Bernstein (Verlag von Morgenstern-Breslau) berechtigte Zweifel an der Rechtsgiltigkeit eines eigenen Nach-Sicht-Wechsel mit mehreren Ausstellern entstanden sind.

Wirkung für den Kreditgeber und Kreditnehmer gleich, indem in beiden Fällen der Schluß des Konto mit dem Ende der Bürgschaft zusammenfällt und muß das Nähere deshalb der Vereinbarung zwischen den Betheiligten überlassen werden.

Was aber unter allen Umständen dabei von den Genossenschaften festgehalten werden muß, ist: daß sie die im Allgemeinen aufgestellten oder im Besonderen vereinbarten Bedingungen, an welche sie und die Kreditnehmer bei Eröffnung der bez. Konten sich gebunden haben, auf das Genaueste den letzteren gegenüber innehalten. Denn da dies die stillschweigende Voraussetzung bildet, unter welcher die Bürgschaft eingegangen wird, so mag eine durch das Abweichen von diesen Bedingungen herbeigeführte Benachtheiligung des Bürgen leicht dessen ganze oder theilweise Befreiung von der Bürgschaft nach sich ziehen.

Daß die Höhe des in dem Konto zu beanspruchenden Kredits, d. h. der Höchstbetrag, über welchen der Debet-Saldo des Kontoinhabers nicht hinausgehen soll, bei Vereinbarung der Bedingungen mit ihm festgestellt werden muß, und daß dies einerseits von den Kassenverhältnissen der Genossenschaft, andererseits von der durch den Kreditnehmer gebotenen Sicherheit abhängt, werden wir kaum zu erwähnen brauchen, so daß nur noch wegen Vertheilung der Funktionen beim Kontokorrent-Verkehr unter die Vereinsorgane ein Wort zu sagen ist.

Mit Rücksicht auf die besonderen Verhältnisse dieses Geschäftszweiges wird man über dessen Einführung die Generalversammlung entscheiden lassen. Dagegen wird man die Aufstellung der allgemeinen, zur Veröffentlichung bestimmten Bedingungen am Besten dem Vorstande und Aufsichtsrathe in gemeinschaftlicher Sitzung überlassen, die Eröffnung eines speziellen Konto mit jedem einzelnen Kunden dagegen an die Genehmigung des Aufsichtsrathes knüpfen. Ist aber diese ertheilt, so wird dem Vorstande die Regulirung der Bewegung in den einmal eröffneten Konten, für welche ihm ja in den Bedingungen die Grenzen gezogen sind, selbstständig überlassen bleiben müssen, und er nur für die Innehaltung dieser Grenzen verantwortlich zu machen sein.

Endlich empfehlen wir zu alledem noch einen allgemein eingeführten Brauch. Es müssen den Genossenschaften über jede einzelne Zahlung an die Kunden von diesen, und den Kunden über jede einzelne Zahlung an die Genossenschaft von der letzteren spezielle Quittungen ausgestellt werden. Obschon nun dadurch der Beweis für die beiderseitigen Leistungen gesichert ist, wird dennoch außerdem dem Inhaber eines Konto für Kreditgewährungen ein Buch ausgehändigt, in welches diese Zahlungen nach der Zeitfolge von der Genossenschaft eingetragen werden (Formular 38). Durch dieses Buch, das Duplikat des Konto, erhält der Kontoinhaber die vollständige Uebersicht über den Stand seiner Verpflichtungen und kann die Richtigkeit aller Eintragungen prüfen.

V. Acceptkredit.

Es kommt nicht selten vor, daß zwischen Geschäftsleuten an verschiedenen Orten ein Abkommen getroffen wird, wonach der eine auf den anderen bis zu einem gewissen Betrage mittelst solcher Tratten ziehen darf, zu deren Accept sich der Andere verpflichtet hat. Gewähren die Kreditgenossenschaften ihren Kunden diesen Acceptkredit, so ändert sich natürlich ihre ursprüngliche Stellung im Diskontgeschäft dahin:

a) daß sie aus Remittenten zu Acceptanten, aus Wechselgläubigern zu Wechselschuldnern an erster Stelle werden; wogegen

b) der Kunde nicht direkt von ihnen, sondern von einem Dritten Valuta erhält, an welchen er entweder den Wechsel verkauft, oder dem er mit dem Wechsel eine Schuld abträgt, so daß nun dieser Dritte die Stelle des Wechselgläubigers gegen die Genossenschaft einnimmt.

Schon diese Verschiebung des ganzen Verhältnisses macht die Stellung der Genossenschaft dabei ungünstiger und diese Art der Kreditgewährung deshalb bedenklich. Unter keinen Umständen soll man auf ein derartiges Abkommen ohne die ausreichendste Sicherstellung wegen der zur Verfallzeit bereiten Deckung Seitens des Kunden eingehen. Denn offenbar liegen die Dinge so, daß diese Art der Kreditertheilung vom Schuldner leichter wie jede andere zu gefährlichen Ausschreitungen gemißbraucht werden kann. Jedenfalls muß daher mit demselben eine schriftliche Einigung über die Höhe und Bedingungen dieses Kredits — selbstverständlich mit Ausschluß aller Sichtwechsel — getroffen werden, in welcher er sich zu pünktlicher Deckung der Accepte zur Verfallzeit gegen die Genossenschaft mit angemessener Provision, sowie Erstattung aller Zahlungen und Unkosten u. s. w. verpflichtet, widrigenfalls das Abkommen sogleich aufgehoben wird. Die Sicherstellung wegen der Deckung erfolgt sodann am zweckmäßigsten durch Pfänder —

besonders Werthpapiere — deren schleuniger Veräußerung nichts im Wege steht (vgl. Formular 27, 29, 35).

Es ist den Genossenschaften die Gewährung von Acceptkredit zu widerrathen wegen der mit der Einräumung desselben verbundenen weitgehenden Verpflichtungen, die besonders dann schwerwiegend sind, wenn es dem Kunden überlassen wird, nach Belieben über diesen Kredit zu verfügen. Dazu kommt dann noch die Wechselstrenge, die schleunige Zahlung erfordert oder Protest, wenn dieselbe nicht erfolgt. Kommen solche Proteste häufiger vor, so wird der Kredit der Genossenschaft davon nachtheilig beeinflußt. Auch allein der Umstand, daß die Genossenschaft in größerem Maße Acceptkredit gewährt und daß auf sie viele Wechsel laufen, berührt ihren Kredit nachtheilig, da dem Gläubiger dadurch die Beurtheilung der Sicherheit und Liquidität erschwert wird.

Was die Buchung des Acceptkredits betrifft, so ist Folgendes zu berücksichtigen:

Für das Accept der Genossenschaft ist diese unter allen Umständen der Hauptverpflichtete, und sie muß ebenso unter allen Umständen das Accept am Verfalltage aus eigenen Mitteln einlösen, gleichgiltig, ob das Mitglied, zu dessen Gunsten sie das Accept ausgestellt hat, ihr die dazu erforderlichen Gelder rechtzeitig eingehändigt hat oder nicht. Sie kann ihre Zahlungspflicht nicht auf letzteren abwälzen: der Inhaber des Wechsels kennt nur den Acceptanten als Schuldner und von diesem verlangt er Zahlung, welche am Verfalltage geleistet werden muß, soll der Kredit des Acceptanten nicht unwiederbringlich verloren gehen. Daraus ergiebt sich, daß die Genossenschaften ihre Accepte am Tage der Vollziehung ordnungsmäßig dem Kredit ihres Acceptkontos zuschreiben und gleichzeitig dem Debet des betreffenden Mitgliedes belasten müssen. Die Acceptkredite erscheinen dann als Passiven in der Bilanz.

Achtes Kapitel.

Das Verfahren bei der Kreditgewährung.

Wir haben in dem vorstehenden Kapitel uns hauptsächlich mit der äußeren Form beschäftigt, in der die Kreditgewährung vor sich geht und die materielle Seite dabei nur soweit berücksichtigt, als sie mit der Form zusammenhängt.

Wie soll nun die Kreditgewährung vor sich gehen?

Zunächst sollte darüber kein Zweifel sein, daß dem Vorstande bei der Kreditgewährung nicht vollständig freie Hand zu lassen ist, sondern Maßnahmen zu treffen sind, die die Genossenschaft gegen die Folgen von Irrthum und Leichtsinn des Vorstandes bei der Kreditgewährung möglichst schützen. Daraus ergiebt sich, daß eine gewisse Mitwirkung des Aufsichtsrathes geboten ist. Ein besonderes Organ, z. B. eine Kreditkommission, für diesen Zweck einzusetzen, würde nicht zu empfehlen sein, da man dann dem Aufsichtsrathe den wichtigsten Theil der Kontrolle abnimmt und diesen Personen überträgt, deren Pflichten und Verantwortung nicht so scharf gesetzlich feststehen, wie die der Aufsichtsrathsmitglieder.

Es fragt sich nun, welche Stellung dem Aufsichtsrathe bei der Kreditgewährung einzuräumen ist.

Wir sagten bei der Abgrenzung der Funktionen von Vorstand und Aufsichtsrath*):

„Verwaltungsakte und Geschäftsabschlüsse, welche irgendwie bei leichtsinnigem oder gar pflichtwidrigem Verhalten der Verwaltung mit einem Risiko für die Genossenschaft verbunden sind, dürfen der Initiative des Vorstandes nicht entzogen, niemals ohne oder gar gegen seinen Willen vom Aufsichtsrathe durchgesetzt werden. Vielmehr gelangen sie bei richtiger Praxis an den letzteren erst, nachdem sich der erstere dafür entschieden hat, zur Genehmigung." Demnach soll der Aufsichtsrath in der Lage sein, Geschäfte dieser Art wohl zu verhindern aber nicht zu machen. Anderenfalls liegt eine Verschiebung der Verantwortung und eine Beseitigung der

*) Ueber Kreditgewährung an Vorstands- und Aufsichtsrathsmitglieder vgl. S. 189 ff.

Kontrolle vor. Daraus ergiebt sich für die Kreditgewährung, daß über die Aufnahme und Genehmigung von Krediten (wie überhaupt über die laufenden Kassengeschäfte und sonstigen bankmäßigen Verfügungen) der Vorstand zunächst allein zu befinden hat, und nur zur Einholung der Genehmigung des Aufsichtsrathes bei denjenigen Krediten verpflichtet werden kann, für deren Gewährung er sich seinerseits entschieden hat, wogegen Gesuche und Geschäfte, auf welche der Vorstand nicht einzugehen für gut findet, dem Aufsichtsrathe nur zur Kenntniß zu bringen sind, um ihm ein Bild über die Geschäftsbehandlung des Vorstandes zu bieten.

Bei diesem Hauptgeschäftszweige eines Kreditinstituts, an welchen sich das größte Risiko und zumeist die Entscheidung über Gewinn und Verlust des Geschäfts knüpft, die Ueberwachung durch den Aufsichtsrath und damit überhaupt jede Kontrolle aufheben, indem man diesem selbst bei den Abschlüssen die entscheidende Stimme giebt und ihn so in die Verantwortlichkeit dafür hineindrängt, ist durchaus falsch. Die Erfahrung aber beweist auch, wie sehr es gerade hier nothwendig ist, den Vorständen Schranken zu ziehen.

Deshalb kann es nur die Aufgabe des Aufsichtsrathes sein, das Vorgehen des Vorstandes in dieser Richtung zu mäßigen, aber nicht ihn zu Bewilligungen zu drängen, deren Abweisung er für geboten hält.

Bei größeren Genossenschaften würde es auch genügen, wenn der Aufsichtsrath sich in Kommissionen*) theilt, die abwechselnd bei der Prüfung der vom Vorstande dem Aufsichtsrathe zur Genehmigung unterbreiteten Kredite mitwirken. Wo aber diese Genehmigung bei jedem einzelnen Kreditgesuche wegen bedeutenden Geschäftsumfanges nicht wohl eingeholt werden kann, erscheint die Aufstellung einer sogenannten Kreditfähigkeitsliste in gemeinsamer Sitzung beider Organe nothwendig, um dem Aufsichtsrathe bei Beurtheilung der Kreditfähigkeit der einzelnen Mitglieder eine Stimme zu sichern, und dadurch den Vorstand zu binden, nicht über den so festgesetzten Höchstbetrag für die Kunden hinauszugehen. Daß diese Liste freilich häufigen Revisionen zu unterwerfen ist, um sie den wechselnden Verhältnissen gegenüber im Laufenden zu erhalten, ist ebenso gewiß, als daß die Einholung der Genehmigung in jedem einzelnen Falle eine bessere Sicherheit bietet.

*) Ueber die Nothwendigkeit eines zeitweisen Wechsels in der Zusammensetzung der Kommissionen vgl. S. 123.

Auf die jedesmalige Einholung der Genehmigung wird man freilich verzichten müssen bei der Diskontirung von Wechseln, da hier in der Regel eine sofortige Erledigung des Geschäfts geboten ist. Für diesen Geschäftszweig empfiehlt es sich daher, die Mitglieder, welche Diskontkredit in Anspruch nehmen, durch Vorstand und Aufsichtsrath auf einen Höchstkredit einzuschätzen, bis zu dem dann der Vorstand bei der Diskontirung ohne Zuziehung des Aufsichtsrathes gehen kann (vgl. Formular 33).

Um jederzeit die Belastung eines Mitgliedes feststellen zu können, ist den Kreditgenossenschaften anzurathen, Belastungslisten zu führen (Formular 42).

Einer besonderen Besprechung bedarf noch die Kreditgewährung an ländliche Mitglieder,*) da die Prüfung der Kreditwürdigkeit für die in der Stadt wohnenden Vorstands- und Aufsichtsrathsmitglieder schwierig ist, selbst wenn, was wir wiederholt nicht dringend genug empfehlen können, mit Rücksicht auf die ländliche Mitgliedschaft in den Aufsichtsrath ländliche Mitglieder gewählt sind. Es mögen kurz die Grundsätze der Organisation mitgetheilt werden, welche sich im Allgemeinen für die Handhabung des Geschäftsverkehrs mit Landwirthen bewährt haben, die aber allerdings im einzelnen Falle örtlichen Verhältnissen und Bedürfnissen angepaßt werden müssen.**)

*) Vgl. auch über die Kreditgewährung an Landwirthe zehntes Kapitel II u. III.

**) Die Grundsätze sind entworfen nach Beschlüssen des Verbandstages der Genossenschaften der Provinz Preußen zu Christburg (1874) und nach der Instruktion der Landwirthschafts- und Gewerbebank zu Gotha, eing. Gen. mit beschr. Haftpflicht, für die Lokalausschüsse.

Der Vorschußverein in Kosel, e. G. m. u. H., hat in den zu seinem Bezirk gehörigen Dörfern „Nebenstellen" eingerichtet, deren Verwaltung Kaufleuten übertragen ist, die für ihre Thätigkeit eine Provision erhalten. Das Verfahren bei Erledigung des Geschäfts ist folgendes: Kreditbedürftige Personen erkundigen sich bei der Nebenstelle, welche schon von Außen durch ein Firmenschild mit der Aufschrift: „Geschäftsnebenstelle des Vorschußverein in Kosel" kenntlich ist, zunächst nach den Bedingungen, unter welchen der Beitritt zur Genossenschaft und die Kreditgewährung bei derselben erfolgt. — Sofern die diesbezügliche Information zu einem positiven Ergebniß führt, füllt der Vertrauensmann der Genossenschaft ein Antragsformular aus, und sendet dasselbe zu weiterer Veranlassung an den Vorstand ab. Von hier aus werden nun, falls die Verhältnisse der in Frage kommenden Personen noch nicht bekannt sind, entweder mündlich oder schriftlich bei vertrauenswürdigen Mitgliedern des betreffenden Ortes die nöthigen Erkundigungen eingezogen. Das auf diese Weise gewonnene Informations-Material bildet die Unterlage für die statutenmäßige Behandlung des in gemeinsamer Sitzung von Vorstand und Aufsichtsrath zu erledigenden Gesuches. — Von dem Ergebniß der Beschlußfassung wird sowohl

1. Der ländliche Bezirk, auf den sich der Geschäftsbetrieb der Genossenschaft erstreckt, wird in Kreise getheilt, für jeden Kreis wird möglichst aus den in demselben angesessenen Mitgliedern von Vorstand und Aufsichtsrath der Genossenschaft ein Vertrauensmann und ein Stellvertreter oder auch ein Vertrauensausschuß (Lokalausschuß) bestellt. Besteht ein Vertrauensausschuß, so hat dieser sich mit Vorsitzendem und Schriftführer zu konstituiren.

2. Mitgliederanmeldungen und Kreditgesuche sowie Anträge auf Prolongationen aus dem Bezirk gehen direkt an den Vertrauensmann (Vertrauensausschuß); dem Vertrauensmann (oder Vorsitzenden des Ausschusses) liegt die Korrespondenz mit der Genossenschaft ob und er hat die vom Vorstande und Aufsichtsrathe vorgeschriebenen Listen (Mitglieder des Bezirks, Belastung der Mitglieder durch Schuld oder Bürgschaft u. s. w.) zu führen.

---

der Antragsteller als die Nebenstelle unverzüglich schriftlich benachrichtigt. Im Falle der Genehmigung findet sich nun der Antragsteller mit den angenommenen Bürgen bei der Nebenstelle ein, um dort im Beisein des Vertrauensmannes die erforderlichen Urkunden zu vollziehen und die Darlehensvaluta in Empfang zu nehmen. Die für die betreffenden neuen Mitglieder ausgefertigten Gegenbücher, welche denselben zugleich mit dem Gelde ausgehändigt werden, werden stets zugleich mit der Ermächtigung zur Auszahlung des Darlehens an die Nebenstellen abgesandt, während alle übrigen Formulare bei letzteren vorräthig gehalten werden. — Da die Vertrauensmänner ein Antragbuch führen, in welchem die bei der Kontrahirung der einzelnen Darlehen vereinbarten Rückzahlungsbedingungen vermerkt werden, sind sie auch in der Lage, sofern nicht besondere Umstände zu vorheriger Ablehnung der Prolongation veranlassen, bei Eintritt der Fälligkeit der betreffenden Wechsel die Abzahlung zu bestimmen, von welchen die Prolongation der ersteren abhängig gemacht wird. Sie nehmen deshalb gegen Quittung im Gegenbuche die Mitgliedsbeiträge, Abzahlungen und Zinsen in Empfang und vermerken dieselben unter Beifügung des neuen Fälligkeitstermins in ihrem eigenen Kassabuche. Ueber Spareinlagen, welche in den Nebenstellen eingezahlt werden, stellen die letzteren Interimsquittungen aus, welche so lange im Besitz der betreffenden Einleger verbleiben, bis die vom Vorstande auszufertigenden Sparbücher, mit den entsprechenden Eintragungen versehen, an der Zahlstelle eingehen, und dort gegen Rückgabe der Interimsquittung in Empfang genommen werden. Ueber Einnahmen und Ausgaben führen die Nebenstellen ein Kassabuch, aus welchem sie allwöchentlich einen ordnungsmäßig abgeschlossenen Auszug mit allen inzwischen etwa eingegangenen Urkunden, Belägen 2c. dem Vorstande übersenden. — Die Richtigkeit der aufgegebenen Saldi wird selbstverständlich jedesmal genau geprüft und bestätigt. Größere Kassenbestände werden nur dann von den Nebenstellen zurückbehalten, wenn entsprechende Abhebungen unmittelbar in Aussicht stehen, sonst erfolgt bei Eingang größerer Zahlungen die Absendung derselben in abgerundeten Summen unverzüglich. Reichen die Bestände für die zu leistenden Zahlungen nicht aus, so werden erstere durch entsprechende Baarsendungen erhöht. — Die Provisionsberechnung und Gutschrift findet nach Ablauf eines jeden Halbjahres statt.

3. Die Mitgliederanmeldungen, Kreditgesuche u. s. w. hat der Vertrauensmann mit einem Gutachten dem Vorstande zu übermitteln. Die Gutachten bleiben geheim. Wo ein Ausschuß besteht, wird das Gutachten auf Beschluß desselben erstattet.

4. Aufgabe des Vertrauensmannes bezw. Vorsitzenden des Ausschusses ist, die Unterschriften von Ortsangehörigen auf den für die Genossenschaft bestimmten Urkunden zu beglaubigen.

5. Von dem Beschluß der Verwaltung der Genossenschaft werden sowohl das Mitglied wie der Vertrauensmann (Vorsitzender des Ausschusses) in Kenntniß gesetzt.

6. Die Auszahlung der Darlehen wie die Rückzahlung erfolgt in der Regel bei der Genossenschaft, nur wenn das Mitglied die Genehmigung des Vorstandes dazu erlangt hat, kann es an den Vertrauensmann (Vorsitzenden des Ausschusses) Zahlung leisten und erhält dann von diesem eine Interimsquittung. Die ordnungsmäßige Quittung der Genossenschaft geht dem Mitgliede durch den Vorstand zu.

In der Geschäftsbehandlung ist ein Unterschied zwischen den verschiedenen Arten der Kreditgewährung nicht zu machen.*) Ob das Mitglied auf Bürgschaft ein Darlehen erhält — ob es den Kredit dadurch in Anspruch nimmt, daß es einen Wechsel diskontirt, d. h. auf eine schuldfällig werdende Wechselforderung den Betrag beansprucht — ob es gegen Verpfändung von Werthpapieren Geld erhält (Lombarddarlehen) — ob es die Einräumung eines Kontokorrentkredits beantragt, immer ist nach den vorstehend angegebenen Grundsätzen zu verfahren.

Ueber Kredite an Vorstands- und Aufsichrathsmitglieder, über Beschränkungen der Kreditgewährung, Sicherheitsleistung und Prolongation vgl. zehntes und elftes Kapitel.

Zu empfehlen ist den Genossenschaften die Anlage von „Personal-Akten“ über ihre Mitglieder, in denen die eingeholten Auskünfte und sonstigen Informationen gesammelt werden. Der Besitz solcher Akten erleichtert wesentlich die Entscheidung über Kreditgesuche. Die Anlegung der Akten beginnt mit der Selbstschilderung des Kreditsuchenden über seine Verhältnisse. Ebenso dient auch wesentlich der Einziehung zuverlässiger Auskünfte über Kreditsuchende und Bürgen die Bildung von Lokal-Ausschüssen nach den Bezirken, über welche sich die Genossenschaft erstreckt. Diese

*) Ueber die Befristung der Kredite an Landwirthe S. 183.

Ausschüsse haben nicht über die Kreditgesuche zu entscheiden, sondern nur das Material für die Beurtheilung zu sammeln und sich auf Grund ihrer Erkundigungen und Kenntnisse gutachtlich zu äußern. Wo der Bezirk der Genossenschaft nicht groß ist, genügt es auch, aus den Mitgliedern des Aufsichtsrathes solche Erkundigungs-Ausschüsse zu bilden, oder verschiedene Aufsichtsrathsmitglieder als Vertrauenspersonen zu bestellen, die die Pflicht haben, in jedem Falle die erforderlichen Erkundigungen einzuziehen.*) In den letzteren Fällen wird dem Vorstande von der Vertrauensperson dann auch nur mündlich über das Bericht erstattet, was in Erfahrung gebracht ist. Alle diese Auskünfte werden, wenn Personal-Akten angelegt sind, zu denselben genommen, wobei bei mündlicher Mittheilung eine kurze Notiz durch den Vorstand in den Akten genügt.

Schließlich sei noch auf Eins aufmerksam gemacht: Vorstands- wie Aufsichtsrathsmitglieder sind zur strengsten Verschwiegenheit über die erhaltenen Auskünfte und die die Kreditgesuche betreffenden Verhandlungen verpflichtet. Wird diese Verschwiegenheit nicht beobachtet, macht z. B. eins der Aufsichtsrathsmitglieder dem Kreditsucher Mittheilung von einer ungünstigen Auskunft, einem in der Sitzung von einem Mitgliede gefällten ungünstigen Urtheile, so hat dies nur zu leicht, wie die Erfahrung lehrt, erbitterte Feindschaft unter den Betheiligten zur Folge. Nur dem Bürgen gegenüber wird in der Regel vollste Offenheit auch nach dieser Richtung hin nothwendig sein. Sind die Auskünfte über den Kreditsuchenden schlecht, so ist der Bürge zu warnen, da die Genossenschaft, worauf wir noch zurückkommen, verpflichtet ist, auch die Interessen des Bürgen zu wahren.

---

*) Erkundigungen bei den Mitgliedern der Genossenschaft über die Zahlungsfähigkeit der Kreditsuchenden haben sich in der Regel als zweckmäßig erwiesen, da sie an der Sicherheit der Geschäfte unmittelbar betheiligt sind. Wohnt der Kreditsuchende auswärts an einem Orte, an dem eine Genossenschaft ihren Sitz hat, so wird man bei dieser die Erkundigung einziehen. Die Genossenschaften sollten die gegenseitige Auskunftsertheilung für ihre Pflicht halten und sogar in den Fällen, in denen ihnen die Verhältnisse von Personen, über die sie angefragt werden, unbekannt sind, sich nach denselben erkundigen.

Neuntes Kapitel.

Andere Geschäftszweige.

In den beiden vorhergehenden Kapiteln haben wir die bei den Kreditgenossenschaften gebräuchlichen Arten der Kreditgewährung besprochen, im fünften Kapitel war die Rede von den mit der Aufnahme fremder Gelder verbundenen Geschäftszweigen, es bleiben nun noch einige weder zu der einen noch der anderen Gattung gehörigen Geschäftszweige.

Vorauszuschicken ist, daß für diese Geschäftszweige, wie für die Annahme fremder Gelder nicht das Verbot des § 8 Abs. 2 d. Ges. gilt, den Geschäftsbetrieb auf Nichtmitglieder auszudehnen (S. 34 ff.). Da jedoch die Ausdehnung dieser Geschäftszweige auf Nichtmitglieder wohl nach allen Landesgesetzen die Steuerpflicht der Genossenschaft zur Folge hat, denn ihr Geschäftsbetrieb nimmt mit der Ausdehnung auf Nichtmitglieder den Charakter eines Gewerbes an, vorausgesetzt, daß die Geschäfte gegen Provision gemacht werden, so wird zu erwägen sein, ob der sich aus der Ausdehnung des Geschäftsbetriebes auf Nichtmitglieder ergebende Gewinn im Verhältniß zur Steuerlast steht.

Es kommen folgende Geschäftszweige in Betracht:

I. Inkasso von Wechseln.

Wir bemerkten soeben, daß die Ausdehnung des Geschäftsbetriebes auf Nichtmitglieder in den meisten deutschen Staaten die Genossenschaften steuerpflichtig macht, wenn die Geschäfte gegen Provision ausgeführt werden. Dies gilt auch von dem Inkasso von Wechseln, d. h. dem Wechseleinzug für fremde Rechnung. Geschieht das Inkasso nicht gegen Provision, sondern nur gegen Erstattung der Selbstkosten oder provisionsfrei, so liegt kein Hinausgehen des Geschäftsbetriebes mit diesem Geschäftszweig über den

Kreis der Mitglieder vor (vgl. Formular 44 für Inkasso von Wechseln). Und damit gelangen wir zu dem von der Deutschen Genossenschafts-Bank von Sörgel, Parrisius u. Co. gebildeten Giro-Verband.

Der Giro-Verband (Bedingungen Formular 43) ist 1867 von dem Direktor Sörgel, einem der ältesten und tüchtigsten genossenschaftlichen Freunde Schulze-Delitzsch', begründet, von letzterem von Anfang an nachdrücklich empfohlen und wiederholt als der Schlußstein der Organisation der Kreditgenossenschaften bezeichnet. Das Girogeschäft, durch den zehn Jahre später eingerichteten Giroverkehr der Reichsbank allgemeiner bekannt geworden, stammt aus England, wo es sich mit dem größten Erfolge eingebürgert hat. Es ist die Vermittelung kaufmännischer Zahlungen durch Zu- und Abschreiben auf den Konti, welche die betreffenden Geschäftsleute durch Einzahlungen bei einer Bank auf ihren Namen sich haben eröffnen lassen. Bezweckt wird also, „die Zahlungen, das Hin- und Hersenden des baaren Geldes oder der dessen Stelle vertretenden Noten dadurch zu vermindern, daß man die gegenseitigen Forderungen nur in bestimmten Fristen durch Zahlungen ausgleicht.“ Als die ersten hundert Vorschußvereine bewogen wurden, die Genossenschafts-Bank zu Berlin zu einer Ausgleichstelle für Forderungen und Gegenforderungen zu machen, gab es in Deutschland nur 110 „Bankplätze“, d. h. Plätze, auf welche die Preußische Bank Wechsel zur Einziehung annahm, alle übrigen Orte waren „Nebenplätze“, auf welche, da sie keine Filialstelle der Preußischen Bank waren, Wechsel von der Preußischen Bank überhaupt nicht, von Privat-Bankgeschäften mit erheblichem Kostenaufschlage angenommen wurden. Die Genossenschafts-Bank bezweckte nun, allen „Nebenplätzen“, in denen Vorschußvereine (Giro-Genossen) ihren Sitz haben, die Vortheile der Bankplätze zuzuwenden. Jedem dem Giro-Verbande beigetretenen Vorschußverein wurde bei der Genossenschafts-Bank ein Konto eröffnet, auf dem er ursprünglich ein Guthaben von mindestens einhundert Thalern halten mußte, welches durch Ab- und Zuschreibung der zur Einziehung übersandten Wechsel, der zu Gunsten eines anderen Giro-Genossen geforderten Uebertragungen und der baar gesendeten oder abgehobenen Beträge u. s. w. erhöht oder vermindert wurde; jetzt braucht der Giro-Genosse ein Guthaben von bestimmter Höhe nicht mehr zu haben. Die Genossenschafts-Bank überträgt Forderung oder Schuld des einen Vereins auf den anderen durch eine Buchung. So werden den „Giro-Genossen“ Arbeit und Kosten durch die von der Genossenschafts-Bank vorgenommene Abrechnung bedeutend verringert. „Jede zugehörige Genossenschaft“ — so hieß es in der ersten Aufforderung — „hat für alle übrigen Giro-Genossen nur ein einziges Konto zu führen, braucht, wenn sie Inkassos besorgt haben will, nur zweimal monatlich an bestimmten Tagen an die Genossenschafts-Bank zu schreiben und wenn sie die von ihr einkassirten Wechsel nicht auf ihr Guthaben in Abrechnung bringen will, nur zweimal monatlich an die Genossenschafts-Bank, nicht an die einzelnen Vereine zu remittiren.“ Wegen der verschiedenen Währung hatte die Genossenschafts-Bank 1872 bei ihrer Filiale in Frankfurt am Main eine zweite Girostelle errichtet, so daß es seitdem einen Giro-Verband mit zwei Abtheilungen giebt und jede Genossenschaft kann Mitglied einer oder beider Abtheilungen sein. Der Zweck des Giro-Verbandes ist ein doppelter:

a) den Geldverkehr der Mitglieder unter einander zu erleichtern, indem sie Schulden und Forderungen an einem gemeinsamen Mittelpunkte — Berlin oder Frankfurt a. M. — durch Uebertragung (Giro) ausgleichen;

b) das Inkasso von Wechseln auf Orte, an denen Mitglieder einer der zwei Abtheilungen des Giro-Verbandes wohnen, zu vereinfachen, zu sichern und die Kosten auf das möglich kleinste Maß zu vermindern.

Die Mitglieder des Giro-Verbandes heißen Giro-Genossen, ihre Plätze sind „Giro-Plätze“. Seit dem Jahre 1877 besteht neben dem Giro-Verbande, aber mit diesem eng zusammenhängend, noch ein „Inkasso-Verband“, dessen Mitglieder, die „Inkasso-Genossen“, sich nur zum provisionsfreien Inkasso von Wechseln verpflichtet haben; endlich werden auch noch „Nebenplätze“ unterschieden, es sind das Ortschaften in der Umgebung von Giro- oder Inkasso-Plätzen, auf welche der Giro- bezw. Inkasso-Genosse den Wechseleinzug übernommen hat, mit diesen „Nebenplätzen“ steht die Genossenschafts-Bank nicht in direkter Verbindung, sondern sie rechnet mit dem betr. Giro- bezw. Inkasso-Genossen ab. Bei Wechseln auf die Inkasso- und Nebenplätze wird keine Verpflichtung zur rechtzeitigen Beibringung eines Protestes oder eine rechtzeitige Rückgabe unbezahlt gebliebener Wechsel übernommen. Die Mitglieder des Giro-Verbandes sind — abgesehen von einigen Ausnahmen — Genossenschaften oder aus Genossenschaften hervorgegangene Aktiengesellschaften.

Das Statut des Giro-Verbandes theilen wir im Formular 43 mit.

Machen wir uns die Bedeutung des Inkassos an einem Fall klar. Der Verein in X, der einen in Y zahlbaren Wechsel hat, muß, wenn er daselbst keine Bankverbindung besitzt, und Y auch kein Bankplatz ist, den Wechsel der Post zur Einziehung geben. Die Haftbarkeit der Post dafür ist eine verhältnißmäßig sehr geringe, sie geht nicht weiter wie „für einen eingeschriebenen Brief“; die Post kümmert sich um den Inhalt der Protesterklärung nicht, sie weist Theilzahlungen auf den Wechselbetrag ab und nimmt auch z. B. von der Erklärung der Nothadresse gar keine Kenntniß, sondern sendet Wechsel und Protest dem Auftraggeber zurück. Den Genossenschaften sind dadurch schon erhebliche Verluste entstanden. Durch den Giro-Verband wird jeder Platz, an dem ein Giro-Genosse seinen Sitz hat, und außerdem noch eine größere Anzahl sog. Nebenplätze für die Mitglieder, ein Bankplatz.*)

Allerdings wird diese und jene Genossenschaft, da sie die ihr von beiden Centralstellen Berlin und Frankfurt a. M. oder von einzelnen Mitgliedern beider Abtheilungen wegen zu kurzer Verfallzeit direkt zugehenden Wechsel provisionsfrei und ohne Abzug von Spesen auf Giro-Konto zu kreditiren und nach den Vorschriften der allgemeinen deutschen Wechsel-Ordnung einzuziehen hat, vielleicht erheblich damit belastet, besonders wenn sie selten in der Lage ist, Wechsel zum Inkasso zu übersenden; dafür hat sie aber auch durch das ihr übertragene Inkasso sehr oft Gelegenheit, von Verhältnissen der Gewerbetreibenden am Orte Kenntniß zu nehmen, die ihr sonst unbekannt geblieben wären und die ihr sehr werthvoll sein können.

Die Wechseleinziehungskosten im Giro-Verbande betragen zunächst 5 Pfg. für das Stück und außerdem den entsprechenden Antheil an den erwachsenden Gesammtkosten; sie beliefen sich in den letzten Jahren auf etwa 14 Pfg. für 1000 Mark.

Gewinn und Lasten lassen sich natürlich nicht für jedes Mitglied einer großen Organisation stets zahlenmäßig gegenüberstellen und vergleichen. Wiederholt hat Schulze den Beitritt zum Giro-Verbande aufs dringendste empfohlen, denn „wir haben schon manches erreicht und wollen dahin kommen, eine Großmacht im Verkehr

*) Vgl. Bl. f. G. 1890 S. 191: „Die ersten Jahre des Giro-Verbandes“ insbes. auch über den früheren Zweck dieses Verbandes, die Verschiedenheiten des deutschen Münzfußes zu mildern.

zu werden; wer sich vor dieser Vervollkommnung unserer Organisation scheut, steht nicht auf der Höhe des Prinzips".*)

Nachfolgende Tabelle zeigt die Entwickelung des Giro-Verbandes:

Jahr	Zahl der Giro- und Inkassoplätze	Zahl ausgetauschten	Betrag in Mk. der Wechsel	Gesammtumsatz des Giroverbandes in Mk.
1868	93	?	961 728	1 446 762
1874	270	67 256	22 372 238	34 428 897
1889	839	312 647	82 836 589	124 093 581
1895	837	375 034	95 600 183	150 590 459

II. An- und Verkauf von Werthpapieren.**)

Bankmäßig entwickelte Kreditgenossenschaften wenden sich diesem Nebengeschäft, mit welchem keinerlei Verlust verbunden ist, gern zu. Es braucht aber kaum gesagt zu werden, daß die Genossenschaft dabei niemals dem Börsenspiel der Mitglieder dienen darf — daß jeder Terminhandel ausgeschlossen bleiben muß. Der Betrieb dieses Geschäftszweiges setzt bei dem Vorstande einige Kenntniß des Börsengeschäfts und des Handels mit Werthpapieren voraus, er muß über den Stand der wichtigsten Werthpapiere und ihre Aussichten unterrichtet sein, denn er muß den Käufern und Verkäufern auch nöthigenfalls Rath und Auskunft über die Auswahl der Papiere und über deren Sicherheit ertheilen können.

Wir lassen die wichtigsten Grundsätze folgen, welche für diesen Geschäftszweig zu befolgen sind, und lehnen uns dabei an die Grundsätze der Reichsbank, welche unseren Genossenschaften gerade für diesen Theil eines Bankgeschäfts gewiß vorbildlich sein kann, da derselbe hier wie dort nur einen Nebenzweig des Unternehmens bildet, dessen Betrieb für die Bank auch nicht das geringste Risiko bringen darf. Demnach ergiebt sich:

---

*) Der Allgemeine Genossenschaftstag zu Wiesbaden (1896) hat den Kreditgenossenschaften von Neuem empfohlen:

dem von der Deutschen Genossenschafts-Bank von Sörgel, Parrisius u. Co. in Berlin und Frankfurt a/M. geleiteten Giro-Verbande beizutreten

und dann gleichzeitig

zur Ausbildung des Checkverkehrs (vgl. oben S. 62 ff.) sich des von derselben Bank gemachten Anerbietens zu bedienen, wonach diese die auf die Vorschußvereine gezogenen Checks nach vorhergegangener Prüfung kostenfrei in Berlin und Frankfurt a/M. zur Verrechnung auf das Giro-Konto des Bezogenen auszahlen wird.

**) Nur einige für die Genossenschaften in Betracht kommende Hauptgrundsätze führen wir an und nehmen im Uebrigen Bezug auf „Saling's Börsenpapiere", besonders den ersten Theil „Die Börse und die Börsengeschäfte" (Haude & Spener'sche Buchhandlung, Berlin).

Nur auftragsweise wird der An- und Verkauf von Werthpapieren besorgt.

Ankaufsaufträge werden nur ausgeführt, wenn die Genossenschaft für den erforderlichen Geldbetrag die nothwendige Deckung hat — Verkaufsaufträge erst, wenn die zu verkaufenden Papiere eingeliefert sind. Dabei sind die Bestimmungen über die Verstempelung genau zu beachten. Außer Kurs gesetzte Papiere sind unverkäuflich. Bei dem Ankauf ist genau darauf zu achten, daß die Papiere nicht gestohlen sind.

Hat der Auftraggeber für den An- und Verkauf Bestimmungen getroffen, so müssen dieselben befolgt werden.

Die Vermittelungsgebühren sind festzusetzen. Portoauslagen hat der Auftraggeber zu ersetzen, die Versendung von Werthpapieren erfolgt unter voller Werthangabe, wenn nicht die Geldsendung gegen Verlust versichert ist. Letzteres geschieht besonders bei großen Postgeldsendungen, da die Versicherungsgebühr billiger ist als die von der Post in Form des Portos erhobene.

Muß sich die Genossenschaft zur Ausführung des Auftrages eines Bankiers bedienen,*) so würde sie gut thun, mit demselben im Voraus ein Abkommen zu treffen, wonach ihr billigere Sätze berechnet werden, damit sie ihren Kunden nicht höhere Sätze, als die üblichen, zu berechnen braucht (vgl. Formular 45).

An dieser Stelle mag auch das Gesetz, betr. die Pflichten der Kaufleute bei Aufbewahrung fremder Werthpapiere vom 5. Juli 1896, erwähnt werden, dessen Bestimmungen von den Genossenschaften (§ 1 d. Ges.) zu beobachten sind. Wir führen nachstehend die wichtigsten Grundsätze an:**)

---

*) Ausführung der Aufträge durch ein Bankhaus werden die Regel bilden. Es ist dann § 12 Abs. 2 des Reichsstempelabgabengesetzes vom 27. April 1894 zu beachten: „Wird bei Kommissionsgeschäften für einen auswärtigen Kommittenten, welcher seinerseits als Kommissionär eines Dritten handelt, die Schlußnote mit dem Zusatz „in Kommission" ausgestellt, so bleibt das Abwickelungsgeschäft zwischen ihm und seinem Kommittenten von der Abgabe befreit, wenn er die Schlußnote mit dem Vermerk versieht, daß sich die versteuerte, über denselben Betrag oder dieselbe Menge und denselben Preis lautende Schlußnote mit zu bezeichnender Nummer in seinen Händen befindet." Es genügt, wenn die Genossenschaft ihrem Bankhause mittheilt, daß sie alle Aufträge, welche sie ertheilen werde, falls nicht in Einzelfällen das Gegentheil ausdrücklich angegeben sei, als Kommissionär Dritter ertheile und daß daher alle für sie bestimmten Schlußnoten, abgesehen von den erwähnten Ausnahmefällen, mit dem Zusatz „in Kommission" zu versehen seien.

**) Blätter für Genossenschaftswesen von 1896, Nr. 31.

1. Gesonderte Verwahrung der Depots. Alle Werthpapiere, mit Ausnahme von Banknoten und Papiergeld, die einem Kaufmann zur Aufbewahrung oder zum Pfand übergeben sind, müssen so aufbewahrt werden, daß der Name des Hinterlegers oder Verpfänders äußerlich sichtbar gemacht wird und das Depot von den Beständen anderer Personen und dem eigenen Effektenbesitz abgesondert wird. Jedes Depot muß also eine besondere Hülle erhalten, als solche genügt natürlich eine einfache Schleife mit Aufschrift.

Eingang. F. W. Müller

1 Datum des Ankaufs oder Eingangs		2 Nominal oder Stücke	3 Gattung	4 Serie und Nummer	5 Nummer aufgegeben am	6 Bemerkungen
1896 August	1	4	Braunschw. 20 Thlr.-Loose	20/5 u. 6 10/4 17/8	3. August	im Depot bei der D. G.-B.

Für jeden Hinterleger oder Verpfänder wird ein besonderes Konto geführt; die beispielsweisen Eintragungen geben über den Zweck der einzelnen Rubriken Aufschluß. Spalte 5 ist von Wichtigkeit mit Rücksicht auf den § 3 des Gesetzes, der dem Einkaufskommissionär die Nummernaufgabe zur Pflicht macht. Spalte 6 dient, den Zweck ersichtlich zu machen, ob es sich um ein Depot im engeren Sinne oder um ein Faustpfand handelt, sowie

Eingang. Braunschweiger 20 Thlr.-Loose.

1 Datum des Eingangs resp. Ankaufs		2 Nominal oder Stücke	3 Eigenthümer	4 Bemerkungen
1896 August	1	4	F. W. Müller	im Depot bei der Deutschen Genossenschafts-Bank

3. Nummernaufgabe seitens des Einkaufskommissionärs. Der Einkaufskommissionär hat dem Kommittenten binnen drei Tagen nach der Ausführung genaues Stückeverzeichniß zu übersenden. Zu beachten ist, daß die Frist „mit dem Erwerb der Stücke" beginnt, wenn der Kommissionär nicht als Selbstkontrahent eintritt. In dem die Regel bildenden Fall, daß der Auftrag durch Vermittelung eines zweiten Kommissionärs zur Ausführung kommt, läuft die Frist von der Ertheilung des Nummernverzeichnisses seitens des letzteren, denn damit vollzieht sich „der Erwerb".

Was den Selbsteintritt des Kommissionärs anlangt, so ist zu berücksichtigen, daß dieses Recht dem Kommissionär nach § 71 des Börsengesetzes nur zusteht hinsichtlich der Aufträge auf amtlich notirte Werthpapiere und nur soweit der Kommittent nichts anderes vorschreibt. Die Frist für die Ertheilung des Stückeverzeichnisses beginnt in diesen Fällen mit dem Zeitpunkt, in dem der Kommissionär bei ordnungsmäßigem Geschäftsgang die Stücke hätte beziehen können.

2. Führung des Nummernbuches. Jedes Depot ist derart in ein Handelsbuch einzutragen, daß die Werthpapiere jedes Hinterlegers oder Verpfänders nach Gattung, Nennwerth, Nummern oder sonstigen Unterscheidungsmerkmalen der Stücke ersichtlich gemacht werden.

Ein den Bedürfnissen der Vereine entsprechendes Formular für die Einrichtung eines solchen Buches dürfte etwa das folgende sein:

Ausgang.

7 Datum des Ausgangs oder Verkaufs		8 Nominal oder Stücke	9 Gattung	10 Serie und Nummer	11 Bemerkungen
1896 August	10	4	Braunschw. 20 Thlr.-Loose	20/5 u. 6 10/4 17/8	

zur Eintragung des Vermerks, daß die Papiere sich in dritter Hand befinden (§ 8 d. Ges.).

Nur für Vereine mit lebhafterem Effektengeschäft wird sich neben diesem Buch die Führung eines besonderen Stückenkontos behufs leichterer Kontrolle als empfehlenswerth erweisen; als Muster eines solchen, das insbesondere bei Detachirung der Koupons, Kontrolle der Verloosungen u. s. w. gute Dienste leistet, möge Folgendes dienen:

Ausgang.

5 Datum des Ausgangs resp. Verkaufs		6 Nominal oder Stücke	7 Eigenthümer	8 Bemerkungen
August	10	4	F. W. Müller	

4. Ausantwortung fremder Werthpapiere. Der Kaufmann, der fremde Werthpapiere einem Dritten zur Aufbewahrung, zum Umtausch, zur Geltendmachung von Bezugsrechten oder zum Kouponeinzug ausantwortete, hat die Pflicht, zu erklären, daß diese Papiere fremde seien. Dasselbe gilt in den Fällen der Verkaufs- und der Einkaufskommission. Demnach ist jene Erklärung auch abzugeben, wenn Papiere des Kunden zur Veräußerung versandt werden, und es ist, wenn Werthpapiere gekauft werden, zu erklären, daß die Anschaffung für fremde Rechnung geschah.

Das Gesetz läßt auch die Verabredung über den Verzicht auf die Beobachtung der Vorschriften zu, doch ist ein allgemeiner Verzicht auf die Vorschriften der §§ 1 und 3 (gesonderte Verwahrung der Depots, Führung des Nummernbuchs, Ertheilung des Stückeverzeichnisses) nur dem gewerbsmäßigen Bankier gestattet, ein solcher Verzicht wird daher schwerlich bei den Kunden der Genossenschaften vorkommen; Verzichterklärungen anderer

Personen sind nur giltig, wenn sie für das einzelne Geschäft ausdrücklich oder schriftlich abgegeben werden, die Genossenschaften werden kaum solcher Verzichterklärungen ihrer Kunden bedürfen.

III. Aufbewahrung und Verwaltung von Werthstücken.

Unterschieden werden „verschlossene" und „offene" Depots; erstere sind, wie das Wort besagt, verschlossen, die Genossenschaft bekümmert sich nicht um den Inhalt, prüft nicht, ob er den Angaben entspricht, sie hat nur für die Aufbewahrung des Packets zu sorgen. In der Regel setzt die Aufbewahrung voraus, daß die Genossenschaft Tresors besitzt, oder es handelt sich um ganz kleine Packete, für die in zu diesem Zweck hergestellten eisernen und bezw. eingemauerten Schränken Platz ist.

Anders verhält es sich mit den „offenen" Depots, das sind Werthpapiere, deren Verwaltung die Genossenschaft übernimmt, z. B. durch Einziehung der Zinsen, Ueberwachung der Konvertirung, Auslоosung u. s. w. Die Verwaltung erfordert, daß der Vorstand mit der Behandlung derartiger Werthpapiere vollständig vertraut ist.

Für die verschlossenen Depots verlangt die Reichsbank Einlieferung durch den Besitzer; Uebersendung durch die Post ist unstatthaft; von dem Inhalte des Depots nimmt sie keine Kenntniß. Das Deposit wird mit Vor- und Zunamen bezw. der Firma des Niederlegers bezeichnet und muß dergestalt verschlossen sein, daß ohne Verletzung eines Siegels nichts herausgenommen werden kann; die Reichsbank haftet nur bis 5000 Mark, wenn nicht ein höherer Werth angegeben und besonders versichert ist; für höhere Gewalt und inneren Verderb ist die Haftpflicht ausgeschlossen; Lagergeld und Versicherungsgebühr sind stets im Voraus zu bezahlen; ist über die Auslieferung nichts Besonderes vereinbart, so erfolgt dieselbe an den Vorzeiger des Depotscheins, ohne die Verpflichtung, dessen Legitimation zu prüfen.

Für die Aufbewahrung und Verwaltung offener Depots hat die Reichsbank sehr eingehende Bedingungen aufgestellt, für welche wir auf Schacht, „Der gesammte Geschäftsverkehr mit der Reichsbank", 6. Aufl. S. 101 ff., verweisen, sämmtliche Anstalten der Reichsbank verabreichen die „Bedingungen" kostenfrei. Wir geben in Formular 46 und 47 die wichtigsten Bestimmungen, für die Genossenschaften angepaßt, wie sie bei solchen in Geltung sind.

Zehntes Kapitel.

Begrenzung der Kredite nach Höhe und Zeit.

I. Höhe der Darlehen.

Die Höhe der Darlehen wird einerseits vom Bedürfnisse derjenigen Klassen, welchen hauptsächlich die Mitglieder angehören, andererseits vom Betrage der Mittel abhängen, über welche die Genossenschaft zu verfügen hat, und wird hierbei auf die vorwaltenden örtlichen Verhältnisse und auf den allmählichen Aufschwung der Genossenschaft zu sehen sein. Am zweckmäßigsten wird es in jedem Falle sein, wenn man im Anfange keine zu hohe Summe festsetzt, jedoch sich die Hände freihält, die Beträge allmählich, je nach dem Gange der Geschäfte, zu erweitern.

Als Grenze ist aber unter allen Umständen von den Genossenschaften festzuhalten, daß sie weder über ihre finanziellen Kräfte im Besonderen, noch über die Verkehrsgrenzen, welche den genossenschaftlichen Volksbanken im Allgemeinen vermöge ihrer Einrichtung und Bestimmung gezogen sind, hinausgehen.

In ersterer Hinsicht wird man das Risiko, welches man einem Kunden gegenüber eingeht, nie so weit ausdehnen dürfen, daß bei dem immerhin möglichen Verluste eines solchen einzelnen Postens die Genossenschaft in ihrem Fundamente erschüttert wird. Sehr bedenklich wirkt es in dieser Rücksicht schon, wenn der gesammte Reinertrag des Geschäfts dadurch verschlungen wird. Muß aber zudem auf den Reservefonds bis zu dessen Erschöpfung, und außerdem gar noch auf die Geschäftsguthaben der Mitglieder zurückgegriffen werden, so ist die Genossenschaft schwer gefährdet, auch wenn noch nicht mit der persönlichen Haftpflicht Seitens der Mitglieder einzutreten ist. Die Arbeiten und Opfer von Jahren, die mühsamen Ersparnisse unbemittelter Handwerker und Arbeiter sind mit einem Schlage durch solches Wagespiel verloren, das Vertrauen der Mitglieder wie des Publikums ist erschüttert, der ganze Boden für unsere volksthümlichen Organisationen im lokalen Umkreise solcher Katastrophen auf lange hinaus verdorben!

Zu der Rücksicht auf die Leistungsfähigkeit jeder einzelnen Genossenschaft tritt aber auch noch die in der Bestimmung und Organisation der Kreditgenossenschaften überhaupt gezogene Grenze. Sie hatten ursprünglich nicht den Zweck, dem Großverkehr zu dienen, sondern verdanken ihre Entstehung dem Geldbedürfnisse des kleinen und zum Theil des mittleren Gewerbestandes, und wenn auch einzelne Genossenschaften nach der Höhe ihres Vereinsvermögens, nach ihren geschäftlichen Einrichtungen wohl zu größeren Bankinstituten gezählt werden können und dem entsprechend berechtigt sind, ihren Geschäftsbetrieb auf eine Kundschaft auszudehnen, die erhebliche Ansprüche an die Leistungsfähigkeit des Bankinstituts macht, so sind dies doch Ausnahmen, und derartige Verhältnisse dürfen nicht auf Genossenschaften verallgemeinert werden, bei denen diese Voraussetzungen fehlen. Sofern jene Genossenschaften ihre Aufgaben im Kleinverkehr gewissenhaft erfüllen, sind sie ein Beweis genossenschaftlicher Kraft. Verdient ihre Leitung die vollste Anerkennung für ihr treues Festhalten an den sozialen und wirthschaftlichen Grundsätzen der Genossenschaften, so ist um so mehr die Leitung von Vereinen zu verurtheilen, die Geschäftsverbindungen anknüpfen, aus denen ein die Verhältnisse übersteigendes Risiko erwächst. Der Vorstand einer kleineren und mittleren Genossenschaft, an die ein Industrieller mit großem Kreditbedürfniß herantritt, wird sich stets die Frage vorlegen müssen: wie kommt der Mann zur Genossenschaft, versagen ihm seine alten Verbindungen, und weshalb? Wenn die Banken sein Kreditbedürfniß nicht befriedigen konnten oder wollten, denen doch größere Mittel und genauere Kenntniß seines Geschäfts zu Gebote stehen, wie sollen oder wollen wir dies unternehmen, und ein Risiko uns aufladen, welches von diesem einzigen Engagement aus die Existenz der ganzen Genossenschaft bedroht? — Kommt nun gar noch hinzu, daß ein solcher Kunde nicht einmal im Orte, wo die Genossenschaft ihren Sitz hat, sondern an einem größeren Handelsplatze wohnt, oder wenigstens seinen Hauptverkehr nach dort hat, seine Wechsel dorthin zieht, so wird die Vermuthung, daß das ganze Verhältniß faul ist und die Genossenschaft nur in große Verluste stürzen wird, wohl in den meisten Fällen zutreffen. Unter allen Umständen haben sich daher die Vorstandsmitglieder der genauesten Prüfung der Verhältnisse zu unterziehen und ohne genügende Sicherstellung und Begrenzung des gesuchten Kredits sich auf keine derartigen Geschäfte einzulassen.

Eine Kreditgenossenschaft aber gar, in welcher dem von dem kleinen Handwerker oder Landwirth beanspruchten Kredit nicht die gleiche Aufmerksamkeit geschenkt wird, wie dem Kredit des begüterten Mannes — in welcher jene Klassen sich nur als geduldete Mitglieder fühlen, an denen „nichts zu verdienen ist" — in welcher man sich diesen Klassen verschließt, sie abweist, eine solche Kreditgenossenschaft hat den Anspruch verwirkt, sich noch weiter Genossenschaft nach Schulze-Delitzsch-schem System nennen zu dürfen.

Um eine solche Entartung der Genossenschaft zu vermeiden, um auch hier den Grundsatz der Selbstverwaltung der Mitglieder in den Vordergrund zu stellen und daselbst zu erhalten, ist eine besondere Vorsichtsmaßregel nothwendig. Man läßt nämlich die Generalversammlung, je nach dem Geschäftsstande, von Zeit zu Zeit die Summe bestimmen, welche durch die gleichzeitig bei einem Kunden ausstehenden Kredite zusammen nicht überstiegen werden darf, eine Maßregel, welche nicht nur verhängnißvollen Ausschreitungen der Vorstände, sondern auch dem Andrängen der bezeichneten Klasse von Kunden von selbst ein Ziel setzt. Als maßgebend für Bestimmung dieser Summe wird aber am füglichsten ein gewisser Theil des Reservefonds angenommen, indem dadurch das Verhältniß eines jeden solchen einzelnen Risikos zu den Kräften der Genossenschaft am besten bei den Mitgliedern zum Bewußtsein gelangt.

Allerdings läßt sich damit nicht ein Normalsatz für alle Vereine bestimmen; ein neugegründeter Verein mit einem kleinen Reservefonds wird über denselben bei der Kreditgewährung hinausgehen müssen und bei entwickeltem Verein darf der große Reservefonds nicht die Veranlassung sein, zu hohe Kredite zu gewähren. Nur als Regel gilt, daß der Reservefonds den Maßstab für die Bestimmung der Grenze der Kreditgewährung an ein Mitglied abgeben soll.

Diesen stets den Kreditgenossenschaften empfohlenen Rathschlägen entspricht die Bestimmung in § 47 des Gesetzes.

Die Generalversammlung hat festzusetzen

> die Grenzen, welche bei Kreditgewährungen an Genossen eingehalten werden sollen.*)

---

*) Der Allg. Genossenschaftstag zu Gotha (1894) hat den Kreditgenossenschaften empfohlen:

„die nach der Bestimmung in § 47 des Gen.-Ges. durch die Generalversammlung für die Kreditgewährung an Genossen festzusetzende Grenze in der Regel nicht über den Betrag des Reservefonds der Genossenschaft zu bemessen."

Pflicht von Vorstand und Aufsichtsrath ist es, unter Berücksichtigung der vorstehenden Grundsätze die Mitglieder über die Bedeutung der Festsetzung der Grenze für die Kreditgewährung aufzuklären, nicht dabei über die Verhältnisse der Genossenschaft und der Mitglieder hinauszugehen, deren berechtigtes Kreditbedürfniß zu befriedigen, Aufgabe der Genossenschaft ist. Verletzung dieser Pflicht macht die Mitglieder vom Vorstande und Aufsichtsrathe verantwortlich. Für alle Arten der Kreditgewährung hat die Generalversammlung die Grenze festzusetzen. Da nun aber nicht zu verkennen ist, daß das Risiko ein verschiedenes ist, daß in der Regel die Beleihung von guten Werthpapieren sicherer ist, als die Diskontirung von Geschäftswechseln oder die Gewährung eines Darlehens gegen Bürgschaft, so wird es bei entwickelteren Kreditgenossenschaften zweckmäßig sein, durch die Generalversammlung für die verschiedenen Arten der Kreditgewährung je nach der Gattung der Sicherheit eine verschiedene Grenze festsetzen zu lassen, ohne daß man bei der höchsten Grenze und der sichersten Kreditgewährung über die Verhältnisse der Genossenschaft hinausgehen darf. Außer den Grenzen für die verschiedenen Arten der Kreditgewährung muß gleichzeitig auch die Grenze für die Gesammtbelastung bestimmt werden. Daß Bürgschaftsübernahmen in diese Grenzen nicht einzuziehen sind, ist selbstverständlich.

Dieser Beschluß der Generalversammlung braucht nicht jedes Jahr erneuert zu werden, man läßt ihn bestehen, bis eine Aenderung erforderlich wird.

Noch ist das Verfahren einiger Genossenschaften zu erwähnen, welche die Höhe der Kredite ihrer Mitglieder von der Höhe der Geschäftsguthaben derselben abhängig machen, indem sie ein Vielfaches der letzteren — das Zwanzigfache oder mehr — als Grenze hierbei innehalten. Wir können dies nicht als richtigen Maßstab anerkennen, weil es den vielseitigen Rücksichten, die hier den Ausschlag geben müssen, zu wenig Spielraum läßt. Es genügt eine solche Begrenzung der Kreditgewährung auch nicht der Vorschrift in § 47 des Gesetzes. Daß freilich das Verhalten eines Mitgliedes zu den Einzahlungen auf den Geschäftsantheil bei der Kreditertheilung nicht unberücksichtigt bleiben kann, weil es einen Schluß auf Pünktlichkeit und Ordnung in seinen Geschäften zuläßt, ist gewiß. Wer namentlich die Kreditgewährung im höchst zulässigen Maße beansprucht, von dem ist es gewiß nicht zu viel gefordert, daß er seinen Geschäftsantheil auch voll einzahlt, und es mag daher auch angebracht sein, einen bestimmten Prozentsatz — vielleicht ½ oder 1 % — des beanspruchten Kredits zur Bildung des Geschäftsantheiles einzubehalten, wenn dieser noch nicht den statutarischen Betrag erreicht hat (vgl. § 48 Anm. 3 Musterstatut).

II. Befristung.

Was die Fristen anlangt, auf welche die Kredite zu bewilligen sind, so wird man das Bedürfniß der Kreditnehmer mit der Leistungsfähigkeit der Genossenschaft in Einklang zu bringen haben.

Dabei ist als allgemein anerkannter, von keiner Seite mehr bestrittener Grundsatz vorauszuschicken, daß die Kreditgenossenschaft Realkredit zu gewähren nicht im Stande ist. Ihr fehlt die dazu nothwendige sichere kapitalistische Grundlage, die unabhängig von den zeitigen Mitgliedern und Gesellschaftern ist; der der Genossenschaft eigenthümliche wechselnde Mitgliederbestand kann zu erheblichen Schwankungen im Vereinsvermögen führen (vgl. auch S. 43 ff.). Es bleibt hier also nur die Befristung des Personalkredits zu prüfen. Dabei treten natürlich zunächst diejenigen Fristen in den Vordergrund, die der Verein selbst im Durchschnitt bei seinen Anleihen genießt, da er in der Regel seinen Schuldnern keinen längeren Kredit gewähren soll, als ihm selbst von seinen Gläubigern zugestanden wird, worüber wir auf die nähere Ausführung S. 51 ff. verweisen. Nun erhalten nur in seltenen Fällen, besonders neue Vereine und solche mit geringem eigenen Vereinsvermögen, fremde Gelder auf längere als dreimonatliche Kündigung, und es wird sich daher dann meist von selbst verbieten, den Darlehensnehmern eine andere, als höchstens dieselbe Frist zu gestatten. Daß die genannte Frist sich so ziemlich als allgemeine Regel bei der fraglichen Art des Geldverkehrs Geltung verschafft hat, beruht übrigens keineswegs auf bloßer Willkür, sondern auf entschieden in der Natur des Personalkredits liegenden inneren Gründen, welche man einerseits auf einen gewissen durchschnittlichen Geschäftsumsatz im Verkehr, dem dieser Kredit vorzugsweise dient, andererseits darauf zurückbeziehen kann, daß man das unterlaufende Risiko hierbei nicht auf eine längere Frist, als durchaus nothwendig, auszudehnen geneigt ist, weil sich innerhalb einer solchen die Vermögensumstände des Schuldners leichter zum Nachtheile des Gläubigers ändern können, ohne daß der letztere dies so leicht vorzusehen und zu berechnen vermag. Aber eben deshalb, weil der Verein die Bestimmung hat, seinen Mitgliedern auf deren Personalkredit Darlehen zu gewähren, wie er auf diesen selben Kredit hin sich das Geld dazu verschafft, werden die Darlehensnehmer den im Wesen des Personalkredits liegenden Bedingungen sich um so williger zu fügen haben, als dieselben im Allgemeinen auf die Verkehrsverhältnisse berechnet sind, in denen sie sich bewegen, und die ihnen durchschnittlich die Innehaltung der gestatteten Fristen ermöglichen. In der That leistet man von diesem Gesichtspunkte aus manchen Darlehensnehmern, besonders aus dem kleinen Gewerbestande, sogar einen Dienst, wenn man sie durch die Nothwendigkeit kürzerer Zahlungsfristen in die Lage versetzt, öfter einmal Abschlüsse in ihrem Geschäfte machen zu müssen. Ihnen auf lange Zeit Kredit geben, hieße in vielen Fällen nur der Nachlässigkeit und Unordnung Vorschub thun, und es ist weit besser, wenn man die Leute anhält, mit den eingegangenen Geldern sobald als möglich das genommene Darlehen abzuzahlen, da sie die zu den neuen Geschäften erforderliche Summe ja jederzeit von der Genossenschaft wieder erhalten können, und nur auf diese Weise sich an Pünktlichkeit und einen festen Plan und Ueberschlag in ihrem Gewerbebetriebe gewöhnen. Als nicht zweckmäßig hat sich dabei in der Regel die Vereinbarung ratenweiser Rückzahlung der Darlehen in mehreren Terminen bewiesen. Nicht nur, daß die immer mehr durchgreifende Einführung des Wechsels dieselbe verdrängte, wurde sie zudem fast niemals benutzt. Gerade bei der Klasse der kleinen Gewerbetreibenden verlangt der Geschäftsumsatz eher eine Fristverlängerung, so daß in der Regel erst bei Prolongation auf eine ratenweise Abzahlung wird zu denken sein, worauf wir unter III zu sprechen kommen.

Mit der Erstarkung der Vereine, der Vergrößerung des Vereinsvermögens, dem Sinken des Zinsfußes aber hat sich die Stellung der Vereine bei Aufnahme der fremden Gelder derart verbessert, daß, wie wir oben hervorhoben, bei richtiger Geschäftsführung kaum irgendwo von einem Geldmangel die Rede ist, eher der gegentheilige Fall eintritt, daß den Vereinen mehr Geld zufließt, als oft in ihrem Interesse liegt. Diese günstige Stellung hat den Vortheil gehabt, daß die Vereine in die Lage kamen, längere Kündigungsfristen bei ihren Gläubigern auszubedingen, nicht selten werden ihnen Gelder mit sechsmonatlicher, ja zuweilen schon mit einjähriger Kündigungsfrist angeboten und die Vereine haben diesen Vortheil wahrgenommen, sie haben, was nur zu billigen ist, lieber einen höheren Zins gegeben und dafür eine längere Kündigungsfrist erhalten, so daß sie nun auch ihrerseits ihren Mitgliedern bei der Ausleihung mit Darlehen auf längere Fristen entgegenkommen können. Dies war besonders wichtig für die Heranziehung der Landwirthe als Mitglieder, denn ist auch grundsätzlich zwischen dem gewerblichen und landwirthschaftlichen Kredit kein Unterschied, so kann doch nach der Natur des Betriebes der Landwirth in der Regel erst nach 9 bis 12 Monaten an die Rückzahlung denken, da sein Betriebskapital sich zum größten Theil nur einmal im Jahre umsetzt.*)

Auch die Handwerker und sonstigen Gewerbetreibenden ziehen aus diesen längeren Kündigungsfristen Nutzen, da die Genossenschaft leichter auf die Prolongation und damit ratenweiser Abzahlung einzugehen vermag, wenn sie nicht fürchten muß, dadurch ihre Liquidität, d. h. die Fähigkeit, stets entsprechende Kapitalien zur Befriedigung ihrer Gläubiger zur Verfügung zu haben, zu beeinträchtigen.

III. Prolongationen.

Daß natürlich Fälle vorkommen werden, wo der Anspruch des Darlehensnehmers, ihm das Geld länger als die erwähnten Fristen zu lassen, ebenso vom Standpunkte seines Gewerbebetriebes berechtigt, als in Bezug auf die Genossenschaft ohne Gefahr sein kann, läßt sich nicht in Abrede stellen. Bei einem nicht geringen Theile der Kredite wird die Genossenschaft sogar sogleich mit der Nothwendigkeit der Prolongation rechnen müssen, das liegt in den wirthschaftlichen Verhältnissen der für die Kreditgenossenschaft in Betracht kommenden Kunden. Dennoch darf man sich dadurch nicht verleiten lassen, die Fristen von Haus aus über die bezeichneten Grenzen auszudehnen, da man in der Prolongation eines Darlehens, in dessen Verlängerung auf eine neue Frist, das Mittel besitzt, jedem einzelnen begründeten Verlangen dieser Art gerecht zu werden, ohne daß man dadurch die angedeuteten Gefahren über den Verein heraufbeschwört. Demgemäß ist denn auch bei den meisten Vereinen die Prolongation einmal bewilligter Darlehen, jedes Mal natürlich höchstens auf dieselbe Frist, bis auf welche die erste Bewilligung gestattet ist, also etwa bis auf 3 Monate, zugelassen, und man erlangt dadurch, im Gegensatze zu einer gleich beide Fristen in sich fassenden Bewilligung von Haus aus, den

*) Vgl. S. 164.

großen Vortheil, mit Eintritt des ersten Zahlungstermins die Verhältnisse des Geldmarktes wie der Genossenschaft einerseits und die der Schuldner andererseits einer wiederholten Prüfung unterwerfen und, je nach deren Ausfall, entweder das Risiko noch einmal auf neue Frist übernehmen, oder auf sofortige Zahlung dringen zu können. Denn daß auf Bewilligung der Prolongation den Darlehensnehmern kein Anrecht ertheilt werden darf, dieselbe vielmehr, wie ein neues Darlehen, von der Erwägung und Beschlußnahme der Vereinsvertreter abhängt, versteht sich von selbst.

Und wie man diese Rücksicht dem Interesse der Genossenschaft schuldet, wird sie auch zu Gunsten des für unsere Vereine so überaus wichtigen Institutes der Bürgschaft in das Auge gefaßt werden müssen. Unzweifelhaft brächte man die Bürgen, ebensogut wie die Genossenschaft, durch lange Fristertheilung, innerhalb deren sich die Verhältnisse der Schuldner leichter zu ihrem Nachtheile ändern können, in eine schlimmere Lage, als dies bei kürzeren Rückzahlungsterminen der Fall ist, die mit Rücksicht auf sichere Umsätze und Einnahmequellen der Schuldner bestimmt sind. Auf ein Jahr hinaus wird Jemand viel weniger geneigt sein, eine Bürgschaft zu übernehmen, als auf 3 Monate, wo der Schuldner voraussichtlich in seinem Nahrungsstande nicht so leicht in einem Grade zurückkommen kann, daß der Bürge Gefahr läuft. Wird dann die Prolongation des Darlehens nachgesucht, so ist dies eben die beste Gelegenheit einer seitens des Bürgen so gut wie der Genossenschaft vorzunehmenden Prüfung der Verhältnisse des Schuldners, ehe er in die Prolongation willigt, da dieselbe ohne seine Genehmigung nicht ertheilt werden sollte, er es also vollkommen in der Gewalt hat, durch seine Weigerung die sofortige Klageanstellung gegen den säumigen Schuldner zu einer Zeit zu veranlassen, wo die Beitreibung des Darlehens von demselben noch möglich ist.

Die Rücksichten auf die Sicherheit der Genossenschaft und des Bürgen fordern es, daß man nicht den Bürgen sich von vornherein mit allen Prolongationen einverstanden erklären läßt, denn man kann sich nicht darauf verlassen, daß der Bürge am Fälligkeitstage selbstständig prüft, ob er gegen weitere Prolongation Einspruch erheben und Befreiung von der Bürgschaft fordern soll. Kommt aber ein Bürge in Schaden, dann wird er Bekannte und Freunde vor jeder Bürgschaftsübernahme warnen und das Ansehen der Genossenschaft beeinträchtigen, er wird zu einem Feinde der

Genossenschaft und diese wie ihre Mitglieder haben den Nachtheil davon (vgl. S. 192). Es ist gewiß richtig, daß ein Bürge, der sich der Folgen eines Einverständnisses mit weiteren Prolongationen bewußt ist, dasselbe niemals abgeben wird. Wenn daher zuweilen behauptet wird, die Bürgen verzichten gern auf ihre jedesmalige Zustimmung, wegen der damit verbundenen Weitläufigkeiten, so müßte immer hinzugesetzt werden, die Bürgen sind sich der Bedeutung ihrer Handlungsweise nicht bewußt; und solche Bürgen sind auch von geringerem Werthe. Allerdings liegt in der jedesmaligen Beibringung der Genehmigung des Bürgen zur Prolongation ein Erschwerniß, aber ein solches, welches im Interesse der Betheiligten geboten ist.

Verfehlt ist es schließlich auch, wenn die Genossenschaft sich darauf verläßt, daß der Bürge den Wechsel unterschrieben hat und folglich bis zu dessen Verjährung wechselrechtlich haftbar bleibt, ohne Rücksicht auf Prolongationen, welche die Wechselordnung gar nicht kennt. Das ist nur formell zutreffend, denn aus dem Wechsel bleibt der Bürge allerdings verhaftet, aber ihm bleiben die Einreden erhalten (Art. 82 W.-O.) und er kann auch die Genossenschaft im ordentlichen Prozesse in Anspruch nehmen, weil der Vorstand durch seine Handlungsweise dem Schuldner gegenüber die Interessen des Bürgen verletzt hat.*) Solche Prozesse müssen unter allen Umständen, ohne Rücksicht auf ihren Ausgang, vermieden werden, denn sie schädigen den Ruf der Genossenschaft.

Das Erschwerniß der Einholung der Genehmigung des Bürgen läßt sich auf das geringste Maß zurückführen. Freilich verdient es den Vorzug, bei jeder Prolongation einen neuen Wechsel ausstellen zu lassen, der dann auch von dem Bürgen zu unterschreiben ist, und bei vielen Genossenschaften ist dies üblich, doch andererseits genügt es wohl auch, wenn man den ausgestellten Wechsel behält und nur fordert, daß der Schuldner, wenn er die Prolongation beantragt, die schriftliche Genehmigung des Bürgen zu derselben beibringt. Dabei sind natürlich Urkunden-Fälschungen durch den Schuldner nicht ausgeschlossen, und es muß denselben nach Möglichkeit vorgebeugt werden. Dies läßt sich am besten erreichen, wenn der Bürge im Geschäftslokal erscheint und hier die Genehmigungsurkunde unterschreibt. Das wird aber sehr

*) Hier ist immer vorausgesetzt, daß ein eigener Wechsel ausgestellt ist, (S. 139), bei gezogenem Wechsel muß es selbstverständlich zur Aenderung des Geschäfts kommen (S. 141).

beschwerlich, wenn es sich um Landwirthe handelt und der Bürge entfernt von dem Sitze der Genossenschaft wohnt, dann wird man sich auch schließlich mit der vom Schuldner beigebrachten Genehmigungsurkunde begnügen, und nur sorgfältig die Unterschrift vergleichen. Genossenschaften mit Landwirthschaft treibenden Mitgliedern jedoch sollten, wie oben S. 164 ff. dargelegt ist, Vertrauensmänner in den verschiedenen ländlichen Bezirken haben, durch welche sie mit ihren dort wohnenden Mitgliedern geschäftlich verkehren, diese Vertrauensmänner sind auch Urkundspersonen, vor ihnen hätte daher der Bürge die Genehmigungsurkunde zur Prolongation auszustellen (vgl. Formular 24 und 25).

Bei alledem ist aber Eines unbedingt festzuhalten, was, wenn es nicht mit unnachsichtlicher Strenge gehandhabt wird, den unheilvollsten Einfluß auf das Gedeihen der Vereine ausübt und die im Vorigen wegen Höhe und Befristung der Kredite gegebenen Vorsichtsmaßregeln wieder zu nichte macht. Die Darlehen dürfen weder im Wege der Prolongation, noch sonst durch Umgehung der Zahlungsfristen zu festen Kapitalanlagen bei den Schuldnern werden, wie dies leider noch in einer ganzen Anzahl von Vereinen mehr oder weniger geduldet wird. Selbst wo man die vorgeschlagenen Fristen bei Ertheilung von Prolongationen der Form nach innehält, geschieht es, daß das gegebene Darlehen zu gleicher Zeit als abgezahlt und unter anderer Nummer als von Neuem gewährt aufgeführt, und die Schuld so auf Jahre hinaus verschleppt wird. Dieses Verfahren ist um so gefährlicher, als seine Folgen meist erst dann hervortreten, wenn es schwer oder unmöglich geworden ist, Abhilfe zu schaffen. Und indem man so die Grenzen des Personalkredits, auf dessen Gewährung die Vereine ihrer eigenen Existenz halber sich beschränken müssen, überschreitet, trägt man obenein wesentlich zur Demoralisirung der Mitglieder bei, zu deren Gunsten das Statut umgangen wird, und schafft sich selbst eine Lage, die früher oder später das Vereinsleben in immer ungesundere Bahnen treibt. Denn komme man einmal solchen Kunden, die man an ein solches Hinziehen gewöhnt hat: sie weisen sicher das Ansinnen der Zahlung, wenn endlich der Verein selbst das Geld dringend bedarf, als etwas Unerhörtes, Unberechtigtes, was lediglich auf ihren Ruin abziele, zurück. Haben sie doch ihre Zinsen rc. richtig bezahlt, Bürgen gestellt — meist die alten, denen sie ihrerseits wiederum zu denselben Geschäften dieselben Dienste leisten — sie sind sicher, wie kann man Zahlung von ihnen fordern! Daß mit solcher Kreditgewährung Schlaffheit und Unordnung in den Geschäften, und damit das Zurückkommen in Nahrung und Erwerb Hand in Hand gehen, ist leicht einzusehen, und so wird die Forderung von Jahr zu Jahr schlechter, ihr Eingang immer gefährdeter, je länger sie aussteht, bis die mindeste Veranlassung den Schaden bloßlegt und oft durch eine Reihe von Verlusten zur Umkehr nöthigt.

Eines der besten Mittel hiergegen besteht darin, daß man bei jeder Prolongation eines Darlehens stets eine Abschlagszahlung, und sei es nur von 5—10 % des ursprünglichen Darlehensbetrages fordert, und ihre Abzahlung mit unnachsichtlicher Strenge betreibt, wenn nicht ganz besondere Umstände eine Stundung rechtfertigen, wie es z. B. bei Landwirthen im Falle einer Mißernte geschehen kann. So hat denn auch der Allg. Genossenschaftstag zu Gotha (1894) die Kreditgenossenschaften dringend aufgefordert: „auf der pünktlichen Rückzahlung der auf bestimmte Zeit gegebenen Darlehen zu bestehen und Rückstände an Kapital und Zinsen nicht aufkommen zu lassen; Verlängerung der Rückzahlung der gewährten Darlehen in der Regel nur gegen angemessene Abzahlung und bei Darlehen gegen Bürgschaft stets nur mit ausdrücklicher Zustimmung des Bürgen zu bewilligen.“

Ueber Prolongationen bei Wechseln ist das Nöthige S. 140, 141 vorgebracht.

Elftes Kapitel.

Beschränkungen der Kreditgewährung und Sicherstellung der Ausleihungen.

I. Beschränkungen.

Bei den Maßregeln zur Verhütung von Verlusten muß vor Allem die Beschränkung des Geschäftsbetriebes auf die den vorhandenen Mitteln, wie dem Charakter unserer Volksbanken entsprechenden Geschäfte von den Vorstandsmitgliedern fest im Auge behalten werden. Unter Verweisung auf die im I. Abschnitt des vorigen Kapitels enthaltenen Warnungen, mit der Höhe der Ausleihungen nicht in den Bereich der Großbanken überzugreifen, kommen wir wiederholt auf das schon früher über die Bestimmung der Genossenschaften Angedeutete zurück. Nichts tritt dem Umsichgreifen der wirthschaftlichen Demoralisation, deren verheerende Spuren stets störend in die nationale Entwickelung eingreifen, wirksamer entgegen, als eine Organisation des Kredits, vermöge deren sich derselbe allen ungesunden Verkehrsstrebungen versagt. Dahin gehört das Börsenspiel in seinen verschiedenen Zweigen, alle auf Gewinn ohne redliche Arbeit, auf eine mühelose Existenz auf Anderer Unkosten gerichteten Unternehmungen und Geschäfte, wodurch das Wirthschaftsleben von seiner sittlichen Basis abgelenkt wird, ohne welche es weder in sich selbst Bestand gewinnen, noch den höheren Aufgaben des Menschendaseins seine Dienste erweisen kann. W a s s i t t l i c h s c h l e c h t i s t, d a s w i r k t z u g l e i c h i n a l l e n F ä l l e n w i r t h s c h a f t l i c h v e r n i c h t e n d, dies beweist jede wirthschaftliche Krisis. Der Kredit in seiner Wurzel, in Treu und Glauben getroffen, ist auf lange geschwächt, in ihm die Seele alles Verkehrs. Trifft aber schon die Großbanken ein Vorwurf, wenn sie sich zu leichtfertigen Geschäften hergeben, um wieviel mehr würde er bei ähnlichem Treiben unsere Volksbanken belasten. Dazu berufen, dem kleinen und mittleren Gewerbestande die Segnungen des Kredits zu eröffnen, an der wirthschaftlichen Erziehung zahlreicher Volksklassen zu arbeiten, würden sie das Unheil in die weitesten Kreise hineintragen und dazu helfen, daß der Kern des

Volkes von dem Taumel erfaßt würde. Nun ist nicht zu leugnen, daß zu einer solchen Richtung im Allgemeinen die Kreditgenossenschaften auch nicht hinneigen, und es dürfte wohl kaum eine einzige geben, welche nicht die Spekulation in Effekten u. dergl. prinzipiell als Geschäftszweig ausschlösse. Sind im Andrange des fremden Kapitals und verlockender Strömung Ausschreitungen hierbei vorgekommen, so sind sie doch immer vereinzelt geblieben. Gleichwohl wird eine unablässige Mahnung in dieser Hinsicht seitens der Leiter der Bewegung je nach dem Gange der Dinge stets am Platze sein, um das Bewußtsein ihrer Aufgabe in den Kreditgenossenschaften lebendig zu erhalten.

Eine andere zu den allgemeinen Sicherungsmaßregeln gehörende Forderung wird durch die Stellung gewisser Personen zu den Vereinen bedingt. Liegt, wie S. 162 ff. ausgeführt wurde, die Bewilligung der Kredite wesentlich in den Händen des Vorstandes, so schließt sich mit Nothwendigkeit das Verbot an, daß den Vorständen, so lange sie sich in dieser Stellung befinden, Darlehen oder Kredite in irgend einer Form aus der Genossenschaft gewährt werden, denn sie würden sich selbst den Kredit gewähren. Und wie will man von einem Vorstandsmitgliede, das für sich selbst den Kredit in Anspruch nimmt, Strenge und Unparteilichkeit bei der Kreditgewährung an die Mitglieder erwarten, wo es gewärtig sein muß, von diesen zu hören, daß es gegen sich selbst weniger streng als gegen Andere ist! Wie kann man glauben, daß ein solches Vorstandsmitglied bei der Aufnahme der Inventur alle schlechten Forderungen abstreicht, wenn es vielleicht bei seinen eigenen Schulden anfangen müßte! Man kann einwenden: Die Gewährung des Kredits hängt doch aber von der Genehmigung des Aufsichtsrathes ab, das betreffende Vorstandsmitglied darf bei der Entscheidung des Vorstandes über den Kreditantrag nicht mitwirken. Ein ganz haltloser Einwand, der nur zeigt, wie wenig man die Beziehungen zwischen Vorstand und Aufsichtsrath würdigt! Auch die Aufsichtsrathsmitglieder werden Kredit beanspruchen — wo bleibt dann ihre Selbstständigkeit den kreditbegehrenden Vorstandsmitgliedern gegenüber? Werden sie sich nicht von dem Gedanken leiten lassen, daß ein Entgegenkommen ihrerseits mit entsprechender Rücksichtnahme bei dem Vorstande wird vergolten werden? Und man denke sich den Fall, daß ein Vorstandsmitglied für den empfangenen Kredit unsicher wird — dann werden die Kollegen und der Aufsichtsrath zunächst Alles thun, um nichts davon in die Oeffentlichkeit gelangen zu lassen; die Erfahrung hat es zur Genüge bewiesen, daß der Kredit noch vergrößert wird, in der Hoffnung, die alte Forderung zu retten! Hätten in solchem Falle noch alle Betheiligten die Energie, einzuschreiten — aber freundschaftliche, verwandtschaftliche, gesellige Beziehungen, ja auch die Rücksicht auf das Gerede, den Ruf der Genossenschaft lassen den entscheidenden Schritt immer weiter hinausschieben, bis es zu demselben überhaupt zu spät ist. Daher verzichte man lieber auf eine anscheinend für den Vorstand sehr geeignete Persönlichkeit — wenn eine auf den Kredit bei der Genossenschaft angewiesene Persönlichkeit zu dieser Stellung geeignet ist — als daß man sie in den Vorstand wähle.

Wir rathen aus diesen Gründen allen Vorschuß- und Kreditvereinen ohne Ausnahme, das Verbot der Kreditgewährung an die Vorstandsmitglieder in ihre Statuten aufzunehmen und seine Verletzung durch die Vorstände mit sofortiger Entlassung zu ahnden.

Wo man gleichwohl ohne Kreditgewährung an Vorstandsmitglieder nicht glaubt auskommen zu können, da wähle man dann wenigstens die Vorsichtsmaßregeln, die wir sogleich für die Kreditgewährung an Aufsichtsrathsmitglieder besprechen werden. Außerdem ist § 37 d. Ges. zu beachten, wo bestimmt ist, daß jede Kreditgewährung an ein Mitglied des Vorstandes der Genehmigung des Aufsichtsrathes bedarf, soweit dieselbe nicht durch das Statut an noch weitere Erschwernisse geknüpft oder ausgeschlossen ist. Der Genehmigung des Aufsichtsrathes bedarf es also unter allen Umständen.

Hinsichtlich der Mitglieder des Aufsichtsrathes ist die Kreditentnahme, wenn auch nicht zu verbieten, doch zu beschränken, was wir gleichermaßen allen Vereinen ohne Unterschied dringend empfehlen. Da die Mitglieder des Aufsichtsrathes bei der Kreditgewährung durch spezielle Genehmigung oder Aufstellung der Kreditfähigkeitsliste so wesentlich mitwirken, bedarf ihre eigene Kreditfähigkeit einer genauen und besonderen, nicht blos von den Einzelnen unter ihnen, sondern von ihrer ganzen Körperschaft unabhängigen Feststellung. Denn nach den gemachten Erfahrungen kommt es nicht selten vor, daß die Mitglieder des Aufsichtsrathes in längerem gemeinsamen Verkehr sich gegenseitig in einer Art näher treten, welche mit Wahrung der Vereinsinteressen nicht wohl verträglich ist. Und im Uebrigen gelten gegen die Kreditgewährung an die Aufsichtsrathsmitglieder wesentlich die gleichen

Bedenken wie bei den Vorstandsmitgliedern. Die Zusammenbrüche von Kreditgenossenschaften sind zum weitaus größten Theil auf hohe Kredite an Aufsichtsrathsmitglieder zurückzuführen.

Gleichwohl würden nur wenige Genossenschaften den Aufsichtsrath in geeigneter Weise besetzen können, wollten sie die Mitglieder dieses Organs von der Kreditentnahme ausschließen, und wenn wenigstens die Kreditgewährung an die Vorstandsmitglieder verboten wird, so fallen die Wechselbeziehungen mit Bezug auf die Kreditentnahme für die Vorstands- und Aufsichtsrathsmitglieder fort, was dem Vorstande eine gewisse Selbstständigkeit und Unparteilichkeit gegenüber den Kreditanträgen der Aufsichtsrathsmitglieder sichert. Damit ist aber die Sicherheit der Genossenschaft noch nicht genügend gewahrt. Dem Aufsichtsrathe muß jede Mitwirkung bei der Kreditgewährung an seine Mitglieder entzogen werden.

Deshalb scheint die nach dem Musterstatut (§ 56) zur Feststellung der ihnen zu gewährenden Höchst-Kredite zu wählende Einschätzungskommission als geeignetes Sicherungsmittel, das keinem Vereine fehlen sollte.

Es hat dann innerhalb dieser von der Einschätzungskommission aufgestellten Kreditfähigkeitsliste der Vorstand freie Hand; selbstverständlich entbindet diese Einschätzung den Vorstand nicht von der Prüfung in jedem Falle, die Einschätzung hat für ihn nur die Bedeutung, daß er über dieselbe bei der Kreditgewährung nicht hinausgehen kann.

Die Einschätzungskommisssion hat von Zeit zu Zeit — etwa alle drei Monate — die Liste zu revidiren und zu berichtigen, und muß ferner eine Kontrolle darüber ausüben, daß der Vorstand die gezogenen Grenzen einhält.

Die Einschätzungskommission wählt ihren Vorsitzenden und Schriftführer, und führt über ihre Sitzungen und die in denselben gefaßten Beschlüsse Protokoll.

Dies vorausgeschickt, kommen wir nun zu den üblichen Arten der Sicherstellung bei den einzelnen Geschäftsabschlüssen. Wenn man bedenkt, daß die durch deren Vernachlässigung verursachten Verluste zum nicht geringen Theil die weniger bemittelten Klassen treffen, welche nach Aufopferung ihrer oft mühsam aufgesammelten Einlagen noch mit ihrem sonstigen Vermögen für die Vereinsverpflichtungen haften, so wird man in dieser Hinsicht die entsprechenden Anforderungen stellen müssen.

Natürlich steht die Zahlungsfähigkeit der Kreditnehmer hierbei zuerst in Frage, wobei dann die geschäftliche und moralische Tüchtigkeit neben den Vermögensverhältnissen in Betracht kommt. Da dies eine eingehende Kenntniß der Verhältnisse der einzelnen Kunden voraussetzt, so hilft man sich dadurch, daß man entweder dem Aufsichtsrathe die Kreditbewilligungen des Vorstandes zur Genehmigung vorlegen, oder vom Vorstande und Aufsichtsrathe in gemeinsamer Sitzung eine sogenannte Kreditfähigkeitsliste aufstellen läßt, in welcher sämmtliche Mitglieder gleich bei ihrer Aufnahme rücksichtlich des Höchstbetrages abgeschätzt werden, der ihnen vom Vorstande kreditirt werden darf (vgl. S. 163). In beiden Fällen gewinnt man die Mitwirkung einer größeren Zahl von Männern, bei denen man die Berührung mit den verschiedensten Kundenkreisen, und daher eine größere Vertrautheit mit der Lage der Einzelnen erwarten darf. Wo die Verhältnisse so liegen, wie in kleineren und mittleren Orten, daß eine durchgreifende ungefähre Bekanntschaft der genannten Körperschaften mit der ökonomischen Lage der Mitglieder vorauszusetzen ist, ziehen wir die erstere Einrichtung, wie S. 163 ausgeführt ist, vor. Denn dadurch wird in jedem einzelnen Falle die Sache in die Hände eines lebendigen Organes gelegt, dessen Erwägungen der augenblicklichen, so sehr veränderlichen Lage entsprechen, während dies bei der ein- für allemal aufgestellten Kreditfähigkeitsliste, selbst wenn sie durch zeitweise Revisionen laufend gehalten wird, schwer in demselben Grade zu erreichen ist. Indessen darf der so gewonnene Halt für Beurtheilung der Zahlungsfähigkeit von der Sicherstellung keineswegs entbinden, auf der man schon deshalb in allen Fällen bestehen soll, damit nicht die einzelnen Mitgliedern, wenn auch in noch so unbedenklichen Fällen, gestatteten Ausnahmen zu gleichen Ansprüchen seitens Anderer führen. Vielmehr müssen, will man nicht in die unliebsamsten Zerwürfnisse gerathen, Alle von Haus aus daran gewöhnt werden, daß Kreditgesuche nie anders als unter angemessener Sicherstellung angebracht werden können. Und diese ist in allen Fällen, wenn der Kunde nur irgend in seiner wirthschaftlichen und sittlichen Haltung Sicherheiten bietet, erfahrungsmäßig auch für die am wenigsten bemittelten Mitglieder zu beschaffen, nämlich durch Bürgschaft.

Dabei ist freilich zu beachten, daß diese Art der Sicherheitsleistung nicht dahin führen darf, den Kredit allein nach ihr zu bemessen und einem nicht genügend Kreditwürdigen z. B. nur mit

Rücksicht auf den guten Bürgen den beanspruchten Kredit zu bewilligen. Dadurch würde die Stellung des Bürgen als Sicherheit aufgehoben werden, was weder mit den Interessen des Bürgen noch denen der Genossenschaft vereinbar ist, da letztere dann dem Grundsatze, nur gegen eine weitere Sicherstellung auszuleihen, untreu wird.

Vor einer Sicherheit ist hierbei zu warnen: es ist die Sicherstellung mit einer Lebensversicherungspolice. Oft ist für den Pfandnehmer damit die Gefahr verbunden, für den in Vermögensverfall gerathenen Versicherten die Prämie zu zahlen und damit das Sicherheitsobjekt immer weiter zu schmälern. Daher ist denn auch der wahre Werth eines solchen Pfandes sehr schwer zu schätzen, dazu gehören versicherungstechnische Kenntnisse, überdies beleihen auch die Versicherungsgesellschaften selbst ihre Policen nach deren wirklichem Werthe. Nur zur Rettung einer Forderung sollte man sich entschließen, eine Police als Sicherheit anzunehmen.*) (Vgl. für die Verpfändung Formular 28a.)

II. Bürgschaft.

In der That ist die Bürgschaft der unentbehrlichste Schlußstein bei Organisation des persönlichen Kredits, weil sie die einzig mögliche verantwortliche Kontrole über die Kreditwürdigkeit des Schuldners in sich begreift, wie ja auch die Großbanken anerkennen, wenn sie nur Wechsel diskontiren, welche die Unterschriften mehrerer guter Firmen tragen. Nichts sichert dem Vereine ein richtiges Urtheil über die Zahlungsfähigkeit der Darlehensnehmer besser, durch nichts übt er eine solche Kontrole über die in ihren Umständen etwa vorgehenden Veränderungen, welche ein strengeres und schleunigeres Einschreiten erfordern. Nie wird es einem ordentlichen, tüchtigen Handwerker und Landwirth, der durch ein Darlehen wirklich gefördert wird, bei dem wahrscheinliche Aussicht auf Wiederbezahlung vorhanden ist, an einem Bürgen unter seinen Genossen fehlen, da ja die Aushilfe in dieser Beziehung eine gegenseitige ist, überdies aber eine Schädigung des Bürgen meist den Ausschluß aus der Genossenschaft zur Folge hat, worauf dem ersteren das Geschäftsguthaben des Schuldners insoweit zu gut kommt, als der Verein dessen Betrag von der Schuld durch Kompensation kürzt, ehe er sich an den Bürgen hält (vgl. S. 86). Fehlen daher die Bürgen, so ist dies der sicherste Beweis, daß

*) Ueber die zu beachtenden Bestimmungen vgl. Blätter für Genossenschaftswesen 1892 Nr. 52, 1893 Nr. 16, 44, 46.

es entweder an der nöthigen Solidität des Darlehnssuchers gebricht, oder die verlangte Summe für seine Verhältnisse zu hoch ist, und muß ihm daher für solche Fälle überlassen bleiben, die Genossenschaft anderweit sicher zu stellen.

Aus diesen Erwägungen ergiebt sich, wie wichtig das Bürgschaftssystem für die Kreditgenossenschaften ist, die daher auch die Pflicht haben, die Bürgen nach Möglichkeit zu schonen und zu schützen. An anderer Stelle (S. 184) ist bereits darauf hingewiesen, wie gefährlich für den Ruf der Genossenschaft ein Bürge werden kann, der für den Schuldner hat zahlen müssen; daher ist es denn auch geboten, einem notorisch faulen Kunden auf einen guten Bürgen hin keinen Kredit zu gewähren.

Wenn die Uebernahme der Bürgschaft für die Schuld eines Anderen nur nach Feststellung der Insolvenz des Schuldners zur Deckung des Gläubigers verpflichtet, so kann dies nur dadurch geändert werden, daß der Bürge ausdrücklich erklärt, für die Schuld als Selbstschuldner*) haften zu wollen, wonach er vom Gläubiger bei Ausbleiben der Zahlung zur Verfallzeit mit Uebergehung des Hauptschuldners belangt werden kann (Formular 23). Uebrigens erfolgt die Bürgschaftserklärung entweder speziell für eine in sich bestimmte bereits feststehende Schuld, oder für das, was Jemand aus einer Geschäftsverbindung einem Anderen erst schuldig werden möchte. Im letzteren Falle ist es gerathen, dieselbe auf einen Höchstbetrag der Summe nach zu beschränken, wie dies (S. 159) beim Kontokorrentverkehr zur Sprache kam (Formular 36). Ebenso verweisen wir auf S. 139 wegen der im Wechselverkehr rücksichtlich der Bürgschaft zu ergreifenden Maßregeln.

Daß die Einwilligung der Bürgen bei Prolongationen der Hauptschuld erfordert werden muß (Formular 25), haben wir S. 184 hervorgehoben. Nicht nur, daß sich der Bürge, wenn dies unterbleibt, unter Umständen von seiner Verpflichtung losmachen kann, ist dies in allen Fällen eine Forderung der Billigkeit, welcher die Kreditgenossenschaften, bei der außerordentlichen Wichtigkeit des Bürgschaftsinstituts für ihre geschäftlichen Aufgaben, nachzukommen doppelt Ursache haben.

---

*) Nicht zu empfehlen ist die sog. Schadlosbürgschaft, welche eine Einschränkung der Haftung des Bürgen darstellt, denn sie ist bedingt durch den Ausfall, den der Gläubiger bei dem Hauptschuldner an seiner Forderung erleidet. Es ist dies eine Einschränkung, die auch nicht durch den Verzicht auf die Einrede der Vorausklage beseitigt werden kann.

III. Unterpfand.

Ehe wir auf die Pfandbestellung in ihren verschiedenen Arten eingehen, haben wir eine früher sehr gewöhnliche Praxis, die sogenannte Guthabenbeleihung, zu erwähnen, wonach die von den Mitgliedern auf Geschäftsantheil geleisteten Einzahlungen (Geschäftsguthaben) gewissermaßen als Pfänder für die von ihm entnommenen Darlehen betrachtet wurden, so daß man von jeder weiteren Sicherstellung bis zur Höhe dieser Guthaben absah. Nicht nur hat die Erfahrung gelehrt, daß bei eintretenden allgemeinen Verkehrskrisen, ebenso wie bei ungünstigem Geschäftsstande eines einzelnen Vereins, unter der Form dieser auf die Geschäftsguthaben entnommenen Darlehen massenhaft die Herausziehung der Guthaben aus der Genossenschaft Seitens solcher Mitglieder betrieben wurde, welche sich gar nicht in dem Falle befanden, eines Darlehens zu bedürfen, sondern lediglich sich dadurch ihrer Verpflichtung, für die Vereinsschulden mit aufzukommen, zu entziehen vermeinten. So wenig dies nun auch rechtlich zutraf, so wurde die Genossenschaft doch augenblicklich der bereiten Mittel dadurch beraubt und dem Andrange der Gläubiger gegenüber, wie er in den bezeichneten Lagen niemals ausbleibt, in die gefährlichste Lage versetzt. Aber abgesehen hiervon steht schon der Begriff eines Geschäftsguthabens, demgemäß man darunter den Antheil versteht, den Jemand in das Vermögen eines Handels-Unternehmens eingeworfen hat, der Beleihung desselben zu Gunsten des Inhabers entgegen, weil die Einlage dadurch ihrer ursprünglichen Bestimmung entzogen wird. Das Vereinsvermögen dient dem Kredit des Vereins, den Vereinsgläubigern gegenüber, zur Unterlage. Sobald daher die Vereinsmitglieder ihre Antheile daran als Sicherheit für den Kredit benutzen, den sie in ihrem Privatinteresse vom Vereine als dessen Schuldner beanspruchen, wird er seinem Zwecke entfremdet, in seiner Stellung verschoben. Um daher ihrer ausgesprochenen Bestimmung gerecht zu werden, dürfen diese Geschäftsguthaben mit keinerlei Verpflichtungen belastet sein.

Wie wesentlich dies für die Aufstellung des Vermögensstandes ist, wird man sich leicht klar machen, da ein so belastetes Vermögen vor Abzug der auf ihm haftenden Pfandrechte nicht als freies Vereinsvermögen gelten kann, und Forderungen, die nur mittelst dieses eigenen Vermögens gesichert sind, kaum zu den sicheren Aktiven gehören, da sie entstehenden Falls aus den Mitteln des Vereins, also des Gläubigers selbst, gedeckt werden müssen.

Es entspricht daher vollständig der Rechtslage und den den Genossenschaften bereits durch Beschluß des Allgemeinen Vereinstages zu Neustadt a. H. 1869 ertheilten Rathschlägen, wenn das Gesetz in § 22 bestimmt: „Das Geschäftsguthaben eines Genossen darf, so lange er nicht ausgeschieden ist, von der Genossenschaft nicht ausgezahlt oder im geschäftlichen Betriebe zum Pfande genommen werden."

Das gesetzliche Kompensationsrecht der Genossenschaft mit dem Geschäftsguthaben auf ihre fälligen Forderungen, die entstanden sind, ehe ein Dritter ein Recht auf das Geschäftsguthaben erworben hat, wird davon nicht berührt, die Geltendmachung der Kompensation aber setzt dann voraus, daß das betreffende Mitglied ausgeschieden ist und daß mit ihm die Auseinandersetzung mit Bezug auf das Geschäftsguthaben nach § 71 d. Ges. stattgefunden hat (vgl. auch oben S. 86 in dem Abschnitt „Geschäftsantheil der Mitglieder").

Wir gehen demnächst auf die beiden Hauptarten der Pfandbestellung über.

a) Hypotheken-Bestellung und Güterzielergeschäft.

Allerdings sind die früher der Legitimation der Vereine im Hypothekenverkehr entgegenstehenden Schwierigkeiten, welche dieselben nöthigten, ihre Hypothekenforderungen auf die Namen einzelner Mitglieder schreiben, und sich seitens dieser durch Revers decken zu lassen, für eingetragene Genossenschaften völlig behoben. Dennoch stehen dieser Art der Sicherstellung noch ernste Bedenken entgegen.

Zumeist sprechen die in den früheren Abschnitten gegen ein Kreditgeben auf längere Frist*) geltend gemachten Gründe im Wesentlichen gegen den eigentlichen Hypothekenverkehr bei den Vereinen. Denn, wenn man dabei auch allerdings sich z. B. eine dreimonatliche Kündigung vorbehalten kann, so ist dieselbe in der Regel nicht zu realisiren, und die Rückzahlung des Geldes, wenn es zur Zwangsvollstreckung mittelst Subhastation des Grundstückes kommt, nur in längerer Zeit zu erreichen. Vergegenwärtige man sich die grundverschiedenen Voraussetzungen, auf welchen der Personal- und Realkredit, der Kredit zur Ergänzung des umlaufenden, und der zur Ergänzung des stehenden Kapitals beruht,

*) Vgl. S. 181 „Befristung".

von denen wir hier nur Einiges flüchtig andeuten wollen. Wenn der Gewerbetreibende, der Kaufmann, Handwerker, Fabrikant, Landwirth u. s. w. Geld zu seinem Geschäftsbetriebe, zum Betrieb der Landwirthschaft leiht, um es in Waaren, Rohstoffen, Arbeitslöhnen rc. anzulegen, so muß er sich, will er anders bestehen, so einrichten, daß das angelegte Kapital binnen einer gewissen Zeit im Geschäfte wiederum gelöst wird, ihm, und zwar obenein mit Gewinn, wieder zufließt, was ihn sodann in den Stand setzt, seine Gläubiger zu befriedigen. Anders steht der Grundbesitzer, sei er Landwirth, sei er Hausbesitzer in einer Stadt, in Bezug auf das zu stehenden Anlagen, Meliorationen u. dergl. m. verwendete Kapital. Entweder bedarf er dessen zur Abzahlung von Kaufgeldern, oder zur Verbesserung seines Grundstücks. In beiden Fällen ist von einer baldigen Wiederherausnahme des Kapitals keine Rede, da das so angelegte Geld sich natürlich nicht, wie bei den oben angeführten Geschäften, wieder sofort ersetzt und sich herausziehen läßt, vielmehr nur dem Besitzer eine Rente gewährt, von der er dem Gläubiger den Zins zahlt und in der Regel noch einige Prozente Ueberschuß für sich behält, welche nur sehr allmählich zur Amortisation des Kapitals führen. Deshalb kann sich ein solcher Schuldner niemals auf Darlehen von kurzer Rückzahlungsfrist einlassen, weil ihm diese nichts helfen, und er durch die Kündigung nur in die Verlegenheit kommt, das Geld anderswoher sich wiederum darlehnsweise beschaffen zu müssen. Nun müßte aber ein Vorschußverein — der ja selbst in seinen Geschäftsguthaben, auf deren Rückgewähr an die ausscheidenden Mitglieder er gefaßt sein muß, kein dauernd gesichertes Kapital besitzt — um sich die Möglichkeit zu erhalten, seinen Gläubigern innerhalb der Frist gerecht zu werden, wo ihm selbst von diesen gekündigt werden kann, ein solches Darlehen gleich nur fest auf die entsprechende Zeit geben, wie er sonst bei seinen Darlehen thut, und darauf kann der Schuldner nicht eingehen. So sind die wesentlichen Voraussetzungen des Geldverkehrs bei unseren Vereinen für den Realkredit von Haus aus nicht wohl anwendbar und gefährdend nach beiden Seiten. Weil die ersteren ihr Betriebskapital wesentlich aus fremden Geldern, vielfach den Spareinlagen kleiner Leute bilden, und demnach der Kündigung in kürzeren Fristen jederzeit ausgesetzt sind, müssen sie sich auf den Personalkredit beschränken, dessen Bedingungen denen ihrer eigenen Geldbeziehung entsprechen. Um eine Hypothekenbank zu gründen, müßte man eine ganz andere Grundlage schaffen, indem dazu unerläßlich ein sehr bedeutendes unkündbares Kapital gehört, welches etwa in der Form von Aktien, die während einer geraumen Zahl von Jahren nicht aus dem Geschäfte gezogen werden dürfen, aufgebracht werden könnte.*)

Schließen wir aber den eigentlichen Realkredit gegen Hypothek für die Zwecke des Grundbesitzes auch grundsätzlich von den Vereinen aus, so bleibt doch noch die Frage übrig, ob dieser Besitz nicht zur Sicherstellung eines an sich zu gewerblichen Zwecken aufgenommenen Darlehens benutzt werden könne? — Nehmen wir einen Kaufmann, einen Handwerker, der damit Waaren oder Rohstoffe kauft, einen Landwirth, der den Kredit nicht zur Verstärkung seines Anlage- sondern seines Betriebskapitals — z. B. Ankauf von Sämereien, Futter, Dünger u. dergl. — benutzt, wo der Ersatz ja ebenfalls im Laufe des Wirthschaftsjahres erfolgt, so sind in dem rascheren Umschlage des verwendeten Kapitals die Erfordernisse vorhanden, von welchen die Volksbanken bei ihren Kunden im eigenen Interesse nicht abgehen dürfen. Denn überall haben sie es in den bezeichneten Fällen mit Personalkredit im eigentlichen Sinne zu thun, dessen auch Landwirthe bei der modernen, rationellen Betriebsweise immer weniger entbehren können, weshalb sich dieselben den Kreditgenossenschaften immer mehr zuwenden. Indessen verbietet sich doch auch für solchen Personalkredit die Eintragung einer Spezialhypothek für jedes einzelne auf etwa 3—6 Monate bemessene Darlehen, der großen Weitläufigkeiten und Kosten halber, welche die Bestellung und Löschung einer Hypothek verursacht. Vielmehr erscheint für einen solchen Fall, namentlich wenn der Schuldner, wie dies die Regel ist, in dauerndem Geldverkehr mit dem Vereine steht und mehrmals im Jahre Geld aufnimmt und zurückzahlt, nur die Bestellung einer allgemeinen hypothekarischen Kaution ausführbar, welche ein- für allemal den Verein bis zur Höhe einer gewissen Maximalsumme für alle dem Schuldner gegebene Darlehen innerhalb eines längeren Zeitraums sicherstellt**) (Formular 48). Daß freilich, wenn es gilt, eine gefährdete Forderung

*) Die Grundkreditfrage mit ihren Beziehungen zu den Kreditgenossenschaften ist in dem Werkchen von Schulze-Delitzsch behandelt: „Die Raiffeisen'schen Darlehns-Kassen in der Rheinprovinz ꝛc." Leipzig bei J. Klinkhardt 1875.

**) Es ist dabei freilich zu beachten, daß nicht in allen Rechtsgebieten die Bestellung einer solchen Kautions-Hypothek zulässig ist.

vielleicht noch durch Bestellung oder Uebernahme einer Hypothek zu retten, alle vorstehenden Bedenken zurücktreten müssen, bedarf kaum einer Erwähnung.

Ganz besonders sei aber vor der Beleihung industrieller Unternehmungen (Fabriken, Ziegeleien, Mühlen u. s. w.) gewarnt; deren Rentabilität hängt mehr oder weniger von äußeren Einflüssen ab, die die Vorstandsmitglieder einer Kreditgenossenschaft selten richtig zu beurtheilen wissen, ganz abgesehen davon, daß ihnen meist die technischen Kenntnisse zur Prüfung der Solidität des Unternehmens und der Brauchbarkeit der in demselben hergestellten Waaren fehlen. Die Beleihung solcher Unternehmungen, deren ganzer Werth meist nur in dem Betriebe selbst besteht, führt nur zu oft, wie die Erfahrung lehrt, die Genossenschaft in die Zwangslage, entweder große Verluste abzuschreiben oder den Betrieb zu übernehmen. Wo der letztere Weg eingeschlagen ist, hat damit zuweilen der Zusammenbruch der Genossenschaft begonnen: der Vorstand überschätzt die Kräfte der Genossenschaft, die immer größere Summen aufwenden muß, um den Betrieb zu unterhalten, andererseits fehlen auch die nöthigen kaufmännischen und technischen Kenntnisse, um den Betrieb fachmännisch zu leiten — bis dieser dann schließlich nicht mehr zu halten und nun der Zusammenbruch des industriellen Unternehmens auch den der Genossenschaft nach sich zieht.

Ein Geschäftszweig, der von den Genossenschaften mit ländlichen Mitgliedern in West- und Süddeutschland vielfach betrieben wird, ist der Ankauf von Gütersteiggeldforderungen (Güterzielern). Das Land wird in der Regel öffentlich versteigert; der Verkäufer findet aber unter den Landwirthen schwer einen Käufer, wenn Baarzahlung als Bedingung gestellt wird. Daher wird gegen Ausstand auf mehrere Jahre und ratenweise Abzahlung des Kaufpreises verkauft. Dann wird das Verkaufsprotokoll veräußert, d. h. gegen eine vereinbarte Summe mit allen sich daraus ergebenden Rechten auf den Erwerber des Protokolls übertragen; dieser fordert für die sofortige Baarzahlung an den Verkäufer des Grundstücks eine Provision, um die er den Kaufpreis kürzt und zieht dann die Kaufschillinge und Zinsen bei Fälligkeit von dem Käufer des Landes ein. Als Sicherheit dient neben den Personen das Grundstück. Der Ankauf von solchen Verkaufsprotokollen (Gütersteiggeldforderungen) durch die Kreditgenossenschaften trägt zweifellos auf dem Lande einem lebhaften Bedürfniß

Rechnung, indem hierdurch den Verkäufern von Grundstücken das Kaufgeld flüssig gemacht wird, auf dessen Eingang sie anderenfalls Jahre lang warten müßten, sofern sie es nicht vorzögen, gewerbsmäßigen Ankäufern eine mehr oder weniger hohe Vergütung zu zahlen. Es soll daher gegen diesen Zweig der Thätigkeit grundsätzlich kein Bedenken erhoben werden. Andererseits sei jedoch gerade für diese Geschäfte den Vereinen ganz besondere Vorsicht empfohlen. Mit den Güterzielen erwerben die Vereine Forderungen, deren Eingang in erster Linie durch das verkaufte Grundstück mittels eines hypothekarischen Eintrags auf dasselbe sicher gestellt ist. Alle Vorsichtsmaßregeln, die bei dem Kredit auf Hypotheken erörtert sind, müssen daher auch hier beachtet werden. Insbesondere ist davor dringend zu warnen, daß die Vereine Güterziele erwerben, die erst nach einer Reihe von Jahren, oft erst in 8 bis 10 Jahren, fällig werden, damit das Geld nicht auf zu lange Zeit festgelegt wird. Weiter ist eine Beschränkung in diesen Anlagen rathsam, denn das Geld, was hierin angelegt wird, dürfte in kritischen Zeiten nur sehr schwer und namentlich nur mit großen Opfern flüssig zu machen sein, da der Schuldner, also der Käufer der Grundstücke, zu einer Zahlung vor Fälligkeit der einzelnen Ziele nicht gezwungen werden kann und andere Abnehmer der Ausstände alsdann nur bei Bewilligung erheblichen Nachlasses zu finden sein werden. Jedenfalls sollte ein Verein an Güterzielen nicht mehr erwerben, als sein eigenes Vermögen beträgt.

Bei dem Abschlusse solcher Geschäfte ist namentlich darüber zu wachen, daß alle Förmlichkeiten beachtet werden, welche die Landesgesetze für die Cession hypothekarisch gesicherter Forderungen vorschreiben.

Es kann fraglich sein, ob derartige Geschäfte als Kreditbewilligung oder als Anlage verfügbarer Gelder anzusehen sind. Thatsächlich können sie beides sein und es kommt auf den einzelnen Fall an, was als vorliegend zu erachten ist. In den meisten Fällen wird es sich wohl um Geldanlagen handeln, durch welche die Vereine ihre verfügbaren Gelder gewinnbringend verwenden. Aber auch dann sind die Vorschriften der Statuten maßgebend, welche bestimmen, wie weit der Vorstand in der Annahme hypothekarischer Sicherheit gehen kann, d. h. bis zu welchem Prozentsatz ihres Werthes Grundstücke als genügende Sicherheit zu gelten haben. Würde z. B. vorgeschrieben sein, daß Grundstücke nur bis zu 3/4 ihres Schätzungswerthes beliehen werden dürfen, so greift dies zweifellos auch für den Erwerb von Güterzielen Platz. Der Vorstand würde sich also ersatzpflichtig machen, wenn dem Vereine ein Schaden dadurch erwächst, daß Güterziele erworben werden, bevor der Kaufpreis bis zu 25 % des Schätzungswerthes abgetragen ist. Selbstverständlich ist es aber zulässig, die ganze Kaufgeldforderung anzunehmen, wenn der durch den Werth des Grundstücks nicht gedeckte Theil, im erwähnten Falle 25 %, anderweit, insbesondere durch Bürgschaft oder andere Pfänder, sichergestellt sind.

Vielfach verlangen die Verkäufer der Güterziele, von jeder Haftbarkeit für den Eingang des Geldes entbunden zu sein, angeblich, weil sie mit der ganzen Sache nichts mehr zu thun haben wollen. Dies kann aber nicht empfohlen werden. Entweder decken die Grundstücke die Forderung und die Käufer sind zahlungsfähig: dann hat der Verkäufer kein Interesse, die Haftbarkeit für den Eingang des Geldes abzulehnen; oder diese Gewähr für eine glatte Abwickelung ist nicht gegeben: dann ist es um so wichtiger für den Verein, auf den Verkäufer zurückgreifen zu können. Hierbei kommt namentlich in Betracht, daß der freiwillige Verkauf eines Grundstücks keineswegs immer eine zuverlässige Grundlage dafür abgiebt, was bei einem Zwangsverkaufe als Erlös zu erwarten ist.

Unter allen Umständen ist es geboten, darauf zu halten, daß die ersten Ziele pünktlich bezahlt werden und damit die Sicherheit des Vereins für die weiteren Ziele erhöht wird.

b) Verpfändung von beweglichen Sachen und Forderungen

Praktisch weit bedeutender für die Kreditgenossenschaften, als die Hypothek, ist die Verpfändung beweglicher Sachen, unter denen auch Forderungen des Pfandgebers begriffen werden, insofern sie Leistungen von beweglichen Sachen, besonders Geldzahlungen zum Gegenstande haben. Die ursprüngliche Form hier ist das sogen. Faustpfand, die Hinterlegung von körperlichen Sachen, die einen Kaufwerth haben, wo das Pfandstück, dessen Erlös die Deckung bildet, direkt in die Hände des Gläubigers gelangt, dahin gehören auch Inhaberpapiere, welche durch den Börsenkurs einen Marktwerth erhalten. In diesem Falle geschieht die Konstituirung des Pfandrechtes durch die Uebergabe der verpfändeten Sache oder des betreffenden Papiers an den Gläubiger. Außerdem wollen wir nur daran erinnern, daß bei Beleihung von körperlichen Sachen eine Vereinbarung über den Werth des Pfandes zwischen den Parteien der mancherlei Vorkommnisse halber, die dasselbe im Gewahrsam des Gläubigers treffen können, zweckmäßig ist und außerdem, wenn bei einem Vereine dieser Verkehr größeren Umfang annimmt, auch an eine gut verwahrte Pfandkammer und an die Versicherung gegen Feuersgefahr wird gedacht werden müssen (Formulare 27, 29, 31).

Ferner kommt neben dem Faustpfand bei den Kreditgenossenschaften die Verpfändung von Forderungen vor, wo nicht der Werth unmittelbar, sondern das Recht darauf dem Gläubiger für den Fall der Nichterfüllung der Schuldverpflichtung mit der Wirkung übertragen wird, daß er sich durch Einziehung der verpfändeten Forderung bezahlt machen kann. Ueberall wird zwar das Pfandrecht auch hierbei erst durch Uebergabe der über die Schuld lautenden Urkunde an den Pfandgläubiger erworben. Indessen ist die Aufnahme einer Urkunde über die Verpfändung in einzelnen Landesgesetzen (§ 273 Allg. Preuß. Landrecht Th. I Tit. 20, vgl. Formular 28) nothwendig. Erforderlich ist auch die Benachrichtigung an den Schuldner der verpfändeten Forderung, damit derselbe die Forderung nicht an den Pfandgeber zurückzahlt.

Bekanntlich ist im Allgemeinen die Verpfändung von Hypothekenforderungen mehr Förmlichkeiten unterworfen, als die von bloßen handschriftlichen Außenständen, weil behufs der Eintragung derselben überall die öffentliche Beglaubigung der Unterschriften erfordert wird.

Daß natürlich überall wegen der hierbei anzuwendenden Formen die verschiedenen Landesrechte beachtet werden müssen, versteht sich von selbst, dies nöthigt die Interessenten, in der Regel bei Abfassung der Urkunden sich des juristischen Beirathes zu bedienen, um nicht durch einen Verstoß gegen die gesetzlichen Vorschriften ihren Anspruch zu gefährden.*)

Wir müssen uns in Nachstehendem darauf beschränken, einige Grundsätze für Preußen zu besprechen.**) Das hierher Gehörige ist in dem Gesetz über den Eigenthumserwerb und die dingliche

*) Die Einführung des Bürgerlichen Gesetzbuches wird auch hier einen einheitlichen Rechtszustand schaffen.

**) Die wichtigsten Bestimmungen des Rheinischen und Nassauischen Rechts sind in den Anmerkungen bei den Formularen berücksichtigt.

Belastung der Grundstücke 2c. vom 5. Mai 1872 und der Grundbuchordnung von demselben Tage geordnet. Zu verpfänden ist die Hypothekenforderung. Gerichtliche oder notarielle Beglaubigung der Unterschrift ist nicht zur Giltigkeit der Verpfändung erforderlich, sondern nur um die Eintragung in das Grundbuch herbeizuführen. Es ist also Zweckmäßigkeitsfrage, ob man die Beglaubigung sofort vornehmen läßt oder ob man es unterläßt, um die Kosten zu sparen. Handelt es sich um eine dauernde Unterlage für den gesammten Geschäftsverkehr, oder um die Verpfändung entfernt liegender Grundstücke oder einen nicht vollständig zuverlässigen Schuldner, dann sollten Beglaubigung und sogar die Eintragung stets sogleich vorgenommen werden. Rücksicht auf die Kosten würde dabei nicht am Platze sein. Unterläßt man die Beglaubigung und der Schuldner verweigert dieselbe, wenn sie verlangt wird, so müßte erst der Schuldner auf die Beglaubigung verklagt werden, wodurch große Weitläufigkeiten und Verzögerung der Zwangsvollstreckung eintreten möchten (vgl. Formular 32 für Verpfändung einer Hypothekenforderung).

Unbedingt ist nicht blos Beglaubigung, sondern auch Eintragung sofort vorzunehmen, wenn über die Hypothekenforderung kein Hypothekenbrief existirt.

Während nun aber die Hypothek nur eine Nebenverpflichtung neben einer persönlichen Schuld darstellt, wird eine Grundschuld selbstständig ohne Abhängigkeit von einer sonstigen Verpflichtung, auf dem Grundstücke in das Grundbuch eingetragen, dessen Eigenthümer alsdann nur mit diesem Grundstücke dafür haftet (vgl. §§ 19 und 37 d. Ges. vom 5. Mai 1872).

Schon diese rechtliche Sonderexistenz macht die Grundschuld für die Verpfändung besonders geeignet. Dies wird aber noch dadurch im hohen Grade verstärkt: daß

a) der Eigenthümer selbst auf seinem Namen Grundschulden auf sein Grundstück eintragen, Grundschuldbriefe darüber ausfertigen lassen und dieselbe auf dritte Personen übertragen kann, welche dadurch die Rechte eines Grundschuldgläubigers erlangen (vgl. § 26 d. Ges.);

b) daß er diese Abtretung sogar ohne Nennung des Erwerbers (in blanko) vornehmen darf (vgl. § 55 d. Ges.);

c) daß auf seinen Antrag dem Grundschuldbriefe ein Zinsquittungsbogen für einen fünfjährigen Zeitraum beigelegt werden kann, auf welchem die einzelnen Zinsquittungen mit dem Stempel des Gerichts versehen werden, mit der Wirkung, daß nur die Inhaber dieser Quittungen die Zinsen erheben können (vgl. § 39 d. Ges. und §§ 95, 96 und 128 der Grundbuchordnung).

Wie bei Hypothekenforderungen, ist die Wirksamkeit der Abtretung so wenig wie die der Verpfändung von der Eintragung im Grundbuch abhängig: vielmehr genügt, außer der Aushändigung der Urkunde über die eingetragene Forderung, die Vollziehung der Abtretung oder Verpfändung (§ 54 d. Ges. und §§ 32, 33, 79 und 84 der Grundbuchordnung). Sobald daher der Eigenthümer den Grundschuldbrief mit der gehörig vollzogenen Abtretung in blanko seinem Gläubiger als Pfand aushändigt, ist dieser, soweit der Werth des Pfandobjektes überhaupt reicht, gesichert, da er entweder die Blanko-Abtretung durch seinen Namen ausfüllen und die Grundschuld einklagen, oder ohne diese Ausfüllung weiter darüber verfügen kann, im Falle ihn der Schuldner nicht befriedigt. Beglaubigte Form ist daher hier in der Regel zu wählen. Erfolgt Befriedigung, so ist dem Schuldner einfach der Grundschuldbrief nebst Blanko-Abtretung unausgefüllt zurückzugeben, welcher dann diese Dokumente anderweit beliebig benutzen kann. Vorzuziehen und zu empfehlen ist, daß die Genossenschaft sich nicht mit der Blanko-Abtretung begnügt, sondern volle ausgefüllte Abtretung fordert. In allen diesen Fällen muß freilich der Eigenthümer als Schuldner die nöthige Vorsicht dabei anwenden zur Verhütung des Mißbrauchs der dem Gläubiger eingeräumten Befugnisse. Denn da die Abtretung formell an die Stelle der Verpfändung tritt, erhält der Gläubiger die Möglichkeit, beliebig als Eigenthümer, ohne Rücksicht auf die bei dem Geschäft vorwaltende Absicht, über das Pfandstück zu verfügen. Indessen ist ein solcher Treubruch einer soliden Volksbank weniger als einem Privatmanne gegenüber zu fürchten, und es lassen sich bei der Uebergabe einige Vorsichtsmaßregeln treffen (Formular 49). Die Verpfändung der Grundschuldbriefe erfolgt wie die von Werthpapieren (Formular 27 und 29).

Schließlich ist über den Weg, auf welchem der Pfandgläubiger zu seiner Befriedigung aus dem Pfande gelangt, Einiges zu bemerken. Freilich müssen wir wiederum hierbei auf das an jedem Orte geltende Landesrecht verweisen. Indessen läßt sich im Allgemeinen doch die Regel aufstellen: daß der Pfandgläubiger zunächst seine Forderung gegen den Schuldner einklagen muß, worauf der Richter im Wege der Zwangsvollstreckung

a) das bestellte Faustpfand — Inhaberpapier durch einen Makler bei der Börse — veräußern und den Erlös an den Gläubiger auf Höhe seiner Forderung auszahlen läßt;

b) verpfändete anderweite Forderungen dagegen an den Gläubiger zur eigenen Einziehung überweist.

Unter welchen Bedingungen der Pfandgläubiger hiervon entbunden, und ermächtigt werden kann, ohne vorgängige Schuldklage seine sofortige Befriedigung aus dem Pfande zu suchen, muß in den Gesetzen besonders bestimmt sein. In dieser Beziehung existirt wiederum nur bei Forderungen aus beiderseitigen Handelsgeschäften bei Kaufleuten eine allgemein giltige Vorschrift in Art. 311 H.=G.=B. (vgl. hierüber oben S. 149 und Formular 35).

Dagegen gehen die landesgesetzlichen Bestimmungen, wenn der bezeichnete Fall nicht vorliegt, vielfach auseinander. So darf nach dem Preußischen Landrecht ein Gläubiger, welchem vor der Verfallzeit durch Vertrag das Recht zum außergerichtlichen Verkaufe des Pfandes eingeräumt ist, dieses nicht unter dem Betrage einer mit Zuziehung des Schuldners durch Sachverständige aufgenommenen Taxe außergerichtlich verkaufen, was jedoch bei Sachen, die einen marktgängigen Preis haben (also auch bei Werthpapieren mit Börsenkurs) durch Richterspruch für nicht anwendbar erklärt ist. Nach eingetretenem Zahlungstermin können sich beide Theile sowohl über den außergerichtlichen Verkauf, wie über den Werth, zu welchem der Gläubiger das Pfand überkommen soll, vollgiltig einigen (vgl. Allgem. Preuß. Landrecht Th. I Tit. 20, §§ 29—34).

Zwölftes Kapitel.

Ertrag und Risiko des Geschäfts.

I. Zins und Provision.

Da die von den Kreditnehmern zu zahlenden Zinsen und Provisionen die einzigen sicheren Erträge des Kreditgeschäftes bilden, dasjenige darstellen, was es abwirft, so liegt ihre Wichtigkeit für Bestand und Gedeihen der Vereine klar vor Augen, und das Maß, sowie die Bedingungen, nach welchen sie zu erheben sind, werden dem reiflichsten Ermessen zu unterstellen sein.

Zunächst wird man dabei in das Auge zu fassen haben, daß von diesen Zinsen und Provisionen alle durch das Vereinsgeschäft bedingten Ausgaben, also die sämmtlichen Geschäftsunkosten, gedeckt werden müssen, wenn man nicht deshalb das Stammkapital angreifen und allmählich vernichten will. Es kommen hierbei zunächst in Anschlag als Ausgaben, welche in keinem Falle erspart werden können und also nothwendig sind:

a) die vom Vereine selbst für die zum Betriebskapital aufgenommenen Darlehen zu zahlenden Zinsen;
b) die Verwaltungskosten, unter denen namentlich die Gehalte der Vorstandsmitglieder eine bedeutende Stelle einnehmen.

Sodann müssen aber auch noch folgende Aufwendungen berücksichtigt werden, welche nur aus dem Ueberschusse der Erträge über die obigen Auslagen entnommen und doch nicht füglich entbehrt werden können, nämlich:

c) Beiträge zum Reservefonds und
d) Dividende.

Wenn aber hiernach die Bedürfnisse des Vereins einerseits ein gewisses niedrigstes Maß von Zinsen vorschreiben, so fordert andererseits das Interesse der Mitglieder, welche wir in dieser Beziehung zu gleicher Zeit als Darlehensempfänger aufzufassen haben, daß dieselben dabei nicht überbürdet und ein gewisses höchstes Maß nicht überschritten werde, wo eine vortheilhafte Betheiligung am Vereine für sie ein Ende hat. Die Nachtheile einer solchen Zinsübersetzung würden auch auf das Vereinsgeschäft selbst insofern zurückfallen, als dessen Verkehr dadurch geschwächt und sein Aufschwung gehindert wird.

Stets ist bei der Festsetzung von Zins und Provision im Auge zu behalten, daß die Aufgabe der Kreditgenossenschaft ist, das Kreditbedürfniß der Mitglieder möglichst billig zu befriedigen, nicht aber eine hohe Dividende herauszuwirthschaften. Deswegen hat auch mit vollem Recht der Allg. Genossenschaftstag zu Gotha (1894) den Kreditgenossenschaften empfohlen: nicht den landesüblichen Zinsfuß weit übersteigende Dividenden an die Genossen zu gewähren. Die dauernde Erzielung hoher Dividenden läßt auf ungesunde Zustände im Vereine schließen, denn ein hoher Gewinn kann nur durch hohes Risiko erzielt werden, indem die Genossenschaft entweder die Geschäftsguthaben im Verhältniß zu dem Betriebskapital zu niedrig hält und folglich für die Solidarhaft der Mitglieder eine erhebliche Gefahr läuft oder die Zinsen höher festsetzt, als es die Natur des Geschäfts mit sich bringt, wodurch wirthschaftlich gutstehende Elemente von der Benützung des Kredits ferngehalten werden und die Kreditgewährung sich mehr auf solche erstreckt, die nur durch die Verhältnisse gezwungen zur Genossenschaft kommen. (Vgl. über die Dividende auch S. 79 ff. bei Bestimmung der Höhe des Geschäftsantheils und dessen Bildung.)

Gewiß kann behauptet werden, daß die Kreditgenossenschaften dieser Aufgabe gerecht werden. Nicht bündiger kann der Beweis hierfür erbracht werden, als mit einer Aeußerung des Oekonomierathes Stoeckel in der vom Verein für Sozialpolitik veranstalteten Enquete über den Personalkredit des ländlichen Kleingrundbesitzes; Stoeckel berichtet über den Einfluß der Kreditgenossenschaften in Ostpreußen: „Diese Vorschußvereine haben dem Wucher in der Provinz den Todesstoß versetzt.“*) In anderen Gebieten Deutschlands verhält es sich ebenso, es ist unbestritten, daß die Kreditgenossenschaften in ihren Bezirken dem Wucher den Boden entziehen. Von hohem wirthschaftspolitischem Interesse ist es, wie der Zinsfuß bei den Genossenschaften im Laufe der Jahrzehnte allmählich gefallen und sich dem landesüblichen Zinsfuße in dem Maße angepaßt hat, als die Genossenschaften ihre Stellung festigten. Wo dies Verhältniß noch nicht erreicht ist, da gehört es zu den wichtigsten Aufgaben der Verwaltung, dahin zu gelangen. Der Zinsfuß für

*) Schriften des Vereins für Sozialpolitik (1896) Band 74 S. 452.

den zu gewährenden Kredit hängt ab von der Höhe der Zinsen für das fremde Kapital, dessen die Genossenschaft bedarf, um das Kreditbedürfniß ihrer Mitglieder zu befriedigen. Hierbei kommen hauptsächlich die Spareinlagen in Betracht, und indem wir auf die Ausführungen S. 58 ff. über die Verzinsung der Spareinlagen Bezug nehmen, knüpfen wir daran wiederholt die dringende Empfehlung, auf Erlangung der Spareinlagen zu billigem Zinsfuß bedacht zu sein. Allerdings sollen die Kreditgenossenschaften auch Sparkassen sein, doch dieser Zweck kommt erst in zweiter Reihe und er darf nicht zum Schaden der billigen Befriedigung des Kreditbedürfnisses der Mitglieder bevorzugt werden. Auch die Einführung des Checkverkehrs, der laufenden Rechnung, sind Maßnahmen, die, wie wir dargelegt haben, geeignet sind, der Genossenschaft billiges Betriebskapital zu schaffen und sie möglichst unabhängig von den mit der Benutzung des Bankkredites verbundenen Schwankungen des Zinsfußes auf dem Weltmarkte zu stellen.

Selbstverständlich ist eine stetige Festhaltung eines statutenmäßig ein- für allemal bestimmten Zinsfußes nicht durchzuführen, vielmehr wird die Regelung dieses Punktes von Zeit zu Zeit nach Bedürfniß und Umständen zu erfolgen haben. Dabei fragt es sich:

a) wem die Regelung zu übertragen sei, der Generalversammlung oder dem Vorstande und Aufsichtsrathe? und
b) ob nicht, wenn man sich für die letztere Alternative entscheidet, die Regelung der betreffenden Sätze für jeden einzelnen Fall, ohne Bestimmung einer festen, für Alle gleichen Norm, der Einigung der Vorstände mit dem Schuldner zu überlassen sei?

Wenn die letztere Methode sich nun auch in mancher Hinsicht als die geschäftlich vortheilhafteste darstellt, und in der Bankpraxis nicht selten zur Anwendung kommt, so erscheint doch eine gleichmäßige Behandlung der Darlehensnehmer, also die Festhaltung eines und desselben Zinssatzes für Alle innerhalb einer Periode, durch die besonderen Verhältnisse der Vereine in der Regel geboten. Die Kunden, die Kreditbegehrenden, die Darlehensempfänger sind zugleich die Mitglieder, die Inhaber des Geschäfts, welche das Risiko dafür übernommen haben. Schon deshalb werden und können dieselben in der Regel nicht ungleich von der Genossenschaft behandelt werden, und es würden ganz gewiß, wollte man zu einer und derselben Zeit dem Einen das Geld zu höheren oder niedrigeren Prozenten geben, üblen Eindruck machen, sollten nicht besondere Verhältnisse es rechtfertigen. Es ist daher eine Forderung der Gerechtigkeit, daß ein fester, für Alle gleicher Grundsatz hierbei aufgestellt werde, an den der Vorstand den Mitgliedern gegenüber im Darlehensgeschäfte gebunden ist, was jedoch nicht ausschließt, daß der Zinsfuß von Zeit zu Zeit je nach den Verhältnissen erhöht oder vermindert werden kann, wie wir dies oben befürworteten. Dagegen wird dem Vorstande 2c. vollständig freie Hand in Festsetzung des Zinsfußes bei solchen Geschäften zu lassen sein, wo es sich um einstweilige Unterbringung müßiger Kassenbestände, die im Darlehensgeschäfte nicht gebraucht werden, handelt. Auch ändert sich das Verhältniß, wenn die Genossenschaft sich nicht mehr auf den einfachen Darlehensverkehr beschränkt, sondern den Kontokorrent-, Lombard- und Diskont-Verkehr eingeführt hat, dann ergiebt es sich von selbst, daß der Zinsfuß für die verschiedenen Geschäftszweige meist ein verschiedener sein wird.

Die andere Frage, wem die zeitweilige Bestimmung von Zinsfuß und Provision zu übertragen sei, wird heute fast ausnahmslos dahin beantwortet, daß dies Sache des Vorstandes und Aufsichtsrathes oder des Vorstandes sei, nur in ganz kleinen Vereinen wird noch die Entscheidung der Generalversammlung überlassen, was aber keineswegs empfehlenswerth ist.

Die Umstände, welche eine Erhöhung oder Verminderung des Diskonto oder Zinsfußes bedingen, treten oft so plötzlich ein und auch wieder zurück, und die deshalb zu treffenden Maßregeln erhalten dadurch oft einen so vorübergehenden Charakter, daß die jedesmalige Beschlußfassung einer Generalversammlung den Geschäftsgang schwerfällig und für die Mitglieder belästigend machen würde. Dazu ist aber um so weniger Anlaß, als gegen unbegründete Aenderungen im Zinsfuße den Mitgliedern ohnehin die Beschwerde an die Generalversammlung offen steht und deren Berufung von ihnen veranlaßt werden kann. Auch eignet sich eine vielköpfige Versammlung nicht zur regelmäßigen Entscheidung derartiger Verwaltungs-Angelegenheiten.

In einzelnen Vereinen hat man den Zins ferner theils von der Höhe der Darlehen, theils von der Befristung abhängig gemacht, und bei größeren Summen und längeren Fristen einen geringeren Zinsfuß zugelassen, als bei kleineren Summen und kürzeren Fristen. Allerdings kann es im Interesse des Vereinsgeschäftes liegen, besonders da, wo reichliche Geldquellen zufließen, und man bedeutende Kassenbestände ungenutzt liegen lassen, vortheilhafte Offerten abweisen müßte, Kunden von bedeutendem Bedarfe heranzuziehen, und zu diesem Zwecke etwas von dem sonst beliebten Zins- und Provisionssatze herunterzulassen, weil dieselben sonst anderswo ihr Bedürfniß zu befriedigen veranlaßt werden würden. Indessen bleibt die dadurch herbeigeführte Ungleichheit im Zinssatze zwischen den Bemittelten, welchen man größere Summen kreditirt, und den Unbemittelten, die nur geringe beanspruchen können, insofern, wie bereits erwähnt, beide Klassen als Mitglieder gleiche Rechte und Pflichten haben, stets mißlich, da auf diese Weise gerade diejenigen höher herangezogen werden, welche dazu die Mittel im minderen Grade besitzen. Deshalb wird man in solchem Falle, mit Rücksicht darauf, daß der größere Verkehr, besonders mit fremdem Gelde, die Erträge ohnehin bedeutend verstärkt, sich zu dem niedrigeren Zinssatze zwar entschließen, an demselben aber alle Darlehenssucher ohne Unterschied der Höhe des Kredits theilnehmen lassen können, ohne das Geschäft zu gefährden, wie dies in der That auch die Vereine thun, die sich in solcher Lage befinden, und dadurch jeden Zwiespalt, alle Streitigkeiten unter den Mitgliedern vermeiden. So wird das für die Vereine so wichtige Prinzip der Gleichheit gewahrt.

Verwerflich, ja höchst bedenklich ist es, wenn man den Zinsfuß für weitere Fristen, wenn der Darlehensnehmer das Geld für längere Zeit, also etwa 6 Monate nimmt, gegen den bei kürzeren Rückzahlungsfristen vermindert, also auf das längere Kreditnehmen gewissermaßen eine Prämie setzt. Wie verkehrt dies ist, ergiebt schon das in den früheren Abschnitten dieses Kapitels Angeführte, wonach stets der Personalkredit auf längere Zeit theurer ist als der auf kürzere, weil das Risiko mit der Frist wächst. Auch unsere Vereine müssen ihren Gläubigern desto höheren Zins geben, je längere Kündigungsfrist sie sich bedingen, wie können sie nun dies Verhältniß ihren Schuldnern gegenüber umkehren? — Je weniger man sie auf langen Kredit in Anspruch nimmt, desto gesicherter sind sie in ihrer geschäftlichen Stellung; und sie wollen das Gegentheil davon selbst herausfordern? Lasse man sich doch ja nicht von einem falschen Billigkeitsgefühle, daß die Summe des Zinses und der Provision bei längeren Fristen zu groß werde, verleiten, gegen jede Gerechtigkeit zu verstoßen. Auch abgesehen von dem Risiko für den Gläubiger wächst der Werth des Kredits, den ich im Geschäftsleben Jemandem gewähre, mit der Dauer. Je kürzer die Frist ist, auf welche ich Jemand kreditire, desto weniger vermag derselbe Nutzen davon zu ziehen, das weiß jeder Geschäftsmann. Deshalb müßte eigentlich der Zinssatz in den Vereinen mit der Rückzahlungsfrist sich erhöhen, wie dies im gewöhnlichen Bankverkehr, z. B. bei Wechseln mit kürzerer oder längerer Verfallzeit, der Fall ist, und es ist jener Billigkeitsrücksicht wahrlich schon Rechnung genug getragen, wenn man ihn für alle Fälle gleich bemißt. Dazu kommt nun noch der Uebelstand, daß man die Säumigen und Leichtsinnigen, besonders unter den unbemittelten Gewerbetreibenden, durch solche scheinbare Vortheile beim längeren Kreditnehmen, anstatt sie zu häufigen Geschäftsabschlüssen, wie der rasche Umsatz im Kleinverkehr sie bedingt, durch kürzere Zahlungsfristen zu nöthigen, in ihrer Läßigkeit bestärkt und sie in immer tiefere Verpflichtungen hineingerathen läßt, während die Gewöhnung an möglichst pünktliche und öftere Abzahlungen für dieselben höchst wohlthätig sein würde.

Bei verschiedenen Vereinen ist es üblich, dem Schuldner über den Tag der Fälligkeit hinaus das Geld zu höherem Zinsfuße zu belassen. Hierbei sind zwei Momente zu unterscheiden. So lange der Schuldner im Verzug ist, hat er Verzugszinsen zu zahlen, wenn dieselben höher sind, als die vereinbarten Zinsen. Das ist selbstverständlich. Dieser Verzug aber darf kein dauernder werden, denn die Kapital-Forderung selbst wird damit gefährdet; ist der Verzug aber nur auf Nachlässigkeit des Schuldners in der Rückzahlung zurückzuführen, so liegt eine Mißachtung der erzieherischen Aufgaben der Genossenschaft durch den Vorstand vor, wenn er diese Nachlässigkeit duldet. Wenn nun ausdrücklich bestimmt wird, daß der Schuldner im Falle der Säumigkeit einen höheren Zinsfuß zu zahlen hat, so wird nur zu leicht bei ihm die Ansicht hervorgerufen, daß er gegen Zahlung des höheren Zinses ein Recht darauf erwirbt, das Darlehen zu behalten — der Vorstand aber geräth in die Gefahr, mit Rücksicht auf die höhere Zinsen-Einnahme den Zustand zu dulden, und mit dem geringen Gewinne nimmt er dann selbstverständlich das größere Risiko in den Kauf, abgesehen von den üblen Wirkungen, die ein solches Verfahren auf die ganze Geschäftshandhabung hat. Es muß daher ausnahmslos als die Pflicht des Vorstandes hingestellt werden, auf pünktliche Rückzahlung zu bestehen, wenn der Schuldner nicht rechtzeitig Prolongation nachgesucht hat und ihm diese bewilligt ist. Die Pünktlichkeit bei Rückzahlung der Darlehen auf jede Weise zu fördern, liegt sowohl im Interesse des Vereins und einer geordneten Verwaltung, wie in dem der Mitglieder selbst.

Noch ist ein Vortheil zu erwähnen, welchen man der Genossenschaft sichern kann. Es ist die Entrichtung des Zinses im Voraus gleich bei Erhebung des Darlehens, welche beim Wechselverkehr ohnehin zur Regel wird, da von Zinsvereinbarungen im Wechsel nicht die Rede sein kann. Dieselbe hat das Gute, daß die Darlehensempfänger, welche den geringen Abzug beim Empfange des Geldes kaum bemerken, später, wo sie die Mittel zur Zahlung oft sehr allmählich aufbringen müssen, blos noch die Kapitalsumme im Auge zu halten brauchen. Auch schafft sie der Genossenschaft durch den früheren und sicheren Eingang einen nicht unbedeutenden Gewinn im Ganzen, der, auf die Einzelnen vertheilt, die ihn zu übertragen haben, kaum in Anschlag kommen kann. Dringend hat der Allgemeine Genossenschaftstag zu Gotha (1894) den Kreditgenossenschaften empfohlen: „auch bei den gegen Schuldschein gewährten Darlehen auf bestimmte Zeit die Zinszahlung vierteljährlich vorauszahlbar auszubedingen" und „auf der pünktlichen Rückzahlung der auf bestimmte Zeit gegebenen Darlehen zu bestehen und Rückstände von Kapital und Zinsen nicht aufkommen zu lassen".

Wegen der besonderen Bemessung der Zinsen und Provisionen bei der Kreditgewährung in laufender Rechnung verweisen wir auf den betreffenden Abschnitt im siebenten Kapitel (S. 156).

II. Gewinn und Verlust.

Daß die Theilnahme am Gewinn eines Geschäfts die gleichmäßige Theilnahme am Verlust bedingt, ist im Geschäftsleben nicht blos als Forderung der Gerechtigkeit anerkannt, sondern auch, weil darin der beste Ausgleich der verschiedenen dabei in Frage kommenden Interessen liegt. Wie einerseits nur die Aussicht auf Gewinn und Nutzen die Leute durchschnittlich zum Eintritt in derartige Unternehmungen bewegt, so vermag andererseits Nichts so wirksam gewagten, lediglich auf großen Gewinn abzielenden Geschäften einen Damm entgegenzusetzen, als der Hinblick auf das damit untrennbar verbundene Risiko. Weshalb dies nun, unter Berücksichtigung der Aufgaben und Bedürfnisse der bez. Genossenschaften, am Besten dadurch erreicht wird, daß man Beides, Risiko und Gewinn, an die Einzahlungen auf die Geschäftsantheile knüpft, haben wir bereits im fünften Kapitel Abschnitt II (S. 75) gezeigt, und fassen dies hier nur noch vollständiger, unter Widerlegung der dagegen erhobenen Ausstellungen zusammen.

Ihrem Begriffe und ihrer Grundbestimmung nach bilden die auf Geschäftsantheil von den Mitgliedern geleisteten Einzahlungen, wie in dem angezogenen Kapitel ausgeführt ist, das Stammkapital als Sicherheit für die von der Genossenschaft eingegangenen Verpflichtungen, und werden also von den Mitgliedern im Vereinsgeschäft eingesetzt, d. h. gewagt, so daß sie gegen die Forderungen der Vereinsgläubiger zurücktreten müssen, wenn bei erlittenen Verlusten die Schulden des Vereins dessen Baarschaft und Ausstände übersteigen. In dieser Beziehung tragen sie daher den Charakter von Aktien, und es sind nach Aufopferung des Geschäftsertrages und der Reserven die Geschäftsverluste von den Geschäftsguthaben abzuschreiben; inwieweit die Mitglieder aus der persönlichen Haftpflicht in Anspruch zu nehmen sind, ist oben S. 23 ff. dargelegt. Der Verlust wird dabei wie der Geschäftsgewinn nicht nach dem für alle Mitglieder gleichen Betrage des Geschäftsantheils, welchen sie sämmtlich im Laufe der Zeit erreichen sollen, sondern nach Höhe dessen, was von jedem Einzelnen darauf wirklich eingezahlt ist, vertheilt. Ausdrücklich bestimmt § 21 des Gesetzes, daß „Genossen, welche mehr als die geschuldeten Einzahlungen (auf Geschäftsantheil) geleistet haben, im Falle eines Verlustes andere Genossen nicht aus dem Grunde in Anspruch nehmen können, daß von letzteren nur diese Einzahlungen geleistet sind".

Das Statut hat für die Gewinn- und Verlustvertheilung die maßgebenden Grundsätze aufzustellen, innerhalb deren dann nach § 46 d. Ges. die Generalversammlung „von dem Gewinn oder Verlust den auf die Genossen fallenden Betrag festzusetzen hat".

Das Statut kann nach § 19 auch einen anderen Maßstab für die Vertheilung des Verlustes als nach Geschäftsguthaben festsetzen, doch ist davon kaum je Gebrauch gemacht worden.

Als das der Vertheilung zu Grunde liegende Geschäftsguthaben gilt der Betrag, welcher buchmäßig nach Einzahlungen u. s. w. als Geschäftsguthaben am Schlusse des vorhergegangenen Geschäftsjahres ermittelt wird.

Diese Art der Verlustvertheilung gilt gleichmäßig für alle drei Haftarten; bei Genossenschaften mit beschränkter Haftpflicht, bei denen der Erwerb mehrerer Geschäftsantheile zugelassen ist, ist für die mit mehreren Geschäftsantheilen betheiligten Mitglieder das Geschäftsguthaben in der gleichen Weise zu berechnen. Daß die Heranziehung der Mitglieder aus der persönlichen Haftpflicht bei der Genossenschaft mit beschränkter Haftpflicht nach

Verhältniß der Haftsumme zu ordnen ist, ergiebt sich aus dem S. 75 für die Vertheilung des Vermögens aufgestellten Grundsatz (§ 67, §§ 69, 70 des Statuts, Formular 2).

Wie wir nur das auf den Geschäftsantheil wirklich Eingezahlte zur Deckung der Geschäftsverluste heranziehen, ohne die Nachzahlung des am Vollbetrage dieser Antheile bei einzelnen Mitgliedern noch Fehlende zu diesem Zwecke zu fordern, bringen wir auch nur diesen wirklichen Bestand bei Berechnung der Dividende in Ansatz und vertheilen dieselbe darnach ungleich unter die Einzelnen, so weit ihre Einzahlungen ungleich sind. Die Erfahrung hat gelehrt, daß durch nichts bei den weniger bemittelten Mitgliedern ein solcher Reiz zum Sparen, zur Erhöhung ihrer monatlichen oder wöchentlichen Beisteuern, behufs Erfüllung ihres Geschäftsantheils, erweckt und gepflegt werden kann, als durch Vertheilung der Dividende nach vorstehenden Grundsätzen. Erhalten solche Leute, von denen nicht wenige zum ersten Male eine solche kleine Kapitalrente ziehen, einen irgend den gewöhnlichen Zinsfuß übersteigenden Prozentsatz von ihren Einlagen, so tragen sie jeden mühsam erübrigten Groschen zur Genossenschaft.

Noch ist ein anderes, vom Risiko ganz absehendes Prinzip bei Vertheilung des Gewinns von einigen Seiten in Vorschlag gebracht, welches bei den Rohstoff-Genossenschaften und Konsum-Vereinen eingeführt worden ist. Weil der Geschäftsgewinn aus den Zinsen und Provisionen, welche die Darlehensempfänger an die Genossenschaft zahlen, fließt, hat man ihn diesen Darlehensempfängern nach Höhe der von ihnen in dem betreffenden Rechnungsjahre gezahlten Zinsen und Provisionen zugesprochen. Man erstattet ihnen demnach recht eigentlich einen Theil ihrer Leistungen als Rückprämie, insoweit dieselben durch Geschäftsunkosten und sonstige Bedürfnisse des Vereins nicht in Anspruch genommen werden. So gerecht aber auch dies auf den ersten flüchtigen Hinblick erscheint und so sehr es bei den erwähnten Genossenschaften wegen der ganz eigenthümlichen Verhältnisse derselben geboten ist, so unzweckmäßig und ungerecht ist es bei den Volksbanken. Denn außerdem, daß dadurch wie bei der Kopfvertheilung jeder Reiz zur Erhöhung des Geschäftsantheils wegfällt, läßt es sich auch sonst in keiner Weise rechtfertigen, Mitglieder, die vielleicht in einem Jahre einmal keinen Geldbedarf haben, oder einen höchst geringen im Verhältniß zu anderen, und die vielleicht höhere Einlagen auf die Geschäftsantheile gemacht und die gleiche Haftpflicht für die Vereinsschulden haben, vom Geschäftsgewinne ganz oder bis zu einem nicht nennenswerthen Betrage auszuschließen. Werden die Vereinsschulden durch das Hereinziehen fremder Gelder in die Genossenschaft nicht gerade im alleinigen Interesse Derer gemacht, deren Geldbedürfnisse man durch die Darlehen befriedigt, und nun sollen nur sie, und nicht jene Anderen, welche für sie das Risiko mit tragen, den Gewinn davon ziehen? Die Mitgliedschaft würde alsdann allein aus den Hauptkunden und Borgern bestehen und vielleicht der Absatz, die Höhe des Umsatzes im Darlehensgeschäfte, nur wenig darunter leiden, wohl aber der Kredit der Genossenschaft, ihre Widerstandsfähigkeit gegen Krisen. Denn gerade dadurch, daß solche Leute, denen es weniger um Darlehen aus der Genossenschaft, als vielmehr darum zu thun ist, ihre Ersparnisse mit gutem Nutzen anzubringen, mit in die Gesammthaft treten, wächst der Kredit der Genossenschaft im Publikum, welcher den Zufluß größerer Summen von Außen befördert, was wiederum gerade den Interessen der anderen Mitgliederklasse entspricht, deren Geldbedürfniß nun erst Aussicht auf volle Befriedigung erhält.

Haben wir im Vorstehenden die Grundsätze erörtert, nach denen die Dividende zu gewähren ist, so sind nun noch einige Nebenpunkte, welche man dabei in das Auge zu fassen hat, von Interesse.

Das Gesetz verbietet in § 21, daß für das Geschäftsguthaben „Zinsen von bestimmter Höhe vergütet werden“, auch wenn der Genosse Einzahlungen in höheren als den geschuldeten Beträgen geleistet hat — und mit vollem Recht, denn einmal ist der höhere Antheil am Gewinn ein genügendes Aequivalent, dann aber kann die Genossenschaft auch ihren Mitgliedern keine Verzinsung versprechen, weil sie nicht weiß, ob ein Gewinn erzielt wird.

Es kommt ferner der Zeitpunkt, von welchem ab die Geschäftsguthaben, insofern man sie an die Dividende knüpft, bei deren Vertheilung in Ansatz zu bringen sind, in Betracht. Da nämlich dieselben durch die Monatsbeiträge allmählich anwachsen, so kommt in Frage, ob und wie weit die in dem Jahre, um dessen Gewinnüberschüsse es sich handelt, eingezahlten Beiträge mit in Ansatz kommen; ob also z. B. bei Vertheilung der Dividende für 1896 die im Laufe des Jahres 1896 eingelegten Monatsbeiträge dem Guthaben schon mit zugerechnet werden oder nicht. In den meisten Statuten ist diese Frage verneint und es dürfte in der Regel dafür die Natur der Sache sprechen. Da nämlich die

Dividende die Rente bildet, welche die Geschäftsguthaben abwerfen, so ergiebt sich der Satz von selbst, daß sie, gerade wie Zinsen, eben nur für den Zeitraum zu gewähren ist, innerhalb dessen die Genossenschaft den Betrag der Antheile besaß. Wollte man hier nun ganz streng zu Werke gehen, so müßte man eigentlich am Ende jeden Monats Rechnung legen und den auf den Monat fallenden Geschäftsgewinn ermitteln und vertheilen, weil in der Regel allmonatlich die Zuzahlungen auf die Antheile geschehen, die letzteren also mit jedem Monate sich verändern und wachsen. Da dies aber mit zu vielen Schwierigkeiten und Kosten verknüpft sein würde und das Rechnungswerk nur alljährlich abgeschlossen wird, so kann nur der zu Anfang des Jahres bereits in der Genossenschaft stehende Betrag der Antheile, nicht das im Laufe desselben erst allmählich dazu Gezahlte, bei Vertheilung des Jahresgewinns in Ansatz kommen. Was z. B. erst im November oder Dezember eingezahlt ist, kann nicht an dem Gewinne der früheren Monate einen Antheil beanspruchen, und da eben nur der Gewinn des ganzen Jahres ungetrennt zur Verrechnung kommt, so geht daraus hervor, daß nur der am Schlusse des Vorjahres bereits vorhandene Betrag der Antheile der Einzelnen der richtige Theilungsmaßstab für die Gewinnüberschüsse des darauf folgenden Jahres abgiebt, da nur dieser das ganze Jahr über genutzt ist. Diese Erwägung ist Ursache, daß fast allgemein, wie wir schon erwähnten, der ganze Geschäftsgewinn des ersten Jahres bei den Vereinen dem Gesammtvermögen oder Reservefonds zugeschlagen wird.

Auch das Gesetz § 19 stellt die Vertheilung des Gewinnes nach den Geschäftsguthaben, wie dieselben zum Schlusse des voraufgegangenen Geschäftsjahres ermittelt sind, als die Regel auf.

Nun kann freilich eingewendet werden: einmal, daß diese im Rechnungsjahre fortlaufenden Beiträge vom Augenblicke ihres Eingangs in das auf den Geschäftsguthaben lastende Risiko eintreten; sodann, daß die Lust, mehr, als den Mindestsatz einzuzahlen, bei manchem Mitgliede durch diese Einrichtung leicht bis gegen Ende des Jahres aufgeschoben werden möchte.

Diesen Erwägungen wird aber nur dort Rechnung zu tragen sein, wo der Geschäftsantheil hoch — vielleicht 1000 Mark und mehr — ist und die regelmäßigen Einzahlungen gering sind. Unter solchen Verhältnissen empfiehlt es sich allerdings, von dem vorstehenden Grundsatz insoweit abzuweichen, daß man z. B. bestimmt, die im Laufe des ersten Halbjahres geleisteten Einzahlungen erhalten für das zweite Halbjahr die halbe Dividende; diese Berücksichtigung kann man noch weiter durchführen, doch wird halbjährliche oder vierteljährliche Antheilnahme an der Dividende ausreichen.

Auch noch folgender Fall gebietet eine Ausnahme zu machen: Der Tod führt das Ende der Mitgliedschaft zum Schluß des Geschäftsjahres herbei. Das Geschäftsguthaben des verstorbenen Mitgliedes ist ebenso zu behandeln, wie das eines freiwillig ausgeschiedenen Mitgliedes, es steht nach der nach Maßgabe des § 71 d. Ges. vorgenommenen Auseinandersetzung zur Verfügung der Erben. Tritt nun ein Erbe als Mitglied ein und will das Geschäftsguthaben seines Erblassers der Genossenschaft belassen, so muß er den Betrag als Einzahlung auf seinen Geschäftsantheil hingeben, dann aber geht es der Dividende für das betreffende Jahr verlustig, da es ja eine Einzahlung im Laufe des Jahres ist und diese nach obigem Grundsatz für das betreffende Jahr nicht dividendenberechtigt ist, obgleich thatsächlich das Geschäftsguthaben aus dem Vermögen der Genossenschaft gar nicht herausgekommen ist. Das ist eine Härte, die man mit einer Bestimmung im Statut vermeidet, nach welcher

> im Falle ein Mitglied verstirbt und einer seiner Erben Mitglied wird, der das Geschäftsguthaben des Verstorbenen als Einzahlung auf seinen Geschäftsantheil benutzt, für diese Einzahlung Anspruch auf die volle Jahresdividende hat.

Ferner müssen wir noch in Betreff der Berechnung des Geschäftsgewinnes im Ganzen auf Einiges aufmerksam machen. Daß der bei einem Bank-, wie bei jedem anderen Handelsgeschäfte vorkommende Rein- oder Nettogewinn aus dem Ueberschusse der Geschäftserträgnisse über sämmtliche Geschäftsunkosten besteht, darf als bekannt vorausgesetzt werden. Daher wird man sich bei der Gewinnberechnung klar zu machen haben, was zu den eigentlichen Geschäftserträgnissen gehört. Dies kann nun keineswegs von allen vorkommenden Einnahmen behauptet werden, wie z. B. Niemand Kasseneingänge, welche durch Aufnahme von Darlehen entstehen, oder die Einzahlungen der Mitglieder auf ihre Geschäftsantheile, welche ebenfalls von der Genossenschaft geschuldet werden und künftig einmal zurückerstattet werden müssen, zu den Geschäftserträgnissen rechnen wird. Nicht anders ist es mit den Eintrittsgeldern neuer Mitglieder, welche dem Vermögen des Vereins (der Reserve) hinzutreten und schon deshalb nicht als Geschäftsertrag betrachtet werden können. Die Erträge eines Bankgeschäftes, welches keinen Effektenhandel und sonstige Börsengeschäfte, sondern lediglich das Ausleihen von Geldern in einer der marktgängigen Formen — gegen Schuldschein, durch Diskontiren von Wechseln, im laufenden Kredit u. s. w. — betreibt, bestehen lediglich in den Zinsen und Provisionen für die ausgeliehenen Gelder, mögen diese von Mitgliedern im gewöhnlichen Geschäftsverlaufe gezahlt werden, oder durch nutzbare Unterbringung von Kassenbeständen entstehen, welche im Bankgeschäfte nicht unmittelbar verwerthet werden konnten. Höchstens können hierzu noch einige ganz unbedeutende Nebeneinnahmen treten, wie z. B. aus dem Verkaufe von Statuten, Sparbüchern u. dergl., wenn man sich dieselben, wie zuweilen geschieht, von den eintretenden Mitgliedern und von den Sparern bezahlen läßt.

Unter den Geschäftsunkosten, welche den Geschäftserträgnissen gegenübergestellt werden müssen, kommen vor Allem in Betracht:

a) die für vom Vereine gemachte Anlehen und angenommene Spareinlagen zu zahlenden Zinsen;
b) sämmtliche Geschäftsspesen und Verwaltungskosten.

Daß zu den letzteren ganz besonders die Bezahlung der Vereinsbeamten gehört, und daß es daher unrichtig ausgedrückt ist, wenn, wie in manchen Vereinen geschieht, nur die übrigen Geschäftsspesen nebst den Zinsen an die Vereinsgläubiger vom Geschäftsertrage abgerechnet und von dem alsdann verbleibenden sogenannten Gewinne ein Theil den Beamten als Vergütung angewiesen wird, versteht sich von selbst. Mag diese letztere in fester Besoldung oder in einem Antheile am Geschäftsertrage (Tantième) bestehen, immer muß sie vom letzteren erst gekürzt werden, ehe vom Netto-Ertrage oder Reingewinne wirklich die Rede sein kann.

Aehnlich steht es mit zwei anderen Ansätzen.

Man kann die durch Insolvenz von Schuldnern und sonst erlittenen, manchmal erheblichen Verluste am Kapitale nicht zu den Verwaltungskosten rechnen, weil sie keine Betriebskosten sind, sondern verfehlte Geschäftserfolge, Unfälle. Dennoch wird man an Deckung des dadurch erlittenen Ausfalles am Geschäftskapitale denken müssen, ehe man zur Gewinnvertheilung schreitet. Und das Erste, woran man sich deshalb zu halten hat, bleibt immer der Geschäftsertrag, das, was das Geschäft in dem Rechnungsjahre abgeworfen hat, in welches der Verlust fällt, wovon man also diesen abschreiben muß. Mit Recht gilt es für kein Zeichen solider Geschäftsführung, den Ertrag ohne Rücksicht auf die gehabten Verluste als Gewinn zu vertheilen, indem schon den gewöhnlichen Begriffen nach der Verlust den Gewinn aufhebt. Nur in ungewöhnlichen Fällen mag daher, um einen mäßigen Theil des Ertrages für die Dividende zu retten, ein entsprechender Theil des Verlustes auf eine zu derartigen Zwecken gebildete Spezialreserve (vgl. oben S. 74) übernommen werden, besonders wenn die betreffenden Geschäfte in frühere Jahre zurückgreifen. Hierbei aber so weit gehen, daß man nach Erschöpfung des Reservefonds einen Theil des Verlustes zur Deckung auf die Erträge des folgenden Jahres überträgt, wäre eine geradezu verkehrte Maßregel, einer Dividendengewährung aus dem Stammkapital gleich, die mit den Grundsätzen einer soliden Geschäftsführung und mit einer richtigen Bilanzaufstellung unvereinbar ist. Im Gegentheil müssen die Kreditgenossenschaften im eigenen Interesse sich zur unverbrüchlichen Regel machen, mit den Verlusten in jedem Jahre vollständig aufzuräumen und selbst, wenn Geschäftsertrag und Reserve zusammen nicht zu der Deckung ausreichen, eine Abschreibung auf die Geschäftsguthaben nicht zu scheuen, um dieses Ziel zu erreichen. Wie will man auf den Eintritt neuer Mitglieder rechnen, so lange das Gespenst des Defizits Allen vor Augen steht und der Eintritt Jeden zur Mithaft für die Verluste der Vergangenheit (§ 23 d. Ges.) verpflichtet, indem er zugleich die Aussichten auf den Gewinn der Zukunft trübt; wie will man bei den alten Mitgliedern den Anreiz zum Austritt bekämpfen, den der Aufschub der zu bringenden Opfer, denen sie sich dadurch zu entziehen suchen, naturgemäß hervorruft; wie will man endlich der Erschütterung des Kredits bei den Gläubigern vorbeugen, wenn man anstatt durch einen definitiven Abschluß mit den alten Sünden völlig zu brechen und reine Bahn für die Zukunft zu machen, durch Verschleppung des Defizits in die ganze weitere Geschäftsentwickelung den Keim des Ungesunden hineinträgt! Nein, will man einen Verein in solcher Lage überhaupt halten, wie es möglich ist, wenn nur ein mäßiger Theil des Guthabens zur Herstellung des Gleichgewichts aufgeopfert zu werden braucht, so gehe man mit der Maßregel ungesäumt vor, weil nur ein solcher entschiedener Schritt, unter offener Klarlegung des Geschäftsstandes bei den Mitgliedern selbst, wie bei dem Publikum denjenigen Grad des Vertrauens auf die Einsicht und die Energie der Vorstände und Mitglieder der Genossenschaft zu erwecken vermag, ohne welchen an eine dauernde Fortführung der Geschäfte nicht gedacht werden kann.

Sind nach alledem Rücksichten mannigfacher Art zu wahren, so wird man die unbedingte Nothwendigkeit der Aufstellung einer besonderen Gewinnberechnung bei dem Jahresabschlusse des Geschäfts einsehen, welche alle wirklich zu dem Geschäftsertrage im engeren Sinne gehörigen Einnahmen den wirklichen Geschäftsunkosten und Verlusten genau gegenüberstellt. Der Rechnungsabschluß in Soll und Haben ersetzt dieselbe so wenig, wie die darauf beruhende Bilanz. Allerdings ersieht man daraus den Aktiv- und Passivstand des Geschäftes, auf welchen Gewinn und Verlust des Rechnungsjahres von Einfluß sind, mit welchen beides aber nicht immer bei den Genossenschaften zusammenfällt. Vielmehr wird die spezielle Gewinnberechnung damit Hand in Hand gehen müssen. Wenigstens hüte man sich, einen in einer Bilanz, welche auf die strenge Sonderung der Geschäftseinnahmen nicht Rücksicht nimmt, sich ergebenden Ueberschuß ohne Weiteres für den Geschäftsgewinn zu nehmen. Häufig laufen hier Posten mit unter, wie Eintrittsgelder der Mitglieder u. a., welche, wie wir zeigten, gar nicht zum Geschäftsertrage gehören und leicht eine Täuschung über die Höhe des Gewinnes veranlassen können, welche bei den weiteren deshalb zu treffenden Maßnahmen nothwendig zu Unzuträglichkeiten führen müßte.

Auf einige andere Punkte bei dieser Gewinnberechnung machen wir noch besonders aufmerksam.

Zunächst treffen nämlich die Fälligkeitstermine der gegebenen Darlehen und diskontirten Wechsel natürlich nur selten gerade mit dem Jahresschlusse zusammen, vielmehr wird eine große Menge von Darlehen, die erst in den letzten Monaten des Jahres bewilligt sind, erst im künftigen Jahre fällig. Der von solchen Ausständen laufende Zins muß daher der Zeit nach, während welcher jeder einzelne davon in das eine oder das andere Jahr fällt, getrennt, und darnach jeder Theil in der Rechnung desjenigen Jahres aufgenommen werden, dem er als Geschäftserträgniß gebührt, andernfalls ist die Bilanz falsch, da Aktiva zu höherem als dem wirklichen Werthe erscheinen. Werden die Zinsen postnumerando erst am Fälligkeitstermine des Kapitals nachgenommen, so muß in dem Vorjahre, in welches die Ausleihung fällt, der betreffende Zinstheil vom Datum der Auszahlung bis zum

Jahresschlusse, welcher erst in dem darauf folgenden Jahre zur Hebung kommt, im Soll der Zinsrechnung gebucht und als Einnahmerest geführt, bei der Gewinnberechnung und Bilanz auch unter den Geschäftserträgnissen, den Aktiven, mit in Ansatz gebracht werden. Abweichungen kommen in dem entgegengesetzten Falle vor, wenn nämlich die Zinsen gleich bei Ausleihung der Gelder praenumerando eingezogen werden. Hier muß nämlich umgekehrt der auf die Frist über den Schluß des Rechnungsjahres hinausfallende Zinsentheil, als überhoben, bei der Gewinnberechnung wie in der Bilanz unter den Passiven mit angesetzt werden und vom Geschäftsertrage in Abzug kommen, um ihn dem nächstfolgenden Jahre, in dessen Anfang er übergreift, zu reserviren, in welchem er bei der Gewinnberechnung und Bilanz als Aktivum in Ansatz kommt und den Ertrag erhöht. Unterläßt man dies und bucht die Zinsen ganz in der Rechnung des Jahres, wo die Ausleihung erfolgt, ohne die über den Jahresschluß hinaus zum voraus überhobenen abzuschreiben, so wird eine erhebliche Differenz bei der Gewinnberechnung entstehen, welche unter Umständen sehr empfindlich in die Verhältnisse eingreifen kann, alsdann nämlich, wenn dadurch für das eine Jahr ein zu großer Gewinn gewährt wird, und er dann im folgenden, um einen Theil seiner Einkünfte verkürzten Jahre, in dem man vielleicht schlechtere Geschäfte macht, fehlt. Man nehme folgende Beispiele. Wenn ein Verein am 1. November, bei 5% Zins und Provision auf das Jahr, einen Vorschuß von 600 Mk. auf 3 Monate ausgiebt und dafür 7 Mk. 50 Pf. an Zins und Provision empfängt, so gehören von den erworbenen 7 Mk. 50 Pf. nur 5 Mk. zum Geschäftsertrage des mit dem Dezember schließenden Jahres, und 2 Mk. 50 Pf. zum Geschäftsertrage des mit dem 1. Januar beginnenden neuen Jahres. Wenn ein Verein am 31. Dezember einen Vorschuß von 300 Mk. auf zwei Monate ausgiebt und dafür 2 Mk. Zinsen vorweg empfängt, so hat das mit dem 31. Dezember schließende Geschäftsjahr doch nicht den empfangenen ganzen Zinsbetrag von 2 Mk. in einem Tage verdient, sondern nur den 60. Theil, der ist 3 Pf., und dem mit dem 1. Januar beginnenden neuen Geschäftsjahre gebührt von den empfangenen 2 Mk. der bei weitem größere Theil, nämlich 1 Mk. 97 Pf. Diejenigen Vereine nun, welche im ersten Falle 7 Mk. 50 Pf. und im letzten Falle 2 Mk. zum Geschäftsjahre 1897 gehörenden Gewinn als Dividende des Jahres 1896 vertheilen, begehen einen schweren

Irrthum. Setzt man den Fall, daß alle gegebenen Vorschüsse 3 Monate liefen, und an jedem Tage gleich viele verfielen, dann würde vom Jahre 1896 der 8. Theil der erhobenen Zinsen und Provision dem Jahre 1897 vorbehalten bleiben müssen. Wenn dies aber auch nicht ganz zutrifft, wird sich doch der Rechnungsfehler dem 8. Theile der erhobenen Zinsen und Provision sehr nähern — ein Betrag, welcher beträchtlich genug ist, das Bedenkliche des Verfahrens zu kennzeichnen. Zwar wird die Differenz einigermaßen dadurch ausgeglichen, daß im künftigen Jahre dasselbe Verfahren beobachtet wird. Man macht nämlich den durch Entbehrung der im Vorjahre überhobenen Zinsen erlittenen Ausfall durch ein gleichmäßiges Ueberheben der in das nächstfolgende Jahr hinübergreifenden insofern wett, als der Verkehr in den letzten Monaten beider Jahre, namentlich die hier in Frage kommenden Darlehensbewilligungen, unter einander ungefähr gleich sind. Indessen bleibt diese Ausgleichung von rein zufälligen Umständen abhängig und fällt natürlich für das letzte Jahr, in welchem der Verein sich auflöst, in welchem daher auf die Erträge eines weiter folgenden nicht mehr hinüber gegriffen werden kann, ganz weg. Gerade dies ist um so mißlicher, weil in dem letzten Jahre, da die Auflösung meist mit ungünstigen Geschäftserfolgen zusammenhängt, Ausfälle im Geschäftsertrage schwerer wie in jedem anderen in das Gewicht fallen. Wir ermahnen daher alle Vorschußvereine, insoweit sie noch an dem falschen Verfahren festhalten, dasselbe aufzugeben und den unbedeutenden Ausfall an der Dividende des laufenden Jahres, welcher dadurch verursacht wird, um so weniger zu scheuen, als er ihnen ja im nächsten Jahre wieder zugute kommt.

Endlich muß noch die Warnung hier eine Stelle finden: ein etwaiges Mehr in den Tageskursen der Werthpapiere gegen deren Ankaufspreis ohne Weiteres dem Nettoertrage des Geschäftes zuzuschlagen und als Gewinn bei Gewährung der Dividenden und Tantièmen zu behandeln. Wohl enthält eine solche Kurssteigerung die Möglichkeit eines Gewinnes, welcher jedoch in jedem Falle erst noch ein anderweites davon unabhängiges Moment, der Verkauf der Papiere während des günstigen Kursstandes, hinzutreten muß, ehe die bloße Aussicht zur Wirklichkeit wird. So lange man daher nicht in dieser Weise verfügt hat, sondern die Papiere behält, hat man eben den Gewinn noch nicht gemacht, und ist desselben nicht einmal sicher, indem die Aussicht darauf jeden Tag in das Gegentheil umschlagen kann. Deshalb sind solche Kurssteigerungen mit großer Vorsicht zu behandeln, und niemals wie über realisirte Gewinne darüber zu verfügen. Mögen sie auch in der Bilanz zum vollen Ansatz gelangen — worüber man das nächste Kapitel vergleiche — in die Gewinnberechnung gehören sie nicht. Vielmehr erscheint es dringend gerathen, daraus eine Effektenreserve zu bilden (S. 74), welche bei Kursrückgängen zum Ausgleich dient, da man ohnedem leicht in den Fall kommen kann, das auf derartige Gewinnaussichten Vertheilte später aus dem Geschäftskapital ersetzen zu müssen. Bei Gelegenheit der schon früher angeführten Beschlüsse des Allgemeinen Vereinstages zu Konstanz (vgl. S. 65) wurde daher die gerügte Gewinnvertheilung als ganz verwerflich ausdrücklich anerkannt.

Wie wichtig die in die Verlustdeckung so vielfach eingreifende Gewinnvertheilung ist, ergiebt sich hiernach zur Genüge.

Dreizehntes Kapitel.

Kassen- und Rechnungswesen. Buchführung und Inventur. Revisionen und Bilanz.

Ist Ordnung im Kassenwesen und in der Buchführung für jede Geschäftsführung Lebensfrage, so kann über die dahinzielenden Forderungen für eingetragene Genossenschaften kein Zweifel sein, seitdem dieselben nach dem Genossenschaftsgesetz (§ 17) den Kaufleuten gleichgestellt sind. Sorge für die Buchführung und Aufstellung der Bilanz gehören zu den Obliegenheiten des Vorstandes (§ 31 d. Ges.) und jedes Vorstandsmitglied ist für die Wahrnehmung dieser Pflicht verantwortlich, die Geschäfts- und Arbeitstheilung vermag keinen rechtlichen Einfluß auf Befreiung von dieser Pflicht zu bewirken. Daraus ergiebt sich die strafrechtliche Verantwortung aller Vorstandsmitglieder nach § 214 Reichs-Konkursordnung. Jedes Vorstandsmitglied ist persönlich für die Sorge für die Buchführung verantwortlich und die Aufstellung der Bilanz ist ein Theil der Buchführung.

Wie man die im Kassen- und Rechnungswesen vorkommenden Funktionen im Einzelnen unter den Vorstandsmitgliedern oder Beamten vertheilt, hängt vom Geschäftsumfange und der Richtung der einzelnen Vereine ab, doch sind wesentliche Anhaltspunkte dafür in dem Musterstatut und den betr. Geschäftsanweisungen im Anhange gegeben. Insbesondere verweisen wir wegen Anwesenheit der Vorstandsmitglieder im Geschäftslokal auf S. 108. Jedenfalls müssen dieselben bei Beendigung der Geschäfte und dem Kassenschluß täglich anwesend sein, um bei der Nachzählung der beim Kassirer vorhandenen Baarbestände und deren Eintragung in das Kassenbuch mitzuwirken.

Um mit den gesetzlichen Forderungen im Einzelnen zu beginnen, so hat man in Betreff der Geschäftsbücher die Forderung des H.-G.-B. Art. 28: „daß aus denselben die Handelsgeschäfte und die Lage des Vermögens vollständig zu ersehen sein müssen", wohl zu beachten. Aus diesem Grunde ist die kaufmännische sogenannte doppelte Buchführung, sobald ein Verein sich zu bedeutendem Verkehr erhebt, höchst zweckmäßig, ja bei eigentlich bankmäßigen Geschäften geradezu unerläßlich. Wo nur irgend die Kräfte dazu vorhanden sind, die Kassenbeamten die dazu nöthige Fähigkeit und Erfahrung entweder schon besitzen, oder sich anzueignen vermögen, rathen wir zu deren Einführung unbedingt.

Bewegt sich dagegen der Verkehr in kleineren und einfacheren Verhältnissen, und stehen namentlich Leute an der Spitze, welche einestheils nicht ihre ganze Zeit den betreffenden Obliegenheiten zu widmen im Stande sind, sondern dieselben nur als Nebenbeschäftigung treiben können, und denen anderentheils ein Einarbeiten in jene verwickeltere Methode der Buchführung nicht zugemuthet werden kann, so wird man an eine Vereinfachung derselben denken müssen, welche geeignet ist, ihre großen Vortheile und Bürgschaften für eine geordnete und übersichtliche Geschäftsführung auch diesen Vereinen zu sichern, ohne doch an Zeit und Kraft des Vorstandes übertriebene Ansprüche zu machen. Wir verweisen im Uebrigen wegen der Buchführung auf den zweiten Band dieser Handbibliothek.

Einer Erwähnung bedarf sodann die Behandlung der geschäftlichen Korrespondenz. Nach Art. 28 Abs. 2 H.-G.-B. sind die Kreditgenossenschaften als Kaufleute verpflichtet: „die empfangenen Handelsbriefe aufzubewahren und eine Abschrift der abgesandten Handelsbriefe zurückzubehalten und nach der Zeitfolge in ein Kopirbuch einzutragen.“

Im Zusammenhange mit Abs. 1 Art. 28 wird es keinem Zweifel unterliegen, daß unter Handelsbriefen nur Korrespondenzen zu verstehen sind, welche sich auf Handelsgeschäfte, d. h. auf Abschluß und Ausführung solcher beziehen, also die Grundlagen der betreffenden Buchungen bilden, zum Theil auch als Beweismittel in Streitfällen in Betracht kommen können. Allerdings ist diese Korrespondenz bei den meisten Vereinen nicht von besonderer Bedeutung, weil dieselben ihre auf einen engeren Umkreis beschränkten Geschäfte fast immer mittelst persönlichen Abkommens unter Vollziehung der betreffenden Dokumente im Geschäftslokale abmachen. Indessen kommt doch mindestens die durch Geschäftsverbindungen mit anderen Banken — namentlich wo man mit einer Großbank im dauernden Verkehr steht — bedingte Korrespondenz in Betracht, deren Aufbewahrung nebst Bewirkung der vorgeschriebenen Kopien ebenso wie bei den sonst noch vorkommenden auswärtigen

Geschäftsbeziehungen, den bezüglichen gesetzlichen Vorschriften unterliegt. Die bei den Kreditgenossenschaften zumeist eingeführten schriftlichen Anträge der Kunden auf Kreditgewährung, welche, wie gesagt, durch persönliches Abkommen erledigt werden, rechnen wir nicht zu den Handelsbriefen im angedeuteten Sinne, ebenso wenig als die etwa im inneren Verkehr darauf erlassenen Zahlungs-Anweisungen zwischen den Vereinsorganen. Indessen werden dieselben ja ohnehin für einige Zeit meist aufbewahrt, wobei es sein Bewenden behalten kann.

Die außerordentliche Wichtigkeit der Bilanz und die strengen Anforderungen des Gesetzes an deren sorgsame und gewissenhafte Aufstellung bedürfen keiner besonderen Begründung. In welche unabsehbaren Wirren würde der Verkehr in seiner Gesammtheit; würden die Einzelgeschäfte, als seine Träger, sich verlieren, wären sie nicht zu einem solchen bewußten Zusammenfassen und Klarstellen ihrer Geschäftslage in bestimmten regelmäßigen Zeitabschnitten genöthigt, wie sie naturgemäß das Rechnungsjahr bietet! — Nur mittelst dieser Aufstellung läßt sich beurtheilen, ob Jemand im eigenen wie im Gesammtinteresse seine Geschäftsgebahrung ausdehnen oder einschränken, oder aber ganz zum Abschluß bringen soll. Und sofern auch bei gewöhnlichen Privatgeschäften zunächst von einer Veröffentlichung hierbei nicht die Rede ist: für den Fall des Bankerotts fällt die Verantwortlichkeit für die Richtigkeit doch auch hier schwer in die Wage. Bei Aktiengesellschaften und eingetragenen Genossenschaften aber, denen die Veröffentlichung der jährlichen Bilanz (§ 31 d. Ges.) vorgeschrieben ist, müßte eine nachweisbare Täuschung sofort verhängnißvoll sein.*)

Daß jede Bilanz aus zwei ineinander greifenden Theilen sich zusammensetzt, wenn sie ihren Zweck erfüllen soll, dürfen wir als bekannt voraussetzen, obschon noch mannigfach hiergegen gefehlt wird. Gehört einerseits der Abschluß der Bücher dazu, um die

*) § 141 des Gesetzes bestimmt: „Mitglieder des Vorstandes und des Aufsichtsrathes und Liquidatoren werden mit Gefängniß bis zu einem Jahre und zugleich mit Geldstrafe bis zu dreitausend Mark bestraft, wenn sie in den von ihnen dem Gerichte (§ 10) zu machenden Anmeldungen, Anzeigen und Versicherungen wissentlich falsche Angaben machen, oder in ihren Darstellungen, ihren Uebersichten über den Vermögensstand der Genossenschaft, über die Mitglieder und die Haftsummen, oder den in der Generalversammlung gehaltenen Vorträgen den Stand der Verhältnisse der Genossenschaft wissentlich unwahr darstellen.

Zugleich kann auf Verlust der bürgerlichen Ehrenrechte erkannt werden.

Sind mildernde Umstände vorhanden, so tritt ausschließlich die Geldstrafe ein."

Uebersicht über das Soll der Aktiven und Passiven des Geschäfts zu gewinnen, so muß damit gleichzeitig die Inventur verbunden werden, die genaueste Revision aller Geschäftsbestände, um festzustellen, ob das Ist dem Soll entspricht, das als vorhanden in den Büchern Angegebene auch in der Wirklichkeit vorhanden ist, weil ja ohnedem es an der Probe für die Richtigkeit und Vollständigkeit der Bücher fehlt und jeder Defekt leicht durch falsche Buchungen verdeckt werden könnte.

Sicher liegt es schon im wohlverstandenen Interesse der Vorstandsmitglieder selbst, sich von alledem stetig in genauer Kenntniß zu erhalten und einander ebenso wie die ihnen untergeordneten Beamten in Wahrnehmung der geschäftlichen Obliegenheiten zu überwachen, um jederzeit über redliche Verwaltung und Wahrnehmung der ihnen anvertrauten Interessen sich ausweisen zu können. Ganz besonders gehört es aber zu den Verpflichtungen der Kontrol-Behörden, der Aufsichtsräthe, sich vom Geschäftsstande möglichst in genauer Kenntniß zu erhalten. Wenn es zu diesem Zwecke nur sehr großen Vereinen möglich sein wird, täglich eines ihrer Aufsichtsrathsmitglieder in das Geschäftslokal während der Geschäftsstunden zu beordern, um von allen Vorkommnissen Kenntniß zu nehmen: so soll man doch sich mindestens in den monatlichen und Quartals-Abschlüssen durch Deputationen vertreten lassen, um in die Verwaltung der Vereinsangelegenheiten genauere Einsicht zu nehmen. Jedenfalls soll man bei solchen Gelegenheiten außer dem Kassensturz mindestens die Vergleichung der Bestände in einzelnen Geschäftszweigen, z. B. der Wechsel, der Werthpapiere u. a. mit den betreffenden Konten in den Büchern durch Stichproben vornehmen. Zeigt sich hierbei die mindeste Unordnung oder walten sonst Bedenken vor, dann schreite man sofort zu einer vollständigen Bücher- und Kassenrevision, wie dies auch ab und zu einmal ohne besondere Veranlassung und ohne jede vorherige Kundgebung an den Vorstand geschehen muß, um sich einer stetigen Ordnung in der Verwaltung zu versichern. Wie bei solchen Revisionen der Aufsichtsrath etwa unter Zuziehung eines Sachverständigen — besonders eines Bücherrevisors — zu verfahren, wie er sich deputationsweise in die Arbeit zu theilen, den einen die Prüfung und den Abschluß der Bücher, anderen die Inventur, diese vielleicht partienweise zu übertragen hat, ist schon S. 122 besprochen, und muß je nach Umfang des Geschäfts, nach Zahl und Befähigung der Mitglieder dieser Körperschaft geordnet werden.

Daß dies Alles in erhöhtem Maße bei der am Ende des Geschäftsjahres behufs Aufstellung der Jahresrechnung und Bilanz nothwendig stattfindenden Revision beobachtet werden muß, welche den Schlußstein der ganzen Geschäftsgebahrung bildet, und deren Resultate feststellt, sieht Jedermann ein. Zu diesem Behufe müssen die Eintragungen in die Bücher bis zum Jahresschlusse vollständig bewirkt werden und noch am letzten Tage mit der Inventur soweit vorgegangen werden, daß:

1. das Kassenbuch aufgerechnet, die Kasse nachgezählt und die Uebereinstimmung des Kassenstandes mit dem Buche festgestellt wird;

2. die vorhandenen Bestände an Wechseln, Schuldscheinen, Werthpapieren durchgesehen, speziell verzeichnet und mit den betr. Listen und Kontrolen verglichen werden. Wäre die Beendigung dieser Arbeiten unter Umständen nicht an demselben Tage möglich, so müßte dieselbe mindestens am nächsten Tage erfolgen, bis dahin aber Alles unter sicheren Verschluß genommen und dem Vorstande der Zugang dazu bis zur Beendigung der Inventur versagt werden, da, wenn dieses nicht geschieht, demselben die Möglichkeit zu Verfügungen bleibt, welche zur Verdeckung von Defekten benutzt werden können.

In diesem Sinne hat der Allg. Genossenschaftstag zu Stettin (1893) folgenden wichtigen Beschluß gefaßt:

„Nach der Bestimmung in § 36 des Reichs-Genossenschaftsgesetzes hat der Aufsichtsrath die Jahresrechnung, die Bilanzen und die Vorschläge zur Vertheilung von Gewinn und Verlust zu prüfen und darüber der Generalversammlung vor Genehmigung der Bilanz Bericht zu erstatten.

Dieser Verpflichtung kann der Aufsichtsrath nur genügen, wenn er durch Mitwirkung bei der Inventur am Jahresschlusse von deren ordnungsmäßiger Aufnahme und von dem wirklichen Bestande des Vermögens der Genossenschaft sich überzeugt hat.

Der Genossenschaftstag empfiehlt deshalb,

in der Erwägung, daß in einer nicht geringen Anzahl von Genossenschaften des Allgemeinen Verbandes diese Mitwirkung des Aufsichtsrathes bei der Inventur fehlt, und daß

dieses zum Theile Genossenschaften sind, welche dem Allgemeinen Verbande erst in der letzten Zeit beigetreten sind, und solche Genossenschaften, welche eine Geschäftsanweisung für den Aufsichtsrath nicht besitzen,

den Genossenschaften,

für die dem Geiste des Gesetzes nach gebotene Mitwirkung ihrer

Aufsichtsräthe bei der Inventur am Jahresschlusse besorgt zu sein, und überall da, wo Geschäftsanweisungen für den Aufsichtsrath nach den Beschlüssen der Vereinstage zu Wiesbaden und Eisenach, welche die Betheiligung des Aufsichtsrathes bei der Inventur vorschreiben, noch fehlen, solche baldmöglichst einzuführen."

Wird die vorstehend unter 1 erwähnte Revision des Kassenbestandes unter Feststellung der vorgefundenen Geldsorten und Banknoten keinen besonderen Aufwand von Mühe und Zeit beanspruchen, so wird man davon umsomehr auf die genaue Inventur der Dokumentenbestände verwenden müssen. Zuerst heben wir hierbei die Inventarisirung des Wechselportefeuilles hervor. Es bedarf hierzu der genauen Protokollirung jedes einzelnen Wechsels nach seiner laufenden Nummer, seinem Betrage, Fälligkeitstage und Schuldner, womit zugleich der nothwendige Anhalt für Berechnung des am Tage des Rechnungsabschlusses bei jedem überhobenen Diskont gegeben ist, welcher den Aktivis des nächsten Jahres gutzubringen ist. Sehr genau ist darauf zu achten, daß die Jahresrechnung des Vorstandes, welche später dem Aufsichtsrathe zur Revision unterbreitet wird, nicht einen höheren Betrag an Wechselforderungen enthält, als die Inventur des Wechselportefeuilles ergeben hat; denn eine Differenz hierin, wenn sie nicht auf einem Rechenfehler beruht, würde zu dem Schluß berechtigen, daß entweder unrichtige Buchungen in den Büchern stattgefunden haben oder dem Aufsichtsrathe bei der Inventur nicht, wie es geschehen sollte, sämmtliche Wechsel vorgelegt worden sind. Der Grund jeder solchen Unordnung ist auf das strengste, eventuell durch Rückfragen bei den betheiligten Schuldnern, deren Verbindlichkeiten so unerwartet nachträglich zum Vorschein kommen, zu untersuchen, um die Höhe der Wechselforderungen am Jahresschlusse über jeden Zweifel sicher zu stellen und zugleich den Vorstand genau zu überwachen.

Mit der rechnungsmäßigen Feststellung der Wechselforderungen muß aber auch die Prüfung ihrer Sicherheit Hand in Hand gehen. Sobald eine unbefangene Erwägung der Sachlage dahin führt, eine Forderung als gefährdet ansehen zu müssen, so darf man sie nicht ihrem vollen Betrage nach in die Rechnung aufnehmen, sondern muß sie, wenn sie uneinbringlich erscheint, ganz zurückstellen oder zu dem Werthe ansetzen, den man wahrscheinlich noch darauf erhalten wird. Diese Prüfung der Sicherheit der Forderungen führt von selbst dahin, sich darüber zu vergewissern, daß der Vorstand bei der Kreditgewährung die ihm vorgeschriebenen Grenzen eingehalten und den Verein nicht etwa in Risikos verwickelt hat, zu denen er nach den Beschlüssen des Aufsichtsrathes oder der Generalversammlung nicht ermächtigt war.

Ebenso wie die Wechsel sind selbstverständlich auch die sonst vorhandenen Schulddokumente bei der Inventur sorgfältig aufzunehmen und nach ihrem rechnungsmäßigen Werth wie nach ihrer Sicherheit festzustellen. Namentlich kommen bei Vereinen, die Werthpapiere beleihen und sich zur Verbriefung der betreffenden Darlehen nur Schuldscheine geben lassen, in denen die geschehene Verpfändung zugleich anerkannt ist, diese Schuld- und Verpfändungsscheine sowie die verpfändeten Objekte in Betracht. Denn hier hängt die Sicherheit der Forderung wesentlich von der Sicherheit des Pfandes ab. Es wird daher bei der Inventur die Aufgabe des Aufsichtsrathes sein, auch diese Pfänder genau aufzunehmen, sich davon zu überzeugen, daß die in den Verpfändungsscheinen näher bezeichneten Werthpapiere auch alle im Gewahrsam des Vereins und nicht etwa widerrechtlich vom Vorstande anderweitig verwendet sind, und daß diese eine ausreichende Sicherheit für die darauf bewilligten Kredite bieten, der Vorstand auch bei diesen Kreditgewährungen nicht die ihm gezogenen Grenzen überschritten hat. Es liegt auf der Hand, daß, um diesen Theil der Inventur sachgemäß auszuführen, eine gewisse Kenntniß des Effektengeschäfts unerläßlich ist, und sollten daher diejenigen Vereine, deren Vorstände und Aufsichtsräthe ein selbstständiges Urtheil über den Werth der Effekten nicht besitzen, entweder sich auf derartige Geschäfte nicht einlassen, oder, wie wir auch in anderer Beziehung namentlich wegen der Bücherrevision schon gerathen haben, Sachverständige bei diesen Arbeiten zuziehen.

Der Abschluß und die genaue Durchsicht der Bücher nehmen sodann ihren ungestörten Fortgang, wobei auch hinsichtlich der Inventur noch Manches nachzuholen ist. So müssen z. B. wegen des meist vorkommenden Geldverkehrs mit anderen Vereinen und Banken mit diesen die darauf bezüglichen Kontoabschlüsse ausgetauscht und darnach die Aktiv- oder Passiv-Saldis in den Büchern eingetragen werden. Besonders aber ist ein Punkt im Auge zu behalten, dessen Vernachlässigung das Ergebniß der ganzen Inventur in Frage stellen kann. Wenn man bei Revision der Aktivbestände bei gründlichem Verfahren insofern einen zuverlässigen Anhalt hat, als die über die Forderungen des Vereins vorhandenen Dokumente zur Prüfung vorhanden sein müssen, etwa mit Ausnahme der Forderungen aus laufenden Rechnungen: so steht dies bei dem größten Theile der Passiven anders, da sich die Schulddokumente in den Händen der Vereinsgläubiger befinden. Wir meinen die Prüfung der Spareinlagen, der Einzahlungen auf den Geschäftsantheil der Mitglieder und auf laufende Konten, wo fortlaufend eine Menge zum Theil kleiner Beträge eingehen, und Irrthümer wie Hinterziehungen seitens der Kassenbeamten leichter vorkommen und leichter verdeckt werden können. Hier gilt es also, beim Jahresschlusse sich völlige Klarheit zu verschaffen.

Dies kann auf verschiedene Weise bewirkt werden. In einzelnen Vereinen werden die Sparkassen-, Geschäftsguthaben- und Gegenbücher der Inhaber laufender Konten eingefordert, und ihr Inhalt mit den von den Beamten geführten Büchern des Vereins verglichen. In anderen Vereinen finden sich in den ersten Wochen des Geschäftsjahres Aufsichtsrathsmitglieder im Geschäftslokal ein, welche die zur Zinsengutschrift u. s. w. vorgelegten Gegenbücher mit den Büchern der Genossenschaft vergleichen.

Besonders genau ist die Kontrole der Spareinlagen zu führen, und um hier auch die Mitglieder selbst dazu heranzuziehen, wird in verschiedenen Vereinen eine Aufstellung angefertigt, in der die sämmtlichen Nummern der Sparkassenbücher mit dem Saldo der betreffenden Spareinlagen eingetragen werden. Die Aufstellung wird im Geschäftslokal ausgehängt, so daß jedes Mitglied sich durch einen Einblick in dieselbe von der Richtigkeit seines Guthabens überzeugen kann. Es ist sogar gebräuchlich, eine solche Aufstellung den Geschäftsberichten beizugeben.

Auf solche Weise wird es möglich, sich in der Jahresschlußrechnung eine zuverlässige Unterlage der Bilanz zu verschaffen. In derselben sind die Aktiva und die Passiva nach ihren Hauptrubriken in den betreffenden Konten gesondert aufzuführen. Den sachgemäßen Anordnungen des H.-G.-B. gemäß sind unter den Aktiven die Forderungen und Ausstände der Genossenschaft aus Schuldscheinen, Wechseln, laufenden Rechnungen, Hypotheken, Grundstücken, Inventar u. a. nach dem wahren Werthe aufzuführen; die uneinziehbaren ganz abzusetzen, die zweifelhaften nach muthmaßlicher Schätzung einzustellen. Die Werthpapiere — selbstverständlich nur die der Genossenschaft als Eigenthum gehörenden — sind darnach zum Börsenkurse anzusetzen. Was überhaupt rücksichtlich der Erträgnisse aus Kurssteigerungen zu beobachten ist, haben wir S. 223 bei der Gewinnberechnung gesagt, welch' letztere als besonderer Theil der Jahresrechnung anzuschließen ist. Dahin verweisen wir auch wegen richtiger Behandlung der über den Jahresschluß hinaus erhobenen oder ausstehenden Aktivzinsen.

Auf die Passivseite gehören die Geschäftsguthaben, Reserven und die aufgenommenen fremden Gelder nach Gattungen getrennt.

Noch ist der Verpflichtungen zu gedenken, die bei der Rechnung zwar nicht im Kredit und Debet mit in Ansatz kommen, ihr unmittelbares Resultat nicht beeinflußen, wohl aber in die Entwickelung des Geschäftes in nächster Zukunft entscheidend eingreifen können, an deren, wenn auch nur nachrichtlicher Vormerkung daher die Mitglieder der Vereine kein geringes Interesse haben. Es ist dies die Summe der sogenannten schwebenden Verbindlichkeiten, d. h. solcher Engagements, die nur eventuell den Verein belasten, im Falle die eigentlichen Schuldner ihre Verpflichtungen nicht erfüllen, wie z. B. beim Weiter-Diskontiren von Wechseln (vgl. S. 54). Die Aufsichtsrathsmitglieder haben diese Verbindlichkeiten ernstlich zu prüfen und die Frage nach den Deckungsmitteln nicht zu übersehen, auch nach Befinden dem Vorstande gegenüber wegen Festsetzung der gebotenen Grenzen für diese Geschäfte das Nöthige zu veranlassen.

In Uebereinstimmung hiermit hat die derzeit auf den Unterverbandstagen der süddeutschen Vorschußvereine gewählte Kommission zur Berathung einer „Instruktion für die Aufsichtsräthe der Vorschuß- und Kreditvereine bei Ueberwachung der Geschäftsführung" vorgeschlagen, jener als besonderen Paragraphen anzureihen:*) „Bei den von dem Ausschusse vorzunehmenden Revisionen darf eine Untersuchung der sogenannten schwebenden Verbindlichkeiten aus Wechsel-Indossamenten (Giroverbindlichkeiten) nicht unterlassen werden, denn ohne Einblick über die Summen und den Charakter dieser Verbindlichkeiten ist ein Urtheil über die Geschäftslage nicht möglich und durch leichtsinniges Eingehen solcher Verbindlichkeitenkönnen die schwersten Verlegenheiten und Verluste entstehen. Accept-Verbindlichkeiten müssen selbstverständlich als Passiven in der Bilanz erscheinen." Dieser Satz ist alsdann in abgekürzter Form ohne die erläuternde Begründung in die von dem Wiesbadener Allgemeinen Vereinstage (1877) beschlossene Instruktion übergegangen, und endlich hat der Allgemeine Vereinstag in Stutt-

---

*) Blätter für Genossenschaftswesen 1877 S. 108.

gart (1879) den Vereinen gelegentlich der Vorlage eines einheitlichen Systems für die Einrichtung ihrer Geschäftsübersicht mit Bilanz und Gewinn- und Verlust-Konto empfohlen: „der Geschäftsübersicht muß ferner die Summe der Giro-Verbindlichkeiten .... beigegeben werden“ (vgl. Formular 11).

Die im Vorstehenden gegebene Anleitung wird ausreichen, bei pünktlicher Beobachtung nicht nur eine den gesetzlichen Anforderungen entsprechende Abwickelung des Rechnungswerkes zu ermöglichen, sondern auch sonst und im Ganzen auf eine geordnete Verwaltung ihren wohlthätigen Einfluß zu üben. Als Ergänzung dient der zweite Band, der die Buchführung speziell behandelt.

Weitere, bei der Führung der Rechnungs- und Kassen-Sachen zu beachtende Einzelheiten sind, wie bemerkt, in dem Musterstatut und den betreffenden Geschäftsanweisungen (Formular 1, 10, 11) enthalten, auf welche wir deshalb wiederholt verweisen und nur wegen sicherer Aufbewahrung der Geld- und Dokumenten-Bestände Einiges hinzufügen. Meist ist hier wohl der im Musterstatut empfohlene doppelte Verschluß in der Art eingeführt, daß dem Kassirer nur ein mäßiger, für die Tages-Ausgaben nothwendiger Baarbestand zu spezieller Aufbewahrung überlassen wird, welchen der Vorstand beim täglichen Kassenschlusse bestimmt. Dagegen nehmen entweder sämmtliche Vorstandsmitglieder oder mindestens zwei davon größere Bestände an Geld und Dokumenten gemeinsam in Verschluß, mittelst besonderer einem jeden zu den betreffenden sicheren Gelassen anvertrauter Schlüssel, und wirken dann bei der nach Bedürfniß erfolgenden Herausgabe ebenfalls gemeinsam mit.

Wir schließen den Abschnitt mit der Wiedergabe des von dem Allg. Vereinstag zu Stuttgart (1879) den Kreditgenossenschaften zur Aufstellung des Geschäftsberichts empfohlenen Schemas.

Der Stuttgarter Vereinstag empfahl den Kreditgenossenschaften ihre Geschäftsberichte mit Bilanz und Gewinn- und Verlustkonto in folgender Weise einzurichten:

I. Bilanz.

Aktiva.

1. Kassa-Konto.
2. Effekten-Konto.
3. Vorschuß-Konto (Vorschußwechsel-Konto).
4. Geschäftswechsel-Konto.
5. Hypotheken und Güterzieler (Kaufschillinge, Steiggelder, Cessionen).
6. Forderungen aus Konto-Korrent-Konten mit Kredit.
7. Banken und Vereine.

8. Noch zu empfangende Zinsen (Zinsenrest des abgelaufenen Jahres).
9. Geschäfts-Inventar- (Mobilien-) Konto.
10. Grundstücks- (Immobilien-) Konto.

Passiva.

1. Geschäftsantheile (Guthaben) der Mitglieder.
2. Reservefonds.
3. Darlehen mit ganzjähriger Kündigung.
4. Darlehen mit halbjähriger Kündigung.
5. Darlehen mit vierteljähriger Kündigung.
6. Accepte.
7. Ohne Kündigung rückzahlbare Darlehen (Schulden aus Konto-Korrent-Konten mit und ohne Kredit).
8. Banken und Vereine.

9a. Noch zu zahlende Zinsen für Darlehen aus dem abgelaufenen Jahre.
9b. Desgleichen aus den früheren Jahren.
10. Noch zu zahlende Verwaltungskosten u. s. w.
11. Voraus erhobene (Anticipando-) Zinsen.
12. Gewinn- und Verlust-Konto (Reingewinn).

II. Gewinn- und Verlust-Konto.

Debet.

1. Vereinnahmte Zinsen und Provision aus Vorschüssen.
2. Vereinnahmte Zinsen aus Konto-Korrent-Forderungen.
3. Vereinnahmte Provision aus Konto-Korrent-Forderungen.
4. Vereinnahmter Wechsel-Diskont.
5. Vereinnahmte Effekten-Zinsen und Gewinne.
6. Rückständige Zinsen und Provisionen aus Vorschüssen.
7. Zinsen aus Hypotheken und Güterzielern (Kaufschillingen, Steiggeldern, Cessionen).
8. Provisionen aus erworbenen Hypotheken und Güterzielern (Kaufschillingen Steiggeldern, Cessionen).
9. Sonstige Gewinne.

Kredit.

1. Gezahlte Zinsen für Darlehen.
2. Gezahlte Zinsen für die Konto-Korrent-Forderungen der Mitglieder.
3. Gezahlte Zinsen und Provisionen an Banken und Vereine.
4. Gezahlter Rückdiskont für weiter begebene Wechsel.
5. Noch zu zahlende Zinsen für Darlehen.
6. Verwaltungskosten-Saldo.
7. Reingewinn.

III. Geschäftsübersicht.

Diejenigen Vereine, welche nur ein Kassenbuch nach dem Schema der „Anleitung zur einfachen Buchführung" (vgl. zweiten Band der Handbibliothek) besitzen, müssen zur Herstellung der Geschäftsübersicht die einzelnen Kolonnen des Kassenbuches mit ihren Benennungen und mit ihren End-summen in Einnahme und Ausgabe wiedergeben, mit dem Kassenbestand bei Beginn des Rechnungsjahres anfangend und mit dem Kassenbestand am Schlusse desselben endigend. Die Vereine, die außer dem Kassenbuch noch ein oder mehrere Beibücher für den Wechselumsatz und den Effektenumsatz o. a. gebrauchen und die Eintragungen dieser Einzelbücher in ein Hauptbuch übertragen, müssen gleich den Vereinen, welche ihre Bücher nach dem System der sog. doppelten Buchführung angelegt haben, zur Wiedergabe der Geschäftsübersicht eine Abschrift sämmtlicher Hauptbuchkonten mit ihren Endsummen in Einnahme und Ausgabe anfertigen.

Der Geschäftsübersicht muß ferner die Summe der Giro-Verbindlichkeiten, der Bestand der Inkassowechsel, die Bewegung des Mitgliederstandes (Zahl am Beginn des Rechnungsjahres, Abgang und Zugang während desselben, Zahl an dessen Schlusse) und endlich die Vorschläge über die Verwendung des Reingewinnes beigegeben werden.

Diese Vorschläge enthalten mit Bezug auf die Rechnungslegung nur das Nöthigste, was ein jeder Verein mitzutheilen sich für verpflichtet halten sollte. Außerdem dürften niemals fehlen:

Spezifizirung aller in dem Besitz der Genossenschaft befindlichen Werthpapiere mit Angabe des Buchwerthes (Beschluß des Allg. Vereinstages zu Bremen 1874), damit sich die Mitglieder davon überzeugen können, daß die Verwaltung nur solide Papiere kauft;

die Bewegung des Mitgliederstandes nach Berufsklassen;

die Vorschläge für Verwendung des Reingewinnes — die Zutheilung zu den Reserven, die Dividenden, Vorträge, Zuwendungen zu gemeinnützigen Zwecken;

die Festsetzungen der Generalversammlung über den Gesammtbetrag, den Anleihen und Spareinlagen nicht überschreiten dürfen, und über die Grenzen, die bei Kreditgewährungen an die Genossen eingehalten werden müssen;

bei den fremden Geldern: der Zinsfuß der einzelnen Darlehensarten, die Zahl der Konten, die Kündigungsfristen;

bei den verschiedenen Arten der Kreditgewährung: Zins- und Provisionssätze, die Zahl der Konten, die Höhe der Kredite nach den einzelnen Kreditarten (Darlehen, Geschäftswechsel, Hypotheken-Kredite, Kontokorrent-Kredite);

Spezifikation der Verwaltungskosten (Besoldung der Vorstandsmitglieder, der Aufsichtsrathsmitglieder, der Angestellten, Gerichtskosten, Bureaukosten 2c.);

Spezifikation der Verluste mit genauer Angabe ihrer Entstehung;

tabellarische Zusammenstellung der Geschäftsergebnisse für die ganze Zeit der Thätigkeit der Genossenschaft;

in einem „allgemeinen Theil“ sollte über die wichtigsten Vorkommnisse aus dem Geschäftsjahre berichtet werden.

Die Aufnahme der Mitgliederbewegung und bei Genossenschaften mit beschränkter Haftpflicht der Veränderungen in dem Bestande der Geschäftsguthaben und Haftsummen ergiebt sich aus der Nothwendigkeit, diese Angaben mit der Bilanz zu veröffentlichen (§§ 31, 133 d. Ges. S. 49).

Es bedarf kaum der Erwähnung, welchen Werth ein solcher Bericht für die Mitglieder hat, die durch denselben erst das nöthige Verständniß für die mitgetheilte Bilanz gewinnen und wie wichtig er für das Ansehen der Genossenschaft ist.

Ueber die nach § 31 u. § 133 d. Ges. zu veröffentlichende Bilanz vgl. den zweiten Band der „Handbibliothek": „Die Buchführung". Hier sei nur bemerkt, daß diese Bilanz erst nach der Genehmigung durch die Generalversammlung zu veröffentlichen ist. Da die Veröffentlichung im Interesse der Gläubiger erfolgt, so ist die Bilanz so zu veröffentlichen, daß sie den Gläubigern ein klares Bild über die Geschäftslage bietet; es ist also die Netto-Bilanz vor der Gewinnvertheilung auf die verschiedenen Konten zu veröffentlichen, denn würde man die Bilanz nach vollzogener Gewinnvertheilung veröffentlichen, so würden die Gläubiger bei dem Fehlen des Gewinn- (bezw. Verlust-) Betrages nicht zu prüfen vermögen, ob und wie viel verdient oder ob mit Verlust gearbeitet ist.

Vierzehntes Kapitel.

Zweigvereine und Filialen der Kreditgenossenschaften.

Vor Geltung des Genossenschaftsgesetzes kamen förmliche Zweigvereine, ebenso wie bloße Filialen bei den Kreditgenossenschaften häufiger vor. Da für eingetragene Genossenschaften das Gesetz von 1868 (§ 7) die Formen für Errichtung von eigentlichen Zweigniederlassungen bestimmt vorschrieb, so wurden die Verhältnisse solcher Zweigvereine zum Hauptverein, sowie deren Organisation in den Grundzügen durch einen Beschluß des Allgemeinen Vereinstages in Breslau (1872) geregelt. Diese Grundzüge sind in der 5. Auflage dieses Buches mitgetheilt. Das Gesetz von 1889 läßt die Bildung von Zweigniederlassungen in § 14 zu. Von der Wiedergabe jener Grundzüge kann hier abgesehen werden, da die Neigung, Zweigniederlassungen zu errichten, sich bei den Kreditgenossenschaften in Folge der mit solchen gemachten üblen Erfahrungen vollständig verloren hat. Bei der der Zweigniederlassung nothwendig bis zu einem gewissen Maße einzuräumenden Selbstständigkeit ist eine Kontrole ungemein schwer, Ueberschreitungen der Vollmacht kommen leicht vor und da die Verwaltung der Hauptniederlassung, so lange alles gut geht, geneigt ist, die Ueberschreitungen zu dulden, so ergiebt sich leicht daraus ein Gestatten und damit beginnt die Verpflichtung für die Genossenschaft, die so eingegangenen Rechtsgeschäfte gegen sich gelten zu lassen. Mit Recht ist man daher von der Errichtung von Zweigniederlassungen zurückgekommen und sucht, wenn irgend die geeigneten Kräfte an dem betreffenden Orte zu finden sind, die Gründung einer selbstständigen Genossenschaft zu fördern, oder man hält das ganze Geschäft auch, insoweit es sich auf die Nachbarorte erstreckt, am Sitze der Hauptniederlassung zusammen und sucht nur für den Verkehr zwischen den fernerwohnenden Mitgliedern und der Verwaltung gewisse Erleichterungen zu verschaffen, wie wir sie oben S. 164 ff. mitgetheilt haben. Dies ist besonders wichtig für die Ausdehnung der Genossenschaft auf landwirthschaftliche Bezirke, Dörfer u. s. w. Erfolgt aber in dem Dorfe, in dem Landstädtchen die Gründung einer selbständigen Genossenschaft, so wird der Anschluß an eine bestehende leistungsfähige Genossenschaft für beide Theile von Nutzen sein. Das Gesetz läßt die Mitgliedschaft der Genossenschaft bei der Genossenschaft zu, hiermit bietet sich ein Ersatz für die Filialen, dem nicht die

Nachtheile dieser anhaften, denn die Mitglied-Genossenschaft bleibt selbständig, ihr Schicksal berührt die Genossenschaft, bei der sie Mitglied ist, nur soweit sie Kredit bei dieser genießt. Voraussetzung wird für das Mitgliedschafts-Verhältniß freilich in der Regel sein, daß die Genossenschaft, der sich z. B. eine läudliche Darlehenskasse anschließt, auf der beschränkten Haftpflicht beruht, denn der Anschluß an eine Genossenschaft mit unbeschränkter Haftpflicht würde einer Genossenschaft nicht empfohlen werden können. Nicht nur zwischen unseren Genossenschaften und ländlichen Darlehenskassen ließen sich auf diese Weise geschäftliche Verbindungen herstellen, sondern es könnten die großen bankmäßig entwickelten Genossenschaften die natürlichen Centralkassen für die kleinen Genossenschaften werden, wie es heute schon mehrfach der Fall ist. Für die Kreditgewährung ließen sich vielleicht mit Rücksicht darauf, daß der Kreditsucher eine Genossenschaft ist, gewisse Erleichterungen schaffen, und es würde diese Verbindung sicher auch von wirthschaftlich-erzieherischer Bedeutung im Sinne unserer Genossenschaften sein. Daß bei der geschäftlichen Verbindung freilich alles das zu beobachten ist, was wir S. 51 ff. über die Beschaffung des Betriebskapitals und besonders S. 53 über die Centralkassen aufführten, ist selbstverständlich.

Wird eine Zweigniederlassung errichtet, so ist zu beachten, daß es nach dem Gesetze nicht zulässig ist, für die Zweigniederlassung einen besonderen Vorstand und Aufsichtsrath einzusetzen, denn die Genossenschaft kann nur einen Vorstand und einen Aufsichtsrath haben. Entweder man muß den Vorstand aus so vielen Mitgliedern zusammensetzen, daß einige Mitglieder desselben die Geschäftsführung der Zweigniederlassung übernehmen, wobei aber wohl zu beachten ist, daß alle Vorstandsmitglieder Dritten gegenüber als vollberechtigte Vorstandsmitglieder der Genossenschaft gelten, mögen einige derselben nach ihrer Geschäftsanweisung ihre Thätigkeit auch nur auf die Zweigniederlassung zu beschränken haben — oder der Vorstand bestellt für die Zweigniederlassung Bevollmächtigte, die nach Maßgabe der ihnen ertheilten Vollmacht die Geschäfte zu führen haben.

Ferner: mag man auch für Haupt- und Zweigniederlassung besondere Geschäftsabschlüsse aufstellen, die nach § 31 d. Ges. zu veröffentlichende Bilanz muß eine einheitliche für die ganze Genossenschaft sein, wie auch die Haftpflicht der Mitglieder nicht nach den verschiedenen Niederlassungen getrennt werden kann.

Fünfzehntes Kapitel.

Statutenentwürfe, Geschäftsanweisungen, Formulare.

Formular 1.

Statutenentwurf

für eine

Kreditgenossenschaft als eingetragene Genossenschaft mit unbeschränkter Haftpflicht.

S t a t u t

des

Vorschuß- (Kredit-) Vereins[1]) zu . . . .

eingetragene Genossenschaft mit unbeschränkter Haftpflicht.

Die Unterzeichneten[2]) errichten eine Genossenschaft nach den Vorschriften des Reichsgesetzes, betreffend die Erwerbs- und Wirthschaftsgenossenschaften vom 1. Mai 1889, sowie nach Maßgabe des nachstehenden Statuts.[3])

A. Firma, Sitz und Gegenstand des Unternehmens.

§ 1.[4])

Die Genossenschaft führt die Firma . . . . eingetragene Genossenschaft mit unbeschränkter Haftpflicht, und hat ihren Sitz zu . . . . .

Gegenstand des Unternehmens ist der Betrieb von Bankgeschäften zum Zwecke der Beschaffung der in Gewerbe und Wirthschaft der Mitglieder nöthigen Geldmittel.[5])

B. Betriebskapital.[6])

§ 2.

Das Betriebskapital besteht:

1. aus dem Genossenschaftsvermögen, welches gebildet wird durch Ein-

---

[1]) oder „Volksbank", „Kreditgenossenschaft", „Gewerbebank" u. s. w.

[2]) Das Statut kann gedruckt sein, es muß aber von den Personen, welche die Gründung beschließen, unterschrieben sein.

[3]) Für den Fall, daß eine bereits bestehende eingetragene Genossenschaft ihr Statut einer vollständigen Revision unterzieht, wählt man folgende Ueberschrift:
A b g e ä n d e r t e s S t a t u t des Vorschuß- (Kredit-) Vereins zu . . . . . . eingetragene Genossenschaft mit unbeschränkter Haftpflicht. Der seit dem Jahre 18 . . bestehende . . . . (bisherige Firma) hat nach Maßgabe der Beschlüsse der Generalversammlung vom . . . . sein Statut wie folgt abgeändert.

[4]) § 2, Ziff. 1, § 3, § 6, Ziff. 1 u. 2 d. Ges.

[5]) Weitere Spezialisirung ist nicht zweckmäßig. Würde man z. B. in Preußen noch einsetzen: Betrieb einer Sparkasse, und man nimmt Spareinlagen auch von Nichtmitgliedern an, so würde die Genossenschaft dadurch einkommensteuerpflichtig werden.

[6]) Vgl. S. 51 ff.

trittsgelder, Einzahlungen auf den Geschäftsantheil und Zuschreibungen vom Jahresgewinn zu den Geschäftsguthaben und zu dem Reservefonds;

2. aus fremden Geldern, welche nach dem durch den Umfang der Geschäfte gebotenen Bedürfnisse aufgenommen werden.

C. Ordnung und Leitung der Genossenschaftsangelegenheiten. Organe des Vereins.

§ 3.

Die Genossenschaft ordnet ihre Angelegenheiten unter Theilnahme aller ihrer Mitglieder. Ihre Organe sind:[1]

1. der Vorstand, 2. der Aufsichtsrath, 3. die Generalversammlung.

I. Vom Vorstande.[2]

a) Zusammensetzung und Wahl.

§ 4.

Der Vorstand besteht aus:[3]

1. dem Direktor,
2. dem Kassirer,
3. dem Kontroleur.

Derselbe wird in der Generalversammlung auf Vorschlag des Aufsichtsrathes in getrennten Wahlakten nach absoluter Stimmenmehrheit mittelst Stimmzettel gewählt.[4]

Die Vorstandsmitglieder werden auf nicht längere Zeit[5] als 3 Jahre gewählt. Bei Neuwahlen ist die Wahlperiode der einzelnen Vorstandsmitglieder so zu bestimmen, daß dieselben sich abwechselnd einer Neuwahl zu unterziehen haben und ein gleichzeitiges Ausscheiden mehrerer Mitglieder vermieden wird.

Erhält der Vorgeschlagene die Mehrheit nicht, so hat der Aufsichtsrath in derselben oder in einer anderen Versammlung weitere Vorschläge zu machen. Der Aufsichtsrath ist berechtigt, einen von der Generalversammlung abgelehnten Vorschlag zu wiederholen.[6]

---

1) §§ 9, 41 d. Ges. S. 88 ff.

2) Vgl. S. 101 ff.

3) Die Mitglieder des Vorstandes müssen Genossen sein (§ 9 Abs. 2 d. Ges.), brauchen aber nicht aus der Mitte der Genossen gewählt werden, es genügt, wenn sie beim Antritt des Amtes bez. der Anmeldung zum Genossenschaftsregister Genossen sind.

4) Ueber die Wahl durch die Generalversammlung S. 101 § 24 d. Ges.

5) Man bestimmt nur die längste Zeit, um die Wahlperiode stets so einrichten zu können, daß gleichzeitiges Ausscheiden verhindert wird. Größeren Genossenschaften ist zu empfehlen, die Vorstandsmitglieder auf Kündigung zu wählen (S. 104), Abs. 2 lautet dann:

> Die Vorstandsmitglieder werden auf gegenseitige 3monatige Kündigung gewählt. Für die Genossenschaft erfolgt die Kündigung auf Antrag des Aufsichtsrathes durch Beschluß der Generalversammlung.

6) Hält der Aufsichtsrath den vorgeschlagenen Kandidaten für besonders geeignet und glaubt, daß die Ablehnung durch die Generalversammlung weder dem Interesse der Genossenschaft noch der Ansicht der wirklichen Mehrheit der Mitglieder entspricht, da z. B. die Generalversammlung schlecht besucht war, so ist er berechtigt, den Kandidaten nochmals vorzuschlagen (S. 102).

Die Wiederwahl derselben Personen nach Ablauf der Wahlperiode ist zulässig.[1])

b) Befugnisse und Geschäftsführung des Vorstandes.

§ 5.

Der Vorstand vertritt die Genossenschaft gerichtlich und außergerichtlich nach den ihm in §§ 24 ff. des Genossenschaftsgesetzes vom 1. Mai 1889 ertheilten Befugnissen[2]) und zeichnet für dieselbe.

Die Zeichnung geschieht in der Weise, daß die Zeichnenden zu der Firma der Genossenschaft ihre Namensunterschrift hinzufügen. Zwei Vorstandsmitglieder können rechtsverbindlich für die Genossenschaft zeichnen und Erklärungen abgeben.[3])

§ 6.

Der Vorstand führt die Geschäfte selbstständig, soweit er nicht durch das gegenwärtige Statut oder Gesellschaftsbeschlüsse oder besondere Geschäftsanweisung darin beschränkt und an die Genehmigung des Aufsichtsrathes oder der Generalversammlung gewiesen ist.[4])

§ 7.

Der Vorstand hält die Geschäfte in ordnungsmäßigem Gange. Er ist insbesondere verpflichtet, für vollständige und übersichtliche Buchführung, für Aufstellung der Bilanz am Jahresschlusse und für Aufbewahrung der Kassenbestände, Werthpapiere, Schriften und Bücher des Vereins Sorge zu tragen.[5])[6])

---

[1]) Die Wahlen und Wiederwahlen sind sofort bei dem Gericht unter Einreichung einer Abschrift des Wahlprotokolls durch die sämmtlichen Vorstandsmitglieder persönlich zu bewirken oder in beglaubigter Form einzureichen; neue Mitglieder haben ihre Unterschrift vor dem Gericht zu zeichnen oder die Zeichnung in beglaubigter Form einzureichen (§§ 10, 11 u. 28 d. Ges.). Eine Veröffentlichung der Eintragung durch das Gericht erfolgt nur im Falle einer Neuwahl (§ 28 d. Ges.).

[2]) Die Mitglieder des Vorstandes haben die Sorgfalt eines ordentlichen Geschäftsmannes anzuwenden (§ 32 d. Ges. S. 110 ff.); über ihre Haftung für Auszahlung von Gewinn entgegen den Bestimmungen des § 19 d. Ges. und der Geschäftsguthaben entgegen den Vorschriften in § 22 d. Ges. vgl. daselbst.

[3]) Ueber das Erforderniß der Doppelzeichnung S. 106, 108, 131.

[4]) Ueber die Wirkung der Beschränkung § 27 d. Ges. Ueber Beschränkungen S. 100, 106, 162 ff. Ueber das Verhältniß des Vorstandes zum Aufsichtsrath S. 97 ff.

[5]) Vgl. § 31 d. Ges. — Ueber die gesetzlichen Obliegenheiten des Vorstandes S. 116; es sei hier besonders aufmerksam gemacht auf folgende regelmäßige Obliegenheiten:
a) Einreichung der Beitrittserklärungen S. 48, § 15 d. Ges.;
b) Einreichung der das Ausscheiden betreffenden Urkunden S. 49, §§ 67, 74 Abs. 2, 75 Abs. 2;
c) Führung eines Verzeichnisses der Genossen, § 30 d. Ges. S. 21, 22, 49;
d) Einreichung der Bilanz zum Genossenschaftsregister, § 31 d. Ges.;
e) Beantragung, den Revisor zu bestellen, wenn die Genossenschaft **keinem** Revisionsverbande angehört (§ 59 d. Ges.). — Gestattung der nach §§ 51 ff. d. Ges. vorzunehmenden Revision (§ 61 d. Ges.). — Einreichung der Bescheinigung über die Revision zum Genossenschaftsregister (§ 61 d. Ges.). — Ankündigung des Berichtes über die Revision als Gegenstand der Beschlußfassung bei der Berufung der nächsten Generalversammlung (§ 61 d. Ges.).

[6]) Ueber Ordnungsstrafen § 152 d. Ges. — Ueber Form der Anmeldungen und Einreichungen S. 21, § 148 d. Ges., § 6 u. § 7 der Bekanntmachung, betr. die Führung des Genossenschaftsregisters vom 11. Juli 1889. — Für die Beglaubigung der Unterschriften der Vorstandsmitglieder bei schriftlicher Anmeldung genügt die Beglaubigung durch den Gemeindevorsteher oder die Polizeibehörde (§ 8 der Bekanntmachung).

§ 8.

Ueber alle in Genossenschaftsangelegenheiten zu treffenden Maßnahmen, über alle abzuschließenden Geschäfte, insbesondere Kreditgewährung und Verlängerung von gewährten Krediten, beschließt der Vorstand nach Stimmenmehrheit unter Leitung des Direktors in Sitzungen, die theils regelmäßig stattfinden, theils von Letzterem unter Bezeichnung der Gegenstände der Verhandlung berufen werden, so daß mindestens zwei Vorstandsmitglieder über jede Maßregel einig sein müssen, welche in Vereinsangelegenheiten vorgenommen werden soll.[1]) Mitglieder des Vorstandes, welche bei einem zu berathenden Gegenstande betheiligt sind, dürfen während der Berathung und Beschlußfassung über diesen Gegenstand der Sitzung nicht beiwohnen.

Die Beschlüsse sind protokollarisch in ein dazu bestimmtes Buch einzutragen und von den Betheiligten zu unterschreiben.[2]) Zur Erledigung der Geschäfte müssen in den durch gemeinsamen Beschluß von Vorstand und Aufsichtsrath festgesetzten Geschäftsstunden stets zwei Vorstandsmitglieder in dem Geschäftslokale des Vereins anwesend sein. Auszahlungen und Annahme von Geldern dürfen nur in diesen Geschäftsstunden vorgenommen werden.[3])

Insbesondere müssen auch zwei Vorstandsmitglieder täglich bei dem Geschäftsschlusse anwesend sein, bei welchem der Kassenbestand durchzuzählen, sowie das Kassenbuch aufzurechnen ist, und der Kassenbestand, die Urkunden, Werthpapiere und Bücher in gemeinsame Verwahrung unter doppelten Verschluß zu nehmen sind.[4])

§ 9.

Die Vorstandsmitglieder müssen auf Erfordern den Sitzungen des Aufsichtsrathes beiwohnen, und alle Aufschlüsse ertheilen, welche der Aufsichtsrath verlangt. Bei der Beschlußfassung haben die Mitglieder des Vorstandes nicht mitzuwirken.

§ 10.

Der Vorstand hat in jeder ordentlichen Sitzung des Aufsichtsrathes einen Kassenbericht vorzulegen, aus welchem die Summe der Einnahmen und Ausgaben der letzten Woche, der augenblickliche Stand der Kasse, die fälligen aber weder prolongirten noch zurückgezahlten Kapitalforderungen ersichtlich sind.

Außerdem hat der Vorstand am Schlusse jeden Monats einen die Einnahmen und Ausgaben des ganzen Monats umfassenden Rechnungsauszug nebst Geschäftsbilanz dem Aufsichtsrathe einzureichen,[5]) am Jahresschlusse die Jahresrechnung aufzustellen, dem Aufsichtsrathe vorzulegen und der Generalversammlung über die Verwaltung des abgelaufenen Geschäftsjahres Bericht zu erstatten.

---

[1]) Vgl S. 107. — [2]) Vgl. S. 109 und Formular 6. — [3]) Vgl. S. 109, 110. — [4]) Vgl. S. 108 u. 224.

[5]) Es ist dies Alles erforderlich, damit dem Aufsichtsrathe ermöglicht wird, einen regelmäßigen Einblick in die Geschäftsthätigkeit und die Geschäftslage zu gewinnen und so eine zweckmäßige Kontrole auszuüben; vgl. über die Thätigkeit des Aufsichtsrathes S. 117 ff.

§ 11.

Die besondere Regelung und die Art der Ausführung der Obliegenheiten der Vorstandsmitglieder werden durch eine vom Vorstande und Aufsichtsrathe zu entwerfende und von der Generalversammlung zu genehmigende Geschäftsanweisung bestimmt. Die Geschäftsanweisung ist von den Mitgliedern des Vorstandes zu unterzeichnen.[1])

§ 12.

Für den Fall der dauernden Verhinderung, des Ausscheidens oder des Todes eines der Vorstandsmitglieder vor Ablauf der Wahlperiode hat der Aufsichtsrath wegen der nöthigen Stellvertretung sofort Fürsorge zu treffen und in den letzteren beiden Fällen die Neuwahl zu veranlassen.[2])

c) Enthebung der Vorstandsmitglieder von ihrem Amte.

§ 13.

Der Vorstand im Ganzen sowie jedes einzelne Mitglied desselben kann jederzeit durch Beschluß der Generalversammlung seines Amtes enthoben werden. Den Enthobenen steht nur nach Maßgabe der mit ihnen von der Genossenschaft abgeschlossenen Verträge ein Entschädigungsanspruch zu.[3])

Auch der vorläufigen Enthebung von den Geschäften durch den Aufsichtsrath haben sich die Mitglieder des Vorstandes zu fügen, vorbehaltlich der endgiltigen Entscheidung durch die alsdann in kürzester Frist zu berufende Generalversammlung.[4])[5])

d) Besoldung und Kaution der Vorstandsmitglieder.

§ 14.

Die Vorstandsmitglieder erhalten eine Besoldung, welche aus einem jährlichen festen Gehalte und aus einem Antheile am Geschäftsgewinn besteht. Dieselbe wird in den Anstellungsverträgen vereinbart und unterliegt der Genehmigung der Generalversammlung.[6])[7])

Die Vorstandsmitglieder haben der Genossenschaft Kaution zu stellen. Die Feststellung der Höhe der Kaution erfolgt in den Anstellungsverträgen und bedarf der Genehmigung der Generalversammlung.

---

1) Vgl. S. 108 und Formular 10.

2) Die Stellvertreter sind zur Eintragung in das Genossenschaftsregister anzumelden (§ 33 d. Ges.), als Legitimation dient Abschrift des Protokolls mit dem betreffenden Beschlusse des Aufsichtsrathes. Der Stellvertreter hat seine Unterschrift bei dem Gericht zu zeichnen (vgl. S. 241 § 4 d. Statuts Anm. 1). Sobald eine solche von dem Aufsichtsrathe angeordnete Stellvertretung durch Wiedereintritt des verhinderten Vorstandsmitgliedes oder durch vollzogene Neuwahl erloschen ist, ist die Anmeldung zum Genossenschaftsregister durch die sämmtlichen Vorstandsmitglieder, im Falle der stattgehabten Neuwahl also unter Mitwirkung des neugewählten Vorstandsmitgliedes, in gleicher Weise zu erstatten.

3) § 24 Abs. 3 d. Ges. — 4) § 38 d. Ges. — 5) Die Amtsenthebung ist sofort zur Eintragung in das Genossenschaftsregister anzumelden (§ 28 d. Ges., S. 241 § 4 d. Statuts Anm. 1); die Anmeldung hat durch die im Amte verbliebenen Vorstandsmitglieder und für den Fall, daß Stellvertreter bestellt sind, durch die im Amte verbliebenen Vorstandsmitglieder und die Stellvertreter gemeinschaftlich zu geschehen. In gleicher Weise ist zu verfahren, wenn in Folge der durch den Aufsichtsrath verfügten vorläufigen Enthebung eines Vorstandsmitgliedes dessen Vollmacht auch nur einstweilig erloschen ist

6) § 24 Abs. 3 d. Ges. — 7) Den Vertrag mit den Vorstandsmitgliedern schließt Namens der Genossenschaft der Aufsichtsrath ab (vgl. Formular 9, S. 115, 120).

II. Der Aufsichtsrath.[1])

a) Zusammensetzung und Wahl.[2])

§ 15.

Der Aufsichtsrath besteht aus . . . Mitgliedern, welche in der Generalversammlung nach absoluter Stimmenmehrheit der in der Generalversammlung anwesenden Genossen in einem Wahlgange auf drei Jahre gewählt werden. [3]) [4]) [5])

Wenn hierbei mehr Personen, als zu wählen sind, die absolute Mehrheit erhalten, so sind diejenigen gewählt, welche die meisten Stimmen erhalten haben. Wird dagegen die absolute Mehrheit beim ersten Wahlgange nicht erreicht, so kommt von denen, welche die meisten Stimmen erhalten haben, die doppelte Zahl der noch zu Wählenden auf die engere Wahl und wird mit der engeren Wahl in derselben Art so lange fortgefahren, bis für alle zu Wählenden eine absolute Stimmenmehrheit erzielt ist. Bei Stimmengleichheit entscheidet das Loos.

§ 16.

Von den Mitgliedern des Aufsichtsrathes scheidet alljährlich, und zwar zunächst im Jahre . . . ., ein Drittel aus und wird durch Neuwahl in der ordentlichen Generalversammlung ersetzt. In den ersten beiden Jahren entscheidet über die Reihenfolge des Ausscheidens das Loos, später die Zeit des Eintritts der Einzelnen. Die ausscheidenden Aufsichtsrathsmitglieder sind wieder wählbar.[6])

§ 17.

Im Falle des durch Tod oder durch andere Gründe herbeigeführten Ausscheidens eines Aufsichtsrathsmitgliedes vor Ablauf seiner Wahlperiode hat die nächste Generalversammlung eine Neuwahl für den Rest der Wahlperiode vorzunehmen.[7])

b) Geschäftsführung.

§ 18.

Der Aufsichtsrath überträgt einem seiner Mitglieder den Vorsitz, einem anderen das Schriftführeramt und ernennt zugleich für Beide Stellvertreter. Er faßt seine Beschlüsse nach Stimmenmehrheit der in seinen Sitzungen Erschienenen. Bei Stimmengleichheit gilt der Antrag als abgelehnt. Bei Wahlen entscheidet in diesem Falle das Loos. Der Aufsichtsrath ist beschlußfähig, wenn die Mehrheit seiner Mitglieder anwesend ist.[8])

Aufsichtsrathsmitglieder, welche bei zu berathenden Gegenständen betheiligt sind, dürfen den Verhandlungen über diese Gegenstände nicht beiwohnen.

---

[1]) Vgl. S. 117 ff. § 9, § 34 d. Ges. — [2]) Vgl. S. 117. — [3]) Die Aufsichtsrathsmitglieder müssen Genossen sein (§ 9 Abs. 2 d. Ges.). — [4]) Ueber Vergütung des Aufsichtsrathes (§ 34 Abs. 2 d. Ges. u. S. 124). — [5]) Die Abschrift der Urkunde über die Bestellung des ersten Aufsichtsrathes (nach der Konstituirung der Genossenschaft) ist der Anmeldung des Statuts beizufügen (§ 11 d. Ges. S. 21). Die weiteren Wahlen sind nicht dem Gericht anzuzeigen.

[6]) Ueber den zweitweisen Ausschluß der Wiederwählbarkeit und die Ergänzung des Aufsichtsrathes durch neue Mitglieder S. 118, 123.

[7]) Vgl. über die Wahl von Stellvertretern S. 120.

[8]) § 34 Abs. 1 d. Ges.

§ 19.

Zur Erledigung seiner Geschäfte hält der Aufsichtsrath in der Regel allwöchentlich zu einer bestimmten Zeit eine ordentliche Sitzung.[1])

§ 20.

Außerordentliche Sitzungen hat der Vorsitzende des Aufsichtsrathes zu berufen, wenn er dieses für erforderlich hält, oder wenn der Vorstand oder der dritte Theil der Mitglieder des Aufsichtsrathes solches unter schriftlicher Angabe der Berathungsgegenstände verlangen.

Mit der Einladung zu einer außerordentlichen Aufsichtsrathssitzung sind die Gegenstände der Verhandlung den Mitgliedern des Aufsichtsrathes bekannt zu machen.

§ 21.

Die Protokolle[2]) müssen die gefaßten Beschlüsse enthalten und werden von den anwesenden Mitgliedern des Aufsichtsrathes, sowie von den anwesenden Vorstandsmitgliedern unterzeichnet.

c) Enthebung der Aufsichtsrathsmitglieder von ihrem Amte.

§ 22.

Aufsichtsrathsmitglieder können von der Generalversammlung jederzeit ihres Amtes enthoben werden.[3]) Der Beschluß bedarf einer Mehrheit von drei Viertheilen der erschienenen Genossen. Der Antrag darauf steht dem Vorstande wie dem Aufsichtsrathe zu und kann auch aus der Mitte der Mitglieder selbst hervorgehen. In letzterem Falle kann er aber nur berücksichtigt werden, wenn er schriftlich mit Angabe der Gründe eingereicht und von dem zehnten Theile der Genossen unterstützt ist.

d) Obliegenheiten und Befugnisse des Aufsichtsrathes.

§ 23.

Der Aufsichtsrath hat die Geschäftsführung in allen Zweigen der Verwaltung zu überwachen und muß sich deshalb über den Gang der Verwaltung stets unterrichtet halten.[4])[5])

Der Aufsichtsrath kann deshalb zu jeder Zeit von dem Vorstande über alle Angelegenheiten der Genossenschaft Bericht und Aufklärung verlangen, von den Büchern, Schriften und Urkunden Einsicht nehmen und den Bestand der Kasse, sowie die Bestände an Werth- und Handelspapieren und sonstigen Gegenständen untersuchen.

Der Aufsichtsrath hat bei der Kreditgewährung nach Maßgabe des § 26 mitzuwirken.

---

[1]) Vgl. S. 119.

[2]) Formular 7.

[3]) § 34 d. Ges., S. 119.

[4]) § 36 d. Ges., S. 121, §§ 4, 9, 10, 12, 13 des Statuts, über Einsetzung von Kommissionen S. 123, 126, über Zuziehung Sachverständiger S. 123.

[5]) Die Mitglieder des Aufsichtsrathes haben die Sorgfalt eines ordentlichen Geschäftsmannes anzuwenden, insbesondere sind sie zum Ersatz der Zahlung verpflichtet, wenn entgegen den Vorschriften in §§ 19, 22 des Gesetzes mit ihrem Wissen und ohne ihr Einschreiten der Gewinn oder das Geschäftsguthaben ausgezahlt worden ist (§ 39 d. Ges., vgl. S. 125).

§ 24.

Der Aufsichtsrath hat die Monats-Abschlüsse des Vorstandes zu prüfen[1] und sich dabei die nöthige Uebersicht über die Geschäfte zu verschaffen, die Jahresrechnung, die Bilanz und die Vorschläge zur Vertheilung von Gewinn und Verlust zu prüfen und darüber der Generalversammlung vor Genehmigung der Bilanz Bericht zu erstatten.[2] Er hat eine Generalversammlung zu berufen, wenn dies im Interesse der Genossenschaft erforderlich erscheint.[3]

Der Aufsichtsrath hat bei den Revisionen durch den Verbandsrevisor mitzuwirken und in der nächsten Generalversammlung über das Ergebniß der Revision zu berichten.[4]

§ 25.

Das vom Aufsichtsrathe bei seiner Geschäftsthätigkeit einzuhaltende Verfahren wird in einer besonderen, vom Vorstande und Aufsichtsrathe aufzustellenden, von der Generalversammlung zu genehmigenden Geschäftsanweisung bestimmt.[5]

Die Geschäftsanweisung muß von den Mitgliedern des Aufsichtsrathes unterschrieben werden.

§ 26.

Der Vorstand hat die Genehmigung des Aufsichtsrathes[6] einzuholen: zu Kreditgewährungen jeder Art,[7] insbesondere zur Gewährung von Darlehen, zu Verlängerungen derselben und zur Gewährung von Krediten in laufender Rechnung.[8]

§ 27.

Ueber folgende Angelegenheiten beschließen Vorstand und Aufsichtsrath nach gemeinsamer Berathung:[9]

1. über die Grundsätze für Aufnahme fremder Gelder;[10]
2. über die Anlage müßiger Gelder;
3. über die Anlage der Reserven;[11]
4. über die Bestimmung der Höhe der Zinsen und Provisionen für die gewährten Kredite, welche durch Aushang im Geschäftslokale zur Kenntniß der Mitglieder zu bringen sind;[12]
5. über Aufnahme von Mitgliedern;[13]
6. über Ausschließung von Mitgliedern und Gestattung des Ausscheidens durch Uebertragung des Geschäftsguthabens;[14]

---

[1]) § 10 des Statuts; über Einsetzung von Kommissionen S. 123, 126. — [2]) § 36 Abs. 1 d. Ges. — [3]) § 36 Abs. 2 d. Ges. — [4]) § 61 d. Ges., S. 127.

[5]) Vgl. S. 122, Formular 11; über die anzuwendende Sorgfalt, § 23 des Statuts Anm. 5.

[6]) Vgl. S. 97 ff. — [7]) Vgl. S. 99, 162, 192, Kreditgewährung an Vorstandsmitglieder vgl. S. 189, §§ 55, 57 des Statuts und § 37 Abs. 2 d. Ges., Kreditgewährung an Aufsichtsrathsmitglieder vgl. S. 190, §§ 56, 57 des Statuts, über Diskontirung § 27 Pos. 15. — [8]) Wo die Darlehen vom Vorstande auf Grund einer Kreditfähigkeitsliste gewährt werden (vgl. S. 163, 192), würde die Bestimmung hier ausfallen, dagegen in § 27 die folgende Bestimmung aufzunehmen sein: „Ueber die Feststellung der Kreditfähigkeitsliste, durch welche der Höchstbetrag, den der Vorstand bei einer Kreditgewährung innehalten muß, für jedes Mitglied bestimmt ist. Die Kreditfähigkeitsliste ist mindestens halbjährlich zu prüfen und nach den veränderten Verhältnissen umzugestalten."

[9]) Vgl. S. 99. — [10]) Vgl. S. 51, 65 und § 47 d. Ges. — [11]) Vgl. S. 73, § 50 des Statuts. — [12]) S. 206 ff. — [13]) § 39 des Statuts. — [14]) Vgl. S. 42, 46 §§ 41—45 des Statuts.

7. über die Geschäftsanweisungen für den Vorstand und Aufsichtsrath, welche der Generalversammlung zur Genehmigung vorzulegen sind;[1])
8. über Anstellung und Entlassung von Beamten im Dienste der Genossenschaft und Regelung ihrer Besoldung, sowie über Ernennung von Bevollmächtigten für einzelne Geschäfte und Regelung ihrer Vollmacht, ferner über Verfolgung von Rechtsansprüchen gegen Beamte und Bevollmächtigte;
9. über Abschluß von Miethș- und anderen Verträgen, sowie über Anschaffung und Veräußerung von Mobilien im Werthbetrage von mehr als .... Mark;
10. über die Ausdehnung oder Beschränkung des Geschäftsbetriebes im Ganzen oder in einzelnen Geschäftszweigen und über die Feststellung der Geschäftsordnungen und Bedingungen für die einzelnen Geschäftszweige;
11. über den Anschluß an genossenschaftliche Verbände und Vereinigungen, oder den Austritt aus denselben;
12. über die Beschickung der Allgemeinen Genossenschaftstage und der Unterverbandstage, Wahl der Abgeordneten zu denselben und Festsetzung ihrer Reiseentschädigung;
13. über die Festsetzung der Geschäftsstunden;
14. über die Anschaffung von Zeitschriften und Journalen;
15. über die Einschätzung der Mitglieder für die Diskontirung ihrer Wechsel.[2])

Die Beschlüsse werden nach Stimmenmehrheit der anwesenden Mitglieder des Vorstandes und der anwesenden Mitglieder des Aufsichtsrathes gefaßt.

Zu einem giltigen Beschlusse wird die Mehrheit der anwesenden Mitglieder des Vorstandes und die Mehrheit der anwesenden Mitglieder des Aufsichtsrathes erfordert.[3])

Den Vorsitz in den gemeinschaftlichen Sitzungen führt stets der Vorsitzende des Aufsichtsrathes oder dessen Stellvertreter.

III. Die Generalversammlung.[4])

a) Theilnahmerechte.

§ 28.

Die Rechte, welche den Mitgliedern der Genossenschaft in den Angelegenheiten derselben zustehen, werden von ihnen in der Generalversammlung ausgeübt.[5])

Jeder Genosse hat bei den zu fassenden Beschlüssen eine Stimme, welche auf keinen Dritten übertragen werden kann.

---

[1]) §§ 11, 25 des Statuts. — [2]) Vgl. S. 143 u. ferner S. 164, sowie § 26 Anm. 8 für den Fall, daß die Kreditgewährung überhaupt auf Grund einer Kreditfähigkeitsliste erfolgt. — [3]) Die Berathung ist eine gemeinsame, die Abstimmung findet nach den beiden Organen getrennt statt (S. 99), dazu ist natürlich nicht nothwendig, daß eine räumliche Trennung stattfindet, vgl. Formular 8.

[4]) S. 89 ff. — [5]) § 41 d. Ges. S. 96.

Nur Korporationen, Handelsgesellschaften und andere Personenvereine, welche Mitglieder sind, und mehrere Erben eines verstorbenen Mitgliedes können sich durch einen mit schriftlicher Vollmacht versehenen Bevollmächtigten vertreten lassen; der Bevollmächtigte kann in diesen Fällen nicht mehr als einen Genossen vertreten.[1])

b) Berufung und Einladung.

§ 29.

Die Berufung der Generalversammlung geht in der Regel vom Aufsichtsrathe aus,[2]) doch kann, wenn der Aufsichtsrath dieselbe verzögert, auch der Vorstand dazu schreiten.[3])

Die Einladung zur Generalversammlung erfolgt durch .... Bekanntmachung in dem in § 73 bestimmten Blatte.[4]) Dieselbe wird, wenn sie vom Aufsichtsrathe ausgeht, von dessen Vorsitzenden, anderenfalls vom Vorstande in der für die Willenserklärungen des Vorstandes vorgeschriebenen Form unterzeichnet. Die betreffende Nummer des Blattes muß mindestens eine Woche vor der Versammlung ausgegeben werden.[5])

§ 30.

Mit der Einladung zur Generalversammlung sollen die Anträge und sonstigen Gegenstände der Tagesordnung kurz bekannt gemacht werden.[6])

Ueber Anträge und Gegenstände, welche nicht drei Tage vor der Generalversammlung in dem für die Veröffentlichungen der Bekanntmachung der Generalversammlung bestimmten Blatte angekündigt sind, können Beschlüsse nicht gefaßt werden.

Beschlüsse über die Leitung der Generalversammlung, sowie über Anträge auf Berufung einer außerordentlichen Generalversammlung sind nach der Bestimmung in § 44 des Genossenschaftsgesetzes hiervon ausgenommen.

Anträge für die Tagesordnung der Generalversammlung, welche nach der Bekanntmachung der Einladung zur Generalversammlung rechtzeitig und nach der Vorschrift des § 33 dieses Statuts eingebracht werden, sind durch einmalige Einrückung in das in § 73 bestimmte Blatt bekannt zu machen.[7])

c) Ordentliche Generalversammlungen.

§ 31.

Die Generalversammlungen finden regelmäßig statt:[8])

a) nach dem Schlusse des Geschäftsjahres behufs Mittheilung der Jahresrechnung, Beschlußfassung über die Gewinnvertheilung und die dem Vorstande zu ertheilende Entlastung, sowie Erledigung etwaiger Beanstandungen der Rechnung;

---

[1]) Bevollmächtigter kann auch ein Mitglied sein, alsdann hat er seine Stimme als Mitglied und die Stimme des von ihm Vertretenen. Durch § 41 d. Ges. ist zweifellos festgestellt, daß Handelsgesellschaften, Genossenschaften u. s. w. Mitglieder der Genossenschaft werden können (S. 40).

[2]) § 36 Abs. 2 d. Ges. Das Recht des Vorstandes, die Generalversammlung zu berufen (§ 42 d. Ges.) wird dadurch nicht geschmälert, vgl. S. 93. — [3]) § 42 d. Ges. — [4]) § 6 Pos. 3 d. Ges., vgl. S. 94. — [5]) § 44 Abs. 1 d. Ges. S. 94.

[6]) § 44 Abs. 2 d. Ges., über die Fassung S. 94. — [7]) § 44 Abs. 2 d. Ges.

[8]) Vgl. S. 90 ff., § 46 d. Ges.

b) nach dem Schlusse des zweiten und dritten Vierteljahres zur Darlegung der Kassen- und Geschäftsverhältnisse, zur Erledigung von Beschwerden und sonstigen Vereinsangelegenheiten und zur Besprechung von Angelegenheiten von allgemeinem genossenschaftlichem Interesse.

Die Ersatzwahlen für die ausscheidenden Vorstand - und Aufsichtsrathsmitglieder werden in der letzten ordentlichen Generalversammlung vor Ablauf des Geschäftsjahres vorgenommen.[1])

Die Bilanz, sowie eine den Gewinn und Verlust des Jahres zusammenstellende Berechnung (Jahresrechnung) müssen mindestens eine Woche vor der Generalversammlung, welche über die Genehmigung der Bilanz und die Gewinnvertheilung zu beschließen hat, in dem Geschäftslokale der Genossenschaft zur Einsicht der Genossen ausgelegt werden.

Jedem Genossen muß auf sein Verlangen und auf seine Kosten eine Abschrift der Bilanz, sowie der Jahresrechnung zugestellt werden.

d) Außerordentliche Generalversammlungen.

§ 32.

Außerordentliche Generalversammlungen können jederzeit nach Bedürfniß berufen werden. Der Aufsichtsrath ist dazu verpflichtet, wenn der Vorstand oder der zehnte Theil der Vereinsmitglieder schriftlich unter Anführung des Zweckes und der Gründe darauf antragen.

Wird dem Verlangen der Mitglieder weder vom Aufsichtsrathe noch vom Vorstande entsprochen, so können sich dieselben an das Gericht wenden, welches die Genossen zur Berufung der Generalversammlung ermächtigen kann. Die Berufung erfolgt in dem im § 73 bezeichneten Blatte und wird von den Mitgliedern, welchen die Ermächtigung ertheilt ist, unterzeichnet; mit der Berufung ist die gerichtliche Ermächtigung bekannt zu machen.[2])

e) Tagesordnung.

§ 33.

Die Tagesordnung wird vom Aufsichtsrathe festgesetzt, sofern derselbe die Versammlung beruft, anderenfalls vom Vorstande oder den Mitgliedern, welche die Versammlung berufen haben. In die Tagesordnung müssen alle Anträge aufgenommen werden, welche von dem Vorstande oder von dem Aufsichtsrathe oder von dem zehnten Theile der Vereinsmitglieder so zeitig gestellt worden sind, daß sie drei Tage vor der Generalversammlung bekannt gemacht werden können.

---

[1]) Bei dieser Bestimmung ist vorausgesetzt, daß die Wahlperiode mit dem Geschäftsjahre zusammenfällt. Soll die Wahlperiode bis zu der Generalversammlung laufen, in der die Neuwahlen stattfinden, so müßte bei § 4 und § 15 des Statuts eine Bestimmung aufgenommen werden:

Die Wahlperiode beginnt mit der Generalversammlung, in der die Wahl erfolgt und endigt mit der entsprechenden Generalversammlung des Jahres, in dem die Wahlzeit abläuft.

Abs. 2 würde dann hier fortfallen.

[2]) § 43 d. Ges.

Wird dem Verlangen der Mitglieder auf Ankündigung ihrer Anträge nicht stattgegeben, so können dieselben sich an das Gericht wenden, und dieses kann die Mitglieder zur Ankündigung ihrer Anträge ermächtigen. Die Mitglieder haben die Anträge durch das in § 73 bezeichnete Blatt mindestens drei Tage vor der Generalversammlung anzukündigen und mit der Ankündigung der Anträge die gerichtliche Ermächtigung bekannt zu machen.[1])

f) Leitung.

§ 34.

Die Leitung der Generalversammlung gebührt dem Vorsitzenden des Aufsichtsrathes oder einem Mitgliede des Vorstandes, je nachdem die Berufung der Generalversammlung von dem Vorstande oder von dem Aufsichtsrathe ausgeht. Wird die Generalversammlung von den Mitgliedern berufen, so wählen diese den Vorsitzenden. Durch Beschluß der Generalversammlung kann jedoch die Leitung jederzeit einem anderen Vereinsmitgliede übertragen werden.[2])

Der Vorsitzende ernennt den Schriftführer.

g) Abstimmung.

§ 35.

Die Abstimmung erfolgt mittelst Aufhebens der Hände. Der Vorsitzende kann, sobald ihm das Resultat zweifelhaft erscheint und auch Gegenprobe nicht Klarheit schafft, die Zählung durch zwei von ihm aus den Genossen ernannte Stimmzähler vornehmen lassen, er ist hierzu verpflichtet, sobald zehn Mitglieder in der Versammlung darauf antragen. Nur bei Wahlen erfolgt die Abstimmung stets durch Stimmzettel.

h) Beschlüsse.

§ 36.

Die von der Mehrheit der in einer Generalversammlung erschienenen Genossen gefaßten Beschlüsse haben für die Genossenschaft bindende Kraft, wenn die Einladung zur Generalversammlung unter Mittheilung der Tagesordnung nach den Bestimmungen dieses Statuts ordnungsmäßig erlassen ist.[3])

Ueber folgende Angelegenheiten:

1. über die Abänderung und die Ergänzung des Statuts;
2. über die Abänderung des Gegenstandes des Unternehmens;
3. über die Erhöhung des Geschäftsantheils;
4. über den Widerruf der Bestellung zum Mitgliede des Aufsichtsrathes;
5. über die Auflösung der Genossenschaft

kann nur von einer Mehrheit von drei Viertheilen der in der Generalversammlung erschienenen Genossen giltig beschlossen werden.

---

[1]) § 43 d. Ges., vgl. S. 93.

[2]) § 6 Pos. 3, § 44 d. Ges. S. 93.

[3]) §§ 16, 34, 76 d. Ges. vgl. S. 94; Abänderungen des Gegenstandes des Unternehmens und Erhöhung des Geschäftsantheils sind Statutenänderungen, werden aber in dem Gesetze besonders aufgeführt.

Zur Giltigkeit der Beschlußfassung
1. über die Abänderung und Ergänzung des Statuts — ausgenommen die Erhöhung des Geschäftsantheils;
2. über die Abänderung des Gegenstandes des Unternehmens und
3. über die Auflösung der Genossenschaft

wird weiter erfordert, daß mindestens ein Viertheil aller Genossen in der Generalversammlung anwesend ist.

Ist das erforderliche Viertheil der Genossen in der Generalversammlung nicht anwesend, so wird eine zweite Generalversammlung mit einem Zwischenraum von mindestens 8 Tagen und höchstens 4 Wochen zur Erledigung derselben Tagesordnung anberaumt, welche ohne Rücksicht auf die Zahl der anwesenden Genossen giltig beschließen kann.

§ 37.[1]

Die über die Verhandlungen der Generalversammlung aufgenommenen Protokolle, welche den Vorgang in seinen wesentlichen Punkten, namentlich die gefaßten Beschlüsse und Wahlen, bei letzteren auch die Zahl und das Verhältniß der abgegebenen Stimmen enthalten sollen, werden unter dem Datum der Generalversammlung in ein besonderes „Protokollbuch"[2] eingetragen, von dem Vorsitzenden und dem Schriftführer, von den anwesenden Vorstands- und Aufsichtsrathsmitgliedern und von mindestens drei anderen Genossen unterzeichnet und vom Aufsichtsrathe mit den zugehörigen Anlagen, insbesondere den Belagsexemplaren der Blätter, welche die Bekanntmachung der Einladung und Tagesordnung enthalten, aufbewahrt.

§ 38.[3]

Der Beschlußfassung der Generalversammlung unterliegen außer den an anderer Stelle ausdrücklich in diesem Statut dahin verwiesenen Gegenständen die nachstehend aufgeführten Angelegenheiten:
1. die Abänderung und Ergänzung des gegenwärtigen Vereinsstatuts und die Abänderung des Gegenstandes des Unternehmens;[4]
2. die Auflösung der Genossenschaft (§ 36 des Statuts);
3. die Genehmigung der Bilanz, Entlastung des Vorstandes, Vertheilung von Gewinn und Verlust;[5]
4. Erwerb von Grundeigenthum zu dauerndem Besitz und dessen Belastung;
5. die Wahl der Mitglieder des Vorstandes und des Aufsichtsrathes;[6]
6. die Genehmigung der Verträge mit den Mitgliedern des Vorstandes über die denselben gewährten Besoldungen und sonstigen Vergütungen, sowie über die von denselben zu leistenden Kautionen und die Bewilligung von Vergütungen an die Mitglieder des Aufsichtsrathes für deren Mühewaltung;[7]
7. die Enthebung der Mitglieder des Vorstandes und des Aufsichtsrathes von ihren Aemtern;[8]
8. die Verfolgung von Rechtsansprüchen gegen Mitglieder des Vorstandes und Aufsichtsrathes, sowie die Wahl der Bevollmächtigten zur Führung von Prozessen gegen die Mitglieder des Aufsichtsrathes;[9]

---

[1]) § 6 Pos. 3. — [2]) § 45 d. Ges., vgl. S. 96, Formular 5.
[3]) Vgl. über die Zuständigkeit der Generalversammlung S. 89. — [4]) § 16 d. Ges. — [5]) S. 213, § 46 d. Ges. — [6]) § 4 u. § 15 d. Statuts. — [7]) § 14 und § 15 Anm. 4 d. Statuts. — [8]) § 13 u. § 22 d. Statuts. — [9]) § 37 d. Ges.

9. die Einsetzung der nach § 63 vorgesehenen Revisionskommission und die Wahl deren Mitglieder;[1])
10. die Bestimmung des Höchstbetrages,[2]) welchen
   a) sämmtliche die Genossenschaft belastenden Anlehen und Spareinlagen zusammen,
   b) die bei einem einzelnen Mitgliede gleichzeitig ausstehenden Kredite nicht überschreiten dürfen;
11. die Genehmigung der Geschäftsanweisungen für Vorstand und Aufsichtsrath;[3])
12. die Beschlußfassung auf Berufung ausgeschlossener Mitglieder;[4])
13. die Entscheidung über alle gegen die Geschäftsführung und die Beschlüsse des Vorstandes und des Aufsichtsrathes eingebrachten Beschwerden.

D. Erlangung und Endigung der Mitgliedschaft.[5])

§ 39.

Aufnahmefähig sind Personen, Gesellschaften, Korporationen, verpflichtungsfähige Vereine,[6]) sofern dieselben nicht bereits Mitglieder einer anderen Kreditgenossenschaft sind.[7])

Zum Erwerb der Mitgliedschaft ist erforderlich: Aufnahme durch Vorstand und Aufsichtsrath und Ausstellung einer unbedingten schriftlichen Beitrittserklärung.

Die Mitgliedschaft des Beitretenden entsteht durch die Eintragung in die Liste der Genossen.[8])

Jeder beitretende Genosse hat zwei gleichlautende Beitrittserklärungen zu vollziehen.[9])

Dem von dem Vorstande und dem Aufsichtsrathe Abgewiesenen steht binnen 4 Wochen die Berufung an die Generalversammlung offen.

§ 40.[10])

Jeder Genosse hat das Recht, mittelst Aufkündigung seinen Austritt aus der Genossenschaft zu erklären.

Die Aufkündigung findet nur zum Schluß eines Geschäftsjahres statt und muß drei Monate vorher schriftlich erfolgen.[11])

---

[1]) § 56 d. Statuts. — [2]) § 47 d. Ges., vgl. S. 66 u. 177. — [3]) § 11 und § 25 d. Statuts. — [4]) § 41 d. Statuts.

[5]) S. 36, 41, 47, Formular 12. — [6]) Ueber die Aufnahme von Gesellschaften 2c., S. 40. Einzelpersonen können unter ihrer Handelsfirma die Mitgliedschaft nicht erwerben. — [7]) § 66 d. Ges. und S. 40, 42. — [8]) § 15 d. Ges. Zweckmäßig ist es, wenn der Vorstand von 4 zu 4 Wochen die inzwischen aufgesammelten Beitrittserklärungen dem Gericht zur Eintragung einreicht (S. 48). — [9]) Die eine Beitrittserklärung wird dem Gericht eingereicht, die andere bleibt bei den Akten der Genossenschaft.

[10]) S. 44 und § 63 d. Ges. — [11]) Ueber Einreichung der Kündigung an das Registergericht zur Eintragung, S. 49 und § 67. Zu empfehlen ist, die Kündigungen zusammen erst 6 Wochen vor Schluß des Geschäftsjahres einzureichen, da zuweilen die Kündigung von dem Mitgliede wieder zurückgenommen wird, was nicht mehr zulässig ist, wenn die Eintragung erfolgt ist (S. 49). Die Kündigung muß schriftlich erfolgen (Formular 13), auch empfiehlt es sich auch, im Statut entsprechend dem Geschäftsjahr den Tag anzugeben, bis zu welchem die Kündigung im Besitze der Genossenschaft sein muß, z. B. „und muß vor dem 30. September in schriftlicher Form im Besitze der Genossenschaft sein.“

§ 41.

Ein Genosse kann ausgeschlossen werden:[1])

a) wenn er den statutenmäßigen Verpflichtungen nicht nachkommt, insbesondere, wenn er mehr als sechs Monate mit den laufenden Beiträgen im Rückstande geblieben ist;

b) wenn er es wegen der Rückzahlung empfangener Darlehen zur gerichtlichen Verfolgung hat kommen lassen, oder durch die Nichterfüllung seiner Verpflichtung die Genossenschaft oder einen Bürgen in Schaden gebracht hat, überhaupt wenn er durch sein Verhalten die Genossenschaft schädigt;

c) wenn über sein Vermögen der Konkurs eröffnet ist;[2])

d) wegen der Mitgliedschaft in einer anderen, die gleichen Zwecke verfolgenden Genossenschaft;

e) wegen Verlegung des Wohnsitzes;

f) wegen Verlustes der bürgerlichen Ehrenrechte.

Gesellschaften sind auszuschließen, im Falle sie aufgelöst werden und keine Kündigung erfolgt ist.[3])

Die Ausschließung erfolgt durch Beschluß von Vorstand und Aufsichtsrath. Dem Ausgeschlossenen steht die Berufung an die Generalversammlung offen, die jedoch in längstens sechs Wochen dem Vorstande durch eingeschriebenen Brief zugestellt sein muß.

Von der Ausschließung ist der Genosse durch den Vorstand mittelst eingeschriebenen Briefes ohne Verzug zu benachrichtigen.[4])

Von dem Zeitpunkt der Absendung des Briefes ab kann der Genosse nicht mehr an der Generalversammlung theilnehmen und nicht mehr Mitglied des Vorstandes und Aufsichtsrathes sein.

§ 42.

In Folge der durch den Registerrichter bewirkten Eintragung[5]) der Kündigung und des Ausschließungsbeschlusses in die Liste der Genossen scheidet der Genosse mit dem in der Liste vermerkten Schlusse des Geschäftsjahres aus der Genossenschaft aus. Wird die Eintragung erst im Laufe eines späteren Geschäftsjahres vorgenommen, so findet das Ausscheiden erst mit dem Schlusse dieses Geschäftsjahres statt.

§ 43.[6])

Im Falle des Todes eines Genossen gilt dieser mit dem Schlusse des Geschäftsjahres, in welchem der Tod erfolgt ist, als ausgeschieden.[7])

Bis zu diesem Zeitpunkte wird die Mitgliedschaft des Verstorbenen durch dessen Erben fortgesetzt.

Für mehrere Erben kann das Stimmrecht in der Generalversammlung durch einen Bevollmächtigten ausgeübt werden.

---

[1]) § 66 d. Ges., vgl. S. 41 ff. u. 45 Anm. — [2]) S. 86. — [3]) S. 45 Anm. — [4]) Eine Abschrift des Ausschließungsbeschlusses ist dem Gerichte einzureichen. Diese Einreichung soll mindestens 6 Wochen vor dem Ende des Geschäftsjahres, in welches die Ausschließung fällt, bewirkt werden, nur wenn die Ausschließung später erfolgt, ist der Ausschließungsbeschluß ohne Verzug einzureichen (§ 67 d. Ges., § 40 Anm. 11 d. Statuts).

[5]) § 68 d. Ges., S. 47.

[6]) § 75 d. Ges., S. 44, 48. — [7]) Der Vorstand ist verpflichtet, sobald er von dem Tode eines Genossen Kenntniß erhält, ohne Verzug dem Gericht Anzeige zu erstatten (§ 75 Abs. 2 d. Ges., § 28 Pos. 6 der Bekanntmachung).

§ 44.

Die Auseinandersetzung mit dem ausgeschiedenen Genossen erfolgt auf Grund der Bilanz.[1] Das Geschäftsguthaben ist an den Ausgeschiedenen oder die Erben eines verstorbenen Mitgliedes binnen sechs Monaten nach dem Ausscheiden auszuzahlen. An den Reservefonds und das sonstige Vereinsvermögen hat der ausgeschiedene Genosse keinen Anspruch.

Die Klage auf Auszahlung des Geschäftsguthabens verjährt in zwei Jahren (§ 72 d. Ges.), die Verjährung beginnt mit Ablauf von sechs Monaten nach dem Ausscheiden.

Reicht das Vermögen einschließlich des Reservefonds und der Geschäftsguthaben zur Deckung der Schulden nicht aus, so hat der Ausgeschiedene von dem Fehlbetrage den ihn treffenden Antheil an die Genossenschaft zu zahlen.

Wird die Genossenschaft binnen sechs Monaten nach dem Ausscheiden des Genossen aufgelöst, so gilt dasselbe als nicht erfolgt.[2]

§ 45.[3]

Durch Uebertragung des Geschäftsguthabens nach Maßgabe des § 74 des Gesetzes ist das Ausscheiden nur mit Genehmigung von Vorstand und Aufsichtsrath zulässig.

E. Rechte und Pflichten der Genossen.

§ 46.

Die Mitglieder der Genossenschaft sind berechtigt:

a) bei allen Gesellschaftsbeschlüssen und Wahlen in den Generalversammlungen zu stimmen und Anträge zu stellen (§§ 28, 33 des Statuts);
b) nach Maßgabe der Bestimmungen in § 32 des Statuts Generalversammlungen zu berufen;
c) von allen zur Erreichung der Vereinszwecke getroffenen Einrichtungen der Genossenschaft, soweit die vorhandenen Mittel und die Bestimmungen dieses Statuts dieses gestatten, Gebrauch zu machen;
d) nach Maßgabe der Bestimmungen in §§ 64 ff. des Statuts einen Antheil am Reingewinn des Geschäfts zu beanspruchen.

§ 47.

Jeder Genosse ist dagegen verpflichtet:

a) auf den Geschäftsantheil die in § 48 des Statuts vorgeschriebenen Einzahlungen zu leisten;
b) sofort nach Erwerbung der Mitgliedschaft das in § 51 des Statuts vorgeschriebene Eintrittsgeld zu zahlen;
c) dem Statut, den Beschlüssen und dem Interesse der Genossenschaft nicht entgegen zu handeln;
d) für die Verbindlichkeiten der Genossenschaft dieser, sowie unmittelbar den Gläubigern der Genossenschaft nach Maßgabe der Bestimmungen des Gesetzes für Genossenschaften mit unbeschränkter Haftpflicht solidarisch und mit seinem ganzen Vermögen zu haften.[4]

---

[1] § 71 d. Ges. S. 45, Kompensation mit dem Geschäftsguthaben S. 42, 46, 85 ff. — [2] § 73 d. Ges. S. 45.
[3] Vgl. S. 46 Formular 14.
[4] S. 23 ff., 26, 30, § 2 Abs. 1, § 7 Abs. 1 d. Ges.

F. Geschäftsantheil der Mitglieder.[1])

§ 48.

Der Geschäftsantheil jedes Mitgliedes wird auf . . . Mark festgesetzt. Dieser Geschäftsantheil kann sogleich bei dem Eintritt voll eingezahlt werden oder nach und nach durch einzelne Einzahlungen ergänzt werden. In dem letzteren Falle müssen die Einzahlungen zum mindesten monatlich . . . Pfennige betragen.

Bis zur Erreichung des Geschäftsantheils wird der auf das Geschäftsguthaben fallende Antheil am Reingewinn zurückbehalten und mit den auf den Geschäftsantheil geleisteten Einzahlungen in einem besonderen Konto dem Genossen gutgeschrieben.[2])[3])

§ 49.

Jedes Mitglied erhält ein besonderes Buch, in welchem die von ihm geleisteten Einzahlungen auf seinen Geschäftsantheil, die dem Geschäftsantheil zugeschriebenen Gewinnantheile und die erfolgten Abschreibungen eingetragen werden.

Das Geschäftsguthaben eines Genossen darf während der Dauer der Mitgliedschaft von der Genossenschaft weder ganz noch theilweise ausgezahlt und von der Genossenschaft nicht zum Pfande genommen werden. Eine auf den Geschäftsantheil geschuldete Einzahlung kann nicht erlassen werden.[4])

---

[1]) S. 76 ff., § 7 Pos. 2 d. Ges. Ueber die Höhe des Geschäftsantheils S. 78, er sollte nicht unter 300 Mk. bestimmt werden (S. 81). — [2]) § 19 d. Ges. — [3]) Bei hohem Geschäftsantheil empfiehlt es sich, von der Bestimmung in § 7 Pos. 2 d. Ges., daß die obligatorischen Einzahlungen auf Geschäftsantheil nur bis zu einem Gesammtbetrage von mindestens einem Zehntheil des Geschäftsantheils festzusetzen sind, Gebrauch zu machen, in Verbindung mit § 48 (S. 82), z. B.:

„Der Geschäftsantheil wird auf 2000 Mark festgesetzt und kann jederzeit voll eingezahlt werden oder muß durch Einzahlungen allmählich gebildet werden.

Bis zur Erreichung eines Geschäftsguthabens von 400 Mark ist jedes Mitglied verpflichtet, monatlich mindestens eine Mark einzuzahlen. Auch wird bis zur Erreichung dieses Betrages die auf das Geschäftsguthaben entfallende Dividende demselben zugeschrieben. Die Bestimmung weiterer Einzahlungen nach Betrag und Zeit unterliegt der Festsetzung der Generalversammlung (§ 48 d. Ges.).

Mitglieder, deren Geschäftsguthaben mindestens 400 Mark beträgt, sind berechtigt, die Dividende abzuheben; ist aber die Dividende nicht binnen sechs Monaten von deren Bereitstellung ab abgehoben, so wird diese dem Geschäftsguthaben zugeschrieben, so lange dasselbe nicht den Betrag des Geschäftsantheils erreicht hat."

Bei hohem Geschäftsantheil hat es sich auch als zweckmäßig erwiesen, die Kreditgewährung mit der Bildung eines angemessenen Geschäftsguthabens in Verbindung zu bringen, zu welchem Zweck dann ein kleiner Prozentsatz des gewährten Kredits als Einzahlung auf Geschäftsantheil genommen wird, z. B.:

„Von jedem gewährten Kredit über . . . . Mark muß das Mitglied $1/2$ % auf Geschäftsantheil einzahlen, so lange sein Geschäftsantheil 2000 Mark noch nicht erreicht hat."

Die Begrenzung ist angebracht, um die kleinen Kredite nicht weiter zu belasten, als es nöthig ist (S. 82 u. 180).

[4]) § 22 d. Ges. Ein Verbot an das Mitglied, das Geschäftsguthaben nicht weiter zu cediren oder zu verpfänden, ist ungiltig, da die Genossenschaft in Folge der Bestimmung des § 22 d. Ges. nicht befugt ist, sich ein Recht auf das Geschäftsguthaben einräumen zu lassen, was die Voraussetzung für die Giltigkeit des Verbotes wäre.

G. Reservefonds.

§ 50.

Zur Deckung von Geschäftsverlusten, welche nicht aus dem Geschäftsertrage des Rechnungsjahres gedeckt werden können, dient der Reservefonds.[1])

Derselbe wird durch die nach der Bestimmung in § 51 dieses Statuts zu entrichtenden Eintrittsgelder neuer Mitglieder, die nach Vorschrift des § 66 des Statuts zu überweisenden Antheile des Reingewinnes, sowie andere von der Generalversammlung beschlossene Zuwendungen gebildet, und soll allmählich bis zur Höhe von wenigstens 5% des Betriebskapitals angesammelt[2]) und nach Abschreibung von Verlusten wieder auf diesen Betrag gebracht werden.

Ferner wird eine Spezialreserve zur Deckung von Kursverlusten gebildet. In diese Reserve fließen die Kursgewinne.[3])

Weitere Spezialreserven werden nach Bedürfniß gebildet.[4])

§ 51.

Das Eintrittsgeld[5]) der Mitglieder wird von Zeit zu Zeit durch Gesellschaftsbeschluß festgesetzt und bis auf Weiteres mit . . . Mk. erhoben.

Dasselbe ist sofort bei Erlangung der Mitgliedschaft zu zahlen.

Die Wittwe eines verstorbenen Mitgliedes bleibt von der Zahlung des Eintrittsgeldes befreit, wenn sie innerhalb sechs Monaten nach dem Todestage des Mitgliedes bei dem Vorstande den Antrag auf Aufnahme in die Genossenschaft stellt und als Mitglied aufgenommen wird.[6])

H. Geschäftskreis der Genossenschaft.[7])

§ 52.

Die Genossenschaft nimmt, soweit das Kreditbedürfniß der Mitglieder dieses erfordert, Gelder von Mitgliedern und Nichtmitgliedern nach den hierüber aufzustellenden Geschäftsbedingungen an.[8]) Sie tritt mit Bankinstituten und Bankhäusern in Geschäftsverbindung und erwirbt bei Bedarf Kredite bei solchen.[9]) Sie tritt mit anderen Genossenschaften in Verkehr, insbesondere zum Zwecke der Besorgung des gegenseitigen Inkassos.[10])

Sie gewährt ihren Mitgliedern Darlehen auf bestimmte Zeit,[11]) diskontirt ihnen Wechsel[12]) und führt ihnen laufende Rechnung mit oder ohne Kreditgewährung.[13])

Sie besorgt Effektengeschäfte für die Mitglieder in Kommission.[14])

Die Genossenschaft kann Immobilien nur erwerben, um ein eigenes und ständiges Geschäftslokal zu erlangen und vorübergehend zur Sicherung einer gefährdeten Forderung.[15])

Staats- und sonstige Werthpapiere kann die Genossenschaft für sich nur zur Anlage des Reservefonds oder zur zeitweiligen Unterbringung müßiger Kassenbestände ankaufen.[16])

Jede Art von Spekulationsgeschäften ist ausgeschlossen.

---

[1]) S. 70 ff., § 7 Pos. 4 d. Ges. — [2]) S. 73 oder „bis zur Höhe von wenigstens 15% des Gesammtbetrages der Geschäftsguthaben". — [3]) S. 74. — [4]) S. 74.

[5]) Vgl. S. 71. — [6]) § 65 des Statuts Anm. 4.

[7]) S. 34, 51 ff. u. S. 133 ff. — [8]) S. 51 ff. — [9]) S. 52 ff. — [10]) S. 168 ff., 235. — [11]) S. 134. — [12]) S. 143. — [13]) S. 62, 150. — [14]) S. 172. — [15]) S. 181, 196. — [16]) S. 66.

§ 53.

Kredit kann nur an Mitglieder der Genossenschaft[1]) und nur soweit gewährt werden, als die Kreditfähigkeit der Kreditsucher reicht und dieselben ausreichende Sicherheit leisten.[2])

§ 54.

Die Sicherheit[3]) für Kreditgewährung kann geleistet werden:

1. durch Bestellung eines oder mehrerer Bürgen;
2. durch Verpfändung oder Cession von sicheren Forderungen;
3. durch Verpfändung von soliden Staats- oder sonstigen Werthpapieren, welche an einer deutschen Börse Kurs haben.

Auf Spezialhypothek allein sollen keine Gelder ausgeliehen werden. Nur ausnahmsweise bei gefährdeten Forderungen und in Ermangelung anderer Deckung kann zu solcher Sicherstellung gegriffen werden.

Für Kredit in laufender Rechnung kann eine Kautionshypothek im Betrage des festgesetzten Höchstbetrages als Sicherung bestellt werden.

§ 55.

Die Mitglieder des Vorstandes sind während ihrer Amtsdauer von jeder Kreditgewährung ausgeschlossen.[4])

§ 56.

An Mitglieder des Aufsichtsrathes dürfen, so lange sie diese Stellung einnehmen, Darlehen nur gegen ausreichende Sicherstellung und bis zu einem Höchstbetrage gewährt werden, welcher durch die von der Generalversammlung alljährlich zu wählende Einschätzungs-Kommission von drei Mitgliedern bestimmt wird und von dieser zu jeder Zeit abgeändert werden kann.[5])

§ 57.

Mitglieder des Vorstandes und Aufsichtsrathes werden während ihrer Amtsdauer als Bürgen nicht angenommen.

J. Rechnungswesen,[6]) Reingewinn und Verluste.[7])

§ 58.

Das erste Geschäftsjahr[8]) beginnt am . . . . und endigt am 31. Dezember 18 . ., nach Ablauf desselben fällt das Geschäftsjahr mit dem Kalenderjahr zusammen. Sofort bei dessen Beendigung muß

1. der Bestand der vorhandenen Kassenvorräthe, Schulddokumente und Werthpapiere durch den Aufsichtsrath untersucht und festgestellt,[9]) sowie
2. mit dem Abschluß der Bücher vom Vorstand begonnen werden.

§ 59.

Die vollständige Jahresrechnung hat der Vorstand längstens bis Mitte März des folgenden Jahres dem Aufsichtsrathe vorzulegen, widrigenfalls dieser berechtigt ist, dieselbe unter seiner Aufsicht durch andere Personen auf Kosten des Vorstandes anfertigen zu lassen.

---

[1]) Vgl. S. 34 ff. — [2]) Vgl. S. 184, 192, 194.
[3]) S. 191 ff.
[4]) Vgl. S. 189, § 37 Abs. 2 d. Ges.
[5]) Vgl. S. 191.
[6]) S. 224 ff. — [7]) S. 212 ff. — [8]) § 8 Pos. 3 d. Ges. — [9]) S. 227 ff.

§ 60.

Die Rechnung muß enthalten:[1])

1. eine Uebersicht sämmtlicher Einnahmen und Ausgaben innerhalb des Jahres nach den bei der Buchführung eingeführten Hauptrubriken;
2. eine besondere Gewinn- und Verlustberechnung;
3. die Bilanz über den Stand des Gesellschaftsvermögens (der Aktiva und Passiva) am Jahresschluß.

§ 61.[2])

Bei der Bilanz sind außer den Genossenschaftsschulden der Reservefonds und die Geschäftsguthaben der Mitglieder unter den Passiven, der Werth der Immobilien und Mobilien nach Abzug der gewöhnlichen Abnutzungsprozente oder der darauf vorgenommenen größeren Abschreibungen, der Kassenbestand, die Werthpapiere höchstens zum Tageskurs, sowie die ausstehenden Forderungen nach den verschiedenen Geschäftszweigen unter den Aktiven anzusetzen, dabei jedoch etwaige unsichere Forderungen nur nach ihrem wahrscheinlichen Werthe aufzuführen, uneinziehbare aber ganz auszuscheiden und zurückzustellen.[3])

Ferner muß die Bilanz in den Passiven, die auch in der Gewinn- und Verlustberechnung nachzuweisenden, am Jahresschlusse noch schuldigen, erst im nächsten Jahre zur Zahlung gelangenden Zinsen[4]) für die aufgenommenen fremden Gelder — Anlehen, Spareinlagen 2c. — aufführen; ebenso müssen in den Passiven der Bilanz diejenigen, auch aus der Gewinn- und Verlustberechnung sich ergebenden, voraus erhobenen Zinsbeträge besonders aufgeführt werden, welche zwar im Laufe des abgeschlossenen Jahres vereinnahmt worden sind, die jedoch, dem Verfall der Schuldposten der Kunden entsprechend, zu dem Gewinn des nächsten Jahres gehören. — In den Aktiven der Bilanz sind diejenigen, auch in der Gewinn- und Verlustberechnung nachzuweisenden Zinsbeträge für gewährte Kredite aufzuführen, welche im abgelaufenen Jahre zwar verdient worden sind, deren Zahlung durch die Schuldner jedoch erst im nächsten Jahre zu erfolgen hat, soweit diese Zinsforderungen nicht zu den unsicheren Ausständen zu rechnen sind, in welchem Falle sie entweder nur nach dem wahrscheinlichen Werthe aufzuführen oder ganz abzuschreiben sind.

§ 62.

Die Prüfung der Jahresrechnung erfolgt durch den Aufsichtsrath,[5]) der sich die nöthigen Unterlagen dabei durch Einsicht der Bücher, Beläge, wie durch die nach § 58 von ihm vorzunehmende Inventur zu verschaffen hat.

Der Aufsichtsrath kann sich bei der Prüfung der Jahresrechnung der Beihilfe Sachverständiger bedienen, welche dafür eine von ihm festzusetzende Vergütung von der Genossenschaft erhalten.

§ 63.

Der Bericht des Aufsichtsrathes über die Rechnungsprüfung ist der nächsten ordentlichen Generalversammlung zu erstatten,[6]) welche hierauf über die Entlastung des Vorstandes beschließt.

---

[1]) Ueber den Geschäftsbericht S. 233 ff.
[2]) § 7 Pos. 3 d. Ges. — [3]) S. 229. — [4]) S. 220.
[5]) § 7 Pos. 3 d. Ges., S. 226 ff.
[6]) § 36 d. Ges., S. 228

Erheben sich hierbei Bedenken gegen die Richtigkeit der Rechnung und die Prüfung des Aufsichtsrathes, so kann die Generalversammlung, ohne daß der Antrag vorher auf die Tagesordnung gebracht war, eine besondere Kommission von drei Mitgliedern erwählen und diese mit der nochmaligen Prüfung der Rechnung beauftragen.

Dieser Kommission stehen die in den §§ 23 und 24 des Statuts dem Aufsichtsrathe eingeräumten Befugnisse zu.

§ 64.

Die Verwendung des Reingewinnes unterliegt der Beschlußfassung der Generalversammlung.[1]) Derselbe wird, soweit er nicht nach deren Beschlüssen dem Reservefonds zugeschlagen, oder zu Abschreibungen an Bestandtheilen des Vereinsvermögens benutzt oder zu anderen Zwecken verwendet wird, an die Mitglieder nach dem Verhältniß ihrer Geschäftsguthaben vertheilt und denselben, so lange der Geschäftsantheil nicht erreicht ist, zugeschrieben,[2]) oder zur Wiederergänzung einer durch Verlust verminderten Guthabenforderung einbehalten.[3])

§ 65.

Bei der Berechnung des Gewinnantheils wird das Geschäftsguthaben jedes Genossen nur insoweit berücksichtigt, als es volle Mark beträgt und nicht erst während des Rechnungsjahres, um dessen Gewinnüberschüsse es sich handelt, eingezahlt ist, so daß nur die bis zum Schlusse des vorhergegangenen Geschäftsjahres ermittelten Geschäftsguthaben in Betracht kommen.[4])

§ 66.

So lange der gesetzliche Reservefonds noch nicht auf den im § 50 festgesetzten Betrag gebracht ist, werden von dem Reingewinn vor dessen Vertheilung an die Mitglieder mindestens . . pCt. abgezogen und dem genannten Fonds zugeschlagen, was ebenfalls geschehen muß, wenn derselbe durch Deckung von Geschäftsverlusten unter jenen Normalbetrag herabgesunken ist.[5])

---

1) § 46 d. Ges. — 2) Vgl. § 48 d. Statuts Anm. 3. — 3) § 19 d. Ges.

4) S. 215; bei hohem Geschäftsantheile wird man auch die im Laufe des Jahres geleisteten Einzahlungen entsprechend an der Dividende theilnehmen lassen (vgl. S. 216), z. B.:

„An der Dividende nehmen die Geschäftsguthaben nach Verhältniß der Zeit theil, während deren sie im Geschäft mitgearbeitet haben, und zwar in der Art, daß auf die volle Dividende Anspruch haben die Geschäftsguthaben in Höhe des durch die Zuschreibung von Gewinn oder Abschreibung von Verlust zum Schlusse des vorhergegangenen Geschäftsjahres ermittelten Betrages. Die im Laufe des Geschäftsjahres geleisteten Einzahlungen sind dividendenberechtigt erst mit dem Beginn des auf die Einzahlungen folgenden Quartals.

Für die Dividendenberechnung kommen nur volle Mark in Betracht."

Ferner über die Dividendenberechtigung des ererbten Geschäftsguthabens vgl. S. 217; die Bestimmung würde lauten:

„Tritt der Erbe eines verstorbenen Genossen als Mitglied bei und überläßt das dem verstorbenen Genossen zustehende Geschäftsguthaben ungeschmälert der Genossenschaft als Einzahlung auf seinen Geschäftsantheil, so wird diese Einzahlung für den Dividendenbezug als bereits zum Schluß des vorhergegangenen Geschäftsjahres geleistet angesehen, nimmt also an der vollen Dividende theil."

5) S. 71.

§ 67.[1])

Die Deckung von Verlusten unterliegt der Beschlußfassung durch die Generalversammlung. Werden die Geschäftsguthaben zur Deckung von Verlusten herangezogen, so geschieht die Vertheilung nach Verhältniß der Geschäftsguthaben, wobei die Generalversammlung den für die Feststellung der Höhe der Geschäftsguthaben maßgebenden Zeitpunkt festzusetzen hat.

Reicht das Vermögen der Genossenschaft einschließlich der Geschäftsguthaben und Reserven zur Deckung der Schulden nicht aus, so wird der die Ausgeschiedenen treffende Antheil am Fehlbetrage nach der Kopfzahl der Mitglieder berechnet.

K. Auflösung der Genossenschaft.

§ 68.[2])

Die Auflösung der Genossenschaft erfolgt:

1. durch Beschluß der Generalversammlung nach Maßgabe des § 36;
2. durch Eröffnung des Konkurses über das Vereinsvermögen;
3. durch Beschluß des Gerichts, wenn die Zahl der Genossen weniger als sieben beträgt;
4. durch Beschluß der in § 79 des Gesetzes bestimmten Behörde und nach den daselbst gegebenen Vorschriften.

§ 69.

Die Liquidation der Genossenschaft erfolgt nach Maßgabe der §§ 81 ff. des Gesetzes, für die Vertheilung des Vereinsvermögens ist § 89 Abs. 1 und Abs. 2 maßgebend.

§ 70.

Die Heranziehung der Genossen im Konkurse der Genossenschaft während des Vorschuß- und Nachschußverfahrens erfolgt nach Maßgabe des § 98 des Gesetzes.

L. Die Bekanntmachungen der Genossenschaft und die dazu bestimmten Blätter.

§ 71.

Alle Bekanntmachungen[3]) und Erlasse in Angelegenheiten der Genossenschaft, sowie die dieselbe verpflichtenden Schriftstücke ergehen unter deren Firma und werden mindestens von zwei Vorstandsmitgliedern unterzeichnet.

§ 72.

Die Einladungen zu den Generalversammlungen, insofern sie vom Aufsichtsrathe ausgehen, erläßt der Vorsitzende des Aufsichtsrathes mit der Zeichnung:

Der Aufsichtsrath der ...... (Firma des Vereins).
N...,
Vorsitzender.

---

[1]) Vgl. S. 212 und § 46, § 19, § 71 d. Ges.
[2]) §§ 76, 78, 79, 91, 94 d. Ges.
[3]) § 6 Pos. 4 d. Ges.

§ 73.

Zur Veröffentlichung ihrer Bekanntmachungen bedient sich die Genossenschaft des ...... Blattes.[1])

Für den Fall, daß dieses Blatt eingehen, oder aus anderen Gründen die Veröffentlichung in diesem Blatte unmöglich werden sollte, tritt der Deutsche Reichsanzeiger so lange an die Stelle dieses Blattes, bis für die Veröffentlichung der Bekanntmachungen der Genossenschaft durch Beschluß der Generalversammlung ein anderes Blatt bestimmt ist.[2])

Formular 2.

Statutenentwurf
für eine
Kreditgenossenschaft als eingetragene Genossenschaft mit beschränkter Haftpflicht.

Das vorstehende Statut enthält folgende Abänderungen:

1. Die Ueberschrift lautet:

Statut
des
Vorschuß- (Kredit-) Vereins zu ....
eingetragene Genossenschaft mit beschränkter Haftpflicht.

Die Unterzeichneten errichten eine Genossenschaft nach den Vorschriften des Reichsgesetzes betreffend die Erwerbs- und Wirthschaftsgenossenschaften vom 1. Mai 1889 sowie nach Maßgabe des nachstehenden Statuts.

2. § 1 lautet:

§ 1.

Die Genossenschaft führt die Firma .... eingetragene Genossenschaft mit beschränkter Haftpflicht, und hat ihren Sitz zu ....

Gegenstand des Unternehmens ist die Beschaffung der in Gewerbe und Wirthschaft der Mitglieder nöthigen Geldmittel durch gemeinschaftlichen Betrieb von Bankgeschäften.

---

[1]) § 6 Pos. 4 d. Ges. — [2]) Wenn für die Veröffentlichung der Bekanntmachungen der Genossenschaft mehrere öffentliche Blätter bestimmt werden sollen, würde dem § 73 die folgende Fassung zu geben sein:

„Die Veröffentlichung der Bekanntmachungen der Genossenschaft erfolgt in .... (Bezeichnung der Blätter). Für den Fall, daß eines dieser Blätter eingehen oder aus anderen Gründen die Veröffentlichung in demselben unmöglich werden sollte, erfolgt die Veröffentlichung in dem anderen Blatte (in den übrigen zur Veröffentlichung bestimmten Blättern), und für den Fall, daß die beiden (daß alle) genannten Blätter eingehen sollten, oder die Veröffentlichung in denselben aus anderen Gründen unmöglich werden sollte, tritt der Deutsche Reichsanzeiger so lange an deren Stelle, bis durch Beschluß der Generalversammlung zur Veröffentlichung der Bekanntmachungen der Genossenschaft andere Blätter bestimmt sind."

3. Zu § 7 ist zu beachten, daß für die Veröffentlichung der Bilanz außer § 31 d. Ges. auch § 133 d. Ges. zu befolgen ist.
4. In § 36 ist in Abs. 2 unter Pos. 5 hinzuzusetzen:
   Erhöhung der Haftsumme.
5. Zu § 44 Abs. 2 ist hinzuzusetzen:
   Der Anspruch der Genossenschaft an den Ausgeschiedenen ist durch die Haftsumme beschränkt (§ 135 d. Ges.).
6. § 47 Pos. d lautet:
   Für die Verbindlichkeiten der Genossenschaft dieser sowie unmittelbar den Gläubigern der Genossenschaft nach Maßgabe der Bestimmungen des Gesetzes für Genossenschaften mit beschränkter Haftpflicht[1]) solidarisch bis zu der durch das Statut bestimmten Haftsumme zu haften.
7. Nach § 49 sind folgende Paragraphen einzufügen:

§ 49a.

Jeder Genosse kann mit mehreren Geschäftsantheilen sich betheiligen, aber mehr als . . Geschäftsantheile sind nicht gestattet.[2])

Ueber die Zulassung zum Erwerb eines weiteren Geschäftsantheils entscheidet der Vorstand.

Die Betheiligung auf einen zweiten Geschäftsantheil ist unzulässig, bevor der erste Geschäftsantheil erreicht ist. Das Gleiche gilt von der Zulassung zu jedem weiteren Geschäftsantheil.[3])

Ein Genosse, welcher auf einen weiteren Geschäftsantheil betheiligt sein will, hat darüber eine von ihm zu unterzeichnende, unbedingte Erklärung abzugeben.[4])

Die Betheiligung auf den weiteren Geschäftsantheil tritt mit der erfolgten Eintragung in die Liste der Genossen in Kraft.[5])

Haftsumme.

§ 49b.

Die Haftsumme wird auf . . . . Mark festgesetzt.[6])

Mit dem Erwerbe eines weiteren Geschäftsantheils erhöht sich die Haftung eines Genossen auf das der Zahl der Geschäftsantheile entsprechende Vielfache der Haftsumme.[7])

§ 49c.

Zu einer Erhöhung der Haftsumme bedarf es einer Mehrheit von drei Viertheilen der in der Generalversammlung erschienenen Genossen.[8]) Eine Herabsetzung der Haftsumme kann nur unter Beobachtung der Bestimmungen erfolgen, welche für die Vertheilung des Genossenschaftsvermögens im Falle der Auflösung maßgebend sind.[9])

8. § 67 Abs. 2 erhält folgende Fassung:
   Reicht das Vermögen der Genossenschaft einschließlich der Geschäftsguthaben und Reserven zur Deckung der Schulden nicht aus, so wird

---

[1]) § 7 Pos. 2, § 125, § 135 d. Ges.
[2]) § 128 d. Ges., S. 83. — [3]) § 130 d. Ges. — [4]) § 131 d. Ges., Formular 12. — [5]) § 131 Abs. 3 d. Ges.
[6]) § 125 d. Ges. u. S. 26 ff. — [7]) § 129 d. Ges. S. 23, 83.
[8]) § 126 d. Ges. — [9]) § 127 d. Ges.

der die Ausgeschiedenen treffende Antheil am Fehlbetrag nach Verhältniß der Haftsumme der Mitglieder berechnet.[1])

9. Zu § 68 Pos. 2 ist zu beachten:

Nach § 134 d. Ges. findet das Konkursverfahren bei bestehender Genossenschaft außer dem Falle der Zahlungsunfähigkeit in dem Falle der Ueberschuldung statt, sofern diese ein Viertheil des Betrages der Haftsummen aller Genossen übersteigt. Der Vorstand hat, wenn eine solche Ueberschuldung sich aus der Jahresbilanz oder aus einer im Laufe des Jahres aufgestellten Bilanz ergiebt, die Eröffnung des Konkursverfahrens zu beantragen.

10. § 69 und § 70 erhalten folgende Fassung:[2])

§ 69.

Die Liquidation der Genossenschaft erfolgt nach Maßgabe der §§ 81 ff. des Gesetzes. Für die Vertheilung des Vereinsvermögens ist § 89 des Gesetzes mit der Aenderung maßgebend, daß Ueberschüsse, welche sich über den Gesammtbetrag der Guthaben hinaus ergeben, nach Verhältniß der Haftsumme unter die Mitglieder vertheilt werden.

§ 70.

Die Heranziehung der Genossen im Konkurse der Genossenschaft während des Vorschuß- und Nachschußverfahrens erfolgt in der Art, daß die Nachschüsse von den Genossen nach Verhältniß der Haftsumme zu leisten sind.

Formular 3.

Statutenentwurf

für eine

Kreditgenossenschaft als eingetragene Genossenschaft mit unbeschränkter Nachschußpflicht.

Das Statut ist gleichlautend mit dem für Kreditgenossenschaften mit unbeschränkter Haftpflicht, nur daß

1. es in der Firma statt „unbeschränkter Haftpflicht" heißt: „unbeschränkter Nachschußpflicht";
2. § 47 Pos. d lautet:

„Für die Verbindlichkeiten der Genossenschaft dieser solidarisch und mit seinem ganzen Vermögen zu haften."

---

[1]) Vgl. S. 213.
[2]) Vgl. S. 75, 214.

Formular 4.

Protokoll

über die Gründung einer Kreditgenossenschaft.

Verhandelt ..... den .... 18 ..

Die Versammlung wird um 7 Uhr Abends durch Herrn ... eröffnet und von demselben Herr ... zum Schriftführer ernannt.

Es sind 52 Personen anwesend.

Der Vorsitzende erläutert den Zweck der Versammlung, eine Kreditgenossenschaft zu gründen, und vertheilt unter den Anwesenden einen Statutenentwurf, der von der Kommission beschlossen ist, welche zur Ausarbeitung eines Statutenentwurfes in der am .... zu .... abgehaltenen Versammlung eingesetzt ist.

Es schließt sich an die Ausführungen des Vorsitzenden eine längere Debatte, an der sich die Herren .... betheiligen.

Nach Schluß derselben fordert der Vorsitzende diejenigen, welche bereit sind, sich an der Gründung der Kreditgenossenschaft zu betheiligen, auf, zu bleiben und in die Berathung des Statuts einzutreten.

Es wird eine Pause von 10 Minuten gemacht.

Nach Wiedereröffnung der Versammlung sind 45 Personen anwesend. Der Vorsitzende schlägt vor, daß der Entwurf des Statuts zunächst verlesen, dann paragraphenweise durchberathen wird.

Nach Verlesung des dem Protokoll als Anlage beigefügten Statuts stellt Herr .... den Antrag, dasselbe en bloc anzunehmen.

Der Antrag wird einstimmig angenommen und das anliegende Statut von 45 Personen unterschrieben.

Auf Antrag des Vorsitzenden schreiten die 45 Personen, welche das Statut unterschrieben haben, sofort zur Wahl des Aufsichtsrathes.

Nach § .. des Statuts sind 7 Aufsichtsrathsmitglieder in einem Wahlakt zu wählen.

Die Abstimmung ergiebt folgendes Resultat:

Abgegeben sind 45 Stimmzettel, von denen 43 giltig sind, die absolute Mehrheit beträgt daher 22.

Es haben erhalten:

1.	Herr	40
2.	„	38
3.	„	42
4.	„	39
5.	„	37
6.	„	40
7.	„	43
8.	„	17
9.	„	10

Fünf weitere Stimmen haben sich zersplittert.

Gewählt sind demnach die Herren .... (1 bis 7); dieselben erklären sich sämmtlich zur Annahme der Wahl bereit.

Der Vorsitzende vertagt die Versammlung auf ½ Stunde zur Konstituirung des Aufsichtsrathes.

Nach Wiedereröffnung übernimmt Herr . . . als Vorsitzender des Aufsichtsrathes den Vorsitz. Er theilt mit, daß der Aufsichtsrath

zum Direktor den Herrn . . . . vorschlage.

Es wird zur Wahl geschritten.

Es werden 39 giltige Stimmzettel abgegeben, die alle ein „Ja" enthalten.

Herr . . . . ist demnach zum Direktor gewählt und erklärt sich bereit, die Wahl anzunehmen.

(In gleicher Weise erfolgt die Wahl der anderen Vorstandsmitglieder.)

Um 12 Uhr schließt der Vorsitzende die Versammlung.

v. g. u.

Unterschriften

(nach Maßgabe der Bestimmungen des angenommenen Statuts über die Unterzeichnung des Protokolls der Generalversammlung).

Formular 5.

Protokoll einer Generalversammlung des Vorschußvereins zu X. . . ., eingetragene Genossenschaft mit unbeschränkter Haftpflicht.

(§ 37 des Musterstatuts.)

Verhandelt . . . . ., den . . . . 18 . .

Der Vorsitzende des Aufsichtsrathes, Herr W. . . . ., eröffnet die Versammlung um 7¼ Uhr Abends und ernennt den mitunterzeichneten B. . . . zum Schriftführer

Nachdem darauf festgestellt ist, daß die Einladung zur Generalversammlung, dem Statut gemäß, unter Bekanntmachung der Tagesordnung erfolgt, und die betr. Belagsnummer mit dem Inserat in das . . . . . . Blatt (Zeitung) beigebracht ist, daß . . . . Mitglieder erschienen waren, darunter vom Vorstande die Herren . . . . . ., vom Aufsichtsrathe die Herren . . . . . .,[1]) wird zur Tagesordnung geschritten.

I. Gegenstand derselben ist: Rechnungsabschluß für das Geschäftsjahr 1895/1896, Beschlußfassung über die Gewinnvertheilung und Entlastung des Vorstandes über die geführte Verwaltung. Es wird festgestellt, daß der Rechnungsabschluß 8 Tage vor der Versammlung im Geschäfslokal ausgelegen hat. Der Direktor, Herr N. . . ., erstattet den Bericht über die Verwaltung des abgelaufenen Geschäftsjahres, darauf erstattet der stellvertretende Vorsitzende des Aufsichtsrathes, Herr N . . . ., Namens des Aufsichtsrathes, der die Rechnung revidirt und richtig befunden hat, Bericht. Nach dem Rechnungsabschluß, der auch gedruckt an die Mitglieder vertheilt ist, betrug der Kassenumsatz des Jahres vom 1. Oktober 1895

---

[1]) Das Protokoll soll von allen anwesenden Vorstands- und Aufsichtsrathsmitgliedern unterschrieben werden, entfernen sich einige vor Schluß der Generalversammlung, so ist dies am Schluß des Protokolls ausdrücklich zu vermerken.

bis 30. September 1896 in Einnahme .... Mark und Ausgabe .... Mark, der Kassenbestand ..... Mark, die Bilanz schließt in Activis und Passivis ab mit ..... Mark und weist einen Reingewinn nach von ..... Mark, der sich auch aus der Gewinnberechnung ergiebt.

Der Aufsichtsrath beantragt: 15 Prozent des Reingewinns mit .... Mark dem Reservefonds zu überweisen, ... Mark den Fortbildungsschulen für Tischler, Maler und Schlosser und den Rest mit .... Mark als Dividende zu vertheilen, was auf ..... Mark dividendenberechtigtes Gesammt-Guthaben der Mitglieder eine Dividende von ... Prozent ergiebt.

Herr H .... stellt dagegen den Antrag, dem Reservefonds nur 10 Prozent des Reingewinns mit ..... Mark zu überweisen und den Rest von ..... Mark als Dividende zu vertheilen.

Nach kurzer Debatte wird dieser Antrag abgelehnt, und der Antrag des Aufsichtsrathes angenommen.

Hierauf ertheilt auf Antrag des Aufsichtsrathes die Generalversammlung dem Vorstande Decharge.

II. Gegenstand der Tagesordnung ist der Antrag des Vorstandes und Aufsichtsrathes: „In § .. des Statuts die Eingangsworte:

„„Das Geschäftsjahr läuft vom 1. Oktober bis 30. September““ dahin zu ändern: „„Das Geschäftsjahr läuft vom 1. Januar bis 31. Dezember““ und demgemäß das nächste Geschäftsjahr nur aus 3 Monaten bestehen zu lassen und mit dem 31. Dezember 1896 zu schließen.

Da zu Beschlüssen auf Statutenänderung nach § 36 des Statuts die Anwesenheit von mindestens einem Viertheil aller Vereinsmitglieder erforderlich ist, hat der Vorsitzende zunächst durch die Kontrole am Eingang des Saales festgestellt, daß 270 Mitglieder anwesend sind, die Versammlung also (bei einer Gesammtzahl von 602 Mitgliedern) für die vorliegende Frage beschlußfähig ist.

Der Direktor, Herr N. ...., begründet hierauf den Antrag Namens des Vorstandes und Aufsichtsrathes, der nach einigen Debatten mit 201 gegen 69 Stimmen, also mit mehr als der nach § 36 des Statuts zu Statutenänderungen nothwendigen Mehrheit von drei Viertheilen der Anwesenden angenommen wird.

III. Gegenstand der Tagesordnung ist der Bericht über die Revision der Genossenschaft nach Maßgabe des § 61 des Gesetzes.

Der Vorsitzende des Aufsichtsrathes erstattet, nachdem sein Stellvertreter den Vorsitz übernommen hat, den Bericht über die am ...... durch den Verbandsrevisor Herrn W. .... vorgenommene Revision.

Von den Mitgliedern A. ..., B. ..., C. ..., D. ... geht ein Antrag ein, den Bericht des Verbandsrevisors vorzulesen. Der Antrag wird genügend unterstützt. Herr A. ... rechtfertigt den Antrag damit, daß nach dem Revisionsbericht Kreditüberschreitungen bei einem Mitgliede des Aufsichtsrathes vorgekommen seien.

Der Vorsitzende des Aufsichtsrathes erklärt, daß der Verbandsrevisor nur in einem Falle eine ganz geringfügige Kreditüberschreitung festgestellt habe, die inzwischen geordnet sei, er versichert, daß er den wichtigsten Inhalt des Berichts mitgetheilt habe.

Nach längerer Debatte wird der Antrag abgelehnt, dagegen ein inzwischen von den Mitgliedern F. . . ., M. . . . und S. . . . gestellter und genügend unterstützter Antrag mit großer Mehrheit angenommen:

„Die Generalversammlung nimmt Kenntniß von dem durch den Vorsitzenden des Aufsichtsrathes, Herrn W. . . ., erstatteten Bericht über die Revision und ersucht Vorstand und Aufsichtsrath unter allen Umständen Kreditüberschreitungen zu vermeiden und besonders darauf bedacht zu sein, daß die Mitglieder des Aufsichtsrathes nur gegen vollkommene Sicherheit Kredit erhalten."

IV. Gegenstand der Tagesordnung ist die Wahl dreier Aufsichtsrathsmitglieder für die statutenmäßig ausscheidenden Herren E. . . ., F. . . . und G. . . . Es werden 264 giltige Stimmzettel abgegeben. Die absolute Mehrheit ist also 133. Es erhalten im ersten Wahlgang Stimmen: Herr E. . . . 197, Herr F. . . . 165, Herr O. . . . 122, Herr M. . . . 101, Herr S. . . . 67, Herr H. . . . 40. Es sind mithin gewählt die Herren E. . . . und F. . . .; beide erklären, die Wahl anzunehmen.

Dagegen ist für das dritte zu wählende Aufsichtsrathsmitglied eine absolute Mehrheit nicht erzielt, und erfolgt daher gemäß § 15 des Statuts die engere Wahl zwischen den beiden Mitgliedern, welche die meisten Stimmen erhalten haben, den Herren O. . . . und M. . . . Es nehmen an der engeren Wahl durch Abgabe der Stimmzettel theil 199 Mitglieder. Es erhalten Stimmen Herr M. . . . 107, Herr P. . . . 87, 5 Stimmen sind auf andere Kandidaten gefallen, demnach ungiltig, die absolute Mehrheit bei 194 giltigen Stimmen beträgt 98. Herr M. . . . ist gewählt und erklärt, daß er die Wahl annimmt.

V. Gegenstand der Tagesordnung ist die Wahl des Direktors.

Der Aufsichtsrath schlägt Herrn Kassirer O. . . . aus X. . . zum Direktor vor. Der Vorsitzende des Aufsichtsrathes ertheilt über den Kandidaten die nähere Auskunft und daß derselbe für den Fall der Wahl ein Gehalt von 3 600 Mark beanspruche, der Aufsichtsrath findet dasselbe gerechtfertigt. Der Kandidat sei bereit, 6 000 Mark in baar Kaution zu bestellen.

Aus der Versammlung werden verschiedene Anfragen gestellt und von dem Vorsitzenden des Aufsichtsrathes beantwortet.

Das Mitglied, Herr K. . . ., schlägt den Rendanten L. . . . aus Z. . . . zum Direktor vor. Der Vorsitzende des Aufsichtsrathes macht darauf aufmerksam, daß nach § 4 des Statuts die Wahl nur auf Vorschlag des Aufsichtsrathes stattfindet, daß die Generalversammlung daher nur berechtigt sei, den Vorschlag anzunehmen oder abzulehnen, die Mitglieder seien nicht berechtigt, selbstständig Kandidaten aufzustellen.

Es wird zur Wahl geschritten. Abgegeben werden 256 Stimmzettel, davon sind 3 Stimmzettel unbeschrieben, 10 Stimmzettel enthalten einen anderen Namen als den des Kandidaten, und sind mithin 13 Stimmzettel ungiltig. Von 243 giltigen Stimmzetteln bilden 127 Stimmen die absolute Mehrheit.

115 Stimmzettel lauten auf „ja", 12 Stimmzettel auf „nein".

Herr O. . . . aus X. . . . ist somit als Direktor gewählt.

Die Generalversammlung genehmigt hierauf das vereinbarte Gehalt und die Höhe der Kaution.

Der Vorsitzende des Aufsichtsrathes übernimmt wiederum den Vorsitz.

VI. Gegenstand der Tagesordnung ist Bestimmung des Höchstbetrages, welchen sämmtliche die Genossenschaft belastende Anlehen und Spareinlagen zusammen nicht überschreiten dürfen. Der Kassirer Herr R.... stellt Namens des Vorstandes den Antrag: diesen Höchstbetrag auf .... Mark zu bestimmen, und führt zur Begründung des Näheren aus, daß, selbst wenn dieser Höchstbetrag erreicht würde, das Verhältniß des eigenen zum fremden Kapital immer noch sehr günstig sein, nämlich mehr als 50 Prozent, betragen würde, daß aber andererseits eine Steigerung des bisher auf .... Mark festgesetzten Höchstbetrages vorbehalten bleiben müsse, weil in nächster Zeit ein starker Zufluß von Mitgliedern aus dem benachbarten Marktflecken Freudenburg zu erwarten sei, und der Geschäftsverkehr überhaupt durch den Beitritt von wohlhabenden Gewerbetreibenden, besonders kleineren und mittleren Fabrikanten, sich wesentlich gesteigert habe.

Die Versammlung genehmigt den Antrag.

VII. Punkt der Tagesordnung ist die Beschwerde des Schneidermeisters X.... über Nichtannahme des von ihm beigebrachten Bürgen J.... und demzufolge geschehene Abweisung seines Darlehensgesuchs in Höhe von ... Mark Seitens des Vorstandes.

Nach der Befürwortung der Beschwerde durch Herrn X...., unter Hinweis auf die Vermögensumstände des J...., und der Entgegnung des Direktors Herrn N....: „wonach bei Beurtheilung der Annehmbarkeit eines Bürgen die Gesammtheit von dessen Verpflichtungen gegen den Verein, sowohl der für eigene Rechnung aufgenommenen Kredite, als auch der anderweit bereits eingegangenen Bürgschaften in das Auge zu fassen seien, und dieses Verhältniß im vorliegenden Falle die Annahme weiterer Bürgschaften Seitens des Herrn J.... nicht habe angemessen erscheinen lassen", wurde die Beschwerde abgewiesen.

Nach Vorlesung des Protokolls, gegen dessen Richtigkeit von keiner Seite etwas eingewendet wurde, ist die Versammlung Abends 10½ Uhr vom Vorsitzenden geschlossen.

(Unterschriften.)
W...., Vorsitzender.
B...., Schriftführer.

N...., Vereinsdirektor,
R...., Kassirer,
C...., Kontroleur,
} als Vorstandsmitglieder.

D....
E....
F....
M....
Z....
O....
} Aufsichtsrathsmitglieder.

K....
L....
M....
} vom Vorsitzenden zugezogene Vereinsmitglieder.

Formular 6.

Protokoll einer Vorstandssitzung.

(§ 8 des Musterstatuts.)

X., den . . . . . 18 . .

Es wurden in der heutigen regelmäßig stattfindenden Vorstandssitzung folgende Beschlüsse gefaßt:

a) Zahlungsaufforderung wird erlassen an folgende Restanten:

. . . . . .

mit Frist von 3 Tagen unter Klageandrohung.[1]

b) Die Wechsel

1. des Hrn. . . . . . . über 300 Mk., unter Bürgschaft des . . . . ., fällig den . . d. Mts., Nr. . . . der Wechselliste,

2. des . . . .

sind an den Kassirer behufs der Einkassirung resp. Aushändigung nach Zahlung herauszugeben.

c) Der Wechsel (Nr. . . . der Liste) des Hrn. . . . über 750 Mk., fällig den . . . . . ., ist behufs Präsentation, nach Befinden Erhebung des Protestes und Klageanstellung, ebenfalls an den Kassirer herauszugeben.[2]

d) Klagen sind anzustellen wider folgende Restanten:

1. gegen den Tischlermeister X. und Oekonomen N. als Bürgen wegen 400 Mk. und Zinsen aus dem Schuldschein vom . . . . . .,

2. gegen den Schuhmachermeister O. als Hauptschuldner und D. als Bürgen wegen 200 Mk. aus dem eigenen (Sola=) Wechsel vom . . . . . .,

3. . . . .

e) Folgende Darlehnsgesuche:

1. des . . . . . . vom . . . . . . auf 200 Mk.,

2. des . . . .

sind abzuweisen.

f) Da der mitunterzeichnete Kassirer M. von morgen ab auf 3 Tage verreist, so versieht der mitunterzeichnete Kontroleur für diese Zeit seine Stelle, was durch Aushang im Geschäftslokale vom Direktor bekannt gemacht wird. Die Uebergabe der im Gewahrsam des Kassirers befindlichen Kassenbestände erfolgt heute nach Geschäftsschluß, worüber ein besonderes Protokoll aufgenommen wird.

g) In der morgen stattfindenden Sitzung des Aufsichtsrathes ist dessen statutenmäßige Genehmigung zu folgenden Maßregeln einzuholen:

1. Gewährung der in der zu überreichenden Liste bezeichneten acht Darlehnsgesuche;

2. Anschaffung eines eisernen Geldschrankes.

---

[1]) Eine solche an sich zur Klageanstellung nicht erforderliche, sondern zur Schonung der Schuldner eingeführte Erinnerung kann nur bei Forderungen aus Schuldscheinen und solchen eigenen Wechseln stattfinden, bei denen es der Präsentation und Protesterhebung nicht bedarf. Vgl. S. 136.

[2]) Die Nothwendigkeit der Präsentation und des Protestes bei Sicht- und Domizil-, sowie allen Wechseln, bei denen man sich gegen andere Personen, als den Acceptanten bei gezogenen, und die Aussteller bei eigenen Wechseln den wechselmäßigen Regreß sichern will, ist bekannt. Vgl. S. 137.

h) Dem Aufsichtsrathe sind in dessen Sitzung der Kassenabschluß und die Geschäftsübersicht für den verflossenen Monat vorzulegen.

i) Ist die Anberaumung der am Quartalsschluß durch das Statut angeordneten Generalversammlung auf den .... Abends .. Uhr im ..... Lokale, sowie die Aufnahme folgender Punkte in die Tagesordnung in der Aufsichtsrathssitzung zu beantragen:

1. Darlegung des Kassen- und Geschäftsstandes und Anbringung etwaiger Beschwerden über die Verwaltung;
2. die Erhöhung des Gesammtbetrages der von der Genossenschaft aufzunehmenden Anlehen und Spareinlagen bis auf einen Höchstbetrag von ... Mark;
3. die Abänderung der §§ ... des Statuts und Ersetzung derselben durch nachstehende Fassung:
   § ....
   § ....
4. Neuwahl von 3 Aufsichtsrathsmitgliedern an die Stelle der statutenmäßig ausscheidenden
   X. ....
   N. ....
   O. ....
   auf die nächsten 3 Jahre vom .... bis ....

(Unterschriften.)

Formular 7.

Protokoll einer Aufsichtsrathssitzung.

(§ 21 des Musterstatuts.)

N., den .... 18 ..

In der heutigen Aufsichtsrathssitzung hatten sich die
Herren .... vom Aufsichtsrathe
und die Herren .... vom Vorstande
eingefunden, während die Herren ....
unentschuldigt ausgeblieben waren.

Es sind 5 Aufsichtsrathsmitglieder anwesend, der Aufsichtsrath ist also nach § 18 des Statuts beschlußfähig.

a. Der Vorstand legt die dem Protokoll als Anlage beigefügte Liste der Gesuche[1]) um Darlehen und Prolongationen vor.

---

[1]) Formular für eine derartige Liste.

Laufende Nummer	Gesuch	Höhe	Zeit	Abschlagszahlung bei Prolongation	Der Nachsuchenden		
					Name	Stand	Wohnort

Der Aufsichtsrath beschließt nach dem Antrage des Vorstandes die Darlehensgesuche zu 1, 2, 3 . . . zu genehmigen; das Darlehensgesuch zu 7 wird abgelehnt.

b. Nach dem Antrage des Vorstandes wird beschlossen, den Prolongationsanträgen zu 11 und 12 bei . . % Abschlagszahlung stattzugeben; dagegen wird dem Prolongationsantrage zu 16 nicht die Genehmigung ertheilt.

c. Dem Antrage des Vorstandes gemäß wird
Generalversammlung auf den . . . .
anberaumt, und kommen die vom Vorstande angegebenen Punkte
a) . . . .
b) . . . .
c) . . . .
auf die Tagesordnung, und außerdem der von mehr als 50 Genossen unterzeichnete Antrag auf:
„Einführung des Checkverkehrs".

Die Generalversammlung nebst Tagesordnung wird in dem . . . . . Blatte ordnungsmäßig bekannt gemacht werden.

d. Ferner werden folgende Anträge des Vorstandes genehmigt:
1. auf Anschaffung eines eisernen Geldschrankes;
2. . . . . . .

e. Endlich wurde nach Entfernung des Vorstandes beschlossen:
auf morgen Vormittag 9 Uhr eine außerordentliche Revision der Kassenbestände an Geld, Werthpapieren, Wechseln und sonstigen Schulddokumenten, unter Vergleichung der Bücher, vorzunehmen,
mit welchem Geschäfte man
den Vorsitzenden und die beiden Aufsichtsrathsmitglieder
Herrn . . . . . . und
Herrn . . . . . .
betraute.

Die Vorstandsmitglieder werden erst zu der bezeichneten Stunde davon benachrichtigt.

Vor der Unterschrift protestiren die Herren A. . . . und D. . . . gegen Gewährung eines Darlehens von 1200 Mark an den . . . . . . gegen Verpfändung von Aktien der . . . .

(Unterschriften der Aufsichtsrathsmitglieder.)

Sicherstellung	Belastung des Gesuchstellers	Belastungsliste	Belastung des Bürgen	Belastungsliste	Abstimmung des Vorstandes	Abstimmung des Aufsichtsrathes	Bemerkungen

Formular 8.

Protokoll einer gemeinschaftlichen Sitzung des Vorstandes und Aufsichtsrathes.

(§ 27 des Musterstatuts.)

X. . . . ., den . . . . 18 . .

In der heutigen gemeinsamen Sitzung des Vorstandes und Aufsichtsrathes, welche vom Vorsitzenden des letzteren berufen und geleitet wird, hatten sich

a) die Mitglieder des Vorstandes vollständig,

b) von den Mitgliedern des Aufsichtsrathes die 9 Unterzeichneten eingefunden,

indem nur die Herren A. und B. unentschuldigt und Herr D. wegen Krankheit ausgeblieben waren.

Die Beschlußfähigkeit sowohl des Vorstandes wie des Aufsichtsrathes stand sonach fest.

Durch Beschluß des Vorstandes und des Aufsichtsrathes wurden zunächst folgende beim Vorstande angemeldete Personen

1. der . . . .
2. der . . . .

als Mitglieder aufgenommen, wonächst man noch von der Abmeldung des bisherigen Mitgliedes

N. . . . .

Kenntniß nimmt, dessen Ausscheiden mit Ablauf des gegenwärtigen Geschäftsjahres erfolgt.

Sodann erhält folgender Antrag des Vorstandes die Zustimmung der Mehrheit der Aufsichtsrathsmitglieder:

1) die Herabsetzung der Zinsen für Darlehen gegen eigene Wechsel vom 1. . . . . ab auf $4\frac{1}{2}$ Prozent auf das Jahr;
2) die Annahme des Rechtsanwalt H. . . . als Bevollmächtigten der Genossenschaft zur Führung von Prozessen;
3) der Abschluß eines Miethsvertrages mit dem Herrn N. . . . über ein Geschäftslokal in dessen Hause vom . . . ab gegen einen jährlichen Zins von . . . . und halbjährige Kündigung.

Ferner wird die von der dazu ernannten Kommission Herrn Direktor C. und den Herrn Aufsichtsräthen O. und R. entworfene Geschäftsanweisung für den Aufsichtsrath durchberathen und fand die Zustimmung der Mehrheit der Mitglieder des Vorstandes und des Aufsichtsrathes. Ihre Vorlegung zur Genehmigung bei der nächsten Generalversammlung wurde in der gleichen Weise beschlossen.

Das Aufsichtsrathsmitglied O. beantragte, „den Reservefonds aus dem Geschäfte herauszuziehen und in Konsols bei der Deutschen Genossenschafts-Bank von Sörgel, Parrisius & Co. in Berlin zu hinterlegen."

Nach längerer Debatte, an der sich die Herren . . . . betheiligten, findet der Antrag zwar die Mehrheit des Aufsichtsrathes, aber nicht die Mehrheit des Vorstandes und ist damit abgelehnt.

(Unterschriften der Vorstands- und Aufsichtsrathsmitglieder.)

Formular 9.

Anstellungs-Vertrag für Vorstandsmitglieder.

Nachdem Herr N. N. in der Generalversammlung vom . . . . . zum . . . . . . (Bezeichnung des Vorstandsamtes) gewählt ist, wird zwischen dem . . . . . . Verein zu . . . ., eingetragene Genossenschaft mit . . beschränkter Haftpflicht, vertreten durch den Aufsichtsrath, und Herrn N. N. nachstehender Vertrag geschlossen:

§ 1.

Herr N. N. übernimmt in dem . . . . . Verein zu . . . ., eingetragene Genossenschaft mit . . beschränkter Haftpflicht, das Amt eines (Bezeichnung des Vorstandsamtes) für die Zeit[1]) vom . . . . . bis . . . . . und verpflichtet sich, die ihm in dieser Eigenschaft nach dem Genossenschaftsgesetze vom 1. Mai 1889, dem Vereinsstatut und der in Gemäßheit des § . . des Statuts erlassenen Geschäftsordnung obliegenden Arbeiten und Verbindlichkeiten mit der Sorgfalt eines ordentlichen Geschäftsmannes zu erfüllen.

§ 2.

Als Vergütung erhält Herr N. N. . . . Mark festes Gehalt, das postnumerando in . . . . Raten gezahlt wird, und außerdem vom Reingewinn . . % Tantième, die nach der durch die Generalversammlung erfolgten Genehmigung der Bilanz zur Auszahlung kommt.

§ 3.

Die Vertretungskosten in Fällen der Behinderung werden für die Dauer von . . Monaten von der Genossenschaft als Geschäftsunkosten bezahlt. Bei längerer Behinderung hat Herr N. N. die Stellvertretungskosten vom . . . Monate ab im vollen Betrage zu decken.

Im Falle Herr N. N. während der Vertragsperiode stirbt, wird den Erben desselben das Gehalt für den Sterbemonat und zwei darauf folgende Monate gezahlt, jedoch nicht über die Vertragsdauer hinaus.

§ 4.

Herr N. N. hat einen Anspruch auf einen Urlaub von . . . . in jedem Jahre. Zu dem Antritt des Urlaubs ist rechtzeitig die Genehmigung des Aufsichtsrathes einzuholen.

§ 5.

Herr N. N. hat für allen aus seiner Geschäftsführung der Genossenschaft entstehenden Schaden eine Kaution in Höhe von . . . Mark zu stellen, dieselbe wird bestellt in . . . . . . und folgendermaßen in Verwahrung genommen . . . .

Die Herausgabe der Kaution erfolgt erst, wenn Herr N. N. über die ganze Zeit der Geschäftsführung Rechnung gelegt hat und ihm durch die Generalversammlung Entlastung ertheilt ist.

§ 6.[2])

Die Genossenschaft sowie Herr N. N. haben das Recht, diesen Vertrag nach vorhergegangener Kündigung von . . . Monaten aufzuheben. Die

[1]) Wenn die Wahl auf unbestimmte Zeit erfolgt ist, so muß es heißen: auf unbestimmte Zeit.

[2]) Für den Fall, daß die Anstellung auf Kündigung erfolgt ist.

Kündigung für die Genossenschaft erfolgt durch Beschluß der Generalversammlung auf Antrag des Aufsichtsrathes.

§ 7.

Für den Fall, daß Herr N. N. vor Ablauf der Wahlperiode wegen Nichterfüllung der ihm nach dem Genossenschaftsgesetz vom 1. Mai 1889 und dem gegenwärtigen Vertrage obliegenden Verpflichtungen aus seinem Amte entlassen wird, entsagt derselbe allen Entschädigungsansprüchen an die Genossenschaft wegen der ihm in diesem Vertrage zugesicherten Vergütung von dem Zeitpunkt der von der Generalversammlung ausgesprochenen Entlassung. Geht dieser endgiltigen Entlassung eine vorläufige Enthebung von dem Amte durch den Aufsichtsrath voraus, so tritt die Entlassung schon mit dem Tage der letzteren in Kraft.

Das Vorstehende gilt auch, wenn die Entlassung wegen Unfähigkeit zur ordnungsmäßigen Verrichtung der übertragenen Funktionen, wegen Verlustes der Dispositionsfähigkeit oder der bürgerlichen Ehrenrechte erfolgt.

. . . . den . . . . 18 . .

N. N. (Bezeichnung des Vorstandsamtes.) — X. Y., Vorsitzender des Aufsichtsrathes.

Formular 10.

Geschäftsanweisung für den Vorstand.

I. Allgemeine Bestimmungen.

§ 1.

Der Vorstand hat die Geschäfte des Vereins nach den Bestimmungen des Genossenschaftsgesetzes und den Statuten zu führen und dabei nach den Vorschriften dieser Anweisung zu verfahren.

Die Mitglieder des Vorstandes sind der Genossenschaft für Erfüllung dieser Verpflichtungen nach der Bestimmung in § 32 des Genossenschaftsgesetzes verantwortlich.

§ 2.

Die Vorstandsmitglieder haben an allen Wochentagen während der bestimmten Geschäftsstunden von . . Uhr bis . . Uhr in dem Geschäftslokale des Vereins anwesend zu sein und wenn es die Geschäfte erfordern, auch über die Geschäftsstunden hinaus im Geschäftslokale anwesend zu sein.

Nur während der Geschäftsstunden dürfen Gelder angenommen oder ausgezahlt werden.

§ 3.

Die Vorstandsmitglieder haben sich bei Erledigung der Geschäfte gegenseitig nach Bedürfniß zu unterstützen und zu kontroliren.

Bei vorübergehender Behinderung des Kassirers oder Kontroleurs hat der Direktor deren Geschäfte zu versehen, und im Falle der Verhinderung des Direktors hat der Kontroleur letzteren zu vertreten.

§ 4.

Beurlaubungen bis zu drei Tagen ist der Direktor zu ertheilen berechtigt. Zu jeder drei Tage überschreitenden Abwesenheit eines Vorstandsmitgliedes aus dem Geschäft hat dasselbe die Genehmigung des Aufsichtsrathes einzuholen.

Bei einer nach § .. des Statuts erforderlich werdenden Stellvertretung für ein Vorstandsmitglied haben die anderen Mitglieder des Vorstandes dem Aufsichtsrathe von dem die Stellvertretung veranlassenden Umstande sofort Anzeige zu machen.

§ 5.

Der Vorstand hält in jeder Woche am ..... eine ordentliche Sitzung ab, außerdem kann der Direktor außerordentliche Vorstandssitzungen berufen, sobald er dieses für erforderlich hält, und er muß solche berufen, sobald ein Mitglied des Vorstandes es verlangt.

Mit der Einladung zu der außerordentlichen Vorstandssitzung sind die Gegenstände der Berathung bekannt zu geben.

Die Vorstandssitzung leitet der Direktor, die Beschlüsse werden nach Stimmenmehrheit gefaßt und Beschlußfähigkeit ist vorhanden, wenn zwei Vorstandsmitglieder anwesend sind.

Die gefaßten Beschlüsse sind durch den Direktor in ein Protokollbuch einzutragen und von den betheiligten Vorstandsmitgliedern zu unterzeichnen.

Wenn ein Mitglied des Vorstandes mit dem gefaßten Beschlusse nicht einverstanden ist, so hat es das Recht, zu verlangen, daß seine abweichende Meinung in dem Protokolle vermerkt wird.

§ 6.

Soweit die Beschlüsse des Vorstandes nach dem Statut der Genehmigung des Aufsichtsrathes bedürfen, sind die gefaßten Beschlüsse der nächstfolgenden Sitzung des Aufsichtsrathes zur Genehmigung vorzulegen.

§ 7.

Bei Kreditgewährungen ist nach § .. des Statuts zu verfahren.

Die Beschlüsse des Vorstandes über die Ablehnung von Kredit- und Prolongations-Gesuchen sind dem Aufsichtsrathe zur Kenntnißnahme mitzutheilen.

§ 8.

Der Vorstand hat für die Einrichtung einer vollständigen und übersichtlichen Buchführung zu sorgen und sich dabei der doppelten kaufmännischen Buchführung zu bedienen.

§ 9.

Der baare Kassenbestand, die Werthpapiere, Urkunden und Bücher der Genossenschaft sind von dem Kassirer und dem Kontroleur [1]) unter doppeltem Verschlusse zu halten.

---

[1]) Je nach den Verhältnissen der einzelnen Genossenschaft und nach den Bestimmungen des Statuts kann dem Kassirer und dem Direktor anstatt dem Kassirer und dem Kontroleur die Aufbewahrung der Kassenbestände, Werthpapiere ꝛc. übertragen werden, oder wo die Aufbewahrung der Kassenbestände und Werthpapiere von der Aufbewahrung der Kassenbestände, Urkunden und Bücher getrennt wird, kann die Aufbewahrung der Urkunden und Bücher dem Direktor und Kassirer, und die Aufbewahrung der Kassenbestände und Werthpapiere dem Kassirer und Kontroleur übertragen werden.

Die Schlüssel sind in der Art zu vertheilen, daß nur den beiden Vorstandsmitgliedern gemeinschaftlich der Zugang zu der Kasse und sonstigen Behältern möglich ist, und daß durch den Verlust eines Schlüssels keine Störung im Geschäftsbetriebe eintritt.

Baare Kassenbestände von mehr als . . Mk. sind zinsbar anzulegen.

§ 10.

Die Vorstandsmitglieder müssen auf Erfordern den Sitzungen des Aufsichtsrathes, jedoch nur mit berathender Stimme, beiwohnen, und alle Aufschlüsse ertheilen, welche der Aufsichtsrath für nöthig hält.

§ 11.

Der Vorstand hat dem Aufsichtsrathe die in § . . des Statuts vorgeschriebenen Berichte zu erstatten.

§ 12.

Am Schlusse des Geschäftsjahres hat der Vorstand mit dem Aufsichtsrathe behufs Aufstellung der Jahresrechnung und Bilanz eine vollständige Inventur vorzunehmen.

Zu diesem Zwecke sind am letzten Tage des Geschäftsjahres

a) das Kassenbuch abzuschließen und der Sollbestand der Kasse festzustellen, sodann der wirkliche Kassenbestand nach den vorhandenen Geldsorten, Kassenscheinen, Banknoten und Koupons aufzunehmen; ergiebt sich eine Differenz zwischen Soll und Ist, so ist dieselbe sofort zu untersuchen;

b) die vorhandenen Bestände an Wechseln, Schuldscheinen und Werthpapieren durchzusehen, einzeln zu verzeichnen und mit den geführten Listen und Kontrolen zu vergleichen.

Soweit diese Arbeit an demselben Tage nicht zu beenden ist, ist dieselbe an dem nächstfolgenden Tage fortzusetzen, bis dahin aber Alles unter sicheren Verschluß zu nehmen, damit jede Möglichkeit zu Verfügungen, durch welche ein Defekt verdeckt werden könnte, ausgeschlossen ist.

Bei dieser Inventarisation ist jeder einzelne Wechsel nach seiner laufenden Nummer, seinem Betrage, Fälligkeitstage und Schuldner zu verzeichnen und nach seinem wirklichen Werthe zur Zeit der Inventur zu prüfen.

Ebenso wie die Wechsel sind alle übrigen vorhandenen Schulddokumente und Werthpapiere nach ihrem buchmäßigen und ihrem wirklichen Werthe zu untersuchen und einzeln zu verzeichnen.

Alle Werthpapiere sind hierbei höchstens nach dem Börsenkurse am Tage des Abschlusses aufzunehmen.

§ 13.

Zur genauen Feststellung der bei Jahresschluß auf Schuldscheine oder Sparbücher angeliehenen Gelder (Anlehen und Spareinlagen) sind für die Abhebung der Zinsen bestimmte Tage zu bestimmen und die Darlehensgeber und Spareinleger aufzufordern, ihre Urkunden und Sparkassenbücher bei Abhebung der Zinsen vorzulegen.

II. Besondere Bestimmungen.

A. Für den Direktor.

§ 14.

Dem Direktor steht die Leitung der Geschäfte zu, er hat die Geschäftsführung zu überwachen und von Unregelmäßigkeiten in der Geschäftsbehandlung, im Kassenwesen und in der Buchführung dem Aufsichtsrathe sofort Anzeige zu machen.

Der Direktor ist berechtigt, von sämmtlichen Büchern, Listen, Urkunden und Akten der Genossenschaft stets Einsicht zu nehmen und Kassen- und Geschäftsrevisionen zu jeder Zeit vorzunehmen.

§ 15.

Der Direktor ist verpflichtet, in jedem Monat mindestens einmal eine Revision der Kasse und der Geschäftsbücher vorzunehmen.

Diese Revision darf den anderen Vorstandsmitgliedern nicht vorher angemeldet werden.

Ueber die Revision und deren Ergebniß hat der Direktor in der nächsten Vorstandssitzung zu berichten und diesen Bericht in das Protokoll der Vorstandssitzung aufzunehmen.

§ 16.

Der Direktor hat die Vorstandssitzungen zu berufen und zu leiten und die gefaßten Beschlüsse der Zeitfolge nach in das dazu bestimmte Buch einzutragen und für deren Unterzeichnung durch die betheiligten Vorstandsmitglieder zu sorgen.

§ 17.

Der Direktor hat die gerichtlichen Geschäfte wahrzunehmen, die für die Genossenschaft bestimmten Korrespondenzen zu empfangen, zu eröffnen und für deren Erledigung und Beantwortung, sowie für geordnete Aufbewahrung der eingegangenen und der Abschriften der ausgehenden Schriftstücke zu sorgen

§ 18.

Der Direktor hat für die vorschriftsmäßige Ausstellung der Beitrittserklärungen eintretender Genossen, die rechtzeitige Einreichung dieser Beitrittserklärungen, der Aufkündigungen austretender Genossen und der übrigen auf den Eintritt und das Ausscheiden von Genossen sich beziehenden Urkunden, für die Erstattung aller durch das Genossenschaftsgesetz vorgeschriebenen Anmeldungen, Anzeigen und Erklärungen zum Genossenschaftsregister, sowie endlich für die nach dem Gesetz und dem Statut erforderlichen Bekanntmachungen Sorge zu tragen.

§ 19.

Der Direktor hat das nach der Bestimmung in § 30 des Genossenschaftsgesetzes vorgeschriebene Verzeichniß der Genossen zu führen und dasselbe mit der Liste der Genossen in Uebereinstimmung zu halten.

§ 20.

Alle nach den Bestimmungen der §§ .. des Statuts an die Genehmigung des Aufsichtsrathes geknüpften, der gemeinsamen Beschlußfassung von Vorstand und Aufsichtsrath oder der Beschlußfassung der Generalversammlung unterstellten Angelegenheiten hat der Direktor genügend vorzubereiten, zur Berathung und Beschlußfassung vorzulegen und in den Sitzungen des Aufsichtsrathes und der Generalversammlung zu begründen, und die Ausführung der gefaßten Beschlüsse zu bewirken.

§ 21.[1])

Insbesondere hat der Direktor die von dem Vorstande bewilligten und der Genehmigung des Aufsichtsrathes unterstellten Kreditgesuche und Prolongationen der nächstfolgenden Sitzung des Aufsichtsrathes zur Genehmigung zu unterbreiten und alle von dem Vorstande abgelehnten Gesuche um Gewährung von Krediten und Prolongationen dem Aufsichtsrathe zur Kenntnißnahme vorzulegen.

§ 22.

Der Direktor hat dafür zu sorgen, daß die Jahresrechnung bis spätestens Ende des Monats ...... dem Aufsichtsrathe vorgelegt ist. Er hat alljährlich nach Schluß des Geschäftsjahres einen umfassenden Bericht über das abgelaufene Geschäftsjahr, welcher eine vollständige Uebersicht der Einnahmen und Ausgaben der Genossenschaft, Gewinn- und Verlustberechnung und Geschäftsbilanz (§§ ...... des Statuts) sowie geeignete Erläuterungen und Mittheilungen über das Geschäft im Ganzen und in den einzelnen Geschäftszweigen zu enthalten hat, zu verfassen, zum Zwecke der Vertheilung an die Genossen vervielfältigen zu lassen, und in der ordentlichen Generalversammlung nach Schluß des Geschäftsjahres den Verwaltungsbericht zu erstatten.

Der Direktor hat ferner dafür zu sorgen, daß die Bilanz sowie die Jahresrechnung mindestens eine Woche vor der Generalversammlung, welche über die Genehmigung der Bilanz und die Gewinnvertheilung zu beschließen hat, in dem Geschäftslokale der Genossenschaft zur Einsicht der Genossen ausgelegt wird, und daß den Genossen hiervon durch Bekanntmachung in dem für die Bekanntmachungen der Genossenschaft bestimmten Blatte Kenntniß gegeben wird.

§ 23.

Der Direktor hat die Verpflichtung, zu veranlassen, daß der Bestimmung in § 51 des Genossenschaftsgesetzes genügt wird und mindestens in jedem zweiten Jahre die Einrichtungen der Genossenschaft und die Geschäftsführung derselben der Prüfung durch den Verbandsrevisor unterworfen werden.

§ 24.

Der Direktor hat die folgenden Bücher zu führen:

a) . . . .

b) . . . .

und darüber zu wachen,

daß die Kassenbestände, Werthpapiere, Urkunden, Geschäftsbücher und Schriftstücke in vorgeschriebener Weise verwahrt,

andere Schriftstücke, Akten und Bücher in gehöriger Ordnung aufbewahrt, und für die Anschaffung und Unterhaltung der zum Geschäftsbetriebe erforderlichen sonstigen Gegenstände in geeigneter Weise Fürsorge getroffen wird.

[1]) Die Bestimmung des § 21 ist bei Genossenschaften, welche eine von Vorstand und Aufsichtsrath aufgestellte Kreditfähigkeitsliste führen, nicht aufzunehmen.

B. Für den Kassirer.

§ 25.

Der Kassirer ist für das gesammte Kassengeschäft in erster Reihe verantwortlich, ihm liegt die Aufbewahrung und Vertretung der Kassenbestände ob, er hat die Kasseneingänge in Empfang zu nehmen und die Ausgaben zu leisten.

§ 26.

Sämmtliche Einnahmen und Ausgaben hat der Kassirer sofort in das Kassenbuch einzutragen und die den Eintragungen entsprechenden Beläge zu verzeichnen und aufzubewahren.

Von den Einnahmen und Ausgaben ist der Kontroleur durch Vorlegung der zu ertheilenden Quittungen und Zahlungsanweisungen, sowie der Quittungen der Empfänger zum Zwecke gleichzeitiger Eintragung in das Kassenkontrolbuch und Mitunterschrift sofort und ununterbrochen in Kenntniß zu setzen.

§ 27.

Ueber die Einnahmen hat der Kassirer in Gemeinschaft mit dem Kontroleur zu quittiren.

Ausgaben dürfen nur auf schriftliche Anweisung des Vorstandes gemacht werden.

§ 28.

Der Kassirer hat folgende Bücher zu führen:

a) . . . .

b) . . . .

§ 29.

Der Kassirer ist verpflichtet, in Gegenwart des Kontroleurs täglich den Kassenbestand aufzunehmen, denselben nebst Sortenzettel in ein besonderes Kassenabschlußbuch einzutragen; ebenso ist der festgestellte Sollbestand der Kasse einzutragen und die Uebereinstimmung des wirklichen Bestandes mit dem Sollbestande durch den Kassirer und den Kontroleur zu bescheinigen. Nichtübereinstimmung zwischen dem wirklichen Bestande und dem ermittelten Sollbestande ist sofort dem Direktor anzuzeigen und zu buchen.

§ 30.

Der Kassirer hat die nach § . . des Statuts dem Aufsichtsrathe vorzulegenden Berichte aufzustellen, er hat die Jahresrechnung unter Mitwirkung des Kontroleurs anzufertigen und innerhalb zwei Monaten nach dem Jahresschlusse dem Vorstande vorzulegen.

§ 31.

Dem Kassirer liegt ob, die rechtzeitige Präsentation, Einziehung und Protesterhebung fälliger Wechsel zu bewirken und die Beschlußfassung des Vorstandes über die gegen säumige Schuldner zu ergreifenden Maßregeln herbeizuführen.

§ 32.

Der Kassirer hat für die richtige Behandlung aller bei der Genossenschaft ein- und ausgehenden Wechsel, und insbesondere für deren Eintragung in das Wechselkopirbuch und den Wechselverfallkalender zu sorgen.

§ 33.

Der Kassirer hat die nach § . . . des Statuts am Ende des Geschäftsjahres durch den Vorstand und Aufsichtsrath vorzunehmende Inventur der vorhandenen Kassenvorräthe, Schulddokumente und Werthpapiere durch Aufstellung der hierzu erforderlichen Verzeichnisse der vorhandenen Wechsel und Schuldverschreibungen vorzubereiten, sowie die Wechsel, Schuldscheine und die betreffenden Bücher vorzulegen.

§ 34.

Der Kassirer ist verpflichtet, dem Direktor, dem Kontroleur, dem Aufsichtsrathe, dessen Vorsitzenden und dem vom Aufsichtsrathe bestellten Revisor jederzeit die Einsicht der von ihm geführten Bücher und aller in seiner Verwahrung und Verwaltung befindlichen Urkunden und Akten zu gestatten und die Baarbestände vorzulegen.

§ 35.

Der Kassirer hat in Gemeinschaft mit dem Kontroleur für die ordnungsmäßige Verwahrung aller im Besitze des Vereins befindlichen Baarbestände, Werthpapiere, der eigenen sowohl, als der dem Vereine für Kreditgewährungen verpfändeten, zu sorgen und die hierzu erforderlichen Bücher zu führen; in gleicher Weise liegt dem Kassirer in Gemeinschaft mit dem Kontroleur die Beobachtung der Verloosungen, Kündigungen und Konvertirungen, Einziehung verlooster und gekündigter, Umtausch konvertirter Papiere und Erhebung neuer Kouponsbogen ob.

C. Für den Kontroleur.

§ 36.

Der Kontroleur hat eine genaue Kontrole der Geschäftsführung des Kassirers auszuüben. Er hat die Ein- und Ausgänge der Kasse auf Grund eigener Wahrnehmung sofort in das Kassenkontrolbuch einzutragen. Er hat am Schlusse jedes Tages sein Kontrolbuch mit dem Kassenbuche des Kassirers zu vergleichen, mit dem Kassirer den wirklichen Bestand der Kasse festzustellen und den Sollbestand der Kasse zu ermitteln und die Uebereinstimmung des Sollbestandes mit dem wirklichen Bestand der Kasse mit dem Kassirer in dem dazu bestimmten Buche zu bescheinigen; im Falle der Nichtübereinstimmung des Sollbestandes der Kasse mit dem wirklichen Bestande aber dem Direktor alsbald Anzeige zu erstatten.

§ 37.

Der Kontroleur ist verpflichtet, in Gemeinschaft mit dem Kassirer den Kassenbestand, die Wechsel, die Werthpapiere und Urkunden unter doppeltem Verschlusse zu halten.

§ 38.

Der Kontroleur hat alle Quittungen des Vereins mit zu unterzeichnen und ist verpflichtet, bei Aufstellung der Jahresrechnung mitzuwirken.

§ 39.

Der Kontroleur hat über die zum Geschäftsbetriebe verwendeten Gegenstände und die Bibliothek ein genaues Verzeichniß aufzunehmen und zu führen und für die Ordnung, die Aufbewahrung und die Unterhaltung dieser Gegenstände zu sorgen.

§ 40.

Der Kontroleur hat das Protokoll in den Vorstandssitzungen zu führen.

§ 41.

Die Einsicht der von dem Kontroleur geführten Bücher und Listen, sowie der in seinen Händen befindlichen Urkunden, Schriftstücke und Akten steht dem Direktor sowie dem Kassirer auf Verlangen jederzeit zu.

§ 42.

Der Kontroleur hat die folgenden Bücher zu führen:

a) . . . .

b) . . . .

Formular 11.

Geschäftsanweisung für den Aufsichtsrath.

§ 1.

Nach den Bestimmungen des Gesetzes und den Vorschriften des Statuts ist die Ueberwachung der Geschäftsführung der Genossenschaft in allen Theilen der Verwaltung das Recht und die vornehmste Pflicht des Aufsichtsrathes.

Um dieser Pflicht zu genügen, muß der Aufsichtsrath sich fortwährend über die Verwaltung der Angelegenheiten der Genossenschaft unterrichten und zu diesem Zwecke hat derselbe Berichte von dem Vorstande zu fordern, von den Büchern und Schriften der Genossenschaft Einsicht zu nehmen, den Bestand der Kasse und die Bestände an Effekten, Werthpapieren und sonstigen Gegenständen zu untersuchen, die von dem Vorstande erstatteten Berichte, Geschäftsabschlüsse und insbesondere die Jahresrechnung nebst Bilanz und Gewinnberechnung sorgsam zu prüfen und darüber der Generalversammlung Bericht zu erstatten.

Der Aufsichtsrath hat eine Generalversammlung zu berufen, wenn es das Interesse der Genossenschaft fordert.

§ 2.

Der Aufsichtsrath überträgt in jedem Jahre nach erfolgter Neuwahl einem seiner Mitglieder den Vorsitz, einem anderen das Schriftführeramt, und ernennt für beide Stellvertreter.

Die Beschlüsse des Aufsichtsrathes werden durch einfache Stimmenmehrheit der in der Sitzung anwesenden Mitglieder gefaßt.

Bei Stimmengleichheit gilt der Antrag als abgelehnt, nur bei Wahlen entscheidet in diesem Falle das Loos.

Der Aufsichtsrath ist beschlußfähig, wenn die Mehrheit der Mitglieder anwesend ist.

§ 3.

Der Aufsichtsrath hält zur Erledigung der ihm obliegenden Geschäfte an jedem . . . . in dem Geschäftslokale der Genossenschaft eine Sitzung ab

§ 4.

Zu außerordentlicher Sitzung hat der Vorsitzende des Aufsichtsrathes einzuladen, so oft er dieses für erforderlich hält, oder wenn der Vorstand oder der dritte Theil der Aufsichtsrathsmitglieder unter schriftlicher Angabe der Berathungsgegenstände die Berufung einer außerordentlichen Sitzung verlangen.

Mit der Einladung zu einer außerordentlichen Sitzung sind die Gegenstände der Verhandlung mitzutheilen.

§ 5.

In die Protokolle sind die gefaßten Beschlüsse aufzunehmen.

Die Protokolle sind von den anwesenden Mitgliedern des Aufsichtsrathes zu unterzeichnen.

§ 6.

Mitglieder des Aufsichtsrathes, welche bei Gegenständen der Tagesordnung betheiligt sind, müssen während der Verhandlung über diese Gegenstände das Sitzungslokal verlassen.

§ 7.

Die Monats- und Vierteljahrsabschlüsse, sowie die Jahresrechnung und Bilanz sind von dem Aufsichtsrathe sorgfältig zu prüfen.

Der Aufsichtsrath hat zu diesem Zwecke regelmäßig am Schlusse jeden Monats oder Vierteljahrs eine Kassen- und Geschäftsrevision vorzunehmen und außerdem nach Bedürfniß außerordentliche und unvermuthete Revisionen, mindestens jedoch zweimal im Jahre, eintreten zu lassen.

Bei den Revisionen ist stets die Kasse zu stürzen.

Dabei sind die Baarbestände an Gold, Silber, Papier und Koupons aufzunehmen und der darnach sich ergebende Istbestand ist mit dem nach den Büchern festgestellten Sollbestand zu vergleichen.

Bei den vorzunehmenden Revisionen hat der Aufsichtsrath sich zu überzeugen, daß die sämmtlichen Geschäftsbücher ordnungsmäßig geführt sind. Er hat die Kopirbücher durchzusehen, um von der Korrespondenz Kenntniß zu nehmen und festzustellen, ob die Einzahlungen auf Geschäftsantheil regelmäßig erfolgen.

Bei jeder Revision ist zu untersuchen, daß bei den Kreditgewährungen die gezogenen Grenzen nicht überschritten sind, daß die Mitglieder des Vorstandes die ihnen durch Statut und Geschäftsanweisung besonders zugewiesenen Obliegenheiten gewissenhaft erfüllen, und daß die Vorschriften des Genossenschaftsgesetzes und die Bestimmungen der Statuten überall befolgt werden.

§ 8.

In Betreff des Vorschuß-Wechsels und Lombard-Kontos ist bei der Revision festzustellen, ob alle Vorschüsse und Wechseldiskontirungen statutenmäßig bewilligt sind, ob die ausgestellten Wechsel vorhanden, die bestellten Sicherheiten sich im Besitze des Vereins befinden und die Beleihungsgrenzen nicht überschritten sind.

Bei den gewöhnlichen Revisionen sind Stichproben (etwa der zehnte Theil) zu machen, am Jahresschluß findet eine vollständige Inventuraufnahme statt (§ 12 der Anweisung).

§ 9.

Bei dem Kontokorrent-Konto ist besonders zu untersuchen, ob die bewilligten Kreditsummen überall eingehalten sind, und ob der von den Kontokorrent-Inhabern eingehaltene Umschlag mit dem in Anspruch genommenen Kredit in dem richtigen Verhältnisse ist.

Wenigstens zweimal im Jahre ist die Kreditfähigkeit aller Kontokorrent-Inhaber sowie der etwaigen Bürgen genau zu prüfen und in jedem Halbjahr ist festzustellen, daß die Anerkenntnisse der sämmtlichen Kontokorrent-Inhaber über die Richtigkeit der ihnen zugestellten Rechnungsabschlüsse eingegangen sind. Die für die bewilligten Kredite verpfändeten Objekte sind zu verzeichnen und es ist festzustellen, daß alle in den Verpfändungsurkunden verzeichneten Werthpapiere in dem Gewahrsam des Vereins sich befinden, und daß dieselben ausreichende Sicherheit für die darauf bewilligten Kredite gewähren.

§ 10.

Die Effektenbestände des Vereins sind monatlich zu revidiren und zu inventarisiren.

§ 11.

Bei allen vom Aufsichtsrath vorzunehmenden Revisionen darf eine Untersuchung der sog. schwebenden Verbindlichkeiten aus Wechsel-Indossamenten (Giroverbindlichkeiten) nicht unterlassen werden.

§ 12.

Am Schlusse des Geschäftsjahres hat der Aufsichtsrath mit dem Vorstande behufs Aufstellung der Jahresrechnung und Bilanz eine vollständige Inventur vorzunehmen.

Zu diesem Zwecke sind am letzten Tage des Geschäftsjahres

a) das Kassenbuch abzuschließen und der Sollbestand der Kasse festzustellen, sodann der wirkliche Kassenbestand nach den vorhandenen Geldsorten, Kassenscheinen, Banknoten und Koupons aufzunehmen;
b) die vorhandenen Bestände an Wechseln, Schuldscheinen und Werthpapieren durchzusehen, einzeln zu verzeichnen und mit den geführten Listen und Kontrolen zu vergleichen.

Soweit diese Arbeit an demselben Tage nicht zu beenden ist, ist dieselbe an dem nächstfolgenden Tage fortzusetzen, bis dahin aber Alles unter sicheren Verschluß zu nehmen, damit jede Möglichkeit zu Verfügungen, durch welche ein Defekt verdeckt werden könnte, ausgeschlossen ist.

Bei dieser Inventarisation ist jeder einzelne Wechsel nach seiner laufenden Nummer, seinem Betrage, Fälligkeitstage und Schuldner zu verzeichnen und nach seinem wirklichen Werthe zu prüfen.

Ebenso wie die Wechsel sind alle übrigen vorhandenen Schulddokumente und Werthpapiere nach ihrem rechnungsmäßigen und wirklichen Werthe zu untersuchen und einzeln zu verzeichnen.

Alle Werthpapiere sind hierbei höchstens nach dem Börsenkurse am Tage des Abschlusses aufzunehmen.

§ 13.

Zur genauen Feststellung der bei Jahresschluß auf Schuldscheine oder Sparbücher angeliehenen Gelder (Anlehen und Spareinlagen) erfolgt die Abhebung von Zinsen für die fremden Gelder an vorher bekannt zu machenden

Tagen unter Aufforderung an die Darlehensgeber und Spareinleger, ihre Schuldurkunden und Sparkassenbücher bei der Abhebung der Zinsen vorzulegen.

Die in Folge dieser Aufforderung vorgelegten Urkunden sind von einzelnen von dem Aufsichtsrath hierzu bestellten Mitgliedern des Aufsichtsrathes zu prüfen und mit den Büchern zu vergleichen.

Etwaige bei Jahresschluß auf den Verein laufende Accepte, welche selbstverständlich als Passiven in der Bilanz erscheinen müssen, sind ebenfalls nach ihrer Einlösung dem Aufsichtsrathe zur Vergleichung mit den Büchern vorzulegen.

§ 14.

Sobald die Jahresrechnung und Bilanz von dem Vorstande aufgestellt ist, sind die in dieselben eingestellten Abschlußsummen der einzelnen Konten mit den Inventurlisten zu vergleichen und darnach die Richtigkeit der Bilanz festzustellen und zu bescheinigen.

§ 15.

An der Inventur am Jahresschluß nehmen sämmtliche Aufsichtsrathsmitglieder Theil, indem für die verschiedenen Geschäftszweige Kommissionen von je 2 oder 3 Mitgliedern gebildet werden, die für die sorgfältige Erledigung der ihnen überwiesenen Arbeiten verantwortlich sind.

Für die sonstigen ordentlichen und außerordentlichen Revisionen ernennt der Aufsichtsrath aus sich Revisionskommissionen von 2 oder 3 Mitgliedern in der Weise, daß möglichst alle Mitglieder des Aufsichtsrathes im Laufe des Jahres zu den Revisionen herangezogen werden.

Auch zur fortlaufenden Ueberwachung einzelner Geschäftszweige kann der Aufsichtsrath besondere Revisionskommissionen aus sich bilden.

Die Revisionskommission fungirt als Organ des Aufsichtsrathes und ist verantwortlich für die sorgfältige Ausführung der Revision.

Der Aufsichtsrath ist befugt, einen Rechnungsverständigen, welcher nicht Mitglied des Vereins zu sein braucht, zur Besorgung der kalkulatorischen Revisionsarbeiten bei Revision der Jahresrechnung, sowie bei den sonstigen im Laufe des Jahres erfolgenden Revisionen hinzuzuziehen und dessen Honorar festzusetzen.

§ 16.

Ueber alle vorgenommenen Revisionen sind Protokolle aufzunehmen, aus welchen der Umfang der vorgenommenen Revisionshandlungen, die dabei betheiligten Personen und die Arbeiten, welche dieselben im einzelnen ausgeführt haben, sowie das Ergebniß der Revision genau ersichtlich sind.

Das Protokoll ist der nächsten Aufsichtsrathssitzung vorzulegen und, sobald es Monita enthält, dem Vorstande zur baldigen Erledigung derselben zu überweisen. Bleiben einzelne Monita unerledigt, so hat der Aufsichtsrath der Generalversammlung darüber Bericht zu erstatten.

§ 17.

Nach der Bestimmung in § 61 des Genossenschaftsgesetzes ist der Aufsichtsrath zu den Revisionen des Revisors zuzuziehen.

In jedem Falle einer ordentlichen Revision durch den Verbandsrevisor hat deshalb der Aufsichtsrath darüber zu beschließen, wie viele und welche Mitglieder des Aufsichtsrathes bei der Revision mitzuwirken haben.

Der Vorsitzende des Aufsichtsrathes oder dessen Stellvertreter müssen bei der Revision durch den Verbandsrevisor stets anwesend und betheiligt sein.

§ 18.

Die gemeinschaftlichen Sitzungen des Vorstandes und Aufsichtsrathes finden in der Regel unmittelbar nach den ordentlichen Sitzungen des Aufsichtsrathes statt; der Vorsitzende des Aufsichtsrathes aber kann außerdem gemeinschaftliche Sitzungen von Vorstand und Aufsichtsrath berufen, wenn er dieses für erforderlich hält, und er muß solche berufen, wenn der Vorstand oder drei Mitglieder des Aufsichtsrathes unter schriftlicher Angabe der Berathungsgegenstände es verlangen.

In den gemeinschaftlichen Sitzungen von Vorstand und Aufsichtsrath führt der Vorsitzende des Aufsichtsrathes oder dessen Stellvertreter den Vorsitz. Der Vorsitzende ernennt den Schriftführer.

Die Beschlüsse werden nach einfacher Stimmenmehrheit der Anwesenden gefaßt.

Die Mitglieder des Vorstandes und die Mitglieder des Aufsichtsrathes sind stimmberechtigt.

Zur Beschlußfähigkeit ist die Anwesenheit der Mehrheit der Mitglieder des Vorstandes und der Mitglieder des Aufsichtsrathes erforderlich.

In die Protokolle sind die gefaßten Beschlüsse aufzunehmen, und die Protokolle sind von den anwesenden Mitgliedern des Vorstandes und des Aufsichtsrathes zu unterzeichnen.

§ 19.

Die Verträge mit den Mitgliedern des Vorstandes hat der Vorsitzende des Aufsichtsrathes nach den Beschlüssen des Aufsichtsrathes und in dessen Namen abzuschließen.

§ 20.

Ueber die Haftbarkeit der Mitglieder des Aufsichtsrathes der Genossenschaft gegenüber wegen entstandenen Schadens bestimmt der § 39 des Genossenschaftsgesetzes Folgendes:

Die Mitglieder des Aufsichtsrathes haben die Sorgfalt eines ordentlichen Geschäftsmannes anzuwenden.

Mitglieder, welche ihre Obliegenheiten verletzen, haften der Genossenschaft persönlich und solidarisch für den dadurch entstandenen Schaden.

Insbesondere sind sie in den Fällen des § 32 Absatz 3 zum Ersatze der Zahlung verpflichtet, wenn diese mit ihrem Wissen und ohne ihr Einschreiten erfolgt ist.

Die Ansprüche auf Grund der vorstehenden Bestimmungen verjähren in fünf Jahren.

§ 21.

Die Mitglieder des Aufsichtsrathes können nach der Bestimmung in § 36 des Genossenschaftsgesetzes die Ausübung ihrer Befugnisse und Obliegenheiten nicht anderen Personen übertragen.

§ 22.

Die Aufsichtsrathsmitglieder sind Dritten gegenüber zur Verschwiegenheit über die persönlichen Verhältnisse der Darlehenssucher verpflichtet.

Formular 12.

Beitrittserklärung.

Die Beitrittserklärung zu einer Genossenschaft mit unbeschränkter Haftpflicht hätte nach § 113 d. Ges. zu lauten:

Ich erkläre hierdurch meinen Beitritt zu dem unter der Firma Vorschußverein zu X. eingetragene Genossenschaft mit unbeschränkter Haftpflicht bestehenden Vorschußverein, dessen einzelne Genossen für die Verbindlichkeiten der Genossenschaft dieser sowie den Gläubigern derselben nach Maßgabe des Gesetzes mit ihrem ganzen Vermögen haften.

X., den ......

N. N. (Angabe des Standes und des Wohnortes.)

Die Beitrittserklärung für eine Genossenschaft mit unbeschränkter Nachschußpflicht nach § 121:

Ich erkläre hierdurch meinen Beitritt zu dem unter der Firma Vorschußverein zu X. eingetragene Genossenschaft mit unbeschränkter Nachschußpflicht bestehenden Vorschußverein, dessen einzelne Genossen mit ihrem ganzen Vermögen verpflichtet sind, der Genossenschaft die zur Befriedigung der Gläubiger derselben erforderlichen Nachschüsse nach Maßgabe des Gesetzes zu leisten.

X., den ......

N. N. (Angabe des Standes und des Wohnortes.)

Die Beitrittserklärung für eine Genossenschaft mit beschränkter Haftpflicht:

Ich erkläre hierdurch meinen Beitritt zu dem unter der Firma Vorschußverein zu X. eingetragene Genossenschaft mit beschränkter Haftpflicht bestehenden Vorschußverein.

X., den .....

N. N. (Angabe des Standes und des Wohnortes.)

Erklärung über Betheiligung mit einem weiteren Geschäftsantheil:

Ich erkläre, daß ich mich auf einen zweiten (oder dritten u. s. w.) Geschäftsantheil bei der Kreditgenossenschaft zu X. eingetragene Genossenschaft mit beschränkter Haftpflicht betheiligen will.

X., den .....

(Unterschrift des Mitgliedes.)

Formular 13.

Kündigung.

Ich kündige hiermit meine Mitgliedschaft bei dem (Firma der Genossenschaft).

Ort, Datum. Unterschrift.

(Vor- und Zuname, Stand unter Angabe des Standes bei Erwerb der Mitgliedschaft, falls Aenderung eingetreten ist.)

Formular 14.

Formular für die Uebertragung des Geschäftsguthabens.

Der Schneidermeister M. zu X. überträgt hiermit sein Geschäftsguthaben unter Anwendung des § 74 des Genossenschaftsgesetzes vom 1. Mai 1889 bei (Firma der Genossenschaft) im Betrage von . . . Mark an das Mitglied N. zu Y. derselben Genossenschaft, welcher die Uebertragung annimmt.

Unterschrift beider Mitglieder.
Ort, Datum.

Wenn der Erwerber nicht Mitglied ist, fallen die Worte „an das Mitglied" fort und der Erwerber hat die Beitrittserklärung auszustellen.

Im ersten Falle hat der Vorstand bei Einreichung an das Gericht zur Eintragung noch zu erklären:

Wir versichern, daß das Geschäftsguthaben des Herrn N. in Y. mit dem ihm nach der Uebereinkunft mit Herrn M. zu X. zuzuschreibenden Betrag den Geschäftsantheil — oder bei Genossenschaften mit beschränkter Haftpflicht und Zulassung des Erwerbs mehrerer Geschäftsantheile: „die der höchsten Zahl der Geschäftsantheile entsprechende Gesammtsumme" — nicht übersteigt.

Ort, Datum. Firma der Genossenschaft.
Unterschriften.

Formular 15.

Sparordnung [1])

des Vorschußvereins zu . . . . . . eingetragene Genossenschaft mit . . . . Haftpflicht.

Nach Maßgabe der nachstehenden Bedingungen werden Spareinlagen von Mitgliedern und Nichtmitgliedern bei dem Vorschußverein zu . . . . . eingetragene Genossenschaft mit . . . . Haftpflicht angenommen, verzinst und zurückbezahlt.

§ 1.

Für die Spareinlagen und Zinsen haftet die Genossenschaft mit ihrem ganzen Vermögen und ihre Mitglieder nach den Bestimmungen des Genossenschaftsgesetzes.

§ 2.

Jede Spareinlage muß mindestens . . . Mark betragen.

Einzahlungen in einem Posten werden nur bis zum Höchstbetrage von . . . . Mark angenommen. Das durch Einzahlungen und Zuschrift von Zinsen angesammelte Guthaben eines Sparers darf die Summe von . . . Mark nicht übersteigen.

[1]) Muster zu Sparkassenbüchern, welche die Bescheinigungen der Genossenschaft über Einzahlungen und Rückzahlungen enthalten, sind durch das Bureau des Allgemeinen Verbandes der deutschen Erwerbs- und Wirthschaftsgenossenschaften in Berlin zu erhalten.

Sobald diese Summe erreicht ist, werden weitere Einzahlungen nicht mehr angenommen.

Eine Verzinsung des diese Summe übersteigenden Guthabens findet nicht statt.

§ 3.

Die Spareinlagen werden, soweit sie volle Mark betragen, mit . . . . vom Hundert jährlich verzinst.

Die Verzinsung beginnt mit . . . . . . und endet mit . . . . .

Die Zinsen werden — abgesehen von dem Falle der gänzlichen Rückzahlung der Spareinlagen — alljährlich berechnet, soweit sie vom Sparer nicht erhoben werden, dem Kapital zugeschlagen und mit diesem vom Beginn des neuen Geschäftsjahres an verzinst.

Aenderungen des Zinsfußes sowie dieser Sparordnung sind für jeden Sparer verbindlich, sobald sie mindestens einen Monat vor dem Zeitpunkte, von welchem an sie eintreten sollen, in den statutenmäßig für die Veröffentlichungen der Genossenschaft bestimmten Blättern bekannt gemacht sind.

§ 4.

Spareinlagen werden auf Verlangen der Sparer in der Regel nach Ablauf einer Kündigungsfrist zurückbezahlt, die für Beträge von . . . bis . . . Mark eine Woche, von . . . bis . . . Mark einen Monat, für höhere Beträge drei Monate umfaßt.

Die erfolgte Kündigung ist im Sparbuche zu vermerken.

Der Vorstand ist befugt, innerhalb der vom Aufsichtsrathe genehmigten Grenzen nach Lage der Verhältnisse Rückzahlungen ohne Kündigung oder mit abgekürzten Kündigungsfristen zu leisten.

§ 5.

Die Genossenschaft hat das Recht, ihrerseits Spareinlagen mit Frist von einem Monate zur Rückzahlung zu kündigen.

Diese Kündigung kann durch zweimalige Bekanntmachung in den statutenmäßig für die Veröffentlichungen der Genossenschaft bestimmten Blättern erfolgen.

Mit Ablauf der Kündigungsfrist hört die Verzinsung des gekündigten Kapitals auf.

§ 6.

Einzahlungen für die Sparkasse und Auszahlungen aus der Sparkasse erfolgen im Geschäftslokale der Genossenschaft außer an Sonn- und Feiertagen jederzeit in den Stunden von . . bis . . Uhr Vormittags und von . . bis . . Uhr Nachmittags.

§ 7.

Jeder Sparer erhält ein mit dem Vereinsstempel versehenes, auf seinen Namen ausgefertigtes Sparbuch sowie diese Sparordnung, deren Bestimmungen er dadurch als für sich verbindlich anerkennt.

In dieses Sparbuch ist jede Einzahlung und jede Auszahlung von dem Vorstande oder von den dazu bestimmten Beamten, deren Namen durch Aushang im Geschäftslokale bekannt zu machen sind, unter Angabe des Datums einzutragen.

§ 8.

Auszahlungen von Sparguthaben werden nur gegen Vorlage des Sparbuches geleistet; sie können an jeden Vorzeiger des Sparbuches geleistet werden, so lange nicht von dem Sparer, dessen Vertreter oder Rechtsnachfolger gegen diese Auszahlung bei dem Vorstande der Genossenschaft schriftlich Einsprache erhoben ist. Solche Einsprache ist in den Büchern der Genossenschaft zu vermerken.

Die Genossenschaft hat jedoch in jedem Falle das Recht, die Legitimation des Vorzeigers des Sparbuches zu prüfen, und ist dazu verpflichtet, wenn gegen die Auszahlung Einsprache erhoben ist.

Jeder Sparer hat deshalb in seinem eigenen Interesse sein Sparbuch sorgfältig zu verwahren und einen vorkommenden Verlust des Buches dem Vorstande der Genossenschaft sofort anzuzeigen.

§ 9.

Die Uebertragung der durch das Buch bekundeten Forderung an einen Dritten muß der Genossenschaft angezeigt und von dieser auf dem Sparbuche und in den Büchern der Genossenschaft vermerkt werden.

Sparbücher, die vollständig ausgezahlt sind, bleiben in Verwahrung der Genossenschaft.

§ 10.

Wird dem Vorstande der Verlust oder die gänzliche Vernichtung eines Sparbuches in glaubhafter Weise nachgewiesen, so kann er ein neues Sparbuch an Stelle des verloren gegangenen ausfertigen. Um diesen Nachweis zu erbringen, kann auf Antrag und Kosten des Sparers ein freiwilliges Aufgebotverfahren herbeigeführt werden.

§ 11.

Wenn auf ein Sparbuch während 25 Jahren weder Einzahlungen noch Auszahlungen geleistet sind, hört die Verzinsung auf und wird das Guthaben gekündigt. Erfolgt die Erhebung nicht, so kann nach Ablauf der gesetzlichen Verjährungsfrist das Guthaben für den Reservefonds der Genossenschaft eingezogen werden.

§ 12.

Nach Schluß eines jeden Geschäftsjahres wird eine tabellarische Zusammenstellung aller Spareinlagen mit Angabe der Nummer und des Guthabens jedes einzelnen Sparkontos im Geschäftslokale zur Einsicht ausgelegt und dies in den statutenmäßig vorgeschriebenen Blättern angezeigt.

Formular 16.

Bedingungen für den Depositenverkehr.

Die (Firma der Genossenschaft) nimmt Depositen unter folgenden Bedingungen an:

§ 1.

Der kleinste Betrag der ersten Einzahlung ist . . . Mark. Weitere Einzahlungen dürfen nicht weniger als . . . Mark betragen.

§ 2.

Bei Rückzahlung bedarf es im Falle des Mangels anderweitiger besonderer Vereinbarung:

a) bei Beträgen bis incl. . . . Mark in der Regel keiner vorherigen Anzeige;
b) bei Summen von . . . Mark bis einschließlich . . . Mark einer vorherigen eintägigen und
c) bei Summen über . . . Mark einer vorherigen dreitägigen Kündigung Seitens des Einlegers. Die Kündigung ist in dem vorzulegenden Gegenbuch zu vermerken.

§ 3.

Ueber Ein- und Auszahlungen wird als Gegenbuch ein Rechnungs-Auszug[1]) ausgestellt, in dem jede Einzahlung und Abhebung eingetragen und vom Vorstande oder den dazu bestimmten Beamten bescheinigt wird. Jeder, der das Buch vorzeigt, wird zur Empfangnahme von Rückzahlungen als legitimirt angesehen. Die Genossenschaft hat jedoch in jedem Falle das Recht, die Legitimation des Vorzeigers zu prüfen und ist dazu verpflichtet, wenn gegen die Auszahlung Einsprache erhoben ist.

Jeder Deponent hat deshalb in seinem eigenen Interesse das Gegenbuch sorgfältig zu verwahren und einen vorkommenden Verlust dem Vorstande sofort anzuzeigen.

Ueber die Rückzahlung hat der Empfänger Quittung zu leisten.

§ 4.

Die (Firma der Genossenschaft) behält sich das Recht vor, Einlagen mit . . . tägiger Frist zu kündigen.

§ 5.

Die Verzinsung erfolgt von dem auf die Einzahlungen folgenden Tage bis zu dem Tage vor der Abhebung.

Die Höhe der Zinsen bestimmt der Vorstand, bis auf Weiteres werden . . % Zinsen vergütet.

Sinkt die Einlage unter . . . Mark, so hört die Verzinsung auf. Die Zinsen werden nur für jede volle 10 Mark vergütet und werden nach Schluß des Geschäftsjahres oder nach Aufhebung des Depositenverkehrs ausgezahlt.

§ 6.

Wird dem Vorstand der Verlust des Auszugs aus dem Depositen-Konto glaubhaft nachgewiesen, so stellt er einen neuen Auszug an Stelle des verloren gegangenen aus.

§ 7.

Aenderungen dieser Bedingungen, insbesondere des Zinsfußes, sowie die Kündigungen des Genossenschaft (§ 4), werden durch . . . . bekannt gemacht und gelten für alle Deponenten.

---

1) Das Titelblatt hätte zu lauten:

№ . . .
Rechnungs-Auszug
aus dem
Depositen-Konto
der
. . . . (Firma der Genossenschaft)
für
(Name des Deponenten).

Auf die Innen-Blätter kommen folgende Kolonnen:
Datum, Zugang, Abgang, Bestand, Kündigung, Quittung des Vorstandes.

Formular 17.

Bedingungen für laufende Rechnung ohne Kredit.

Die (Firma der Genossenschaft) führt denjenigen Mitgliedern und Nichtmitgliedern, welche hiervon Gebrauch machen wollen, laufende Rechnung unter folgenden Bedingungen:

§ 1.

Wenn laufende Rechnung geführt werden soll, ohne daß Kredit in Anspruch genommen wird, so ist dies dem Vorstand anzumelden und gleichzeitig ein Beitrag von nicht weniger als ... Mark auf das Konto einzuzahlen.

§ 2.

Dieses Guthaben, welches durch Nachzahlungen in beliebigen Beträgen, jedoch nicht unter ... Mark, erhöht werden kann, steht zur Verfügung des Kontokorrent-Inhabers mit der Maßgabe, daß die Genossenschaft berechtigt ist, zu verlangen, daß Bezüge von ... bis ... mindestens einen Tag und von mehr als ... Mark mindestens drei Tage vorher angemeldet werden.

Die Anwendung dieser Einschränkung, von welcher in der Regel kein Gebrauch gemacht wird, ist dem Ermessen des Vorstandes überlassen.

Das Guthaben darf in Beträgen von nicht weniger als ... Mark zurückgezogen werden.

§ 3.

Die Konto-Inhaber können die Zahlungen der Genossenschaft auf ihre laufenden Rechnungen durch nach Sicht zahlbare Anweisungen (Checks)[1], welche auf den Namen der Inhaber lauten, beziehen. Die Legitimation desjenigen, der eine solche ordnungsmäßig ausgestellte Anweisung zur Zahlung präsentirt, ist der Vorstand zu prüfen berechtigt, aber nicht verpflichtet.

§ 4.

In dem Kontokorrent werden bei dem mit jedem Kalenderhalbjahr stattfindenden Abschlusse die Zinsen von dem in dem abgelaufenen Halbjahre bestandenen Guthaben zu .. % berechnet und gutgeschrieben. Der sich darnach ergebende Saldo wird als Kapital betrachtet und als solches auf neue Rechnung vorgetragen.

Besteht im Laufe eines Halbjahres lediglich ein Guthaben von .. Mark so findet für diese Zeit keine Verzinsung statt.

§ 5.

Nach Schluß jedes Kalenderhalbjahres erhält jeder Kontokorrent-Inhaber einen vollständigen Auszug aus seiner laufenden Rechnung und eine Zusammenstellung des Resultates derselben, welch' letztere er zur Anerkennung mit seiner Unterschrift zu versehen und dem Vorstande zurückzusenden hat.

§ 6.

Die Genossenschaft hat die Befugniß, einem Kontokorrent-Inhaber jederzeit die laufende Rechnung zu kündigen. In diesem Fall hat der Inhaber

---

[1]) Formular eines Checks s. unter Formular 18 „Checkverkehr".

über das Guthaben innerhalb . . Tage zu verfügen, widrigenfalls dann die Verzinsung aufhört.

§ 7.

Abänderungen dieser Bedingungen, insbesondere des Zinsfußes, werden durch .... bekannt gemacht und gelten für sämmtliche Konto-Inhaber.

Formular 18.

Formulare für den Checkverkehr.

I.

Bekanntmachung bei Einführung des Checkverkehrs und Anweisung zur Benutzung des Checkverkehrs.

Ort und Datum.

P. P.

Hierdurch bringen wir zu Ihrer Kenntniß, daß wir, dem Beispiele einer Anzahl größerer Vorschußvereine folgend, mit dem . . . . den Checkverkehr in den Bereich unserer Geschäftsthätigkeit aufnehmen werden.

Mit dieser Einrichtung bezwecken wir für alle Kreise unseres Publikums diejenige Form des Geldverkehrs darzubieten, welche nicht nur als die bequemste gilt und allgemein als nützlichste anerkannt ist, sondern deren weitere Einbürgerung und Verallgemeinerung für die Entwickelung des wirthschaftlichen Lebens von höchster Bedeutung ist. Durch den Check als Zahlungsmittel vereinfacht sich die Ausgleichung der Zahlungen, verringert sich der Bedarf an baarer Münze, die in vielen einzelnen privaten Kassen auf kurze oder längere Zeit müßig liegenden Gelder können dem öffentlichen Geldmarkte zu nutzbringender Verwendung zugeführt werden.

Das Wesen des Checkverkehrs besteht darin, daß Einlagen von beliebiger Größe entgegengenommen, auf Checkkonto gutgeschrieben, zu dem vereinbarten Zinsfuße verzinst und gegen Anweisungen des Einlegers (Checks) an diesen oder an dritte Personen in beliebigen Summen wieder zurückgezahlt werden. So sind die Vortheile für den Inhaber eines Checkkontos folgende:

1. Das bis jetzt todt in den Kassen liegende Geld trägt ihm — sei es auch nur auf wenige Tage — Zinsen bis zum Augenblicke des Gebrauches.
2. Diesem Zinsgewinn stehen keinerlei Kosten entgegen.
3. Die Mühe und Gefahr der Kassenführung ist ihm abgenommen und damit Zeit- und Geldersparniß erzielt.
4. Die Zahlung durch Checks ist gegenüber der Baarzahlung eine bequemere und sicherere, denn
   a) das Ausschreiben, Aushändigen und Versenden von Checks ist bequemer, als die gleichen Manipulationen mit baarem Gelde;
   b) Irrthümer im Zählen, Verluste durch falsches Geld ꝛc. sind ausgeschlossen;
   c) die Kassenführung durch das Bankhaus schützt vor Diebstahl, Feuersgefahr ꝛc.;
   d) durch die bei dem Bankhaus eingelösten und aufbewahrten Checks ist noch nach Jahren die erfolgte Zahlung nachzuweisen, was bei

Baarzahlung in Geld nicht möglich ist, da hierbei sehr oft Quittungen nicht gegeben werden, oder gegebene Quittungen in Verlust gerathen.

Die Gläubiger aber, welche ihre Forderungen mit Checks bezahlt erhalten, werden diese lieber nehmen als baares Geld. Die Gläubiger am Platze können den Check entweder anderweitig in Zahlung geben, oder ihn selbst einziehen, während die auswärtigen Gläubiger in der Lage sind, den Check zur Erfüllung ihrer Verbindlichkeiten zu benutzen, da der Check wie jeder Wechsel weiter girirt werden kann.

So hat z. B. der Kaufmann, der Fabrikant und Handwerker nicht nöthig, seine Tages- oder Wochen-Einnahmen bei sich aufzubewahren, er zahlt dieselben auf Check-Konto ein, um sein Guthaben zur Begleichung seiner Waarenbezüge oder zur Erfüllung seiner Wechsel- und sonstigen Verbindlichkeiten durch Ausschreibung von Checks zu verwenden. Aehnlich verfährt der Beamte und Rentier, der Landwirth und Pensionär, die einzeln stehende Dame. Sie, die in der Regel ihre Einlagen am Monats- oder Quartalsanfang bewirken, werden darüber allmählich je nach dem Haushaltsbedarf verfügen.

Anweisung für die Benutzung des Checkverkehrs.

Jeder, der mit uns in Checkverkehr tritt, erhält zwei Bücher. Das eine dient als Kontobuch und werden hierin auf der rechten „Haben"-Seite alle Einzahlungen des Konto-Inhabers Seitens des Vereins quittirt, während die linke „Soll"-Seite der Verzeichnung der mittels Check gemachten Abhebungen dient. Letztere können von der Hand des Konto-Inhabers geschehen oder gelegentlich durch uns bewirkt werden.

Das andere Buch ist das eigentliche Checkbuch. Es enthält 25 Formulare (Checks) zu Zahlungsanweisungen. Mit solchen Checks zahlt die Hausfrau ihre Lieferanten, dem Fleischer und Bäcker, dem Kostwirth und Kolonialwaarenhändler die gelieferte Waare, dem Schneider oder Schuhmacher die Arbeit. Mit Checks zahlt der Miether seine Wohnungsmiethe, der Hausbesitzer seine Hypothekenzinsen u. s. w., kurz jede Zahlung jeden Namens wird nicht durch Baarzahlung, sondern durch Ausschreibung eines Checks erledigt.

Der gedruckten Anweisung fügt man Summe, Datum und Namen bei, reißt dieselbe aus dem Checkbuch heraus und giebt sie dem Gläubiger. Der im Checkbuch verbleibende Koupon dient dem Vermerk der herausgeschriebenen Summe, des Datums sowie des Namens des Empfängers des Checks. Letzterer wird nun den Check entweder selbst wieder in Zahlung geben oder denselben zur Genossenschaft bringen, welche den Betrag baar auszahlt event. gutschreibt. Der erfahrene Checkkunde schreibt Checks bis zu Mark 10.— herab für seine Ausgaben aus und behält nur soviel baares Geld im Hause, als die kleinsten täglichen Handausgaben unumgänglich bedingen.

Die Checkbücher werden jedem Konto-Inhaber durch uns unentgeltlich gegen Empfangsbescheinigung geliefert und beginnt die Verzinsung der eingezahlten Guthaben von dem auf den Tag der Einlage folgenden Tage; sie endigt mit dem Tage der Abhebung.

Hochachtungsvoll

Kreditgenossenschaft zu . . . . .

Eingetr. Genossenschaft mit unbeschränkter Haftpflicht.

II.
Bedingungen für den Checkverkehr.

Mitglieder sowie Nichtmitglieder sind berechtigt, die Eröffnung eines Check-Kontos zu beantragen. Der Antrag ist an den Vorstand zu richten. Im Falle der Ablehnung des Antrages ist der Vorstand nicht verpflichtet, Gründe anzugeben.

Wird der Antrag genehmigt, so hat das betreffende Mitglied behufs Eröffnung des Kontos die erste Einzahlung mit mindestens 200 Mark zu leisten.

Die Check-Formulare werden jedem Konto-Inhaber nach Bedarf gegen Quittung in Heften von mindestens 25 Stück Seitens der Genossenschaft unentgeltlich geliefert.

Die Einzahlungen auf Check-Konto können in baarem Gelde, Ueberweisungen, Effekten, Koupons, Sorten-Gutschriften oder durch Uebertrag von anderen Konten geleistet werden.

Die Verzinsung der eingelegten Gelder, soweit sie . . . Mark übersteigen, beginnt mit dem auf den Tag der Einlage oder Ueberweisung folgenden Tage. Die Gutschrift der aufgelaufenen Zinsen erfolgt am 30. Juni und 31. Dezember. Der Zinsfuß wird im Kassenlokale bekannt gegeben und ist bis auf Weiteres auf . . % festgesetzt.

Ueber das Guthaben auf Check-Konto kann durch Checks, Ueberweisungen oder Uebertrag auf ein anderes Konto verfügt werden. Auszahlungen bis zu Mark . . . an einem Tage erfolgen ohne Kündigung, dagegen bedarf es bei Abhebungen

von mehr als Mark . . . . einer zweitägigen Kündigung
" " " " . . . . " dreitägigen "

Bei Auszahlungen die Legitimation des Inhabers eines Checks zu prüfen, ist die Genossenschaft berechtigt, aber nicht verpflichtet.

Das Checkbuch muß sorgfältig aufbewahrt werden. Der Konto-Inhaber haftet für alle nachtheiligen Folgen, welche aus der mißbräuchlichen Benutzung verlorener oder abhanden gekommener Formulare entstehen.

Unbrauchbar gewordene Checks sind zurückzuliefern.

Von dem etwaigen Verluste oder Abhandenkommen des Checkbuches oder eines Checks ist daher der Genossenschaft ohne Zögerung Mittheilung zu machen, damit eine etwaige Zahlung an Unberechtigte verhindert werden kann.

Checks, welche radirt sind, oder geschriebene Zusätze zwischen den vorgedruckten Zeilen enthalten, werden nicht bezahlt. Die Durchstreichung des Zusatzes „oder Ueberbringer“ ist unzulässig. Checks dürfen nur vom Tage der Ausstellung datirt sein.

Ohne daß ein entsprechendes Guthaben vorhanden ist, dürfen Checks von dem Konto-Inhaber nicht ausgestellt werden. Anderenfalls ist die Genossenschaft berechtigt, den Verkehr mit dem Konto-Inhaber sofort aufzuheben. Auch ohne solchen Grund steht es ihr jederzeit frei, den Checkverkehr mit dem einzelnen Konto-Inhaber aufzuheben, sowie Abänderungen an obigen Bestimmungen zu treffen.

Beim Aufhören der Check-Rechnung ist der Konto-Inhaber verpflichtet, die noch in seinem Besitz befindlichen Check-Formulare zurückzugeben.

Von den vorstehenden Bedingungen für den Checkverkehr habe ich Kenntniß genommen und ersuche ich, mir auf Grund derselben ein Check-Konto zu eröffnen.

(Ort) . . . . . . den . . . . 18 . .

(Unterschrift.)

Man läßt die Bedingungen von dem unterschreiben, der ein Check-Konto eröffnet haben will.

III.

Der Konto-Inhaber erhält:

1. ein Checkbuch.

Das Checkbuch hat ein längliches Format und wird auf der Außenseite bezeichnet:

Checkbuch.

Nr. — Nr.

Kreditgenossenschaft zu . . . . eingetragene Genossenschaft mit unbeschränkter Haftpflicht.

Auf der Innenseite des Titelblattes mit der Fortsetzung auf der letzten Umschlagsseite werden die Bedingungen für den Checkverkehr aufgedruckt.

Die Blätter des Checkbuchs haben folgenden Inhalt:

Nr. . . . . .

Mark . . . .

angewiesen für

. . . .

den . . . .

. . . .

Kreditgenossenschaft zu . . . . . eingetragene Genossenschaft mit unbeschränkter Haftpflicht.

Nr. . . . . Für M . . . .

Die Kreditgenossenschaft zu . . . .
eingetragene Genossenschaft mit unbeschränkter Haftpflicht

wolle zahlen aus $\frac{\text{meinem}}{\text{unserem}}$ Guthaben gegen diesen Check

an . . . . oder Ueberbringer

Mark . . . .

(Ort), den . . . . 18 . .

Kassenstunden . . . . Uhr Vorm.

An der perforirten Stelle sind die Blätter abzureißen, auf dem verbleibenden Blatte wird die Notiz gemacht, wer den Check erhalten hat und über welchen Betrag derselbe ausgestellt war.

Ueber den Empfang des Checkbuches wird folgende Quittung ausgestellt:

Von der Kreditgenossenschaft zu . . . . . . eingetragene Genossenschaft mit unbeschränkter Haftpflicht, Stück . . . . . . Checkformulare Nr. . . . . . . bis Nr. . . . . . . inklusive empfangen zu haben, bescheinig . . .

(Ort, Datum.) (Unterschrift.)

2. ein Check-Konto-Buch mit folgendem Titelblatt:

Check-Konto-Buch

der

Kreditgenossenschaft zu . . . ., eingetragene Genossenschaft mit unbeschränkter Haftpflicht,

für . . . .

(Die Bedingungen läßt man hier mit Rücksicht auf die wenigstens in Preußen wiederholt gemachten Versuche, derartige Bescheinigungen, wenn sie über Einlagen ausgestellt werden, für stempelpflichtige Schuldverschreibungen zu erklären, besser weg.) Das Buch erhält folgende Einrichtung:

Soll. **Haben.**

Datum		№ des Check	ℳ	₰	Datum		ℳ	₰

Die linke Seite dient für die Einzeichnung des Konto-Inhabers über die ausgestellten Checks, auf der rechten Seite werden die Einzahlungen des Konto-Inhabers von der Genossenschaft quittirt.

IV.

Formular für Einzahlungen und Ueberweisungen.

. . . . . . den . . . . . .

Anbei folgen:

1. in baar
   a) in Gold . . . . ℳ . . . . .
   b) „ Silber . . . . ℳ . . . . .
   c) „ Papiergeld . . . . ℳ . . . . .
   d) „ . . . . ℳ . . . . . ℳ . . . . . .
2. in Ueberweisungen:
   a) für diskontirte Wechsel . . . . ℳ . . . . .
   b) „ Lombard-Entnahmen . . . . ℳ . . . . .
   c) „ Erhebungen auf Kontokorrent-Konto . ℳ . . . . .
   d) „ übergebene Checks . . . . ℳ . . . . . ℳ . . . . . .

Zusammen ℳ . . . . . .

Zur Gutschrift auf das Check-Konto von

. . . .

Geschäftsbedingungen und Formulare zu den vier Arten der Kreditgewährung.

Formular 19.

I. Vorschußgewährung.

Entwurf zu den Geschäftsbedingungen.[1])

§ 1.

Vorschüsse auf bestimmte Frist werden an die Mitglieder auf eigene Wechsel gewährt und in der Regel nicht länger als auf . . . Monate.

Das Mitglied muß für den Kredit sicher erscheinen und außerdem eine weitere Sicherheit stellen.

[1]) Wir gehen von dem Gebrauch des eigenen Wechsels aus, theilen aber unter Formular 23 auch das Formular für einen Schuldschein mit. Wegen der Besonderheiten für Kreditgewährung an Landwirthe vgl. oben S. 164 ff.

§ 2.

Der Antrag[1]) ist schriftlich bei dem Vorstande einzureichen, muß die Höhe des gewünschten Vorschusses, die verlangte Zahlungsfrist, sowie die Angabe der zu bestellenden Sicherheit (Name des Bürgen, der zu verpfändenden Werthpapiere u. s. w.) enthalten. Wenn die Sicherstellung in Werthpapieren bestehen soll, so sind dieselben dem Antrage beizufügen; sie dürfen nicht außer Kurs gesetzt sein.

§ 3.

Die Anträge auf Kreditgewährung unterliegen zunächst der Beschlußfassung des Vorstandes und werden, wenn der Vorstand denselben stattgeben will, dem Aufsichtsrathe zur Genehmigung unterbreitet.[2])

Der Aufsichtsrath tritt in der Regel am . . . . . zu einer Sitzung zusammen; Anträge auf Kreditbewilligung sind daher spätestens am . . . . . . einzureichen, wenn sie in der folgenden Sitzung des Aufsichtsrathes zum Vortrage gebracht werden sollen.

§ 4.

Bewilligte Kredite gelangen am Tage nach der Genehmigung durch den Aufsichtsrath in dem Geschäftslokale der Genossenschaft während der Kassenstunden zur Auszahlung.

§ 5.

Prolongation des Vorschusses kann auf . . . . Monate vom Vorstande unter Genehmigung des Aufsichtsrathes bewilligt werden und muß dann in der Regel eine Abschlagszahlung von . . . . Mark geleistet werden.

Ist Sicherstellung durch Bürgen geleistet, so muß der Bürge zur Prolongation seine Genehmigung ertheilen.[3])

Die Anträge auf Prolongation sind . . . . Tage vor der Fälligkeit schriftlich bei dem Vorstande nach Maßgabe des § 3 Abs. 1 zu stellen und muß denselben die schriftliche Genehmigung des Bürgen zur Prolongation beigefügt sein.

§ 6.

Die Zinsen für den Vorschuß und die Prolongation sind im Voraus zu bezahlen.

§ 7.

Vorschüsse können jederzeit ganz oder theilweise zurückgezahlt werden. Die Rückzahlung erfolgt stets im Geschäftslokale der Genossenschaft während der Kassenstunden.

Bei Rückzahlungen, die mindestens einen halben Monat vor der Fälligkeit erfolgen, werden auf den Betrag Zinsen in der Höhe des jedesmaligen Zinsfußes, wie er für Spareinlagen mit . . . . monatlicher Kündigungsfrist gewährt wird, zurückvergütet.

---

[1]) Formular 20.

[2]) Vgl. § 26 des Musterstatuts Formular 1. Diese Geschäftsbedingungen gehen durchweg von der Voraussetzung aus, daß in jedem Falle der Vorstand zur Kreditbewilligung die Genehmigung des Aufsichtsrathes einzuholen hat. Bewilligt der Vorstand selbstständig auf Grund einer Kreditfähigkeitsliste, oder läßt sich der Aufsichtsrath bei der Entscheidung durch Kommissionen oder einzelne Mitglieder vertreten, wie es oft bei großen Kreditgenossenschaften geschieht, so sind die Bedingungen entsprechend abzuändern.

[3]) Formulare 24 und 25.

§ 8.

Der Wechsel ist von dem Kreditsucher im Geschäftslokale zu unterschreiben, ist die Sicherstellung durch Bürgschaft geleistet, ebenso vom Bürgen. Bringt der Kreditsucher den vom Bürgen bereits unterschriebenen Wechsel, so muß die Unterschrift des Bürgen beglaubigt sein.

§ 9.

Bei Prolongationen kann der Vorstand fordern, daß die Unterschrift unter der schriftlichen Genehmigung des Bürgen beglaubigt ist.

§ 10.

Die erforderlichen Stempel trägt der Kreditsucher.

Formular 20.

№

Vorschuß-Antrag.

Endesunterzeichneter ersucht um ein Darlehen von Mark . . . . . auf . . . . Monat . . und schlägt als Sicherheit vor:

a) die Wechsel-Unterschrift von	Stand	Wohnort
b) die Verpfändung	Unterschrift des Antragstellers	
	Stand	
(Ort), den	Wohnung	

Abgelehnt: durch Beschluß des Vorstandes vom . . . .
durch Beschluß des Aufsichtsrathes vom . . . .
Genehmigt: durch Beschluß des Vorstandes vom . . . .
durch Beschluß des Aufsichtsrathes vom . . . .

Wechsel-Formulare.

Formular 21.

Eigener Wechsel.

Wechsel-Formular (mit Verzicht auf Präsentation s. S. 138).

Am . . ten zahlen wir gegen diesen Sola-Wechsel an . . . . . . (Firma der Genossenschaft) zu . . . . die Summe von
. . . . Mark . . . Pfennige.

Wir leisten zur Verfallzeit ohne vorgängige Präsentation in dem Geschäftslokal d . . . (Firma der Genossenschaft) Zahlung.

X.,[1]) den . . ten . . . . . .

N. N.

M. M. (als Bürge).

---

[1]) Der Wechsel muß am Orte der Genossenschaft ausgestellt sein, damit er durch Bestimmung des Zahlungsortes nicht zum Domizilwechsel wird. (Vgl. S. 137.) Die Firma muß genau so lauten, wie sie in das Genossenschaftsregister eingetragen ist, insbesondere dürfen die Worte „eingetragene Genossenschaft mit beschränkter Haftpflicht" u. s. w. nicht abgekürzt werden.

Formular 22.

Gezogener Wechsel.

Angenommen den . . . . . A. B. in C.

C., den . . . .

Am . . ten zahlen Sie gegen diesen Wechsel an . . . . zu . . . .¹) oder dessen Ordre die Summe von . . . .
Den Werth . . . . . und stellen solchen auf Rechnung . . . Bericht.²)
An Herrn A. B. in C.

D. E.

Formular 23.

Schuld-Urkunde mit Bürgschaftserklärung.

Ich bekenne hiermit, daß mir (Firma der Genossenschaft) heute ein Darlehen von . . . Mk. . . Pf. wörtlich: . . . . . . baar gegeben hat.

Ich verpflichte mich, dieses Darlehen bis zum . . . . . . zurückzuzahlen und bis zur Rückzahlung von demselben . . . Prozent Zinsen auf das Jahr zu entrichten und unterwerfe mich einer Erhöhung des Zinsfußes auch während der Dauer des Darlehens, wenn solche statutgemäß für die von der Genossenschaft gegebenen Darlehen beschlossen wird.

Die Zahlung der Zinsen und Rückzahlung des Kapitals hat in dem Geschäftslokal der Genossenschaft zu erfolgen.³)

(Ort), den . . ten . . . . . . 18 . .

Ich Unterzeichneter verbürge⁴) mich hiermit für obige Darlehensschuld sammt Zinsen und Kosten, indem ich auf die Einrede der Vorausklage verzichte.

(Ort), den . . ten . . . . . . 18 . .

Wir Unterzeichneten verbürgen uns hiermit für obige Darlehensschuld sammt Zinsen und Kosten, indem wir auf die Einrede der Vorausklage und Theilung verzichten.

(Ort), den . . ten . . . . . . 18 . .

---

¹) Ueber die Firma vgl. vorstehende Anmerkung.

²) Zu den Erfordernissen des Wechsels gehört diese Klausel nicht, sie bringt nur zum Ausdruck, daß demselben ein geschäftliches Resultat als Unterlage dient.

³) Hiermit ist für alle Zahlungspflichtigen die Zuständigkeit der Gerichte gegeben, in deren Bezirk die Genossenschaft seinen Sitz hat, so daß sie dort verklagt werden können, auch wenn sie auswärts wohnen. Es wird hierdurch die besondere Vereinbarung über die Zuständigkeit des Gerichts (§ 38 C.-P.-O.) entbehrlich. Eine weitergehende Vereinbarung dahin, daß alle Sachen ohne Rücksicht auf die Höhe des Objekts vor das Amtsgericht zu bringen sind, ist in dieser Allgemeinheit nicht zu empfehlen, weil für die großen Objekte dadurch eine Instanz verloren geht.

⁴) Verpflichtungen der Ehefrauen bedürfen der Genehmigung des Ehemannes. Nach rheinischem Recht muß der Bürgschaftsschein vom Ehemanne mitunterschrieben sein. Schriftliche Genehmigung ist überall zu empfehlen.

Formular 24.

Prolongations-Antrag.

An (Firma der Genossenschaft) stelle ich hiermit den Antrag, die Frist zur Rückzahlung meines am . . . . . 18 . . fälligen Darlehens im Betrage von Mk. . . . gegen Abschlagszahlung von . . % um drei Monate, also bis zum . . . . . 18 . . zu verlängern.

(Ort), den . . ten . . . . . . 18 . .

Formular 25.

Genehmigung des Bürgen zur Prolongation.

Mit der Bewilligung der vorstehend beantragten Verlängerung der Frist zur Rückzahlung des Darlehens von Mk. . . . ., für welchen ich die Bürgschaft übernommen habe, erkläre ich mich einverstanden.

(Ort), den . . ten . . . . . . 18 . .

Formular 26.

Quittung.

Von Herrn . . . . das nach der Schuld-Urkunde vom . . . . gewährte Darlehen von Mark . . . . . Pf.
nebst Zinsen davon für die Zeit vom . . ten . . . . 18 . .
bis zum . . ten . . . . 18 . . mit . . . . . Mark . . . . . Pf.
zusammen Mark . . . . . Pf.
wörtlich . . . .
zurückempfangen zu haben, bescheinigt.

(Ort), den . . ten . . . . . . 18 . . Firma der Genossenschaft.
(Unterschriften.)

Formular 27.

Verpfändung von Werthpapieren[1]) zur Sicherstellung für ein bestimmtes Darlehen.[2])

Zur Sicherstellung meiner Darlehensschuld von . . . . . . Mark sammt Zinsen und Kosten übergebe ich d . . (Firma der Genossenschaft) die nach-

---

[1]) Die Bestimmungen des Gesetzes, betr. die Pflichten der Kaufleute bei Aufbewahrung fremder Werthpapiere, vom 5. Juli 1896 sind sorgfältig zu beachten (vgl. S. 173).

[2]) In dem Gebiete des nassauischen Rechts kann der Verkauf von verpfändeten Werthpapieren durch den Pfandbesitzer erst zwei Wochen nach einer an den Schuldner ergangenen Aufforderung zur Zahlung erfolgen. Es sind daher für dieses Gebiet in Pos. 1 die Worte „ohne vorgängige" zu ersetzen durch „2 Wochen nach vorgegangener". Ebenso sind in Pos. 2 die Worte zu streichen „binnen 3 Tagen auch ohne besondere Aufforderung". In dem Gebiete des rheinischen Rechts ist Pos. 1 giltig, wenn der Verpfänder Kaufmann ist (Art. 311 H.-G.-B.), ist er nicht Kaufmann, so müßte im Nichtzahlungsfalle das Gericht um Ermächtigung zur öffentlichen Versteigerung ersucht werden; jede entgegengesetzte Vertragsabrede ist nach Art. 2078 c. c. nichtig. Für das Gebiet des preußischen Allgemeinen Landrechts vgl. S. 204 wenn der Verpfänder nicht Kaufmann ist.

stehend verzeichneten Werthpapiere hiermit unter folgenden näheren Bedingungen als Faustpfand:

1. Sollte ich meinen Verpflichtungen bezüglich des mir gewährten Darlehens nicht nachkommen, so ermächtige ich hiermit die Genossenschaft, das Unterpfand ganz oder theilweise ohne alle gerichtliche Einmischung[1]) und ohne vorgängige Aufforderung zur Einlösung sofort an der Frankfurter, Berliner oder einer anderen Börse für meine Gefahr und Rechnung verkaufen zu lassen und sich daraus für Kapital, Zinsen, Provision und Kosten vollständig bezahlt zu machen.
2. Dasselbe Recht räume ich der Genossenschaft für den Fall ein, daß der Kurs der verpfändeten Werthpapiere während der Dauer des Pfandverhältnisses um 5 Prozent oder mehr, oder um so viel sinkt, daß meine Schuld mehr als neun Zehntel des Kurswerthes beträgt, und ich nicht binnen 3 Tagen, auch ohne besondere Aufforderung, die ursprüngliche Sicherheit dadurch wiederherstelle, daß ich nach der Wahl der Genossenschaft entweder eine verhältnißmäßige Abschlagszahlung leiste oder das Unterpfand auf das ursprüngliche Verhältniß erhöhe.
3. Für die verpfändeten Effekten, die einer Kündigung, Verloosung, Auszahlung oder sonstigen Veränderung unterliegen, habe ich die zur Sicherung meines Interesses nöthigen Maßregeln selbst zu besorgen oder die Besorgung auf meine Kosten in Antrag zu bringen, widrigenfalls die nachtheiligen Folgen mich allein treffen.
4. Die Zins- und Dividendenscheine werden auf meinen Antrag an bezw. kurz vor dem Fälligkeitstermine von dem Vorstande der Genossenschaft abgetrennt und mir gegen Quittung ausgehändigt. Die Einholung neuer Zins- und Dividendenscheine besorgt die Genossenschaft auf meine Kosten.
5. Die Genossenschaft ist berechtigt, sich wegen ihrer Forderungen sofort an mein übriges Vermögen zu halten und begebe ich mich ausdrücklich der Befugniß, sie zunächst an das Unterpfand zu verweisen oder dessen Aufgebung zu verlangen.
6. Von dieser Verpfändung habe ich eine gleichlautende Ausfertigung erhalten.
7. Jeder, welcher die Genossenschaft vollständig befriedigt und die Ausfertigung dieser Pfandurkunde zurückgiebt, oder sie zu einem anderen Zwecke präsentirt, soll für den rechtmäßigen Eigenthümer derselben und des Unterpfandes angesehen werden. Die Genossenschaft übernimmt keine Verpflichtung, die Legitimation des Inhabers oder dessen, der über den Rückempfang des Pfandes quittirt, sowie die Richtigkeit der Quittung zu untersuchen.

(Ort), den . . ten . . . . . 18 . . (Name, Stand und Wohnort des Schuldners.)[2])

---

[1]) Vgl. S. 301 Anm. 2.

[2]) Hierzu käme noch die Genehmigung des Eigenthümers, wenn die Werthpapiere nicht dem Schuldner gehören.

Es ist besonders bei der Annahme des Pfandes noch darauf zu achten, daß sich Talons u. s. w. an den Werthpapieren befinden, wenn solche dazu gehören.

Formular 28.

Verpfändung von Forderungen und insbesondere eines Sparkassenbuches.[1])

Ich verpfände die mir an die Sparkasse zu . . . . zustehende Forderung in Höhe von . . . Mark, über welche das Sparkassenbuch Nr. . . ausgestellt ist und übergebe dieses Sparkassenbuch zum Pfande.

(Ort), den . . ten . . . . . 18 . . (Unterschrift.)

Formular 28a.

Verpfändung einer Lebensversicherungs-Police.[2])

Zur Sicherheit der (Firma der Genossenschaft) für das mir am . . . . gewährte Darlehen in Höhe von . . . Mark nebst Zinsen und etwa entstehenden Kosten verpfände ich der Genossenschaft den mir aus

Police Nr. . . der . . . .

über . . . . Mark zustehenden Versicherungsanspruch.

Im Falle meines Ablebens räume ich der Genossenschaft das Recht ein, die Versicherungssumme zu erheben und sich aus derselben wegen der vorstehenden Forderung und ihr sonst bei meinem Ableben gegen mich zustehenden Ansprüche an mich zu befriedigen, selbst insoweit ihre Forderungen noch nicht fällig sind.

Ich verpflichte mich, die Prämien an die . . . . . . zu zahlen und die Prämienquittungen der Genossenschaft auszuhändigen. Im Falle eines Verzuges in der Prämienzahlung räume ich der Genossenschaft das Recht ein, die rückständigen Prämien für mich zu bezahlen und sich wegen der Auslagen an das Pfand und mein sonstiges Vermögen zu halten, auch nach ihrem Ermessen die Rückkaufssumme der Versicherung zu erheben.[3])

(Ort, Datum.) (Unterschrift.)

---

[1]) Das Sparkassenbuch ist kein Inhaberpapier, die Forderung muß verpfändet werden. Von der Verpfändung ist die Sparkasse zu benachrichtigen. Die Genossenschaft kann sich auch solche Sparkassenforderungen verpfänden lassen, welche der Spareinleger an sie selbst aus Einlagen in die Sparkasse der Genossenschaft hat; allerdings hat die Genossenschaft gegen solche Forderungen das Kompensationsrecht, doch wenn ihr nicht ein Pfandrecht eingeräumt ist, ist der Spareinleger berechtigt, die Einlagen nach Maßgabe der Sparordnung zurückzuziehen und die Genossenschaft kann, so lange ihre Forderung nicht fällig ist, die Rückzahlung nicht verweigern. Eine Benachrichtigung des Drittschuldners bei der Verpfändung von Forderungen ist stets erforderlich, um Verfügungen des Schuldners über die Forderung zu verhindern. Im Gebiete des rheinischen Rechts ist eine Verpfändung von Forderungen nur dann dem Dritten gegenüber giltig, wenn sie dem Drittschuldner durch Gerichtsvollzieherakt bekannt gegeben ist (Art 2075 c. c.).

[2]) Vgl. Anmerkung zu Formular 28, es liegt Verpfändung einer Forderung vor, im Gebiete des rheinischen Rechts ist die Verpfändungsurkunde daher durch Gerichtsvollzieherakt an die Versicherungsgesellschaft zu insinuiren.

[3]) Die Urkunde ist der Versicherungsgesellschaft behufs Vermerkung der Verpfändung und der bewilligten Rechte einzureichen.

Formular 29.

Pfandschein[1]) Nr. . . .

Herr . . . . hat heute von d . . (Firma der Genossenschaft) ein Darlehen von Mark . . . . auf . . . Monat zu . . Prozent jährlicher Zinsen ausbezahlt erhalten und dafür das laut Spezifikation[2]) vom . . . . näher bezeichnete Unterpfand unter umstehenden Bedingungen[3]) übergeben.

Datum	Darlehen		Bestand der Darlehen	Quittung über die empfangene Rückzahlung durch den Vorstand (oder den Kassenbeamten)	An Zinsen sind					An Kosten sind gezahlt	
	Zugang	Abgang			zu zahlen für			gezahlt à pCt.			
189 .	ℳ	ℳ	ℳ		ℳ	Tage	%	ℳ	₰	ℳ	₰

[1]) Vgl. S. 149, 202. Die Bestimmungen des Gesetzes, betr. die Pflichten der Kaufleute bei Aufbewahrung fremder Werthpapiere vom 5. Juli 1896 sind sorgfältig zu beachten, vgl. S. 173. In den Grundsätzen der Reichsbank sind zu dem Pfandschein-Formular folgende besondere Bestimmungen für die einzelnen Landestheile angeführt:

a) Im Gebiete des rheinischen Rechts dürfen nur Pfandschein-Formulare verwendet werden, welche auf den im Besitze der Bank verbleibenden Abschriften außer dem Empfangsbekenntniß auch das Anerkenntniß der Richtigkeit seitens des Schuldners enthalten. Zu diesen Anerkenntnissen ist der tarifmäßige Stempel für Kautions-Instrumente mit Mk. 1,50 auf Kosten des Verpfänders zu kassiren.

b) In Bayern unterliegen Lombarddarlehen auf Grund des Gesetzes vom 18. August 1879 einer Steuer, welche vom Darlehensnehmer zu tragen ist.

c) In Württemberg ist an Stelle der Spezifikationen bei jeder erstmaligen Verpfändung vom Verpfänder folgendes Formular, entsprechend ausgefüllt und unterschrieben, beizubringen:

„Auf Lombard-Pfandschein Nr. . . . heute Mk. . . . . . . empfangen zu haben, bescheinige ich mit dem Anfügen, daß ich für dieses Anlehen, sowie für alle weiteren Anlehen, welche ich später auf jenen Lombard-Pfandschein von der Reichsbank . . . . . in . . . . erhalten werde, dieser die nachstehenden Effekten (folgt Bezeichnung derselben) als Faustpfand übergeben habe."

(Ort, Datum, Unterschrift.)

Werden auf einen früher ertheilten Lombard-Pfandschein neue Papiere — sei es gegen ein neues Darlehen oder ohne solches, unter Rückempfang anderer Effekten oder ohne solchen — verpfändet, so ist anstatt der Spezifikation folgendes Schema zu verwenden:

„Für . . . . . Darlehen, welche . . . . auf Lombard-Pfandschein Nr. . . . von der Reichsbank . . . . zu . . . . erhalten habe, verpfände . . . . nachstehende Effekten (folgt deren Aufzählung)."

In die leer gelassene Stelle hinter „verpfände" ist eintretenden Falls die Quittung über das neue Darlehen oder die zurückzuempfangenden Effekten mit den Worten:

„nachdem ich ein weiteres Darlehen von Mk. . . . . erhalten" resp. „die früher verpfändeten . . . . zurückempfangen habe" aufzunehmen.

[2]) Formular 31.

[3]) Die Bedingungen können auf die Rückseite des Pfandscheines gedruckt werden.

1. Das Unterpfand haftet der Genossenschaft nicht blos für die ihr aus diesem Darlehen erwachsende Forderung, sondern auch für alle und jede Ansprüche, welche ihr gegen den Schuldner aus irgend welchem anderen Grunde zustehen und zustehen werden. Die Genossenschaft ist daher berechtigt, die Herausgabe des Unterpfandes gegen Ausgleichung des Darlehens zu verweigern, wenn und soweit sie dieses zur Deckung sonstiger Verbindlichkeiten des Schuldners für nöthig erachtet, und sich auch hierfür in gleicher Weise aus dem Unterpfand bezahlt zu machen.[4])

2. Für die verpfändeten Effekten, die einer Kündigung, Verloosung, Auszahlung oder sonstigen Veränderung unterliegen, hat der Verpfänder die zur Sicherung seines Interesses nöthigen Maßregeln selbst zu besorgen oder die Besorgung auf seine Kosten in Antrag zu bringen, widrigenfalls ihn die nachtheiligen Folgen treffen.

3. Die Zins- und Dividendenscheine werden auf Antrag des Verpfänders am bezw. kurz vor dem Fälligkeitstermine abgetrennt und ihm gegen Quittung ausgehändigt. Die Einholung neuer Zins- und Dividendenscheine besorgt die Genossenschaft auf Kosten des Verpfänders.

4. Die Genossenschaft ist berechtigt, sich wegen ihrer Forderungen sofort an das übrige Vermögen des Verpfänders zu halten und begiebt sich dieser ausdrücklich der Befugniß, sie zuerst an das Unterpfand zu verweisen oder dessen Aufgebung zu verlangen.

5. Verpfänder erhält von diesem Pfandschein eine Abschrift. Jeder, welcher die Genossenschaft vollständig befriedigt und die Abschrift zurückgiebt oder sie zu einem anderen Zwecke präsentirt, soll für den rechtmäßigen Eigenthümer derselben angesehen werden. Die Genossenschaft übernimmt keine Verpflichtung, die Legitimation des Inhabers oder dessen, der über den Rückempfang des Pfandes quittirt, sowie die Richtigkeit der Quittung zu prüfen.

6. Alle Zahlungen des Schuldners an Kapital, Zinsen und Kosten werden von der Genossenschaft vorschriftsmäßig gebucht, außerdem sowohl auf diesem Pfandschein wie auf dessen Abschrift als Quittung eingetragen.

(Ort), den . . ten . . . . . 18 . .

Firma der Genossenschaft.
(Unterschriften.)

Aus dem vorstehenden Pfandschein wird eine schriftliche Verpfändungsurkunde, wenn die Verpfändung von dem Darlehensnehmer unterschrieben wird, alsdann ist noch Abs. 1 und 2 aus Formular 27 (Verpfändung von Werthpapieren) aufzunehmen, um der Genossenschaft das Recht des Verkaufes des Pfandes ohne gerichtliche Einmischung zu sichern (in den Fällen des Art. 311 H.-G.-B.). Wegen der Art der Quittung über Abschlagszahlungen auf dem Pfandschein erscheint die Benutzung dieses Formulars auch für schriftliche Verpfändungen zweckmäßig.

Der Darlehensnehmer hat über den Empfang des Darlehens eine Quittung auszustellen (Formular 30).

---

[4]) Im Gebiete des nassauschen Rechts und überall, wo für das Pfandrecht der Grundsatz der Spezialität gilt, ist diese Bestimmung zu streichen, das Pfandrecht haftet nur für die Forderung, für die es besonders bestellt ist.

Formular 30.

Quittung des Darlehensnehmers.

Auf Pfandschein Nr. . . . . habe ich heute Mk. . . . . in Worten Mark . . . . von d . . (Firma der Genossenschaft) empfangen.

(Ort), den . . ten . . . . . 18 . .

(Unterschrift des Darlehensempfängers.)

Formular 31.

Spezifikation
der
(Firma der Genossenschaft)
über von . . . . als Unterpfand erhaltene Werthpapiere.

Nominalbetrag oder Stückzahl	Benennung der Werthpapiere nach Gattungen, Serien, Literas, Nummern	Tages-kurs	Kurs-werth	Nächstfälliger Koupon

(Ort, Datum.) (Unterschrift der Genossenschaft.)

Wird das Darlehen zurückgezahlt, so quittirt darüber die Genossenschaft wie oben in dem Formular, und der Verpfänder bescheinigt auf Pfandschein und Abschrift desselben den Rückempfang der Pfandstücke:

Das Unterpfand habe . . . . zurückempfangen.

(Ort, Datum.) (Eigenhändige Unterschrift des Verpfänders oder seines Bevollmächtigten.)

Formular 32.

Verpfändungs-Urkunde
für Hypothekenforderungen nach den Bestimmungen der Preußischen Grundbuchordnung.[1])

Zur Sicherstellung meiner Darlehensschuld von . . . . . sammt Zinsen und Kosten[2]) verpfände ich d . . (Firma der Genossenschaft) . . . . (genaue Angabe der Hypothekenforderung) . . . ., über welche der hiermit der Genossenschaft übergebene Hypotheken- (Grundschuld-) Brief gebildet ist.

[1]) Im Gebiete des rheinischen Rechts ist, soweit nicht das Grundbuch angelegt ist, Insinuation der Verpfändung resp. Cession nothwendig.

[2]) Oder „aller jetzigen und zukünftigen vermögensrechtlichen Ansprüche an mich".

Ich bewillige und beantrage die Eintragung der Verpfändung obiger Hypotheken-Forderung im Grundbuche und verpflichte mich auch, der Genossenschaft behufs ihrer Befriedigung obige Forderung abzutreten und die Umschreibung der abgetretenen Post zu bewirken, wobei ich die sämmtlichen entstehenden Kosten trage.

Die Genossenschaft ist auch berechtigt, sich sofort an mein übriges Vermögen zu halten und begebe ich mich hiermit ausdrücklich der Befugniß, sie zuerst an das Unterpfand zu verweisen oder dessen Aufgebung zu verlangen.[1])

(Ort, Datum.)

(Name, Stand, Wohnort des Verpfänders.)

Formular 32a.

Cession einer Hypothekenforderung als Sicherheit.[2])

Zur Sicherstellung aller jetzigen und zukünftigen vermögensrechtlichen Ansprüche an mich trete ich d . . (Firma der Genossenschaft) . . . .
(genaue Angabe der Hypothekenforderung)
nebst Zinsen ab,[3]) so daß dieselbe dies Forderungsrecht von nun ab als das ihrige auszuüben befugt ist. Ich übergebe die über die Post ausgestellte Hypothekenurkunde der Genossenschaft und bewillige und beantrage die Eintragung der Abtretung in das Grundbuch.

(Ort, Datum.) (Unterschrift.)

Formular 33.

II. Diskontirung.

Entwurf zu den Geschäftsbedingungen.

§ 1.

Die Genossenschaft diskontirt Wechsel, welche

a) von einem Mitgliede eingereicht sind;

b) nicht länger als drei Monate nach dem Tage der Ausstellung zahlbar gestellt sind;

c) zwei gute Unterschriften tragen und

d) vom Bezogenen acceptirt sind;[4])

e) entweder aus dem Verkauf von Waaren oder Handelsgegenständen oder aus der Fertigung und Lieferung von Arbeiten herrühren, und bei denen mit Gewißheit auf pünktlichen baaren Eingang gezählt werden kann,

dergestalt, daß die Diskontirung des Wechsels ein bei Verfall desselben beendetes Geschäft wird.

---

[1]) Zum Zweck der Eintragung bedarf es der gerichtlichen oder notariellen Beglaubigung (vgl. S 203).

[2]) Nach preußischem Recht. Für das rheinische Recht vgl. Formular 32 Anm. 1.

[3]) Vgl. das Empfangsbekenntniß der Genossenschaft Formular 49 und S. 204.

[4]) Will eine Genossenschaft dies Erforderniß nicht aufstellen, so muß sie jedenfalls daran festhalten, daß unacceptirte Wechsel sofort zur Annahme präsentirt werden (S. 136) und sind dann bei der Zinsberechnung, falls der Wechsel auf eine bestimmte Zeit nach Sicht lautet, einige — zu bestimmende — Tage hinzuzurechnen (bei der Reichsbank 2 Tage bei Wechseln, wenn sich am Zahlungsorte eine Bankanstalt, 3 Tage, wenn sich daselbst nur eine Nebenstelle befindet).

§ 2.

Anträge um Gewährung eines Wechselkredits sind schriftlich unter Angabe der Höhe des gewünschten Betrages einzureichen, worauf Vorstand und Aufsichtsrath die Höchstgrenze für den dem Mitgliede zu gewährenden Kredit festsetzen. Innerhalb dieser Höchstgrenze entscheidet der Vorstand selbstständig über die Diskontirung.

§ 3.

Der Ankauf von Wechseln geschieht unter Abzug des von Vorstand und Aufsichtsrath festzusetzenden Zinsfußes und der Provision.

Der Wechsel muß den Bestimmungen der Wechselordnung entsprechen und ordnungsmäßig verstempelt sein.

Bei der Zinsberechnung wird jeder Monat zu dreißig Tagen angenommen, indessen wird der Monat Februar bei solchen Wechseln, welche ultimo Februar fällig sind, nur zu 28 bezw. 29 Tagen berechnet. Der Tag der Diskontirung wird nicht mitgezählt. An Zinsen sind mindestens zu berechnen ..... (Angabe der Tage).[1])

Für Wechsel auf solche Plätze, welche nicht Bankplätze oder Giroplätze sind, ist außer dem Diskonto noch eine zur Deckung der Einziehungskosten dienende Gebühr zu entrichten.

§ 4.

Wechsel auf ausländische Hauptplätze[2]) unter ... Tagen und Wechsel auf Nebenplätze[2]) unter ... Tagen bleiben vom Ankauf ausgeschlossen.

Der Vorstand stellt den Kurs fest.

§ 5.

Der Wechsel ist an die Genossenschaft zu indossiren.

§ 6.

Wenn bei einem der Wechselverpflichteten einer der in Art. 29 W.-O. vorgesehenen Fälle der Unsicherheit eintritt, muß der Einreicher des Wechsels auf Verlangen sofort entweder die Wechselsumme zahlen oder für die pünktliche Einzahlung des Wechsels am Verfalltage ausreichende Sicherheit leisten.

Formular 34.

III. Beleihung von Waaren.

(Für die Beleihung von Werthpapieren vgl. Formular 27 u. 29.)

Die für die Waaren-Verpfändungen bei dem Vorschuß-Verein e. G. m. u. H. zu Insterburg geltenden und den Bestimmungen der Reichsbank nachgebildeten Bedingungen lauten:

[1]) In den §§ 27 bis 48 der „Allgemeinen Grundsätze und Bestimmungen" für den Geschäftsverkehr mit der Reichsbank (abgedruckt in Schacht, 6. Auflage S. 15 ff.) sind die Einzelheiten bestimmt, welche hinsichtlich ihrer Rechtsgiltigkeit und ordnungsmäßigen Beschaffenheit einer besonderen Prüfung zu unterziehen sind. Es wäre zu wünschen, daß die Kreditgenossenschaften diese Vorschriften in die Bedingungen für das Diskontgeschäft aufnehmen.

[2]) Die ausländischen Plätze, auf welche Wechsel diskontirt werden, sind den Mitgliedern bekannt zu geben.

§ 1.

Der Lagerort der Waaren, deren Besitz an den Vorschußverein übertragen ist, und das Datum der Taxe sind in der Urkunde zu bemerken.

§ 2.

Lagern die Waaren auf Packhöfen, in Magazinen oder Niederlagen unter der Aufsicht öffentlicher Beamten oder in einem mehreren Privatpersonen gemeinschaftlichen Speicher oder Magazin, oder sonst außerhalb des Vorschußvereins, so ist die Uebergabe des Pfandes an den Vorschußverein in der, nach Verschiedenheit jedes dieser Fälle, gesetzlich erforderlichen Form zu bewirken.

§ 3.

Die Waaren müssen, so lange sie dem Vorschußverein als Pfand dienen, gegen Feuersgefahr zur vollständigen Deckung des Vorschußvereins versichert werden. Der Versicherungsschein wird dem Vorschußverein ausgehändigt und dadurch mit der Befugniß verpfändet, sich daraus bei entstehendem Feuerschaden bezahlt zu machen. Der Vorschußverein ist berechtigt, aber nicht verpflichtet, die Versicherung auf Gefahr und Kosten des Verpfänders zu bewirken oder zu erneuern und sind ihm alsdann die darüber erhaltenen Versicherungs- und Prolongationsscheine, es mögen diese auf seinen oder des Verpfänders Namen lauten, mit derselben Befugniß verpfändet. Bei entstehendem Feuerschaden liegt dem Verpfänder allein ob, die Verpflichtungen des Versicherten aus dem Versicherungsschein zu erfüllen, der Vorschußverein übernimmt deshalb keine Verantwortlichkeit, es möge die Versicherung von ihm selbst oder von dem Verpfänder bewirkt sein.

§ 4.

Der Vorschußverein haftet für keinerlei Schaden, welcher ohne dessen grobes Versehen während des Lagerns an den Waaren entsteht, sei es durch Verderben, Lecke an den Gebinden, Eintrocknen, Wurmfraß oder sonst, es mögen die Waaren in den Gebäuden des Vorschußvereins oder anderwärts lagern. Es ist Sache des Verpfänders, öfters nach den Waaren zu sehen und zur Erhaltung derselben das Erforderliche vorzunehmen, woran er von dem Vorschußverein nicht gehindert werden wird.

§ 5.

Entstehen dem Vorschußverein durch den Transport, die Taxirung, Lagerung, Beaufsichtigung, Umpackung oder Sortirung der Waaren, oder durch sonstige nützliche Verwendungen Kosten, so trägt diese der Verpfänder. Für die Lagerung der Waaren in den Gebäuden des Vorschußvereins sind die von diesem bestimmten Kosten zu entrichten. Für alle Kosten, einschließlich der etwaigen Auslagen für die Versicherung gegen Feuersgefahr (§ 3), dienen dem Vorschußverein die Waaren und der Versicherungsschein nebst den etwaigen Prolongationsscheinen gleichfalls zum Unterpfande.

§ 6.

Wenn die verpfändeten Waaren um den sechsten Theil ihres Tax- oder marktgängigen Werthes im Preise sinken, oder eben so viel während des Lagerns durch Veränderung ihrer Qualität und Quantität nach einer von dem Vorschußverein allein durch einen seiner Beamten, seinen Taxator oder einen anderen Sachverständigen zu veranlassenden Abschätzung im

Werthe verlieren, so ist der Schuldner verbunden, das Unterpfand sogleich verhältnißmäßig zu verstärken oder einen entsprechenden Theil des Darlehens zurückzuzahlen. Geschieht binnen drei Tagen keines von beiden, so ist der Vorschußverein, wenn er nicht die Wiederherstellung der Sicherheit im Rechtswege verfolgen will, jederzeit berechtigt, aber nicht verpflichtet, sich aus dem Unterpfande bezahlt zu machen und den etwaigen Ausfall von dem Verpfänder einzuziehen.

§ 7.

Darlehen auf verpfändete Waaren werden in Beträgen unter 600 Mark nicht gewährt. Außer dem stipulirten Zins hat der Verpfänder für die erste Taxation der Waaren 1/2 pro Mille des gewährten Darlehensbetrages nicht unter 3 Mark als einmalige Taxgebühr an die Kasse zu zahlen, auch für den Fall, daß er das bewilligte Darlehen aus irgend einem Grunde ablehnt. Revisionsgebühren werden nicht erhoben.

Formular 35.

Einräumung des Rechts, Befriedigung aus dem Pfande ohne gerichtliches Verfahren zu suchen. (Art. 311 H.-G.-B.)

Ich räume d . . (Firma der Genossenschaft) das Recht ein, sich aus allen meinen jetzigen und künftigen Pfändern ohne gerichtliches Verfahren zu befriedigen,

1. wenn ich mit der Erfüllung meiner Verpflichtungen im Verzug bin,
2. wenn während der Dauer des Geschäftsverkehrs der Kurs der hinterlegten Werthpapiere so viel sinkt, daß meine Verbindlichkeiten mehr als . . . . pCt. des Kurswerthes betragen und ich nicht binnen 3 Tagen,[1]) auch ohne besondere Aufforderung, die ursprüngliche Sicherheit dadurch wieder herstelle, daß ich nach der Wahl des Vereins entweder eine verhältnißmäßige Abschlagszahlung mache oder das Unterpfand auf das ursprüngliche Verhältniß erhöhe.

(Ort, Datum.) (Unterschrift.)

Formular 36.

IV. Kredit im Kontokorrent.

Formular eines Kredit-Vertrages.

Kredit-Vertrag.

Ich Unterzeichneter bekenne hiermit, daß mir d . . (Firma der Genossenschaft) einen Kredit in laufender Rechnung bis zu dem Betrage von Mk. . . . . . . wörtlich . . . . Mark eröffnet hat.

---

[1]) Für das Gebiet des nassauschen Rechts vgl. die Anmerkung 2 zu Formular 27.

Ich unterwerfe mich rücksichtlich dieser laufenden Rechnung in allen Stücken den Bestimmungen, welche für die Führung laufender Rechnung bei dem genannten Verein für die Mitglieder desselben festgestellt sind, und verpflichte mich zugleich die durch die Ausfertigung der gegenwärtigen Urkunde, die Eröffnung und Kündigung des Kontokorrents, sowie durch die Einziehung der Kontokorrent-Schuld erwachsenden gerichtlichen und außergerichtlichen Kosten zu tragen.

(Ort), den ...... (Unterschrift.)

Ich Unterzeichneter leiste für die durch Benutzung des nach der vorstehenden Urkunde gewährten Kredits d .. (Firma der Genossenschaft) erwachsende Forderung an Kapital bis zum Betrage von .... Mark sowie an Zinsen und Kosten hierdurch Bürgschaft, indem ich auf die Einrede der Vorausklage verzichte.

(Ort), den ...... (Unterschrift.)

Wir Unterzeichneten leisten für die durch Benutzung des nach der vorstehenden Urkunde gewährten Kredits d .. (Firma der Genossenschaft) erwachsende Forderung an Kapital bis zum Betrage von .... Mark sowie an Zinsen und Kosten hierdurch Bürgschaft, indem wir auf die Einreden der Vorausklage und der Theilung verzichten.

(Ort), den .... (Unterschriften.)

Formular 37.

Bedingungen für die Krediterteilung in laufender Rechnung bei ... (Firma der Genossenschaft).

Der ... (Firma der Genossenschaft) eröffnet seinen Mitgliedern einen Kredit in laufender Rechnung gegen nachstehende Bedingungen:

§ 1.

Der Antrag auf Eröffnung eines solchen Konto ist schriftlich beim Vorstande einzureichen und darin:

a) der Höchstbetrag des beanspruchten Kredits,

b) die dafür zu bestellende Sicherheit

anzugeben, worauf schriftlicher Bescheid erfolgt.

§ 2.

Die Sicherstellung kann geschehen durch:

a) Stellung eines guten Bürgen, welcher sich durch Mitunterzeichnung des im § 1 gedachten Depot-Wechsels und schriftliche Bürgschaftsurkunde verpflichtet;

b) Verpfändung von Werthpapieren;

c) Kautions-Hypothek (oder Grundschuldbrief).

§ 3.

Sobald der Antrag genehmigt und die Sicherstellung durch Einreichung der Dokumente erfolgt ist, erhält der Kontoinhaber ein Gegenbuch,[1] in welchem Alles, was er aus der Genossenschaftskasse auf das eröffnete Konto entnimmt, sowie Alles, was er auf dasselbe an die Genossenschaftskasse einzahlt, von den Kassenbeamten fortlaufend nach dem Datum eingetragen wird.

§ 4.

Ueber alle von der Genossenschaft erhaltenen Zahlungen hat der Kontoinhaber besondere Quittungen auszustellen.

§ 5.

Einen Irrthum in der Legitimationsprüfung des Vorzeigers des Buches hat der .... (Firma ....) nicht zu vertreten. Der Kontoinhaber muß daher den etwaigen Verlust des Buches dem .... (Firma ......) unverzüglich anzeigen. Eine irrthümlich vor Eingang seiner Anzeige an den Vorzeiger des Buches bewirkte Zahlung muß der Kontoinhaber gegen sich gelten lassen.

§ 6.

Anträge auf Erneuerung eines nur auf bestimmte Zeit bewilligten Kredits müssen spätestens ... Tage vor dem Endtermin gestellt werden.

§ 7.

Auf das Kontokorrent kann der Inhaber — vorbehaltlich der unter § 8 angegebenen Einschränkung — jederzeit Zahlungen von der Genossenschaft mit der Beschränkung erhalten, daß jeder Bezug nicht unter ... Mark betragen, und daß die durch die Bezüge entstehende Schuld an die Genossenschaft zusammen die Summe des eröffneten Kredits nicht überschreiten darf. Ebenso steht es dem Kontokorrent-Inhaber frei, jederzeit Einzahlungen in Beträgen von wenigstens ... Mark zu leisten, die ihm in seinem Kontokorrent gutgeschrieben werden.

---

[1]) **Formular 38. Gegenbuch:**

(Titelblatt)
Konto-Auszug
über
Konto C.
bei d ... (Firma der Genossenschaft)
für
(Namen des Konto-Inhabers).
(Kolonnen für die Bescheinigungen.)

Datum	Journal-Nr.	Ausgezahlt (in Worten)	M.	Pf.	Bescheinigung des Vorstandes	Datum	Journal-Nr.	Zurückgezahlt (in Worten)	M.	Pf.	Bescheinigung des Vorstandes

§ 8.

Die Genossenschaft ist berechtigt, zu verlangen, daß Bezüge von ... Mark mindestens einen Tag, und von mehr als ... Mark mindestens drei Tage vorher angemeldet werden.

Die Anwendung dieser Einschränkung, von welcher in der Regel kein Gebrauch gemacht wird, ist dem Ermessen des Vorstandes anheimgegeben.

§ 9.

Die Kontokorrent-Inhaber können die Zahlungen der Genossenschaft auf ihre laufende Rechnung durch nach Sicht zahlbare Anweisungen (Checks), welche auf den Namen oder auf den Inhaber lauten, beziehen.

Die Formulare zu diesen Anweisungen werden gegen Empfangsschein und Vergütung von .. Pf. von der Genossenschaft abgegeben. Der Empfänger ist für jeden Mißbrauch derselben verantwortlich.

Die Legitimationen desjenigen, der eine solche ordnungsmäßig ausgestellte Anweisung zur Zahlung präsentirt, ist die Genossenschaft zu prüfen berechtigt, aber nicht verpflichtet.

§ 10.

Auch durch beorderte Uebertragungen auf das Reichsbank-Giro-Konto oder Genossenschafts-Bank-Giro hiesiger und auswärtiger Firmen kann die Verfügung über das Guthaben geschehen.

Ferner kann der Konto-Inhaber Wechsel und sonstige Zahlungsverbindlichkeiten bei der Genossenschaft zahlbar machen; er hat jedoch darüber Avis spätestens drei Tage vor Verfall bezw. unter Beobachtung der Kündigungsfristen unter § 8 einzureichen.

§ 11.

In dem Kontokorrent werden bei dem mit jedem Kalenderhalbjahr stattfindenden Abschluß dem Kontokorrentinhaber von der in dem abgelaufenen Halbjahr bestandenen Schuld ... Prozent Zinsen zur Last gesetzt, von dem in dieser Zeit bestandenen Guthaben dagegen ... Prozent Zinsen vergütet. Der sich danach ergebende Saldo wird als Kapital betrachtet und als solches auf neue Rechnung verzinslich vorgetragen. Eine Erhöhung oder Herabsetzung des Zinsfußes behält sich die Genossenschaft jederzeit vor und wird dem Kontoinhaber schriftlich angezeigt.

Außerdem wird eine Provision von .. % von .... berechnet.

Damit die Kreditgewährungen in laufender Rechnung nicht zur Verdeckung fester Kapitalanlagen mißbraucht werden, hat der Vorstand darüber zu wachen, daß auf jedem Konto ein angemessener Umsatz (durch Einzahlungen und Bezüge) stattfindet, und die Kündigung derjenigen Kredite zu veranlassen, bei welchen dies nicht der Fall ist.

§ 12.

Nach Schluß jedes Kalenderhalbjahres erhält jeder Kontokorrent-Inhaber einen vollständigen Auszug aus seiner laufenden Rechnung, dessen Ergebniß (Saldo) er durch Unterschrift anzuerkennen hat. Das Anerkenntniß ist der Genossenschaft zur Beurkundung der Rechnung einzusenden.

§ 13.

Die Einlagen werden für den nächsten Werktag gutgeschrieben; die Bezüge werden für den Ausstellungstag der Quittung belastet.

§ 14.

Die Genossenschaft ist berechtigt, auch aus dem sonstigen Verkehr mit dem Kontoinhaber entstandene Forderungen demselben zu belasten.

§ 15.

Sowohl dem Kontoinhaber wie der Genossenschaft steht das Recht zu — einerlei ob der Kredit auf bestimmte oder unbestimmte Zeit bewilligt ist — denselben jederzeit zu kündigen und die Rechnung aufzuheben.

Die Kündigung seitens der Genossenschaft erfolgt durch eingeschriebenen Brief.

Ergiebt bei Endigung des Rechnungsverhältnisses der Abschluß einen Saldo zu Lasten des Kontoinhabers, so hat ihn dieser innerhalb . . Tagen abzutragen, schließt die Rechnung zu Gunsten des Kontoinhabers ab, so ist das Guthaben sofort zur Erhebung zu bringen und die Verzinsung hört vom Abschlußtage ab auf.

Formular 39.

Formular eines eigenen Depot-Wechsels auf oder eine Zeit nach Sicht bei dauernder Geschäftsverbindung.

Acht Tage nach Sicht (auf Sicht) zahle ich gegen diesen Sola-Wechsel an d . . . . Verein (nicht an Ordre) die Summe von

. . . . Mark . . . . Pf.[1])

(Ort), den . . . . (Unterschrift.)

Formular 40.

Die Verpfändung von Werthpapieren oder von Hypothekenforderungen für Kredit im Kontokorrent

hätte nach den Formularen 27 und 32 zu geschehen mit folgenden einleitenden Worten:

(Ort), den . . . . 18 . .

Zur Sicherstellung der d . . (Firma der Genossenschaft) durch die Benutzung des nach der Urkunde vom . . . . gewährten Kredits erwachsenden Forderung an Kapital bis zum Betrage von . . . . Mark sowie an Zinsen und Kosten übergebe ich der genannten Genossenschaft die nachstehend verzeichneten Werthpapiere hiermit unter folgenden näheren Bestimmungen zum Faustpfand:

Formular 41.

Kontokorrentschein.

Entsprechend der Darstellung (S. 149, 202) über die Ausstellung von Urkunden, welche sich weder als Schuldscheine noch als Verpfändungsurkunde charakterisiren (Formular 29), gleichwohl im Wesentlichen den gleichen Zweck

[1]) Will man die Präsentationsfrist verlängern, so müßte es hier noch heißen: „sofern die Präsentation innerhalb . . Jahren erfolgt".

wie solche erfüllen, lassen wir ein Formular für einen Kontokorrentschein folgen, der eine Erklärung der Genossenschaft über den eingeräumten Kredit und eine Bestätigung derselben über den Empfang des Pfandes enthält.

Kontokorrentschein № . .
für
Kredit in laufender Rechnung.

D . . (Firma der Genossenschaft) hat dem Herrn . . . . einen Kredit in laufender Rechnung von . . . . bewilligt und ist der Genossenschaft dafür . . . . als Unterpfand übergeben.

Die dem Geschäfte zu Grunde liegenden und umstehend abgedruckten Bedingungen sind für beide Theile bindend.

(Ort), den . . . . Firma der Genossenschaft.
(Unterschriften.)

Die Bedingungen der Verpfändung von Werthpapieren sind die gleichen wie bei Formular 29, mit der Aenderung in Formular 40. Der Konto-Inhaber erhält ein Gegenbuch nach Formular 38.

Formular 43.

Bedingungen für den Giro-Verband und Giro-Verkehr
bei der
Deutschen Genossenschafts-Bank von Sörgel, Parrisius & Co. in Berlin und bei deren Kommandite in Frankfurt a. M.

Die Deutsche Genossenschafts-Bank von Sörgel, Parrisius & Co. in Berlin und ihre Kommandite in Frankfurt a. M. errichten einen Giro-Verband, welcher in zwei getrennten Abtheilungen in Berlin und in Frankfurt a. M. seinen Sitz hat.

I. Zweck des Verbandes.

§ 1.

Zweck des Giro-Verbandes ist:

a) den Geldverkehr der Mitglieder unter einander zu erleichtern, indem sie Schulden und Forderungen an einem gemeinsamen Mittelpunkte — Berlin oder Frankfurt a. M. — durch Uebertragung (Giro) ausgleichen;

b) das Inkasso von Wechseln auf Orte, an denen Mitglieder eines Giro-Verbandes wohnen, zu vereinfachen, zu sichern und die Kosten auf das möglich kleinste Maß zu vermindern.

II. Beitritt und Austritt eines Mitgliedes.

§ 2.

Der Beitritt zum Giro-Verbande erfolgt durch Aufnahme von Seiten der Deutschen Genossenschafts-Bank von Sörgel, Parrisius & Co. in Berlin oder deren Kommandite in Frankfurt a. M. und durch Unterzeichnung dieser Bedingungen.

Jedes Mitglied der einen Abtheilung in Berlin oder Frankfurt a. M. kann zu gleicher Zeit Mitglied der anderen Abtheilung sein.

Fortsetzung s. S. 316!

Formular 42.

Belastungsliste.

Carl Müller aus Xburg.

Vorschüsse. Vorschuß-Konto 12.				Kontokorrent. Kredit 1500 M. Bürge L. Lau. Kontokorrent-Konto 43.			Diskonten. Diskont-Kredit 2000 M. Diskont-Konto 25.				Lombard. Kredit 1000 M. Eff.-Depot 50. Lomb.-Konto-Folio 12.			Verpflichtungen aus Bürgschaften.						Geschäftsguthaben. Konto-Fol. 90.	
Dat.	Beträge.	Wechsel-Nr. und Fälligkeit.	Sicherstellung.	Dat.	Beträge.	Notizen.	Dat.	Wechsel-Nr. und Fälligkeit.	Betrag.	Eingegangen	Dat.	Beträge.	Nr. der Schuldurkunde.	Betrag.	Vorschuß-Konto.	Kontokorrent-Konto.	Diskont-Konto.	Lombard-Konto.	Bemerkungen.	Dat.	Einzahlungen.
1896.				1896.			1896.				1896.									1896.	
5/7.	+500	120. 5/10.	M. Kunze, Xdorf	6/7.	1 500	Kredit	1/8.	250. 2/10.	400 —	400 —	5/9.	1 000	Kredit							5/7.	50 —
6/9.	+300	200. 6/12.	Hyp. #15	7/7.	./. 1 000		2/9.	300. 2/12.	500 —		5/9.	./. 500	20 16/11.							7/7.	100 —
	800				500		〃	301. 16/12.	200 —			500									
5/10.	./. 50	120. 5/1.		9/7.	./. 500																
	750				—																

§ 3.

Diese Bedingungen können von der Deutschen Genossenschafts-Bank von Sörgel, Parrisius & Co. in Berlin und deren Kommandite Frankfurt a. M. einseitig abgeändert werden.

Der Austritt steht jedem Mitgliede mit Ende desjenigen Monats frei, in dessen erster Hälfte die Austritts-Erklärung schriftlich erfolgt ist.

III. Rechte und Pflichten der Mitglieder.

§ 4.

Jedes Mitglied ist verpflichtet, den Bedingungen nachzukommen, insbesondere:

a) bei der Centralstelle seiner Abtheilung — Berlin oder Frankfurt a. M. — und im Falle doppelter Mitgliedschaft an beiden Stellen auf Giro-Konto ein Guthaben (§§ 8, 9 und 10) zu führen;

b) die ihm von beiden Centralstellen Berlin und Frankfurt a. M. oder von einzelnen Mitgliedern beider Abtheilungen wegen zu kurzer Verfallzeit direkt zugehenden Wechsel provisionsfrei und ohne Abzug von Spesen nach § 10 auf Giro-Konto zu kreditiren und nach den Vorschriften der Allgemeinen deutschen Wechsel-Ordnung einzuziehen.

Den Werth der eingezogenen Wechsel kann das Mitglied auf sein Guthaben im Giro-Konto in Anrechnung bringen. Die Uebersendung der eingezogenen Beträge muß erfolgen, sobald dieses Guthaben aufgezehrt ist. Die Anschaffungen dürfen nur aus Reichsgoldmünzen, Reichskassenscheinen oder solchen Banknoten bestehen, welche im Sinne des Bankgesetzes als Zahlmittel zulässig sind.

§ 5.

Beide Centralstellen sind verpflichtet:

a) das Interesse der Gesammtheit der Mitglieder dem Einzelnen gegenüber aufrecht zu erhalten;

b) Wechsel auf Berlin, Frankfurt a. M. und bankfähige Wechsel auf Reichsbank-Plätze über Giro-Konto provisionsfrei und nach den Vorschriften der Allgemeinen deutschen Wechsel-Ordnung einzuziehen;

c) das Giro-Konto jeden Mitgliedes provisionsfrei zu führen und das verfallene und eingegangene Guthaben nach §§ 13 und 14 verfügbar zu halten;

d) die Wechsel auf Giro-Plätze von den Mitgliedern anzunehmen, ihnen auf ihrem Giro-Konto nach § 10 gutzuschreiben und rechtzeitig an das Mitglied des Verbandes am Zahlungsorte zum Einzug auf Giro-Konto zu übersenden, alles provisionsfrei;

e) das verauslagte Porto nach Verhältniß der Betheiligung der Einzelnen zu ermitteln und ihnen in Rechnung zu stellen nach §§ 20 bis 22.

Die unter b und d bezeichneten Verpflichtungen erlöschen im Falle eines Krieges.

§ 6.

Bei Mangels Zahlung protestirten Wechseln wird eine Protestprovision von 1/3 Prozent des Wechselbetrages berechnet, ein Minimalsatz für kleine Wechsel ist ungesetzlich.

Wechsel, welche ohne Protest zurückgehen, unterliegen einer Schreibgebühr von 20 Pfennigen pro Stück ohne Rücksicht auf die Höhe des Wechselbetrages.

IV. Giro-Konto.

§ 7.

Mit der Führung eines Giro-Kontos ist für das Mitglied eine Kreditgewährung nicht verbunden. Die Mitglieder sind daher verpflichtet, die aus dem Einzug von Wechseln auf ihrem Konto entstandene Schuld rechtzeitig abzutragen.

§ 8.

Jedes Mitglied kann auf seinem Konto ein Guthaben bis zu 60000 Mark aufsammeln; ein größeres Guthaben bedarf besonderer Verabredung.

A. Eingang.

§ 9.

Das Guthaben auf Giro-Konto kann von dem Mitgliede gebildet werden:

a) durch Uebertragung des Guthabens von einem anderen Konto auf das Giro-Konto;
b) durch von Dritten beorderte Uebertragung ihres Guthabens;
c) durch zu Gunsten der einen Centralstelle beorderte Uebertragung auf deren Giro-Konto bei der anderen Centralstelle;
d) durch selbst bewirkte oder durch Andere für seine Rechnung gemachte Baarsendungen oder Zahlungen;
e) durch eigene oder für seine Rechnung von Anderen gemachte Rimessen nach dem folgenden Paragraphen.

§ 10.

Die Rimessen § 9e können bestehen:

a) in Wechseln, Anweisungen und Checks auf Berlin und Frankfurt a. M., welche 2 Tage nach Verfall gutgeschrieben werden: bei Sichtwechseln, Checks und Anweisungen ist als Tag der Sicht bezw. des Verfalls der Tag des Eintreffens am Zahlungsort zu rechnen;
b) in Wechseln auf Reichsbank-Plätze, soweit sie nicht zugleich Giro-Plätze sind und nicht länger als 14 Tage zu laufen haben; diese werden nach den jeweiligen Bedingungen der Reichsbank abzüglich Diskont gutgeschrieben; die Gutschrift länger laufender Wechsel auf Reichsbank-Plätze bedarf einer vorherigen Verständigung;
c) in Wechseln auf Plätze, in denen Mitglieder des Giro-Verbandes wohnen (Giroplätze) und auf diejenigen Orte, welche in unseren Giro-Listen noch außerdem bezeichnet sind (Nebenplätze); diese werden in folgender Weise gutgeschrieben:

   Werth 3 Tage nach Verfall soweit sie auf 600 Mark und mehr lauten.

   Werth Mittwoch der folgenden Woche soweit sie auf weniger als 600 Mark lauten und innerhalb der Kalenderwoche (Sonntag bis Sonnabend) fällig sind.

§ 11.

Jeder an eine der beiden Centralstellen gesandte Wechsel muß an deren Firma girirt sein, — ein Blanko-Giro genügt nicht. Es ist auch nicht zulässig, diese Wechsel „Werth zum Inkasso" oder „zum Einzug" zu giriren die Anwendung eines solchen Zusatzes bleibt vielmehr nur den Centralstellen vorbehalten.

§ 12.

Es können auf Giro-Konto nicht gutgeschrieben werden:

a) Wechsel auf andere Plätze, als die im § 10 bezeichneten;
b) kurshabende Geldsorten;
c) Koupons mit Ausnahme der fälligen Dividendenscheine der Genossenschaftsbank-Aktien;
d) Effekten und Devisen.

B. Ausgang.

§ 13.

Jedes Mitglied des Giro-Verbandes kann nur über das bei der Centralstelle seiner Abtheilung verfallene wirklich eingekommene Guthaben verfügen.

§ 14.

Diese Verfügung kann erfolgen:

a) durch beorderte Uebertragung auf das vom Mitgliede oder einem Dritten bei der Centralstelle seiner eigenen Abtheilung geführte anderweite Konto;
b) durch beorderte Uebertragung auf das vom Mitgliede oder einem Dritten bei der Reichsbank unterhaltene Giro-Konto;
c) durch beorderte Uebertragung auf das vom Mitgliede oder einem Dritten bei der Centralstelle der anderen Abtheilung geführte Konto;
d) durch Check bis zu 20000 Mark an einem Tage; Checks in höheren Beträgen müssen zwei Tage vor der Ausgabe avisirt werden; zur Ausstellung von Checks liefert jede der beiden Abtheilungen Formulare zum Selbstkostenpreise, deren sich die Mitglieder im Giro-Verkehr ausschließlich zu bedienen haben;
e) durch bei der Deutschen Genossenschafts-Bank von Sörgel, Parrisius & Co. in Berlin oder ihrer Kommandite Frankfurt a. M. domizilirte Accepte des Mitgliedes, doch nur insoweit als das Guthaben aus remittirten Wechseln entstanden ist;
f) durch schriftlich beorderte Baarsendung an das Mitglied selbst: diese wird befördert, wenn die Ordre an einem Werktage bis 5 Uhr Nachmittags eintrifft, am gleichen Tage; wenn sie später oder an einem Sonn- oder Feiertage eintrifft, am darauf folgenden Werktage;
g) durch Auszahlungen an Dritte in Berlin oder Frankfurt a. M.

§ 15.

Zahlungen oder Baarsendungen nach anderen Orten können nicht beordert werden.

Ebensowenig können auf Giro-Konto fremde Accepte zur Einlösung bei der Deutschen Genossenschafts-Bank von Sörgel, Parrisius & Co. in Berlin oder deren Kommandite Frankfurt a. M. domizilirt werden.

Für die beorderten Baarsendungen gelten die unter § 14d für die Ausstellung von Checks festgesetzten Beschränkungen.

V. Korrespondenz.

§ 16.

Die Mitglieder haben sich zu der das Giro-Konto betreffenden Korrespondenz ausschließlich der ihnen von der Deutschen Genossenschafts-Bank in Berlin wie von deren Kommandite Frankfurt a. M. zum Kostenpreise zu liefernden Formulare zu bedienen.

§ 17.

Die Mitglieder sind, soweit thunlich, gehalten, die in der nächsten Kalenderwoche fälligen Wechsel so zeitig abzusenden, daß dieselben bis Donnerstag jeder Woche an beiden Centralstellen eintreffen.

Jedes Mitglied ist verpflichtet, bei der Centralstelle seiner Abtheilung die von anderen Mitgliedern zum Einzug erhaltenen Wechsel zur Gutschrift auf das Giro-Konto des Remittenten und zur Belastung auf eigenem Giro-Konto rechtzeitig, keinenfalls später als vor Schluß des Monats, zu beordern.

Dagegen sind die Centralstellen nur verpflichtet, solche Briefe der Mitglieder zu beantworten, deren Inhalt nicht in Ordnung geht. Die Stelle von Empfangsanzeigen vertreten die den Mitgliedern allmonatlich pünktlich zugehenden Postenauszüge.

§ 18.

Die ausgestellten Checks und die domizilirten Accepte der Mitglieder sind rechtzeitig zu avisiren.

§ 19.

Die nicht eingegangenen Wechsel sind rechtzeitig Mangels Zahlung zu protestiren und Wechsel und Protest rechtzeitig an den nächsten Vormann mittelst Einschreibebriefes zurückzusenden und über die Protestkosten einschließlich Porto des Briefes und 1/3 Prozent Protestprovision (§ 6) Aufgabe zu machen. Nachnahme der Protestkosten durch Postvorschuß ist nicht gestattet. Sind dem Giro des letzten Vormanns die Worte: „ohne Kosten" oder „ohne Protest" hinzugefügt, wird die Unterlassung des Protestes erwartet. Ist dennoch Protest erhoben, bleiben die Vormänner für Wechselbetrag und Kosten regreßpflichtig nach der Wechselordnung.

Bei Wechseln, welche ohne Protest zurückgehen, wird das Porto des Briefes und eine Schreibgebühr von 20 Pf. (§ 6) aufgerechnet.

VI. Portokosten.

§ 20.

Jedes Mitglied hat die Portokosten, welche aus der Führung seines Giro-Kontos entstehen, selbst zu tragen und hat deshalb seine Korrespondenz, soweit sie seine eigenen Geschäfte betrifft, für seine Rechnung zu frankiren.

Soweit die Korrespondenz die Geschäfte der Mitglieder im Allgemeinen betrifft, ist die Korrespondenz zu frankiren und das so verauslagte Porto halbjährlich bei der betreffenden Centralstelle zu liquidiren.

Portoauslagen für Korrespondenzen der Mitglieder unter einander haben sie unter sich zu verrechnen.

Die Frankatur der Rückwechsel ist nach § 19 bei der Rückkostenrechnung in Ansatz zu bringen.

§ 21.

Jedes Mitglied hat für jedes Stück der zum Einzug eingesandten Wechsel 5 Pfennige Porto zu zahlen.

Wechsel auf Giro-Plätze, welche später als an dem vor der Woche ihres Verfalls liegenden Sonnabend bei den Centralstellen eingehen, ebenso Wechsel auf Nebenplätze, welche bei Eingang noch weniger als 10 Tage zu laufen haben, unterliegen einem Portoabzug von 30 Pfennigen für jedes Stück.

Diese Portokosten werden zu Gunsten der allgemeinen Portokasse verrechnet.

Wechsel auf Berlin und Frankfurt a. M. sind von der Portoberechnung ausgeschlossen.

§ 22.

Die nach § 20 von den einzelnen Mitgliedern berechneten, die Allgemeinheit betreffenden Portoverläge und diejenigen Portoauslagen, welche den beiden Centralstellen durch die Führung des Inkassogeschäfts im Allgemeinen, sowie durch die Uebersendung der Wechsel an den Zahlungsort erwachsen, werden den Mitgliedern nach Abzug der vereinnahmten Portoabzüge (§ 21) verhältnißmäßig nach ihrer Betheiligung am Inkassogeschäfte belastet.

§ 23.

Das von den beiden Centralstellen im Interesse des einzelnen Mitgliedes verauslagte Porto wird am Schlusse des Halbjahrs jedem Betreffenden belastet.

VII. Verzinsung.

Das verfallene Guthaben der Mitglieder wird denselben verzinst. Die Höhe des Zinsfußes bestimmen die Centralstellen durch Circulair im voraus.

Derjenige Theil des verfallenen Guthabens, welcher das verabredete Maximum (§ 8) übersteigt, wird nicht verzinst.

Wir treten dem Giro-Verbande der Deutschen Genossenschafts-Bank von Sörgel, Parrisius & Co., Abtheilung . . . . bei und verpflichten uns, den Bedingungen nachzukommen.

. . . ., den . . . . 18 . .

Formular 44.

Inkasso von Wechseln.[1])

Wir lehnen uns an die Bedingungen der Reichsbank.

1. Wechsel, welche spätestens nach . . . Tagen zahlbar sind, werden zum Inkasso angenommen; sie sind an die Genossenschaft zu giriren und zwar mit dem Zusatz „zum Inkasso".

Der Wechsel muß ordnungsmäßig verstempelt sein.

---

[1]) Wegen des Inkassos für Nichtmitglieder vgl. S. 168; über Giro-Verband S. 169 und Formular 43.

2. Hat der Wechsel weniger als . . . Tage zu laufen, so muß er mit der Erklärung „ohne Verbindlichkeit zur rechtzeitigen Präsentation bezw. Protesterhebung" versehen sein.

3. Der Einlieferer des Wechsels erhält eine Empfangsbestätigung, welche ihm zur Legitimation dient.

4. Die Gebühr für die Einziehung beträgt . . . . vom Tausend, mindestens aber 50 Pf.

5. Eine Benachrichtigung des Einlieferers vom Eingang der Zahlung findet nicht statt. Der eingegangene Betrag wird an den Einlieferer der quittirten Empfangsbescheinigung ohne Prüfung der Unterschrift ausbezahlt. Dagegen behält sich die Genossenschaft das Recht der Prüfung vor. Zeigt der Inhaber den Verlust der Empfangsbescheinigung an, so wird Zahlung nur nach gehöriger Legitimationsprüfung, gegen Quittung und Mortifikationsschein geleistet.

Formular 45.

An- und Verkauf von Werthpapieren.[1])

1. Ankaufsanträge von Werthpapieren werden erst dann ausgeführt, wenn der dazu erforderliche Geldbetrag baar eingezahlt (worüber Quittung ertheilt wird) oder sichergestellt ist; Verkaufsanträge erst dann, wenn die zu verkaufenden Papiere eingeliefert und in Ordnung befunden sind (besonders in Bezug auf die Verstempelung und Verkäuflichkeit).

Sind die zum Verkauf bestimmten Werthpapiere der Genossenschaft zur Aufbewahrung übergeben, so ist der hierüber ausgestellte Depotschein quittirt dem Verkaufsantrage beizufügen.

2. Der An- und Verkauf der Werthpapiere erfolgt an dem Platze, an welchem der Auftrag am besten auszuführen ist. Hat der Auftraggeber über den An- und Verkauf eine Bestimmung getroffen, so wird nach derselben verfahren.

3. Die Gebühren betragen sowohl für den Ankauf als auch für den Verkauf . . . % vom Hundert vom Nennwerthe, mindestens jedoch 50 Pf. für jede Gattung von Werthpapieren. Bei gleichzeitiger Ausführung von An- und Verkäufen für denselben Auftraggeber werden die Gebühren nur einmal und zwar von der größeren Seite berechnet.

Außerdem werden die nach Börsenbrauch verauslagten Mäkler- und Stempelgebühren in Ansatz gebracht. Sämmtliche Porti hat der Auftraggeber zu tragen; die Versendung der Papiere erfolgt, sofern nicht vom Auftraggeber ausdrücklich andere Bestimmungen getroffen sind, unter voller Werthangabe.

[1]) Die Bestimmungen des Gesetzes, betr. die Pflichten der Kaufleute bei Aufbewahrung fremder Werthpapiere, vom 5. Juli 1896 sind sorgfältig zu beachten. Vgl. S. 173.

Formular 46.

Aufbewahrung und Verwaltung von Werthstücken.

Bestimmungen für offene Depots.

1. D . . (Firma der Genossenschaft) übernimmt Werthpapiere jeder Art zur Aufbewahrung und Verwaltung.

Es können insbesondere zur Aufbewahrung und Verwaltung übergeben werden Werthpapiere jeder Gattung, Obligationen, Aktien, Loose, auf den Namen oder Inhaber lautend, Pfandscheine, Hypotheken-Urkunden, Schuldscheine, Wechsel.

Der Vorstand behält sich freie Entschließung vor, die angebotenen Papiere ganz oder theilweise anzunehmen oder zurückzuweisen, und jederzeit die ganze oder theilweise Rücknahme zu verlangen.

2. Die Genossenschaft leistet für die getreue und sichere Aufbewahrung volle Gewähr, sie haftet jedoch nicht für höhere Gewalt, für Elementarereignisse und für die aus der Amortisation von Werthpapieren entstehenden Folgen.

3. Die Genossenschaft besorgt die Verwaltung und ist verpflichtet:

a) die zu den Papieren gehörigen Zins- und Dividenden-Abschnitte bei Verfall abzutrennen und einzuziehen und die Zinsen aus Hypotheken- und Schuldbriefen entgegenzunehmen. Zur Beitreibung ist sie nicht verpflichtet;

b) die Ausloosungen, Kündigungen und Umwandlungen (Konvertirungen) der Werthpapiere, die erforderten Einzahlungen und die Eröffnung von Bezugsrechten zu überwachen und dem Hinterleger anzuzeigen;

c) neue Zins- und Dividendenbogen zu den hinterlegten Werthpapieren zu erheben;

d) Interimsscheine gegen definitive Stücke umzutauschen;

e) mit den deponirten Papieren verbundene Bezugsrechte auf neue Papiere geltend zu machen, auch die weiteren Einzahlungen auf nicht voll gezahlte Papiere für die Deponenten zu leisten, wenn dieselben solches spätestens 8 Tage vor Ablauf der dazu festgesetzten Termine schriftlich beantragen und zugleich die dazu erforderlichen Geldbeträge mit der Provision einzahlen oder auf ihrer laufenden Rechnung bei der Genossenschaft zur Verfügung stellen;

f) auf Anordnung des Hinterlegers die gezogenen und gekündigten zur Rückzahlung gelangenden Papiere einzuziehen und die Konvertirung zu besorgen.

4. Für die mit diesen Leistungen verbundene Mühewaltung und Gefahr ist eine Provision von . . . pro Mille des Nominalbetrages der deponirten Papiere zu entrichten, wobei sich ergebende Bruchtheile einer Mark für eine ganze Mark gerechnet werden.

Diese Provisionen sind ohne Rücksicht auf die Dauer der Deposition für ein volles Jahr sogleich bei der Einreichung der Papiere und für jedes folgende Jahr vor dessen Beginn zu entrichten und werden in keinem Falle zurückvergütet. Für rückständige Provisionen haftet das Guthaben der Deponenten bei der Genossenschaft sowie das Depot selbst.

Für die Einziehung verlooster und gekündigter Papiere, sowie für die Geltendmachung des Bezugsrechtes und Leistung der Einzahlungen berechnet die Genossenschaft — gleich wie für den An- und Verkauf von Werthpapieren — . . % der zu erhebenden resp. zu leistenden Zahlungen, dagegen trägt die Genossenschaft die dabei entstehenden Auslagen an Porto, Courtage 2c., sofern dieselben im einzelnen Fall nicht eine unverhältnißmäßige Höhe erreichen.

5. Die zu verwahrenden Papiere sind der Genossenschaft nach Gattungen, Serien oder Literas, Jahrgängen 2c. und Nummern geordnet, mit einem doppelt ausgefertigten, von dem Deponenten eigenhändig unterzeichneten Antrage[1]) einzureichen, worin die Papiere in gleicher Weise geordnet unter Angabe der dabei befindlichen Koupons und Talons zu verzeichnen sind.

Formulare zu diesen Anträgen, auf deren Rückseite die Bedingungen des Depositionsvertrages abgedruckt sind, werden von der Genossenschaft kostenfrei abgegeben.

Das eine Exemplar des Antrages erhält der Deponent mit Bescheinigung der Genossenschaft über den Empfang der Papiere als Depotschein zurück, das andere Exemplar verwahrt die Genossenschaft. Die Depotscheine lauten auf den Namen und sind nicht übertragbar.

6. Das Depositum kann jederzeit ganz oder theilweise zurückgenommen werden. Bei Zurücknahme eines Theils der deponirten Papiere hat der Deponent deren Empfang — in der Regel auf dem bei der Genossenschaft befindlichen Exemplar des Antrages — zu bescheinigen und zugleich die Rückgabe auf dem jedesmal vorzulegenden Depotschein seitens der Genossenschaft vermerken zu lassen.

Bei Zurücknahme des ganzen Depots resp. des Restes ist der Depotschein quittirt an die Genossenschaft zurückzugeben.

7. Die Legitimation des Inhabers des Depotscheins, sowie die Aechtheit der Quittung zu prüfen, ist die Genossenschaft zwar berechtigt, jedoch nicht verpflichtet.

8. In Verbindung mit den offenen Depots wird jedem Deponenten eine laufende Rechnung nach den darüber bestehenden Bestimmungen bei der Genossenschaft geführt, worauf alle Eingänge gutgeschrieben und Entnahmen belastet werden.

9. Die Genossenschaft ist berechtigt, Depositionsanträge abzulehnen, sowie die Zurücknahme von Depots zu verlangen, ohne die Gründe dafür anzugeben.

Antrag.

[1]) Die umstehend den Gattungen, Nummern und dem Betrage nach verzeichneten Werthpapiere bitte ich unter den auf der Rückseite dieses Antrages abgedruckten Bedingungen in Verwahrung zu nehmen.

Von dem nach Pos. 3 f. der Bedingungen dem Deponenten zustehenden Rechte, zu verlangen, daß die gezogenen, verloosten und gekündigten Nummern eingezogen oder verwerthet resp. konvertirt werden, will ich . . . . . . Gebrauch machen.

(Ort), ... den . . . ten . . . . . . 18 . . (Unterschrift.)

Laufende Nr.	**Bezeichnung der in Verwahrung gegebenen Papiere.** Die Papiere sind nach Gattungen, Serien oder Literas, Jahrgängen 2c. u. Nummern geordnet, unter Angabe der dabei befindlichen Koupons u. Talons aufzuführen u. der Gesammtnominalbetrag ist am Schlusse in Zahlen und Buchstaben anzugeben.	Nominalbetrag in Ziffern.	Rückempfangs-Bescheinigungen.

Formular 47.

Bestimmungen für geschlossene Depots.

1. D . . (Firma der Genossenschaft) nimmt ihren Mitgliedern verschlossene Packete, Kisten und dergl. in Verwahrung, soweit der vorhandene Raum dazu ausreicht.

Sachen geringeren Umfangs müssen in dauerhaftem Umschlag, Sachen größeren Umfangs in gutverschlossenen Kisten, Koffern rc. verpackt und in beiden Fällen dergestalt versiegelt sein, daß das Oeffnen ohne Verletzung der Siegel nicht möglich ist. Außerdem müssen die Deposita mit dem Namen des Niederlegers, dem Tag der Niederlegung und der Werthangabe deutlich überschrieben sein.

2. Von dem Inhalt der Deposita nimmt die Genossenschaft keine Kenntniß und ist für denselben in keiner Weise verantwortlich; er ist nur verpflichtet, das Depositum unverletzt und in äußerlich gutbeschaffenem Zustande zurückzugeben, haftet aber nicht für höhere Gewalt, Elementarereignisse oder inneren Verderb, und kann niemals angehalten werden, mehr als den deklarirten Werth zu erstatten.

Ueber die Hinterlage wird eine von der Genossenschaft und dem Niederleger unterzeichnete Urkunde über jedes Packet doppelt ausgefertigt, welche die genaue und deutliche Bezeichnung enthält

1. des Hinterlegers;
2. der zur Rücknahme der Hinterlage berechtigten Person;
3. des hinterlegten Packets nach Zeichen und Nummer;
4. der Werthsumme.

Das eine Exemplar erhält der Deponent als Depotschein zurück.

3. Als Vergütung für die Aufbewahrung wird bei der Niederlegung ein Lagergeld entrichtet, welches beträgt . . . . . . Mark.

4. Die Aufbewahrung dauert sechs Monate. Bei Verlängerung derselben wird für jede halbjährige Frist die Hälfte des festgesetzten Lagergeldes vorausbezahlt, wobei ebenfalls sich ergebende Bruchtheile einer Mark für eine ganze Mark gerechnet werden.

5. Die Einsicht oder Veränderung des Inhalts der deponirten Packete oder Kisten rc. wird im Vereinslokal nicht gestattet. Der Deponent kann solche nur im Ganzen zurücknehmen gegen Zurückgabe des quittirten Depositenscheines. Erfolgt die Zurücknahme vor Ablauf der halbjährigen Frist, so findet eine Rückvergütung des gezahlten Lagergeldes nicht statt. Wird jedoch ein Depositum binnen acht Tagen nach der Zurücknahme wieder eingeliefert, so wird von diesem neuen Depositum auch für die ersten sechs Monate nur der Prolongationssatz erhoben.

6. Bei Zurückgabe des Depositums ist die Genossenschaft zwar berechtigt, jedoch nicht verpflichtet, die Legitimation des Inhabers des Depositenscheins, sowie die Aechtheit der Rückempfangsbescheinigung zu prüfen.

7. Die Genossenschaft ist berechtigt, Depositions- und Prolongationsanträge abzulehnen, sowie die Zurücknahme von Depositen zu verlangen ohne die Gründe dafür anzugeben.

Formular 48.

Kautionshypothek nach der Preußischen Grundbuchordnung.[1])

Ich stehe mit der Kreditgenossenschaft zu . . . ., eingetragene Genossenschaft mit beschränkter Haftpflicht, in Geschäftsverbindung.

Für alle Ansprüche, welche die Genossenschaft aus dieser Geschäftsverbindung gegen mich haben wird, nebst allen Zinsen und Kosten, verpfände ich derselben mein Grundstück . . . . . bis zum Höchstbetrage von . . . . Mark.

Ich bewillige und beantrage die Eintragung einer entsprechenden zinslosen Kautionshypothek auf das erwähnte Grundstück, sowie die Ausfertigung eines Hypothekenbriefes für oben bezeichnete Genossenschaft, indem ich sämmtliche Kosten übernehme. (Unterschrift.)

(Ort, Datum.) (Notarielle oder gerichtliche Beglaubigung.)

Formular 49.

Bekenntniß der kreditgebenden Genossenschaft über den Empfang eines in Blanko cedirten Grundschuldbriefes.

Herr . . . . von . . . . hat von der unterzeichneten (Firma der Genossenschaft) unter dem heutigen Datum gegen Wechsel die Summe von . . . . Mark als Darlehen erhalten und sich verpflichtet, dasselbe am . . ten . . . . . . zurückzuzahlen.

Zur Sicherheit der unterzeichneten Genossenschaft hat Herr . . . . derselben den Grundschuldbrief de dato . . . ten . . . . . . über die in dem Grundbuche von . . . . . . Band . . . Nr. auf dem im . . . . Kreis . . . . . . gelegenen . . . . für ihn eingetragene Grundschuld von . . . . . Mark zu . . . Prozent jährlich in halbjährigen Raten zahlbaren Zinsen nebst Zinsquittungen[2]) auf die Zeit vom . . ten . . . . . bis . . ten . . . . und Blanko-Cession[3]) übergeben und für den Fall, daß die erwähnte Wechselschuld nicht pünktlich von ihm bezahlt wird, die Genossenschaft ermächtigt:

über diesen Grundschuldbrief nach Belieben zu verfügen und sich durch Einziehung oder weiteren Abtretung der darin bekundeten Grundschuld für ihre Forderung an Kapital, Zinsen und Kosten vollständig bezahlt zu machen.

Indem die unterzeichnete Genossenschaft den vorstehend näher bezeichneten Grundschuldbrief nebst Zinsquittungsbogen und Blanko-Cession unter dieser Bedingung ausgehändigt erhalten zu haben bekennt, verpflichtet sie sich zugleich, denselben dem Herrn . . . . wieder unverändert zurückzugeben, sobald letzterer seiner angegebenen Schuldverpflichtung vollständig nachkommt.

(Ort), den . . ten . . . . . . (Unterschrift der Genossenschaft.)

---

[1]) Ueber die Kautionshypothek nach rheinischem Rechte S. 45 Blätter für Genossenschaftswesen von 1896.

[2]) Falls Zinsquittungsscheine ausgegeben sind, was gesetzlich statthaft, aber nicht üblich ist.

[3]) Es sei hier noch besonders darauf aufmerksam gemacht, daß bei der Blanko-Cession die Unterschrift gerichtlich oder notariell beglaubigt sein muß, und daß nicht wie bei dem Blanko-Giro von Wechseln die Unterschrift genügt; das Cessionsblankett hat zu lauten: „Abgetreten an . . . . .“

Einige Formulare für den Verkehr mit dem Gericht.[1])

Formular 50.

Schriftliche Anmeldung des Statuts.

An das Königliche Amtsgericht X stadt, 3. April 1897.
X stadt.

Wir melden die hierselbst durch Statut vom 2. März 1897 begründete Kreditgenossenschaft zu X stadt, eingetragene Genossenschaft mit beschränkter Haftpflicht, behufs Eintragung in das Genossenschaftsregister an. In Gemäßheit des § 11 des Genossenschaftsgesetzes vom 1. Mai 1889 fügen wir bei:

1. das Statut der Genossenschaft im Original und in Abschrift;
2. eine Liste der Genossen;
3. eine Abschrift der Urkunden über die Bestellung des Vorstandes und des Aufsichtsrathes.

Wir, die gewählten Vorstandsmitglieder, werden unsere Unterschrift zeichnen wie hierunter geschieht.

Karl Mettner. Heinrich Hübner. Franz Sauer.

Die vorstehenden, vor mir vollzogenen Unterschriften beglaubige ich.

(L. S.) Müller,
3. April 1897. Gemeindevorsteher von X stadt.

Formular 51.

Einreichung der Beitrittserklärungen.[2])

An das Königliche Amtsgericht X stadt, 30. April 1897.
X stadt.

Anliegend überreichen wir die Beitrittserklärungen der

1. Philipp Kraus, Kaufmann,
2. Gustav Himmelreich, Klempnermeister, beide zu X stadt,
3. Adolf Kraus, Landwirth zu Z dorf,

behufs Eintragung in die Liste der Genossen.

Kreditgenossenschaft zu X stadt, eingetragene Genossenschaft mit beschränkter Haftpflicht.

Karl Mettner. Heinrich Hübner.

Formular 52.

Einreichung der Kündigungen von Genossen.[3])

An das Königliche Amtsgericht X stadt, 10. November 1896.
X stadt.

Wir überreichen die Kündigungserklärungen der unter den beigefügten Nummern in die Liste der Genossen eingetragenen Mitglieder:

---

[1]) Die Formulare sind mit geringen Abänderungen entnommen dem **Formularbuch** zum Reichsgesetz, betreffend die Erwerbs- und Wirthschaftsgenossenschaften, vom 1. Mai 1889 von Ludolf Parisius und Dr. Hans Crüger (Berlin, Verlag von J. Guttentag), dessen Benutzung den Verkehr mit dem Gericht nicht nur ungemein erleichtert, sondern auch vielfach zu Kosten-Ersparniß führt.

[2]) Vgl. S. 48.

[3]) Vgl. S. 49.

Nr. 6. Landwirth Hans Neumann zu Bolzhausen,
Nr. 7. Gastwirth Eduard Lehmann zu Xstadt,
behufs Eintragung in die Liste der Genossen.

Wir geben die Versicherung ab, daß die Aufkündigung in beiden Fällen rechtzeitig erfolgt ist.

Unterschrift wie bei Formular 51.

Formular 53.

Einreichung des Ausschließungsbeschlusses.

An das Königliche Amtsgericht Xstadt, 10. November 1896.
Xstadt.

Wir überreichen in Abschrift den Beschluß der Generalversammlung vom 7. November 1896, durch welchen der Schlossermeister Karl Meier aus Xstadt, eingetragen unter Nr. 101 der Liste, ausgeschlossen wird, behufs Eintragung des Ausscheidens in die Liste der Genossen.

Unterschrift wie bei Formular 51.

Formular 54.

Einreichung der Uebereinkunft wegen Uebertragung des Geschäftsguthabens an einen Nicht-Genossen.

An das Königliche Amtsgericht Xstadt, 1. Juli 1897.
Xstadt.

Wir überreichen

1. die zwischen dem unter Nr. 44 der Liste der Genossen eingetragenen Maurermeister Wilhelm Meier aus Xstadt und dem Tischlermeister Ernst Müller aus Xstadt wegen der Uebertragung des Geschäftsguthabens an Letzteren geschlossene Uebereinkunft,
2. die Beitrittserklärung des Tischlermeisters Ernst Müller aus Xstadt behufs Eintragung des Ausscheidens des Wilhelm Meier und des Erwerbs der Mitgliedschaft des Ernst Müller.

Unterschrift wie bei Formular 51.

Formular 55.

Einreichung der Uebereinkunft wegen Uebertragung des Geschäftsguthabens an einen Genossen bei Zulassung von mehreren Geschäftsantheilen.

An das Königliche Amtsgericht Xstadt, 1. Juli 1897.
Xstadt.

Wir überreichen

1. die zwischen dem unter Nr. 44 der Liste der Genossen eingetragenen Maurermeister Wilhelm Meier aus Xstadt und dem unter Nr. 65 der Liste der Genossen eingetragenen Tischlermeister Ernst Müller aus Xstadt wegen Uebertragung des Geschäftsguthabens an Letzteren geschlossene Uebereinkunft,

2. die Betheiligungserklärung des Tischlermeisters Ernst Müller auf einen zweiten Geschäftsantheil

behufs Eintragung des Ausscheidens des Maurermeisters Wilhelm Meier und des Erwerbs eines zweiten Geschäftsantheils bei dem Tischlermeister Ernst Müller.

Wir geben die Versicherung ab, daß der erste Geschäftsantheil des Tischlermeisters Ernst Müller erreicht ist und daß das bisherige Geschäftsguthaben desselben mit dem ihm zuzuschreibenden Betrage die der höchsten Zahl der Geschäftsantheile entsprechende Gesammtsumme nicht übersteigt.

Unterschrift wie bei Formular 51.

Formular 56.

Anmeldungen von Neu- (bezw. Wieder-) Wahlen von Vorstandsmitgliedern.

An das Königliche Amtsgericht
Xstadt. Xstadt, 2. Januar 1897.

Wir melden die in der ordnungsmäßig berufenen Generalversammlung vom 20. Dezember 1896 nach den Vorschriften des Statuts vollzogene Wahl der 1. Maurermeister Karl Mettner,

2. Kaufmann Heinrich Hübner

zu Vorstandsmitgliedern unter Beifügung einer Abschrift des Wahlprotokolls behufs Eintragung in das Genossenschaftsregister an.

Aus dem Vorstande ausgeschieden sind

1. Ernst Meier,
2. Franz Müller.

Die Gewählten werden, wie hierunter geschehen ist,[1]) zeichnen

Kreditgenossenschaft zu Xstadt, eingetragene Genossenschaft mit beschränkter Haftpflicht.

Karl Mettner. Heinrich Hübner. Franz Sauer.

Die vorstehenden, vor mir vollzogenen Unterschriften beglaubige ich.

(L. S.) Müller,
2. Januar 1897. Gemeindevorsteher zu Xstadt.

Formular 57.

Einreichung der Betheiligungserklärung eines Genossen auf einen weiteren Geschäftsantheil.

An das Königliche Amtsgericht
Xstadt. Xstadt, 1. April 1897.

Wir überreichen die Betheiligungserklärung des Landwirths Karl Meier zu Xstadt, eingetragen unter Nr. 25 der Liste, auf den zweiten Geschäftsantheil behufs Eintragung in die Liste der Genossen. Wir geben die Versicherung ab, daß der erste Geschäftsantheil erreicht ist.

Unterschrift wie bei Formular 51.

[1]) Bei der Anmeldung von Wiederwahlen fällt dies fort.

Sachregister.

A.

B.

C.

D.

E.

L.

M.

Druck von L. Schirmer in Glatz.

FSC
www.fsc.org
MIX
Papier | Fördert gute Waldnutzung
FSC® C083411

Kolibri 360 GmbH
Ferdinand-Jühlke-Straße 7
99095 Erfurt, Deutschland
produktsicherheit@kolibri360.de